レコンキスタの実像 ―― 中世後期カスティーリャ・グラナダ間における戦争と平和

レコンキスタの実像

中世後期カスティーリャ・グラナダ間における
戦争と平和

黒田祐我著

刀水書房

レコンキスタの実像——中世後期カスティーリャ・グラナダ間における戦争と平和

目次

＊扉写真――「境域」前線のたたずまいを今に残すヘレス・デ・ラ・フロンテーラの大聖堂（著者撮影）

凡例

本文中における引用文、あるいは史料和訳の箇所において、筆者による補足は［　］内にサイズを小さくして示した。

レコンキスタの実像——中世後期カスティーリャ・グラナダ間における戦争と平和

序論　「レコンキスタ」の歴史と「境域」史

――中世スペイン史研究の回顧と中世後期「境域」研究への視座

第一章　「レコンキスタ」の歴史解釈

中世の地中海域では、西のラテン・キリスト教世界すなわち西欧世界、東のビザンツ世界、そして南のイスラーム世界という、信仰を異にする文明世界が並存した。そしてこれらの文明世界が重なり合う形で、戦争と平和が複雑に展開されていた。同海域は、三大啓示宗教としてのキリスト教、ユダヤ教そしてイスラームそれぞれの信徒が、顔をつき合わせて生活し、濃密な交渉を繰り返す場でもあった。この海域の最西端に、イベリア半島が位置する。半島の南には、イスラームを奉ずるアンダルス、すなわちイスラーム・スペインが地歩を占める。北には、キリスト教を奉ずるキリスト教諸国が割拠して、この両者の間で「レコンキスタ」と総称される政治・軍事的な衝突が繰り返される舞台となった。中世イベリア半島で並びたつ、この二つの文明世界は、その各々が異なる信仰と社会構造を維持しつつ、「レコンキスタ」あるいは十字軍や聖戦（ジハード）の名のもとで、宗教的、政治軍事的そして社会的な衝突を繰り広げたとされる。しかし同時に両文明世界を跨いで融和と和合が生じたことも、近年強調されているように、否定できない。

衝突と和合という、二つの両極端な歴史的事実をどのように整合して理解すべきであるのか。中世スペインの歴史の解釈をめぐってこれまで多くの議論がなされ、それは今もなお継続している。近代から現在にかけ、これらの歴史的事実の評価を抜きにして、国民国家としてのスペインを語ることはできないからである。

近年フェルナンデス・アルメストが整理したように、中世スペインの歴史を、ムーア人（モーロ人　ムスリムと同義）の存在を抜きにして描くことは不可能であった。中世スペインを「東洋」と「西洋」という文明間の共生の場としてみるか、あるいは宗教や文明の違いから生じる衝突の舞台とみなすかで、常に評価が大きく揺れ動いてきたのである。そしてこの解釈の揺れ動きにこそ、中世スペイン史研究の特異性と面白さがあるといえる(1)。

スペイン史研究のこれまでの解釈を敢えて単純化するならば、宗教あるいは社会構造の絶対的な相違を重視し、文明世界間の不可避な対立と軋轢を重視する見解（＝不寛容の強調）、あるいは逆に、上記の相違を超えた形で展開されていく文明世界間の融合を強調する主張（＝寛容の強調）へと二分することができよう。しかし、このような「寛容かあるいは不寛容か？」という二者択一的な歴史像は、当時のイベリア半島、ひいては地中海域のダイナミズムを的確に表現しているといえるのだろうか。もし的確ではないとすれば、異なる文明世界が接触する場に成立する社会は、どのようなダイナミズムをみせていくのか。信仰の相違はどのような影響を社会の形成にもたらすのか。これらの素朴な問いが、本書を執筆するにあたっての出発点となった(2)。

第一節　「レコンキスタ」を主軸とする中世スペイン史

七一一年、ウマイヤ朝によるイベリア半島への軍事介入と西ゴート王国の瓦解、そしてアンダルスが成立してから、一四九二年にナスル朝グラナダ王国が滅亡するまでの約八〇〇年間、イベリア半島における北のキリスト教諸国と南のアンダルス領域との間には、政治的あるいは軍事的な衝突が繰り返された。大局的にみればこれは、イスラームを支配宗教として奉ずる広大なイスラーム世界と、ローマ・カトリックを奉ずるラテン・キリスト教世界という二つの宗教文明世界の衝突を意味した。異なる一神教を奉じ、ゆえに異なる社会、文化構造を各々が保持する文明世界間の衝突と言い換えることもできよう。

しかし前近代世界の歴史の常として、この衝突とは全面的なものではありえず、それぞれの文明に属する人々と社会との間に、一定の融和と「文化変容」を必然的に生じさせていった。このような衝突、軋轢と和合、融和を複雑かつ同時に展開しつつも、半島の北に成立していくキリスト教諸国は、時に西欧からの人的、経済的、精神的援助を受けながら、徐々にアンダルスを征服していった。この征服活動の全容を、これまで「レコンキスタ」と総称してきた(3)。

キリスト教諸国の拡大とアンダルスの衰退、そしてこれらに付随する両勢力間の諸関係を分析の対象とする「レコンキスタ」の歴史は、地政学的な要因のゆえに、半島の各勢力あるいは地域ごとに異なる動きをみせていく。また実際の征服活動は、同じ速度で進行したわけではなく、急速な前進と停滞、そして時には後退を繰り返した。予備考察として本節において、中世における各キリスト教諸国の成立と展開を、アンダルスとの政治、軍事関係を軸に素描しておきたい。

「レコンキスタ」の歴史は、概ね三つの時期に区分することができる。第一期は、七一一年のアンダルス成立と西ゴート王国の崩壊、そして西ゴート貴族でアストゥリアス王国を建国するペラーヨ（在位七一八～七三七）に率いられた「キリスト教徒勢力」によるイスラーム勢力への「抵抗」の開始から、栄華を極めた後ウマイヤ朝が一〇三一年に瓦解するまでである。アンダルス内部の混乱を利用してキリスト教徒勢力は南下拡大、すなわち「レコンキスタ」を推進していった。マグリブのムラービト朝が軍事介入を行なって、アンダルス全土を統一するものの、一二世紀半ばにムラービト朝の権威の失墜による政治的な混乱に乗じ、再びマグリブで興ったムワッヒド朝が支配を継続する。このマグリブ両王朝のアンダルス支配に対して、キリスト教諸国側による攻勢が、全西欧的な十字軍運動と軌を一にする形で大規模に展開されていった。これが第二期といえる。そして、劣勢にたたされるアンダルス最後の砦となったナスル朝グラナダ王国が成立し、後に近世スペイン帝国の中核を担っていくカスティーリャ王国とアラゴン連合王国がこれと対峙していくのが、第三期である(4)。

その解釈の是非はさておき、ペラーヨによるコバドンガ会戦（七二二年頃）をもって「レコンキスタ」が開始されたとされる。この「抵抗」は当初において、アンダルスとの境域に横たわる広大な「無住地」への入植という形で徐々に準備されていった。しかしこの入植活動の前線が南進することで、アンダルスの政治的「中心」部（現アンダルシーア自治州）との軋轢も生じ始める。これに対しアストゥリアス王アルフォンソ三世（在位八六六～九一〇）は、「新ゴート主義（neogoticismo）」を展開していく。年代記の作成を通じて西ゴート王国時代からの連続性を主張し、理念の面でアンダルスに対抗することで、自らの領域支配の正当化を試みた。

レオンへの「遷都」を果たしたガルシア一世（在位九一〇～九一四）以後、徐々に発展をみせるレオン王国は、アンダルスとの最辺境域にカスティーリャ伯領を配置し、更なる南下拡大を目指す。しかし一〇世紀には、後ウマイヤ朝が最盛期を迎え、南からの反撃は必至となった。とりわけ甚大な脅威となったのは、侍従マンスールによって繰り返された大遠征である。奇しくも同時期のレオン王国内では、領域拡大に伴って台頭してきていた聖俗諸侯と王権との関係に深刻な軋轢が生じ始めていた(5)。

他方でアストゥリアス・レオン王国の東におけるキリスト教徒の「抵抗」は、ピレネー山麓から生じてくる、より自発的な運動の形をとった。ここでは、信仰あるいは社会構造の相違を「抵抗」の原因とすべきではない。イニゴ・アリスタ（在位八二〇？～八五二）を始祖とするナバーラ王国は、旧西ゴート貴族家門でイスラームに改宗し、後ウマイヤ朝の上辺境域を治めるカシー家のムーサーと血縁関係を持っており、またアラゴン地域も同様に境の向こうのアンダルスとの婚姻政策を維持していた。後ウマイヤ朝の北東前線を防衛するために配置された上辺境域は肥沃なエブロ川流域を支配して、キリスト教徒勢力と直接に境を接していた。ゆえにアストゥリアス・レオン王国とアンダルスとの間のように、広大な「無住地」は存在しなかった。このため、両勢力の間では合従連衡が頻繁に繰り返され、キリスト教徒勢力の領域拡大は大幅に遅れる。

なお、イベリア半島北東部では、カロリング朝の支配下に「イスパニア辺境領（Marca Hispanica）」が形成されていく。「抵抗」を試みる。この中核をなしたバルセローナ伯は、入植によって同じく徐々に支配域を南に広げていく。上記の侍従マンスールによる遠征は、半島北東部にも深刻な被害をもたらしはしたものの、さしあたって「公権力」の崩壊をもたらすものではなかった。

第二期は、後ウマイヤ朝の瓦解とアンダルスの劣勢、他方でキリスト教諸国の政治・軍事的優勢が顕著となり、いわゆる「レコンキスタ」が精力的に展開される時期となった。一一世紀から一三世紀前半までを含む第二期は、西欧世界における時代区分としての中世盛期と概ね一致している。事実、拡大期に入ったラテン・キリスト教世界の動静と密接に連動しつつ、イベリア半島のキリスト教諸国もまた、南下拡大を推進していく。他方のアンダルスでは、一〇三一年に後ウマイヤ朝カリフの断絶が公に宣言されるや、各地域の有力者を旗印として諸王国乱立の混乱時代を迎える（第一次ターイファ時代）。

キリスト教諸国は地域的な差異が顕著であるといえ、一〇世紀から一一世紀前半にかけて「封建革命（Feudal Revolution）」と一般に呼称されている社会変動を経て、封建社会という西欧一般にみられる社会構造を確立させていった。このような社会において、王権や伯権といった「公」の上位権力は、新たに台頭してきた城主層や貴族層への利益配分を常に考慮していかなければならない。後者は、自身の所領を運営し、それを防衛するとともに領民に対して「保護」を与えねばならず、必然的に軍事を生業とする層を形成していった。「横暴で強欲」なる彼らを従わせるため、授与すべき新たな土地がかつて以上に必要不可欠となった結果、暴力的な拡大を強く志向するキリスト教諸国が誕生していった(6)。

西欧封建社会の一角を占めた北の半島キリスト教諸国は、当時のラテン・キリスト教世界で権勢を示し始めていたローマ教皇権にいち早く接近した。外部拡大へのベクトルを露わにし始めたラテン・キリスト教世界が、一一世紀末から十字軍の大義のもとに地中海域への拡大を開始していくことはよく知られている。しかし既に一〇六四年の時点で、教皇からの「赦し」を得た半島北東部と南仏の者らが、有力ターイファで、かつての上辺境域を支配するフード朝サラゴーサ王国の前線都市バルバストロを一時的に占拠している。これ以後キリスト教諸国は、西欧世界全域からの十字軍兵士を迎え入れる形で、自身の「十字軍」を敢行していく(7)。

西欧世界からの支援を受け、軍事的に有利となりつつあったキリスト教諸国による攻勢は、当初、アンダルスへの度重なる略奪遠征と、それを停止する対価としての軍事貢納金（＝パーリア paria）の搾取の両面で進められた。統一権威を擁立できず、仲違いを繰り返すアンダルスのターイファ諸王は、必要とあればキリスト教諸国と軍事同盟を締結することすら辞さなかった。しかしこのようなターイファ諸王の「外交」政策は結局のところ、自らの首を絞めることとなり、一一世紀の第四四半世紀から、キリスト教諸国側による直接征服が開始された。最も象徴的な征服は、カスティーリャ・レオン王アルフォンソ六世（在位一〇六五〜一一〇九）による、かつての西ゴート王国の首座トレードのそれ（一〇八五年）であろう。新興のアラゴン王国はローマ教皇へいち早く臣従をなし、一〇八〇年代から精力的にフード朝サラゴーサ王国の北部前線領域を占領していく。ちょうど勢力均衡が完全に破られるかにみえたその時、ターイファ諸王の要請に呼応して、ジブラルタル海峡の対岸から軍事介入がなされた。マグリブに勃興したムラービト朝による軍事介入と同王朝によるアンダルスの併合は、両勢力の力関係を再び拮抗状態へと押し戻すこととなった(8)。

一二世紀から一三世紀初頭にかけての政治・軍事状況は、一進一退といえる。

一二世紀前半、唯一ムラービト朝の支配から逃れ存続していたフード朝サラゴーサ王国域の征服を完了したアラゴン王国であったが、一一三四年、援軍に駆けつけたムラービト朝軍とのフラガ会戦で王自身が敗死し、以後バルセローナ伯との同君連合へと移行する。一二世紀後半には、ムラービト朝の後継としてのムワッヒド朝によるアンダルス再統合に阻まれて、大きな領域的拡大をみることはなかった。

カスティーリャ・レオン王国においては、アルフォンソ七世（在位一一二六〜一一五七）が、半島全域への軍事的覇権を、ムラービト朝の瓦解によって生じていた権力空白期（第二次ターイファ時代）に一時的に唱えることができた。しかしムワッヒド朝による再度の軍事介入によって、この覇権も途絶してしまう。アルフォンソ七世の死後、王国は分割相続され、有力貴族層の激しい反抗も重なって、レオン王国とカスティーリャ王国はムワッヒド朝に対して、一致して共闘することができなかった。

当初、カスティーリャ・レオン王国の一伯領として自立性を強めていったポルトガルは、第二回十字軍士の助勢を得てリスボンの征服を一二世紀半ばに成功させているが、ムワッヒド朝によるアンダルスの再統一によって、やはり南進は一進一退をみせている(9)。

一二一二年、レオン王国を除く半島キリスト教諸国の連合軍と、ムワッヒド朝軍とが激突したラス・ナバス・デ・トロサ会戦は、中世盛期の「輝かしい」十字軍戦闘のひとつとしても、とみに有名である。同会戦におけるキリスト教徒側の勝利は、直接的な戦闘の結果ではないにせよ、力関係の劇的な転換の分水嶺となった。本拠であるマグリブで動乱が相次いだムワッヒド朝は、この鎮圧に忙殺されてアンダルス統治に専心できず、アンダルスは再び分立時代を迎えたからである（第三次ターイファ時代）。

西のポルトガル王は南進を開始し、アルガルベの全域を一三世紀の前半に併合する。東のアラゴン連合王国は、バレアレス諸島の征服を経てバレンシアの征服を、やはり一三世紀の前半に果たす。半島の中央部では、フェルナンド三世（在位一二一七〜一二五二）のもとで再び統合を果たしたカスティーリャ王国が、「大レコンキスタ（Gran Reconquista）」と呼称される征服活動を精力的に実施していった。一二三六年、かつての後ウマイヤ朝の首座であったコルドバを征服し、一二四三年、第三次ターイファ諸王国のひとつムルシア王国を臣従下に置く。同じくターイファ諸王国のひとつであったグラナダ王国とは、一二四六年に「臣従契約」を締結して、さらにその二年後、都市セビーリャとその近隣域の征服に成功した。これをもって、前身のアストゥリアス・レオン王権時代から継承してきた、カス

「大レコンキスタ」で征服された都市セビーリャの大聖堂（上）　同教会内には，征服王フェルナンド３世の像が安置されている（下）（著者撮影）

ティーリャ王権の唱える「レコンキスタ」理念を基盤とした領域拡大は、名実ともに完了する。なぜなら、アンダルスに残存している全てのターイファ君主は、カスティーリャ王に服属したからである⑽。

このように「楽観的」な見通しで始まるのが第二期となる。これは、ちょうどカスティーリャ王アルフォンソ一〇世（在位一二五二〜一二八四）の治世をもって始まる。同王の治世は、王族と諸貴族の反乱に加えて、物価の上昇といった多くの社会経済的難題を抱え始める時期の幕開けでもあった。これは全西欧的な停滞時期とされる中世後期の幕開けと軌を一にしている。その原因は、中世盛期に拡大を続けていた開墾と征服という内的・外的な領域拡大が途絶したことにより生じた複合的な停滞状況にあったとされる(11)。

さて、既に実質的な軍事征服活動は終了し、残るはカスティーリャ王の「家臣」としてナスル朝君主の統治するグラナダ王国のみがアンダルスを構成していた。狭隘なナスル朝領域は、カスティーリャ王国とのみ陸路で接し、ゆえにポルトガル、ナバーラ、アラゴン連合王国はグラナダとの直接関係から、概ね除外されていく。これが、中世後期における対アンダルス関係の特徴の最たるものである。また、中世後期の半島キリスト教諸国は、それぞれの政治・外交的関心の方向性を大きく転換し始めていた。

カスティーリャ王国は、アンダルス最後の砦として残存したナスル朝グラナダ王国との間で、戦争と平和を繰り返す。アラゴン連合王国は、地中海側へと視点を大きく転じ、一三世紀後半にはシチリア島へと勢力を拡大し、またマグリブ、イフリーキヤ(12)、さらに東地中海における商業的覇権の獲得を目論む。ナバーラ王国は一二世紀以降、完全に半島内での勢力拡大から除外されてしまっていた。ポルトガル王国は、既にアルガルベの征服をもって半島内での領域拡大を早々に完了して、大西洋側のマグリブ沿岸部へと視点を転じることで、近世の「大航海時代」の幕開けを準備していく。

このような中世後期の情勢のなか、陸路で境を接し合うカスティーリャ王国とナスル朝グラナダ王国との間の関係は、一三世紀の第四四半世紀から一四世紀の前半にかけて、マグリブのマリーン朝、西地中海域での商業権益の独占を目指すアラゴンとジェノヴァ、そしてポルトガルが参入する「海峡戦争（Guerra del Estrecho）」という合従連衡の中で展開された。一四世紀の後半以降、国際的な関心を大きく失って孤立したナスル朝であったが、一五世紀の末に至るまで大きな領域的損失を被ることなく、自らの延命を遂げることができた。

第二節　「レコンキスタ」の解釈をめぐる研究上の問題点

以上が「レコンキスタ」としての中世イベリア半島史の概略となる。「レコンキスタ」が、アンダルスの軍事的な征服活動であったことは間違いない。しかしこの征服の過程で、敵であり、なおかつ異教徒でもあったアンダルスの臣民は、ムデハル（＝キリスト教治下に残留したムスリム）として吸収されていった。異教徒としてのムスリムに対する宗教的に「寛容」な態度は、既に一九世紀スペイン国民史学の中でも称揚されており、フェルナンデス・イ・ゴンサレスの先駆研究をはじめとして、常に「スペイン人」の歴史的な特殊性と寛容さ、あるいは先進性を、近代的国民史観の枠内で主張するための根拠となってきた。しかしこれは、キリスト教信仰の重要性を否定するものでは決してなく、ゆえにシモネーは一九世紀末、モサラベ（＝アンダルス治下に残留したキリスト教徒）を、信仰の維持に専心する「スペイン的精神」の体現者として称揚してもいる(13)。

スペイン内戦を経て、フランコ体制期においても当然ながら研究は継続された。一九四七年の八月、かつてのアラゴン「境域」であったハカ（Jaca）で開催された研究集会では、「レコンキスタ」の過程で必然的に生じた「レポブラシオン（Repoblación）」、すなわち再植民運動の重要性が指摘されている。この場合の再植民とは、第一義的にはキリスト教徒による入植を指しているが、ムデハルの残留をも含むこととなる。同じ「スペイン人」であるがゆえに「寛容」に扱われたという歪曲された解釈であったにせよ、アンダルスとそのムスリム臣民は、決して完全に排除すべき存在とはみなされてはいなかった(14)。

しかしながら、征服過程自体が「穏健」であったと容認しつつも、征服動機としての「レコンキスタ」理念、すなわちイスラーム侵入以前に存立していた西ゴート王国の復興と、キリスト教信仰と教会の再建を大義とする征服行為の正当性そのものの是非は、疑問視されていない。「レコンキスタ」理念自体の相対化には、社会経済史的観点からの研究の開始を待たねばならなかった。フランコ体制崩壊前夜の一九七四年、バルベロとビヒルによる共著研究『レコンキスタの社会的起源について』の刊行以後、西ゴート王国の再興を主軸とする「レコンキスタ」理念の神話性が主張され始めた。このような「レコンキスタ」理念に対する疑問視は、同時に、中世スペイン史の泰斗サンチェス・アルボルノスの提唱した「レコンキスタ」史観からの脱却をも意味した。なぜならアルボルノスは、アルゼンチンへ政治的な亡命を行なっていたとはいえ、西ゴート王国からの連続性を称揚する点で、フランコ体制期スペインの研究者らと一致した史観を護持していたからである。

この新たな歴史研究の潮流において、一九八〇年代以後、スペインで隆盛をみせる社会経済史研究、そしてアンダルス史の新解釈が協働しながら、「新しい歴史」が生み出されていった。この結果、「レコンキスタ」理念は、歴代カスティーリャ王の幾人かのみが、自身の統治と征服の正当化のために「捏造」して用いた神話に過ぎず、征服の際に動員が必要となる多くの王国臣民が共有していたものではなかった点が強調された。新解釈において征服の動機は、とりもなおさず、中世盛期ラテン・キリスト教世界にみられた一般の傾向に求められる。つまりは、封建社会の成立によって生じた中間権力としての軍事貴族層の台頭により、必然的に生じてくる領土の拡大意欲に求められたのである。もはや再征服運動あるいは国土回復運動としての側面は、「レコンキスタ」から完全に失われたかにみえる(15)。

しかしこの「新しい歴史」は、いくつかの問題を抱えているといわざるをえない。第一に、歴史的な「レコンキスタ」理念の存在自体を否定する傾向が強すぎる点である(16)。「レコンキスタ」理念が、中世のアストゥリアス・レオンを継承したカスティーリャ王権による「捏造」であったにせよ、少なくともその有効性を認めたからこそ、「正統」な歴史記述として連綿と継承されてきたのではないか。事実、次章で再確認するように、中世を通じて叙述・文書史料の双方で、この理念はことあるごとに再登場する。

「レコンキスタ」理念とは、西ゴート王国の復権ばかりか、教会の復興、つまりは宗教的な動機を内包していた。

よって第二に、この「レコンキスタ」理念の修正は、その宗教的大義が否定され、征服動機として財や土地を通じた社会身分の上昇への欲求のみが強調される結果をもたらした。双方でみられた一定の宗教的寛容の意義は、単純なプラグマティズムに還元されてしまった。これは、当時の異教徒に対する愛憎半ばする眼差し自体の分析を、除外することに繋がっていった(17)。

第三に、上記の新たな解釈では、民の振舞への視角が欠落している。史料的な制約から致し方ないとはいえ、主眼は軍事を生業とする封建貴族に置かれ、彼らの所領拡大の意欲に専ら焦点が当てられている。しかし当時の社会の大半を占めている市井の民、とりわけ対アンダルス国境域に居住する民は、果たして世俗的な物質欲のみに駆られ、つき動かされていたのであろうか。

そして第四に、研究の対象が、専ら中世盛期に限定されてきた点である。これには明らかな理由がある。西欧型の封建社会の内包する外的拡大傾向、すなわち同社会の「攻撃性」に由来する征服活動は、中世盛期に固有の現象といえるからである。この結果、議論は常に中世盛期という、「レコンキスタ」による領域の飛躍的な拡大時期に限定されてしまい、拡大が停滞する中世後期の意義が問われることはない。つまりは、中世の全体を通じて継続されていた「レコンキスタ」という広義の社会運動が保持していた歴史的意義が見えにくくなってしまう(18)。

上記の四点の問題点を念頭に置きつつ、まずは次章において、中世カスティーリャ王国における「レコンキスタ」理念の再確認を試みる。その上で、本論への導入として、さきに提示した問題点を、再度整理していきたい。

第二章　「レコンキスタ」理念の実態と「境域」研究

第一節　中世カスティーリャ王国における「レコンキスタ」理念

「レコンキスタ」理念は、九世紀のアストゥリアス王アルフォンソ三世の治世期に誕生したとされる。『アルフォンソ三世年代記』では、「反抗」の開始として名高いコバドンガ会戦の前夜、自兵士を前にした初代アストゥリアス王ペラーヨが、次の演説をしたとされる。

主の慈悲においておぬしがみつめている、このとるに足らない小山から、イスパニアが救済され、ゴート族の軍が再興されることを余は信じている。［中略］この厳しい罰を当然の報いであると甘受し、教会と民、そして王国の復興において主の慈悲がもたらされることを待ち望んでいる。ゆえに、異教徒の多勢を撃退しようではないか。すこしも恐れることはない(1)。

この演説では、西ゴート王国の滅亡を神罰ととらえて、神の助力を得て、王国とその教会の復興のため、異教徒すなわちムスリムと戦うべき大義が表現されている。いわゆる「レコンキスタ」理念そのものが、九世紀の国王宮廷で誕生したと解釈できよう。この点で研究者の合意は得られている。

「レコンキスタ」理念は、アルフォンソ三世の宮廷における「プロパガンダ」にとどまることなく、後のカスティーリャ王権の「正統」な歴史叙述において継承されていった。修道士サンピーロ（九五六頃～一〇四一）は、上記の『アルフォンソ三世年代記』を広範に用い、自身の年代記を書き継いだ。この後、一二世紀初頭の『シーロス年代記』、一二世紀第四四半世紀の『ナヘーラ年代記』へと理念は継承された。一三世紀、『シーロス年代記』の直接的な後継として、トゥイ司教ルーカスによる『世界年代記』、トレード大司教ヒメネス・デ・ラーダの『イスパニア事績録』、この二つを広範に用いたアルフォンソ一〇世による『第一総合年代記』へと、理念は、ほぼ直線的に継承された。一三世紀半ば頃まで、少なくともカスティーリャ王宮廷において「国史」としての「レコンキスタ」理念が、連綿と継承、維持され、そればかりか後述するように、さらに発展していったことは否定できない(2)。

「レコンキスタ」理念という大義の存在は、「敵」たるアンダルスでも知られていた。一一世紀の第一次ターイファ諸王のひとり、ジール朝グラナダ王アブド・アッラー（在位一〇七三～一〇九〇）の書き残した、当時を知るための第一級史料『回想録』で、この理念について言及されているからである。一〇七四年から七五年頃、カスティーリャ・レオン王アルフォンソ六世は大規模なアンダルス遠征を行なったとされるが、この最中の出来事として、使節としてグラナダを訪れたシスナンドの言を彼は次のように伝えている。

アルフォンソ〔六世〕の宰相〔シスナンド〕が、私にそのことを知らせてくれたため、私は彼の政策について十分に認識していた。この遠征の際、私はシスナンドによってそれを教えられたのである。彼は私に向かって次のように言った。「アンダルスは、もともとはキリスト教徒のものだ。アラブ人に敗れ、最も住み難い地域であるガリシアへ追いやられたのである。しかし、今や強大となり実力をつけたキリスト教徒らは、力ずくで喪失したものを奪還しようと試みている。これは［アンダルスの］衰弱と侵食によってのみ成し遂げられる。長い目でみて、アンダルスに人員も金銭も枯渇した時、我々は苦労もなく、これを回復できるであろう」と(3)。

「レコンキスタ」は、「西ゴートの復権」という世俗的な闘争である以上、第一義的には正当なる戦争、すなわち正戦（Just War）として理解できる。アウグスティヌスからグラティアヌス、そしてトマス・アクィナスへと繋がるラテン・キリスト教世界の神学者や法学者による正戦の定義は、概ね次の通りとなる。

戦争行為が正当なものとなるためには、「権威」、「根拠」そして「意図」における必要条件を満たさねばならない。正当な戦争を宣言できる「権威」は、「公」の君主による開戦のみに付与され、さらに上位君主への上訴が不可能な状況に限定される。個人間における紛争は、上位権力たる「国家」の裁定により解決されうるが、公的な君主を頂点とする「国家」同士の紛争においては上訴が不可能となるため、戦争によって解決されるしかない。「根拠」を得るには、その戦争が不正に対する報復のために実施される場合でなければならない。これは、一般的に防衛あるいは強奪されたモノを奪還しようとする場合、条件を満たすことになる。しかし戦争の経緯において、略奪や復讐あるいは憎悪を抱くことは、不当なる「意図」とされ、条件を満たさない。

アウグスティヌス以後の教会人たちは、戦争行為を聖書に反するものとして厳しく禁止していたが、次第に教会防衛のための戦争のみならず、教会の利益に適う場合に限り、領域拡大のための戦争に正当性を付与していった。そしてこれは、中世盛期という拡大期に入った西欧封建社会全体の要請にも適っていた(4)。

「レコンキスタ」理念は、西ゴートの崩壊がイスラーム勢力による領土簒奪によってもたらされたという歴史解釈を出発点に置いている。この簒奪は不当なものであったため、西ゴートの末裔と自称したアストゥリアス王、後のレオン王、そしてカスティーリャ王と彼らが統べる「国家」によるアンダルス領域の征服は正戦となる。一三世紀後半、アルフォンソ一〇世によって編纂された『七部法典』では、普遍的な戦争の定義を述べた上で四通りの形式を挙げている。それは、正当なる（justa）戦争と不当なる（injusta）戦争、そして二通りの内戦（ciuilis）であり、対異教徒戦に関する特別な規定は設けていない。ゆえに対アンダルス戦争としての「レコンキスタ」もまた、当時は一般的な正戦の枠内でまず認識されていた可能性が高い(5)。

とはいうものの「レコンキスタ」では、戦相手が異教徒となる以上、聖なる闘争、すなわち聖戦としての性格を帯びてくる。本来、正戦と聖戦との境界は非常に曖昧なものであり、正戦において戦の裁定者として登場する神は、君主にとって戦争を宣言し動機づける際に、最上の後ろ盾となりうる。この場合、神を戴く味方側は善、敵側は悪となり、善悪の二元的闘争へと発展してしまう。正戦論は拡大解釈されて、地上の神の代理人としての教皇と教会が最上位の権威と位置づけられ、さらに一一世紀から一二世紀にかけて醸成される「神の戦士（miles Christi）」理念へと発展していく。封建社会に固有の身分「戦う者（bellator）」は、「教会の敵」としての異教徒や異端者に対する暴力行使を正当化される。こうして、聖戦としての西欧十字軍思想の登場へと至る。

これは、戦争と中世西欧社会の三身分論とが連結され、暴力の行使を価値ある行為へと統合していく過程でもあった。そもそも一一世紀末から断続的に実施されていく聖地十字軍遠征もまた、聖戦であると同時に正戦となる。エルサレムを本来キリスト教徒が所有していた領土とみなすならば、必然的にその奪還もまた、正当なものとなりうるからである(6)。

聖戦としての十字軍の定義は諸説あろうが、研究者間での合意点を挙げるとすれば、それは「罪の赦し」を参戦者あるいは助力者へ授与するか否かであるといえる。この定義に従えば、「レコンキスタ」もまた、十字軍の資格を十分に満たしている。第一回十字軍を成功裏に終えて間もない一一〇九年、教皇パスカリス二世（在位一〇九九～一一一八）は、イベリア半島内に留まってアンダルスを席巻したムラービト朝に対する防衛を行なうよう命じ、この防衛戦に参加した者に対し贖宥を与えている。一一二三年、教皇カリクストゥス二世（在位一一一九～一一二四）は、同半島における戦いを聖地におけるそれと同等とみなし、聖地への遠征と等しい贖宥が得られることを宣言する。事実、以後の「レコンキスタ」としての南下拡大戦争は、状況が許す限りにおいて教皇からの十字軍勅書を獲得した上で実施されていく(7)。

聖戦としての「レコンキスタ」像は、対アンダルス戦争に聖人が介入する点からも明らかとなる。この点は、アストゥリアスからカスティーリャに至るまでの諸王の主張する「レコンキスタ」理念の展開からもみてとることができる。先に指摘したように、九世紀に同理念が誕生した時点で、聖人の助力に関する言説は存在しない。後にスペインの守護聖人となる聖ヤコブが対アンダルス戦争の局面で初めて現れるのは、一二世紀初頭の『シーロス年代記』においてである。同年代記によれば、コインブラ占領前夜（一〇六四年）、とある巡礼者の夢に聖ヤコブが鍵を持つ姿で登場し、カスティーリャ・レオン王フェルナンド一世（在位一〇三五〜一〇六五）による都市征服の成功を予知している(8)。

一三世紀に入るや、聖ヤコブの「参戦」は増加していく。最も伝説化されているのは、アストゥリアス王ラミーロ一世（在位八四二〜八五〇）治世期におけるクラビーホ会戦（八四四年）への「参戦」であろう。先の『シーロス年代記』は該当箇所において、アストゥリアス王による「勝利の大天使ミカエル」への崇敬のため、大天使が「聖なる意図により君主ラミーロに、いかなる場においても敵に対する勝利を授与した」とのみ記しているにすぎない(9)。しかし一三世紀前半に執筆された『世界年代記』と『イスパニア事績録』では、同じ箇所で、より具体的に聖ヤコブの直接関与を「捏造」している。その経緯は、やはり類似している。「モーロ人」との戦いの前夜、アストゥリアス王の夢に顕現した聖ヤコブが、翌日の戦闘での助力を告げる逸話から始まる。しかし今回、聖ヤコブは「戦闘において白馬に騎乗し、白旗を持参して」「戦闘を行なうキリスト教徒を鼓舞し、サラセン人を打ち倒す」形で直接的に参加しているのである(10)。

アストゥリアス・レオン、そしてカスティーリャ王権は「レコンキスタ」を、先に挙げた二つの特質、すなわち正戦と聖戦が分かちがたく結合したものとみなしていた。それは『第一総合年代記』の表現を借りれば、「アラブ人が強奪し、我々がそこから追い出され喪失した地」の解放であり、また「我々の信仰の敵たるモーロ人」に対する争いでもあった(11)。

しかしながら、西ゴート王国の復権を最終的な目標とする「レコンキスタ」理念は、正戦かつ聖戦でありつつも、アンダルスに居住する異教徒たるムスリムに対する固有の認識を含み続けた。確かに九世紀から一一世紀という初期にかけては、「無住地」への入植政策を推進する王権にとって、この理念は人的資源を確保するための政治的なプラグマティズムに基づいたものにすぎなかったのかもしれない。しかし、キリスト教諸国とアンダルスとが直接に境を接し、衝突と和合の双方を含む諸交渉が活発化する一一世紀後半になるや、新たに征服した地で残留を選択するムスリムに対する措置を講じねばならなくなった。拡大の一途をたどる王国内に彼らをムデハルとして取り込み、「外のムスリム」の居住するアンダルス領域に対する覇権を、上記の理念の旗の下に主張し始めた。中世盛期のカスティーリャ王が、アンダルス諸君主から軍事貢納金すなわちパーリアを搾取しながら、その対価として休戦、あるいは一種の軍事同盟を頻繁に構築していたことはよく知られている。この点で「レコンキスタ」は、制限つきながらも、アンダルスとの和平関係の構築を促進したとさえいえよう(12)。

一一世紀においてカスティーリャ・レオン王アルフォンソ六世は、ターイファ諸王を臣従させて一〇八五年のトレード征服の後に、一時的にではあれ「二宗教皇帝」を自称している(13)。一二世紀半ば、ムラービト朝からムワッヒド朝へのアンダルス支配権の移行期に生じた第二次ターイファ時代においても、孫アルフォンソ七世は、ターイファ諸王を臣従させた上で「皇帝」即位を宣言する。この件に関し『世界年代記』は、「ナバーラのガルシア王、バルセローナ伯で当時アラゴン王国を統治していたラモン・ベレンゲール四世、そしてサラセン人達の王たるイブン・ファンディル、サファドラ、そして狼王らが、当時等しく彼の家臣であった」と述べている(14)。

状況は一二一二年のラス・ナバス・デ・トロサ会戦の後に生じた、第三次ターイファ時代においても全く変わらない。分立・乱立するアンダルスのターイファ諸王を臣従下に加えつつ「大レコンキスタ」を遂行していくカスティーリャ王フェルナンド三世は、一二四六年にアンダルシーアの有力都市ハエンを攻囲し、同都市を支配するナスル朝の開祖ムハンマド一世（在位一二三二〜一二七三）と臣従協定を締結する。この両者間の約定は、異教徒でありながらも、後者を封建家臣として遇する、中世西欧社会に固有のものであった。前者は「助言と助力（auxilium et consilium）」を家臣たる後者に要求し、身分制議会（Cortes）への出席、そして軍事貢納金たるパーリアの年毎の供出義務を課して、これと引き換えに和平関係を構築した。こうして成立したカスティーリャ王国とナスル朝グラナダ王国との以後の関係は、このような封建的主従関係を基盤として展開されていく。これは、既に中世盛期に多くみられていたアンダルス諸君主とのパーリアを介した和平関係の延長上で理解されねばならない。そして、この関係は「レコンキスタ」理念が保証するものでもあった(15)。

では中世後期において、これまで述べてきた「レコンキスタ」理念をカスティーリャ王権は主張していくのであろうか。本書の第一部で以後取り扱っていくように、カスティーリャ王は断続的な戦争行為と並行する形で、ナスル朝君主を自らの封建家臣とみなしつつ、状況が許す限りにおいて「臣従儀礼」の強制と貢納金の搾取、そしてこれと引き換えの休戦関係の樹立を試みている。

「レコンキスタ」理念とは、正戦かつ聖戦でありつつも、その最終目標としての西ゴート王国領域の回復の達成のために、実利的で「寛容」なる対応をも容認していく柔軟なものであった。このことは、ちょうど中世盛期と後期の転換期にあたる一二六四年の王発給文書に明白に示されている。同年の四月、カスティーリャ王国領内のアンダルシーア、ムルシア地域で多数派を占めていたムデハルが大規模反乱を起こした。これと呼応して、ナスル朝初代君主ムハンマド一世は、カスティーリャとの戦争を開始する。カスティーリャ王アルフォンソ一〇世は、この反乱鎮圧の兵を確保するため、教皇から事前に受領していた十字軍勅書を根拠に、王国内において十字軍説教を実施することを命じた(16)。この命令書の中でアルフォンソ一〇世はムハンマド一世を「余の信頼する臣下そして友（uassallo e amigo en que fiáuamos）」と呼び、彼が行なった背信の経緯を事細かに述べる。そして十字軍説教を実施する理由を次のように主張した。

しかし余は神を信頼している。彼［＝ムハンマド一世］は、かほどに甚大なる裏切りを、かかる方策でもって暴露したのであるが、全ては彼と彼の追従者らの損害と崩壊へと至るであろうし、またそれは神への大いなる献身、キリスト教信仰の称揚、余の相続領域と余の王国の全ての民の栄光と利益となると考える。というのも、これは神に誓って、彼こそが余と保持していたところの約定をかように不正にも破棄したのであり、今やその償いを彼に要求すべき正当性が余にあるからである(17)。

あくまでこれは「臣下」としての約定を破棄したムハンマド一世に対するアルフォンソ一〇世個人の報復行為であった。しかし同時にそれは神への称揚ともなり、そして反乱鎮圧の人員を確保する手段として十字軍説教を用いている。

このように複雑で矛盾した「レコンキスタ」理念は、フェルナンデス・ガリャルドによると、一四世紀前半のアルフォンソ一一世（在位一三一二〜一三五〇）治世期に大きな転機を迎えるとされる。ジブラルタル海峡の領有をめぐる「海峡戦争」によって、国際的な興味関心を得た「レコンキスタ」は、それまで以上に十字軍的な言説に彩られていくとし、時にそれは聖地巡礼と同一視されていく。またそれは、既に単純な西ゴートの復権を意図する正戦から大きく逸脱していき、「全キリスト教世界（Cristiandad）」の守護のための聖戦へと変貌を遂げた。このようにガリャルドは主張する(18)。

しかしちょうど同時期に生きたカスティーリャ王族のひとりで、アルフォンソ一〇世の甥にあたるフアン・マヌエルがものした教育書『諸身分の書（Libro de los Estados）』では、伝統的な「レコンキスタ」理念がこの上なく表明されている。

また、イエス・キリストが磔刑に処せられてからはるか後、名をムハンマドという疑わしき男が登場してアラビアにて説教を行ない、無知なる者らに神の預言者であると信じ込ませました。［中略］彼を信奉する者は多数にのぼり、彼らは多くの地を奪い、さらに我がものとして現在においても保有しているのですが、かの土地は使徒たちによってイエス・キリストの信仰へと改宗したキリスト教徒のものでした。このゆえに、キリスト教徒とモーロ人との間には戦争が生じ、それはモーロ人により力ずくで奪われた地をキリスト教徒が奪い返すまで続くことでしょう。というのも、彼らモーロ人が保持するところの法によっても、宗派によっても、両者の間に戦争は生じないからです。なぜなら、イエス・キリストは彼の法に属させるためにいかなる者も殺害してはならず、また強いてはならないとお命じになっており、また神は強制された奉仕をお望みにはならないのであって、自身の意図で、自発的になされたことをお望みになるのです。しかし良きキリスト教徒らは、モーロ人達から、かくも多くの害悪を被ったことを神が同情なさる理由を保持しており、そのゆえに、この戦争で亡くなった者らが、聖なる教会の命を果たし殉教者となり、この殉教によって彼らの魂がなした罪から解放されるべく、彼らと正当にも戦争をなすべき理由を持っているのです(19)。

フアン・マヌエルは、宗教の違いによって戦争は生じず、これがあくまで世俗的な領土奪還戦争であると主張しつつも、殉教を旨とする聖戦となるとも述べている。これは彼の頭の中で、いわば世俗的な正戦、宗教的な聖戦が混在し、一見して整合性がとりえないほど分かちがたく結合していたことを示している。

状況は、一五世紀に入っても大きな変化がないように思われる。カスティーリャ王フアン二世（在位一四〇六〜一四五四）の摂政であったフェルナンド・デ・アンテケラは、新王即位間もない一四〇六年の末に開催された身分制議会において、対グラナダ戦争を再開するための論拠を掲げた。『フアン二世年代記』によれば、「信仰の敵どもがキリスト教徒と［カスティーリャ］王の地をこのように不当にも保有しており、それは甚大なる力による不正な占拠といえる」からであり、それはまた「信仰と王権への甚大な侮辱」に該当するからであった(20)。また同年代記は、戦争再開の根拠を次のように理由づける。「戦争は非常に正当であり、かつ神への奉仕となる」ものであって、対グラナダ戦争を実施する理由とは、「グラナダの側が休戦と誓約を破棄して、アヤモンテ砦を返還することを望まなかった」からであり、ゆえに「上述のグラナダ王が上述の［カスティーリャ］王に対してなしたところの甚大な過ちと誓約と真理の破棄によって」、これは「かように正当な」行為となると主張する(21)。

このような対アンダルス戦争の正当性に関する主張は、大きな変化を被ることなく一四九二年まで度々現れる。カスティーリャ王は、本書の第一部で明らかにしていくように、グラナダ王を「臣下」とみなし、後者の王国内政に干渉しようと試み、最終的な併合を常に意図していた。事実、エンリケ四世（在位一四五四～一四七四）の年代記作者は、次のようにアンダルスへの評価を下し、将来的な征服への意図を明白に吐露している。

> 強大な王と無数の軍団の欠如により、陸海から激しく攻め立てられ、アフリカの部族出自の野蛮なる不信心者どもの一撃によって、イスパニアの最上の地を簡単に奪取された。王国の主であった［西］ゴート人の怠惰のため、彼ら［＝ムスリム］が侵入して、全土がかつて支配された。しかし今や［アンダルスは］、地中海の端に隔離され、防備も海からの援軍もなく、我等の不注意により彼らを放置していることで、かろうじて存続しているにすぎない(22)。

状況はイサベル一世（在位一四七四～一五〇四）期も同様である。「グラナダ戦争」末期の一四八九年の秋、マムルーク朝からの使節が遠征中のカトリック両王のもとを訪れ、ナスル朝への攻撃を停止するように要請した。これに対して両王は次のように抗弁したとされる。ムデハルは臣民としてキリスト教徒と同等に扱うべきであるが、ナスル朝グラナダ王国は自分達に固有の領土を不法に簒奪しているため、攻撃をやめるつもりはないと返答した(23)。

リオス・サロマが分析したように、語彙としての「レコンキスタ（reconquista）」は、近代、具体的には一九世紀前半、「国民国家形成」に伴って国民が共有できる過去を創り出そうとする時代の要請に応じ、産み出された造語であることは間違いない。それ以前の近世における歴史記述の中では、「レコンキスタ」の解釈は宗教の違いではなく、「スペイン人」の自由の復権、そして土地に対する覇権の回復に重点が置かれていた。この中心を担ったとされるのは、あくまでカスティーリャ王とその臣民に限定され、正当性を持つ王権とは、ペラーヨに始まり連綿と続いたアストゥリアス王権、レオン王権、カスティーリャ王権、そしてこれを継承した近世のスペイン王権であった。ゆえに、スペイン王国を構成した他の二つの王国、すなわちナバーラとアラゴンの果たした役割が重視されることは決してなかった。これを「レコンキスタ」の名の下にスペイン共通の歴史として再解釈したのが一九世紀である。一九世紀という時代に産み出された「レコンキスタ」は、自由と信仰の回復であるとともに、ナバーラ、アラゴンも含めた全ての「スペイン人」が喪失した土地を回復する全面闘争として再解釈された。「レコンキスタ」の近代的歴史解釈はナポレオン戦争、「国民国家形成」という特異な時代的背景をもとに成立したといえ、ここでもって初めて、「レコンキスタ」がカスティーリャの占有物ではなく、スペイン王国全体の臣民、すなわち「スペイン人」の共通の歴史となったのである(24)。

しかし、たとえ「レコンキスタ」が近代固有の造語であろうとも、中世カスティーリャの状況に限定した場合、ある一定の連続する歴史解釈がみられることは否定できない。これは、不当に簒奪された西ゴート王国領域の回復のための正戦であり、かつ異教徒たるムスリムに対する聖戦でもあった。しかしこれは、ムスリムに対する殲滅戦争を意味せず、時と状況に応じてムスリムを内に取り込むことを許容し、また外部のムスリムと一定の「和合」の可能性を含む、ゆるやかな理念でもあった。中世カスティーリャ王権は、この理念を基準にしてアンダルスという「不当な」存在を認識し、諸関係を構築していった。よって考察すべきは、歴史的な「レコンキスタ」理念の単純な否定ではなく、混在し矛盾した形で記憶、継承されていった「レコンキスタ」理念を形成する諸要素が、いかなる局面において先鋭化するのかを問うていくことであろう。

第二節　再・「レコンキスタ」の解釈をめぐる研究上の問題

一九七〇年代以降のスペイン中世史学の刷新は、かつての「レコンキスタ」研究に大きな修正をせまることになった。この変化は、日本の中世スペイン史研究においても顕著である。

一九七八年に刊行されたローマックスの『レコンキスタ』は、一九九六年に林邦夫によって邦訳されている。同研究は、ムスリム支配者つまりアンダルスからキリスト教徒支配者への漸進的な政治権力の移行過程、すなわち「政治的なレコンキスタ」を主題としており、政治・軍事的な事績を丹念に跡づけることによって通史を描いている。王権の政治イデオロギーとしての「レコンキスタ」理念は、半島キリスト教社会で広範に受容され、この結果、征服運動が必然的に宗教的な色彩を帯びていったと解釈する(25)。

他方で二〇〇七年に出版された芝修身著『真説レコンキスタ』は、先の訳書をはじめとする「古典的な」スペイン史研究の刷新を目指した研究として注目に値する。彼は「レコンキスタ」が「十字軍精神」あるいは「聖戦意識」による征服ではなかった点を強調し、世俗的な土地獲得意欲や騎士の名誉欲に征服の理由を求めるという、現在の中世カスティーリャ史研究の主流的見解に依拠する(26)。上記の両研究の間の相違点は、「レコンキスタ」と総称されてきた征服運動において、宗教的な動機が果たした役割の評価に集約されているといえる。そしてこの両者の意見の隔絶は、スペイン史研究の進展を明確に示すと同時に、近年の研究動向が孕む問題点をも端的に表している。

先述したように、カスティーリャ王権に限定するならば、中世後期に至るまで「レコンキスタ」理念は存続し継承されており、この点での歴史的な連続性は明白である。それは常に西ゴート王国の復興を是とする正戦であり、時に十字軍として聖戦ともなった。しかし敵であるところのアンダルスに対する認識は、ほぼ一貫して「寛容」なものであった。この理念の旗印の下で継続して推進された南下拡大運動は、宗教対立のみに起因するわけではなく、また政治的、あるいは近年主張されるところの「社会構造的な軋轢」のみによって惹起されていたわけでもなかったのではないか。複数の要因は、解きほぐすことが不可能なほど複雑に絡みあった状態で史料に現れてくる。融和と軋轢、寛容と不寛容の双方が混在し、単純に一方のみの強調では当時の社会を全体として描いたことにはならないし、二者択一的な議論は不毛であるとさえいえる。南下拡大が開始されて理念が誕生した中世初期、拡大が最も精力的に展開された一一世紀から一三世紀前半にかけての中世盛期、そして全西欧的な「停滞」の時代とみなされて、イベリア半島においても対アンダルス戦線の南下が膠着する中世後期、これらを分割することなく、連続した時代とみなして総合的に分析していかねばならない。

しかし、ここでさらに、解決されていない研究上の問題が姿を現してくる。それは、中世盛期を対象とする研究傾向と中世後期のそれとの間に横たわる大きな「断絶」である。

それは、「レコンキスタ」と「寛容」との関連性の点での研究上の「断絶」である。九世紀という「レコンキスタ」の黎明期におけるキリスト教諸国とアンダルスとの関係を分析したクリスティーズは、宗教的な相違に基づく敵意が当時存在しなかったことを強調する。中世スペイン史研究の泰斗メネンデス・ピダールも、キリスト教諸国とアンダルスとが直接的で濃密な接触を経験する一一世紀とは、同じ「スペイン人」たるアンダルスのムスリムとの「和合」の時代であったと主張していた。同じくマッケイは、一一世紀を「パーリアの時代」と呼称し、一定の宗教的「寛容」が見出される時代と定義し、他方で一二世紀以降を「レコンキスタの時代」とし、十字軍精神の支配する「不寛容」な時代として分類している(27)。

マッケイのように十字軍運動からの強い影響をそこに見出す研究も散見されるとはいえ、全体としては中世盛期の末、すなわち一三世紀頃までを、異教徒に対する「寛容」な姿勢の維持された時代として肯定的に評価する傾向が強い。これはある面では、当時の西欧世界を席巻していた十字軍運動との乖離を強調し、イベリア半島の独自性を主張したい研究者らの想いを反映しているといえる。事実、七一一年から一三世紀前半にかけての対ムスリム認識を、年代記史料の言説を用いて網羅的に分析したバルカイは、一時的に十字軍思想の影響がそこに見出されると述べつつも、ピレネー以北地域と比較した場合、対異教徒認識の穏健さが顕著であるとする(28)。

具体例を挙げたい。ピックは一三世紀前半の著名なトレード大司教ヒメネス・デ・ラーダが提唱した「並存（Coexistence）」理念を分析し、軍事的に脅威とはならない「内なるムデハル」や、「外のアンダルス」との間に安定的な関係が築かれていたと述べる。中世後期におけるキリスト教諸国とナスル朝との間の関係も一五世紀の末に至るまで安定的であり続けたと仮定しつつ、しかし具体的な分析は全く行なっていない。「断絶」は、カスティーリャと対を成すアラゴン連合王国研究でも同様である。カトロスは、一一世紀から一三世紀にかけて、アラゴン王国エブロ川流域に多く残存したムデハルを主たる研究対象としている。一三世紀までの同流域におけるキリスト教徒とムデハルの関係は概ね安定していたとし、一四世紀には両者間の関係がより対立的になるとして、この原因としてラテン・キリスト教世界全体の対異教徒認識の変化を指摘するにとどめている。またローマックスも、中世後期の歴史は政治的概略を簡潔に述べるにとどまり（二一七〜二三四頁）、芝もまた一二五二年のカスティーリャ王フェルナンド三世の死去をもって筆を擱いている(29)。

これらの研究は中世盛期の終わりをもって結論を提示し、中世後期の具体的な分析を行なうことはない。「寛容」なる中世盛期から、次第に「不寛容」なる中世後期へと至り、最終的に一四九二年のアンダルスの滅亡へと至ったという結果を、自明のものとしている傾向は否定できない(30)。他方で、後述するように中世後期で唯一残ったアンダルス、すなわちナスル朝グラナダ王国との関係交渉史は、これまで地域史・郷土史の枠内のみで扱われてきた。しかし地域史研究は膨大な成果を提示してきているものの、全体としての対アンダルス戦争の実態、すなわち「レコンキスタ」の全貌を見出すには至っていない。「レコンキスタ」理念を継承したカスティーリャ王権は、ナスル朝と中世後期においていかなる関係を取り結んでいくのであろうか。換言すれば、王権という政治的中枢で維持されていた「レコンキスタ」理念は、南下拡大が停滞したとされる中世後期の対グラナダ関係において、いかなる影響を与えていたのであろうか。このような中世後期の両王国間の関係の分析が、本書の第一の主題となる。

この点で、未だに検討されるべき疑問がもうひとつ残っている。

カスティーリャ王権のもとで存続した「レコンキスタ」理念は、対アンダルス国境域に居住する民によって実際に受容されて、戦争の際の行動原理となっていたのであろうか。真の当事者としての国境地帯の民と、彼らによって形成された社会の果たした役割をめぐって、ここでも研究上の「断絶」が存在している。先のローマックスは「キリスト教徒とイスラーム教徒の間の戦争の慢性的・民衆的性格」を主張した。「国家」間において休戦あるいは和平が成立していようとも、民は暴力行為をやめることはなく、彼らは常に非妥協的で敵対的であったとし、「国家」イコール「寛容」、境域民イコール「不寛容」という図式を示している。他方で芝は「貴族も平民騎士も平民も宗教的動機はほとんど持たなかった」とするが、彼らは戦利品とりわけ土地獲得意欲のゆえに好戦的となったと解釈する。指摘できるのは、宗教的な動機に対する評価は正反対でありつつも、境域民が非妥協的かつ好戦的であったという評価で一致している点である(31)。

とはいえ、中世盛期では史料の欠如が著しく、利用できる叙述史料からのみで「レコンキスタ」に実際に参加した民の実像を解明することは困難である。他方で、多くの証言に恵まれている中世後期に関しては、地域史の枠内で研究が大いに進展したものの、その成果は個別の問題分析に埋没しており、全体像が未だ描かれていない。中世後期の民の対アンダルス認識の実態を総覧し整理を試み、それらを再考証していく必要があろう。これが本書の第二の主題となる。

本書では、上記の双方（カスティーリャ、グラナダ）の「王権」とその宮廷を「中心」と呼称し、両王国間の境界地帯を「境域」と表現していく。果たして「境域」民は、対立と共存の双方を含んだ、中世カスティーリャ王権の「レコンキスタ」理念が想定する対アンダルス認識を敷衍していくのであろうか。あるいは「境域」は、上記のローマックスや芝の評価のように、常に好戦的であり続けたのであろうか(32)。

政治的な「中心」を形成する王権の振舞、和戦の真の担い手としての「境域」の振舞という二つの位相をつき合わせて分析することで、中世イベリア半島におけるキリスト教諸国とアンダルスとの間の諸関係を、より統合的に把握することができると考える。中世後期カスティーリャ王国の「レコンキスタ」をめぐる統合的な分析は、史料の欠如のゆえに解釈の対立が解消されないままとなっている中世盛期のカスティーリャ王国研究にも大きな示唆を与え、ひいては中世イベリア半島全体における異教徒間の融和と軋轢の諸相の解明に資するものとなろう。まずは、第二の位相、すなわち「境域」を扱うにあたっての予備的考察を次節で行なっておきたい。

第三節　「境域」への眼差し

中世西欧世界が一一世紀以後の「グレゴリウス改革」と叙任権闘争を経て、皇帝と教皇を二つの権威とする楕円的なラテン・キリスト教世界を形成していくことは、よく知られていよう。上記の中心の周辺に、フランス、イングランド、イタリア諸都市国家などが自身の地位を確保する形で、西欧固有の有機的な封建社会が確立していった。政治的、経済的、あるいは文化的な観点からみるならば、イベリア半島のキリスト教諸国は、地域的な多様性を大きく含みつつも、均質性を保とうとするこの世界の最西端に位置していた。

イベリア半島のキリスト教諸国の側もまた、自らをラテン・キリスト教世界の一員であることを自認し、他の西欧諸国との連携を図っていった。しかしこれと同時に、南にアンダルスという別の文明世界と直接に境を接するがゆえに、常に「文化変容」を強いられ、自身の属する世界からの逸脱を余儀なくされた。とりわけ、征服間もない地域が、特異性を強く保持していたことは間違いない。「中心と辺境」という地政学的な観点からみれば、ラテン・キリスト教世界の中心、この世界の辺境を形成するイベリア半島内に割拠したキリスト教諸国の「中心」、そして「レコンキスタ」の進展に伴って再生産、再定義され続ける対アンダルス防衛の最前線としての「境域」という三重の濃淡が浮かび上がってくる。

イベリア半島内に形成され続けたこの「境域」は、当然ながら、北の西欧キリスト教諸国側、そしてこれと対をなすアンダルス、すなわちイスラーム・スペイン側の双方の接触領域に誕生した。これらは、前者における王権や伯権、あるいは後者のアミール、カリフまたはスルタン宮廷の支配基盤となった後背領域とは、別の統治形態を保持していたように思われる。

現在我々が用いている「境域」あるいは「最前線地帯」を意味する「フロンティア（frontier）」という語彙は、管見の限りで、一一世紀に王国として頭角を顕したアラゴン王国域と、第一次ターイファ諸王国のひとつフード朝サラゴーサ王国域との境界地帯を指し示すものとして初出した。しかし当時、境界を示す語彙としては、他に「リメス（limes）」、「エストレマトゥーラ（extrematura）」、「マルカ（marca）」なども存在し、「境域（frontaria, frontera）」の語彙の利用が一般化するには、しばらくの時代経過を待たねばならなかった。ここで強調すべきは、一一世紀とは、融和と軋轢の双方を含む、南のアンダルス側とのヒト・モノ・情報の交流が劇的に増加した時代に当たる点であろう。期を同じくして、自らをキリスト教徒側として、ラテン・キリスト教世界の一角を占めるという自意識、いうなれば「アイデンティティ」が形成され始めた。この二つの条件をいち早く満たしたピレネー以南のアラゴンで、他者としてのアンダルス支配域と境を接する前線領域を指す概念として「フロンテーラ（frontera）」という語彙が、産み出されたと考えられる(33)。

一一世紀アラゴン王国の対アンダルス「境域」と比較して、レオン・カスティーリャ王国の場合、「境域」の語彙が登場するのは一二世紀末から一三世紀初頭を待たねばならない。これ以前は、専ら自然国境線としての「ドゥエロ川の向こう側」を意味するとされる「エストレマドゥーラ」、あるいはラテン語の「エクストレミタス（extremitas）」が用いられている(34)。

おそらくこの差異は、アラゴン域に比べてカスティーリャの場合、相対的にムスリム勢力と密に境を接さず、間にまず支配域に組み込むべき緩衝地帯としての「無住地」が横たわっていたという地政学的理由、そしてこの「無住地」への入植過程で組織化されていった諸都市群が、王権の支配からは強く自立していた点に求められるべきなのではないか。あるいは、イベリア半島中央部を支配するレオンあるいはカスティーリャ王国自体が、形を成し始めていたラテン・キリスト教世界に自らの帰属意識をいまだ持っていなかったこととも関係しているのかもしれない。ともあれ一二世紀後半、ムワッヒド朝勢力からの防衛を目的とした半島固有の宗教騎士団が設立されて、「キリスト教世界の盾」としての所属意識が生まれ始める。ちょうどこの時から「フロンテーラ」が、カスティーリャでも用いられ始めるのである。

その決定的な定着は、一三世紀前半、カスティーリャ王フェルナンド三世による「大レコンキスタ」の完遂時に生じた。ナスル朝グラナダ王国との境界域を構成した三つの王国、すなわちハエン王国、コルドバ王国そしてセビーリャ王国からなるアンダルシーア王国群が創設されたからである。同三王国群は中世後期を通じて「frontera」と総称された。これをもって、「フロンテーラ」は、ほぼ「対アンダルス国境地帯」を意味する語彙として広く認知されたといえる。

「境域」概念がキリスト教諸国側で成立していくのであれば、対のアンダルス側においても類似の辺境概念が形成されていくのは必然といえる。イスラーム世界は、その支配領域を拡大させるにしたがって多くの文明世界と衝突を繰り返し、それらとの間に一種の緩衝地域を特別に設けていった。ビザンツ世界との境域で形成された緩衝地域は「サグル（thaghr）」と呼ばれ、後背に位置する他の行政管区とは異なる扱いを受ける特別域を構成した。イスラーム世界の最西端に位置するアンダルスにおいても、「サグル」が後ウマイヤ朝時代に対異教徒世界、すなわち半島キリスト教諸国に対峙する形で配置されていた（上辺境、中辺境、下辺境）(35)。

しかし後ウマイヤ朝の「サグル」は、マンサノ・モレノが結論づけたように「イスラームとキリスト教の間の数世紀にわたる闘争の舞台ではなかったし、中央政権によって一様に組織化された防衛網でもなかった。その最も際立った特徴とは、逆に、極度の細分化、そして各々の地域で生じる具体的な諸条件への適応であった」。それでも、一一世紀初頭に後ウマイヤ朝が滅亡した後、北アフリカのマグリブで勃興したムラービト、ムワッヒド両王朝の支配時代には、北方キリスト教諸国に対する防衛を主任務とする地域の組織化が徐々に推し進められたと想定される(36)。

キリスト教徒側の「フロンテーラ」であれ、アンダルス側の「サグル」であれ、「境域」は対異教徒戦争をその主任務とするため、防衛あるいは遠征といった戦争行為に特化した固有の社会を形成せざるをえなかった。しかし同時に当該域は、最も別社会あるいは別文明に近い地帯となるため、境の対岸からの影響を濃密に被る場へと変容した。この結果、双方どちらの政治的「中心」にも完全には属しきらない、特異な社会を形成していく。本書の第二部で分析するように、当該社会は対異教徒戦争に特化すると同時に、しかし「文化変容」が最も進行する場、換言すれば、戦争と平和の双方の特質が同時に先鋭化する場となった(37)。

このような中世イベリア半島における双方の「境域」の特質を分析するにあたって、一九世紀アメリカの西漸運動で生じたフロンティアとの比較が盛んになされてきた(38)。確かに、この二つの歴史的現象の間には約八〇〇年近くの隔たりが存在している。しかし地政学的な位置づけ、当該地帯の社会構造の点で多くの普遍的な類似がみられることも否定できない。中世イベリア半島における対アンダルス国境地帯としての「境域」は、一九世紀の「アメリカン・フロンティア」と同様、征服活動とそれに続く入植活動の成否に伴って、前進あるいは後退する不確定な領域であったからである。この不安定さ、曖昧さを抱えるがゆえに、入植者は定着せず、人口過疎に悩まされ続けた。しかし、それゆえに社会的な流動性の高い場であり続けた中世イベリア半島の「境域」は、まさに一九世紀アメリカのフロンティアに酷似している(39)。

「アメリカン・フロンティア」概念は、超時代的な比較研究のための共通テーマとして二〇世紀半ば頃から用いられてきた。西欧中世史研究においても、ラテン・キリスト教世界の領域拡大の進展あるいは停滞がもたらした社会的変動を、マクロに見出す潮流が登場するばかりか、「フロンティア」自体のダイナミズムを対象とした比較共同研究が登場してきている。このように大きな西欧史学界全体の潮流と、本書の対象とするスペイン中世後期「境域」研究の進展とが時期的にちょうど一致している(40)。

征服と入植の繰り返しからなる、アンダルスへ向けた「南漸運動」としての「レコンキスタ」と「レポブラシオン」の結果、中世後期には、カスティーリャ王国の南部でアンダルシーア王国群と東方部のムルシア王国から構成される「境域」が生み出された。しかしこの中世最後の「境域」は、二〇世紀の後半に至るまで、長らくスペイン内外の研究者の関心を惹起することはなかった。先述したようにこの理由は、おそらくこの「境域」が一四九二年に至るまで劇的な変化をみせず、戦線が膠着し、英雄的な会戦や出来事を生じさせなかったことによる。それとともに、現地の古文書館に膨大に残存している史料が未整理であり、「中心」たるカスティーリャ王権と王国全体の政治的な変遷に主たる関心を抱く政治・社会史研究者の関心を惹きつけなかったことによる。

しかし状況は、一九七五年のフランコの死に伴う民主化の前後に激変した。各地で勃発する地域主義と呼応する形で、アンダルシーアあるいはムルシアにおいても、地域・郷土史研究が活発になされ始める。中世後期カスティーリャの「境域」研究は、地域研究の進展と、上記の「フロンティア・ヒストリー」という西欧史全体の潮流とが時期的に繋がることで、これまで大きな発展を遂げてきた。

アンダルシーア地域史研究は、現地古文書館の網羅的調査と並行して、定期的に開催される研究集会で各々が得られた成果を共有してきた。その出発点は一九七六年の「第一回アンダルシーア史研究集会（I Congreso de Historia de Andalucía）」であり、当時セビーリャ大学の正教授であったラデロ・ケサダが、一九五一年から七五年までの地域史研究の成果を整理することによって始まる。なお、ほぼ同時期に「第一回アンダルシーア中世史研究集会（I Coloquio de Historia Medieval Andaluza)」も開催されている(41)。同地域史研究は、より史料残存状況が良く、かつ、当時同じ「境域」を構成したムルシアの地域史研究と深く連携しながら、一九八〇年代以後、定期的に研究集会を実施して議論を成熟させてきている。ムルシア研究の主たる関心も、やはり「境域」であり続けてきた(42)。

カスティーリャ王国とナスル朝グラナダ王国との間の「境域」に対する関心は、次第に地域史研究者以外を惹きつけていった。一九九五年以後、「境域研究集会（Estudios de Frontera)」が、まさに中世後期の最前線拠点を形成した都市アルカラ・ラ・レアルに於いて、継続して実施されている(43)。

このように、「境域」に関心を抱いたアンダルシーア、ムルシア地域史研究は、一九七五年前後から、現在までの短期間で、豊穣な研究成果を提示してきた。とはいえ地域史研究の常として個別事象への埋没が著しいのは否定しえない。さらに、「境域」をめぐって展開されている議論で何よりも問題なのは、次の二点といえる。

第一に、彼ら地域史研究者が、「境域」を単純にマージナルな地域固有の問題としてとらえている点である。彼らはカスティーリャ王国北部に君臨する王宮廷という「中心」、ひいてはラテン・キリスト教世界の中心部の動静との対比において「境域」を定義する。しかし、彼らは多くの場合、「境域的である（lo fronterizo)」個別事例を紹介し、「中心」からの逸脱を指摘することで満足する。換言すれば、なぜ逸脱しているのかを問うに至っていない。しかし、おそらく歴史上多く存在してきた境域とは、常に中心の論理には収まらない場となったのではないか。問われなければならないのは、中世イベリア半島に固有の「中心」と「境域」との関連性ではないか。

そして第二に、戦争と平和という二元性の問題が挙げられる。「境域」では防衛という戦争行為の遂行が重視される。しかし越境してなされる和合も必然的に生じてくる。事実、地域史研究の個別成果は、双方の証拠を十二分に提示してきており、この二つの特質が並立して常に存在していたことは明らかである。しかし、これまでこの二つの特質は、別個に扱われ、どちらの側面を強調するかで議論の対立が生み出されてきた。必要なのは、共存の側面と対立の側面が、いかに「境域」という同じ場において相互作用を引き起こしたのかを問うことである。

上記の二つの問題を孕む現在のアンダルシーア地域史研究は、「境域」が異教徒と向き合う場であることを強調しつつ、結局は前節の「レコンキスタ」理念をめぐる研究状況と同様に、中世スペイン史の伝統的なテーマであった「宗教対立か否か?」あるいは「寛容か否か?」という枠組みの終わりなき再生産に終始しているといえる。

第四節　本書の構成と使用史料

序論を踏まえて、以後、本書は三部構成をとりたい。

第一部『中世後期におけるカスティーリャ王国・グラナダ王国間関係(一二四六〜一四九二)』では、伝統的なカスティーリャ王国政治・軍事史と「境域」地域史との接合を試みる。アンダルシーア、ムルシア両地域史の現在の研究成果を生かして、「境域」情勢に目を配りつつ、その意義を両王国間関係史という、よりマクロな次元、すなわち両王国の宮廷から構成される「中心」同士の関係の分析に生かすことを試みる。両王国間の関係を分析するにあたって、これまでの諸研究にみられてきた「戦争かあるいは平和か」という二者択一的な論議の素描から始め、その上で当時の戦争の実態、平和の実態をそれぞれ分析して、さらに戦争と平和の連関性を検討する。カスティーリャ王権が維持し続けていたと考えられる「レコンキスタ」理念と対グラナダ政策との関連、そしてなぜ一五世紀の末に突如としてナスル朝の滅亡が引き起こされたのかという根本的な問題にも目を配っていく。

次に第二部『「境域」における「戦争と平和」』において、視座を「境域」自体に定めて、よりミクロな次元、すなわち両王国の境界領域に成立した社会の総合的な分析を試みる。先に指摘したように、地域史研究における二元性論議は形を変えながらも、やはり「戦争かあるいは平和か」で推移してきた。これは「戦争遂行型社会」か、あるいは「平和維持型社会」かという「境域」社会論の対立という形をとっている。まずはこの両社会論がそれぞれ明らかにしてきた諸特質を、実際の史料を引用しつつ分析しなおした上で、問題点を整理する。

そして第三部『細分化される「境域」』では、まず第二部で明らかになった「境域」の全体的な振舞を考慮しつつ、各地域、すなわち西方部、中央部、そして東方部ごとに、都市議事録をはじめとする諸史料を用いながら、境界を跨いで繰り返された諸交渉の実態をさらにミクロに分析していく。この結果、戦争と平和という、我々が対立概念と考えているものが、如何に「境域」では常に並存し、またカスティーリャ側、グラナダ側の双方が、一種の「境域慣習」とでも呼ぶべきものを、「中心」たる王権の思惑とは無関係に共有していたのかを明らかにしていく。

しかし最初に、中世後期の「境域」を具体的に分析していくにあたって本書で用いた史料についての概略を述べておきたい。本書を執筆するにあたって使用した主要史料を大まかに分類すれば、叙述史料、文書史料、そして法典史料その他となる。

最も基本となる叙述史料は、カスティーリャ歴代の王の各治世を記述した年代記である。アルフォンソ一〇世からグラナダを陥落させたイサベル一世の治世までを扱った各年代記によって、同王国とグラナダ王国との政治・軍事・外交関係の変遷を跡づけることができる。王の近くに控えていた年代記作者が執筆したこれらの年代記は、当然ながら作者の立場に応じて王を称える、あるいは貶める傾向をみせざるをえない。しかしその記述は中世初期あるいは盛期の年代記と比べて、概して客観的で多くの情報を盛り込んでいる。年代記作者らは同時代を生きる王の側近としての自身の経験と立場を利用して、王発給文書を閲覧しながら叙述を行なっていたと考えられ、史料的価値はこれまで考えられてきた以上に高い。とりわけ一五世紀になるや、同じ治世を複数の年代記が扱っているため、これらを比較検討することで、より正確な情報を摑むことができる(44)。

有力貴族の武勲を称える叙述史料も存在する。とりわけ本書で広範に用いているのは『ミゲル・ルーカス・デ・イランソ事績録』である。これは、アンダルシーア王国群のひとつハエン王国の首座、都市ハエンの管轄権を移譲された大元帥（condestable）ミゲル・ルーカスの事績の称揚のために書き記された、一五世紀の第三四半世紀を主たる対象とする歴史書である。ハエンは、「境域」の最有力都市のひとつであり、対グラナダの戦争と防衛の要となった。同都市内の状況を詳細に記録しており、「境域」の日常の一端を知るための必要不可欠な史料といえる。執筆者は未だ特定されていないが、日単位での詳細な都市内の記述内容を考慮すれば、大元帥に日頃接していた人物であることは明らかであろう。

その他、イサベル一世の年代記作者であったアロンソ・デ・パレンシアが書き綴った『グラナダ戦争記』は、一四八二年から八九年のバーサ征服までを扱った歴史書であるが、戦争の推移を明らかにしてくれるとともに、当時の「境域」の状況を知る上で興味深い記述をいくらか含んでもいる。

次に文書史料として、中世後期の「境域」を構成したアンダルシーア、ムルシアの諸古文書館に収められている数多くの証書や書簡を用いた。これらをさらに分類すれば、第一に、王権から「境域」の各地に送付された特権授与文書や命令書は、「中心」たるカスティーリャ王権と「境域」住民との関係を知る上で欠かせない。第二に、「境域」の拠点同士で往復された書簡から、対グラナダ関係を彼ら「境域」民がどのように把握していたのかを知ることができる。そして第三に、「境域」の都市拠点当局を構成する寡頭層の議題を列挙した議事録（Actas Capitulares）を用いた。この議事録には王権からの命令書、他の「境域」拠点から到着した書簡の内容の抜粋あるいはその全文が採録されている場合もある。さらに境の向こうのグラナダ側の諸拠点からの書簡も多く挿入されているため、ミクロな「境域」情勢を知る上での第一級史料といえよう。残存状況は地域によって大きく異なっており、概してアンダルシーア王国群では状況が芳しくなく、一五世紀ですら一部が残るのみである。他方でムルシア王国では乾燥する気候のせいもあって、多くが一四世紀後半から残存する傾向が強い。本書では、アンダルシーアの都市モロン議事録、都市ヘレス議事録、都市ハエン議事録を主に用いた。ムルシアでは、とりわけ都市ムルシア議事録がほぼ完全な形で残存しているため、これを利用した。文書史料の多くは既に刊行されているが、未刊行のものも必要に応じて用いた。また、カスティーリャ王国と同じくグラナダとの折衝を継続したアラゴン連合王国側の文書史料、とりわけ一五世紀バレンシアの刊行文書史料を参照した。

法典史料その他として、まず一三世紀後半に編纂されたカスティーリャ国法典『七部法典』を用いた。カスティーリャ王国の成文法として即座に受け入れられるには至らなかったものの、一三世紀の時点で王権側が「境域」の状況、あるいは対アンダルス関係をどのように認識していたのかを知るためには重要な史料である。また、身分制議会の議事録を部分的に用いた。その他、一四世紀前半にムルシア総督を務めた王族で、既に序論でも引用したファン・マヌエルの『諸身分の書』は、自身の「境域」統治の経験をもとに執筆されているため、やはり重要な同時代史料と考えて利用した。最後に、『シーロスの聖ドミンゴの奇跡譚』は、シーロス修道院の聖人である聖ドミンゴの奇跡に感謝して、修道院へ詣でた人々の証言を収録した興味深い史料である。捕虜解放を司る聖人でもあった聖ドミンゴへの感謝を表すため、修道院を訪れた者達が語ったとされる逸話のほとんどが、一三世紀後半に「境域」で誘拐され捕囚された実体験の証言と考えられる。内容は非常に生々しく、当時の「境域」で最も恐れられた誘拐行為の実態を知る上で非常に興味深い史料といえる。

上記に加え、すでに「レコンキスタ」が終結した一六から一七世紀に作成された史料も、本書で用いた。叙述史料として一五八八年にセビーリャで印刷されたアルゴテ・デ・モリーナの『アンダルシーア貴族史』は、一六世紀に開花した地域・郷土史への関心の高まりを反映したものといえる。この史料は、先述した歴代王の年代記に多くを負っているものの、そこに含まれていない情報をいくらか含んでいる。かつて「境域」であった諸都市に所蔵されていた書簡あるいは議事録の情報を用いていると考えられ、貴重な史料といえる。ペドロ・ベリョが執筆し、一六二二年に完成をみた『オリウエラ編年史』は、現在失われている同都市文書館所蔵の議事録を広範に用いて一四世紀前半から同時代までの都市史を扱っている。同じく後代に編纂されたものではあるが、その記述は客観的といえる。カスティーリャ王国の「境域」と同じく、対グラナダ王国最前線を担ったアラゴン連合王国領オリウエラ行政管区の情勢を詳しく知るために欠かせない史料といえ、カスティーリャ＝グラナダ「境域」との比較検討のため広範に用いた。

最後に未だ予備的ながら、一六世紀の領域係争文書内に登場するモリスコ、すなわち旧グラナダ臣民の語る証言から、遡及的な形で一五世紀の記憶を復元することを試みた。本書では、これらの様々な類型に属する史料を統合して用いることで、中世後期カスティーリャ王国の対グラナダ関係、すなわち最晩年の「レコンキスタ」の実態を明らかにしていく。

カスティーリャ王国と対をなすナスル朝グラナダ王国の史料状況について補足しておきたい。全体としてアンダルスに関する史料の残存状況は芳しくないが、とりわけアンダルス最後の砦となったナスル朝に関する状況は非常に悪い。特に、発布されていたことが明らかな行政文書の類は完全に散逸しており、ナスル朝君主の在位の状況すら、キリスト教徒側の文書史料を用いることで初めて把握されたほどである。ましてや、前線各拠点の統治の状況はほとんど解明されていない。それでも、既に紹介したカスティーリャ王国あるいはアラゴン連合王国側の史料から、彼らの送付した多くの書簡を復元でき、大枠でカスティーリャ側と類似した「境域」を形成していたことが推測できる。いずれにせよ、グラナダ王国内の状況をより詳しく解明していくためには、今後、キリスト教徒側の史料と、北アフリカ側に残存している可能性のある未知の史料とをつき合わせていかねばならないのであろう。

本書は、中世後期のカスティーリャ王国とアンダルス最後の砦としてのナスル朝グラナダ王国との関係を、「中心」と「境域」という、二つの重なりつつも異なる視角から論じるものとなる。アンダルシーア、ムルシア両地域史の膨大な研究成果に目を配りつつ、刊行・未刊行史料を広範に用いて論を展開していく。本書はあくまで地域と時代を限定した実証研究を目指しているが、提示される結論は、中世地中海域の至るところで生じた他の境界地帯、ひいては歴史的に常に生成され続ける境界域の比較研究にも有益な示唆を与えることができるのではないかと期待している。

第一部　中世後期におけるカスティーリャ王国・グラナダ王国間関係（一二四六～一四九二）

――「戦争と平和」という観点から

第三章　戦争期間と和平期間

第一節　問題の所在

一一世紀初頭にキリスト教諸国とアンダルスとの間の力関係が逆転してから、一三世紀の半ばに至るまで、カスティーリャ王国の版図は劇的な拡大をみた。一三世紀前半に「大レコンキスタ」を推進したカスティーリャ王フェルナンド三世は、一二四六年に都市ハエンを降伏させるに際して、ナスル朝初代君主ムハンマド一世と臣従協約をとりかわした。彼を開祖とするグラナダ王国は、一三世紀後半から一四世紀前半におけるジブラルタル海峡をめぐる国際的な合従連衡（「海峡戦争」）を耐え忍び、一四九二年までアンダルス最後の砦として存続を果たした。

狭隘な領域しか持てず、軍事力にも乏しかったとみなされながらも、なぜ二五〇年近くにわたってグラナダ王国が存続しえたのか。その理由は、中世後期において全西欧を巻き込んだ危機と関連づけて説明されることが多い。近年逝去したスペイン中世史の重鎮バルデオン・バルーケは、この社会経済的危機とグラナダ王国の保持する地政学的な有利性の結果、「対イスラーム攻勢」が抑止されたと述べる(1)。確かに、両王国間の関係は一見したところ非常に静態的であり変化に乏しく、領土的な拡張は上記の「大レコンキスタ」に比するまでもない。また確かに、中世盛期におけるような「英雄的」な会戦にも欠いている(2)。

とはいえ、カスティーリャ王国にとってのグラナダ王国とは好敵手であり、時に信頼にたる盟友であり続け、決して両者の関係が途絶することはなかった。本書の第一部は、これまで顧みられることの少なかった両王国間の関係交渉の具体像を、「戦争と平和」という軸で再考察を試みるものである。

アンダルシーア「境域」地域史の先駆者カリアソがかつて吐露していたように、両王国間の関係交渉史研究は長らく未成熟のままであった。確かに一九五〇年代から六〇年代にかけ、スアレス・フェルナンデス、ラデロ・ケサダそしてミトレ・フェルナンデスらが検討を試みている。しかし、彼らの研究はシマンカス古文書館所蔵の王発給文書を主に用いた、カスティーリャ王宮廷という政治的な「中心」からみる、マクロな政治・外交関係の基礎的な分析に限定されていた(3)。

フランコ体制が崩壊した後、主としてフランス学界からの影響を受容する形で新たな中世スペイン史研究が勃興していくが、序論で述べたように、中世後期の「境域」であったアンダルシーアとムルシア両地域の地域史も同時に成熟していった。現地の古文書館が所蔵する史料の整理と分析が、地域史の枠内で網羅的になされ、両王国間の関係交渉史に新たな展開をもたらすこととなった。今こそ、この地域史研究の豊饒な成果を参照し、本書の軸となる「戦争と平和」に応じて整理し直すべき時である。結果、その実態の意外な側面が明らかとなるはずである。

第二節　戦争期間と和平期間の二元性

まずは一二四六年から、一四九二年にナスル朝が滅亡するまでの時期的な分類を行なっておきたい。

①　古典的主従関係 ―― 一二四六～一二六四

一二四六年のハエン協定が、カスティーリャ王とグラナダ王との主従関係を初めて規定した。『第一総合年代記』は、この場面を以下のように描写する。

［グラナダ王ムハンマド一世は］賢明にもフェルナンド［三世］王の権勢に服属すべく来訪し、手に接吻を行ない、自身と領地を委ねることで彼の臣下となり、ハエンを引き渡した。［中略］［フェルナンド三世は］彼を歓待し多くの誉を与え、彼の臣下として自身の領地へ留まらせ、今までどおり全ての支配域を保持させた。しかし一定の貢納金、すなわち毎年一五万マラベディを供出させて、戦争と平和を彼のために行なわせ、さらに年毎に身分制議会へ参集させることを望んだ(4)。

臣従に際しての貢納金の支払いは一一世紀からの伝統であったが、さらに身分制議会たるコルテスへの参加が義務づけられている。カスティーリャ王の側は、この協定を「助力と助言（auxilium et consilium）」を旨とする封建主従関係と捉え、これ以後、多くの証書の証人欄において「臣下（uassallo）」として、グラナダ王の名を記し始める。他方で、アラビア語史料では「二〇年の休戦」と期限付きの協定とされている。いずれにせよ、両者の関係が安定化し、使節の往復も頻繁になされ始めたことは確かであろう。しかしながら、表向きは平和が維持されているものの、水面下では「北アフリカ沿岸部をめぐる折衝（fecho de allende）」によって両者の軋轢が深まりつつあった。グラナダ王が直接介入してのアンダルシーア・ムルシア全域に於ける大規模ムデハル反乱（一二六四年から六五年に勃発）を契機に、古典的な封建主従関係は終わりを告げる(5)。

②「海峡戦争（Guerra del Estrecho）」――一二六四〜一三五〇

この期間、モロッコのマリーン朝、アラゴン連合王国、ジェノヴァがグラナダ情勢に直接介入して、ジブラルタル海峡の制海権を巡る非常に複雑な「外交」が展開された。カスティーリャ王国、グラナダ王国双方の国内においては、王位継承をめぐる内乱と貴族同士の権力闘争が頻発し、まさに内外入り乱れての合従連衡状態がもたらされた。カスティーリャ王権にとっての最大の懸案事項は、一貫してマグリブからの軍事介入の排除にあり、他方でグラナダ王の目的は、マリーン朝とカスティーリャ王国との間で勢力の均衡を維持することにあった。一二七五年から八五年にかけて、マリーン朝からの大規模な軍事介入がアンダルシーア全域を舞台に繰り広げられ、以後の争点はアンダルシーア海岸部、すなわち都市タリファ、ジブラルタル、そして何よりもマリーン朝が確保していた半島拠点アルヘシラスとなった。一三三〇年代、国内情勢の不穏をさしあたりは一掃したアルフォンソ一一世は、大規模な親征を断続的に行ない、一三四〇年にサラード会戦で勝利した後、四四年にアルヘシラスを占領することで、長らく続いたマグリブからの軍事介入に終止符を打つ。しかし公的な全面戦争といえるのは、一二七五年から八五年の間、そしてアルフォンソ一一世の治世の後期に集中しており、これらの期間内であっても、互いに休戦を挟みつつの争いとなった(6)。

③「奇妙な平和（Paz insólita）」――一三五〇〜一四〇六

ペドロ一世（在位一三五〇〜一三六九）とグラナダ王ムハンマド五世（在位一三五四〜一三五九、一三六二〜一三九一）は個人的な盟友関係にあり、トラスタマラ内戦時、グラナダ王は常にカスティーリャ王ペドロを援助した。以後、内戦の勝利によってカスティーリャ王に登位したエンリケ二世（在位一三六七〜一三七九）以後のトラスタマラ諸王とグラナダ王との関係は「良好」であった。両王国間に正式な戦争が宣言されることは一度もなく、数年単位の休戦協定が継続的に締結されていた模様である。また時期を同じくして、この期間の都市議事録その他の史料に、休戦破棄へと至らずに小規模な国境紛争を「境域」の当事者同士で解決するための規定と役職が登場してくる(7)。なお、この期間においてグラナダ王は臣従と貢納金支払を行なわなくなるとしばしば主張されてきたが、たとえば一三七八年から二年間の休戦協定では「当該期間の毎年あたり五〇〇〇ドブラ金貨」の支払いで双方が合意をみており、状況に応じてグラナダ王が貢納金を供出していたと考えるべきであろう(8)。

④　一五世紀 ―― 一四〇七～一四九二

一四〇五年以降、「境域」情勢は不穏を醸し出し始めていた。一四〇七年から、幼少のファン二世の摂政フェルナンド・デ・アンテケラ（アラゴン王在位一四一二～一四一六）の指揮の下で、短期間の休戦を挟みつつも戦争が宣言されて、一四一〇年にはマラガ北方約五〇キロに位置する要衝アンテケラの占領に成功した。この後、再び一年から三年程度の休戦協定を継続的に更新し続ける。一四三〇年代に、比較的大規模な戦争が再び開始された。しかし一四三九年から再び休戦関係が優位を占める。王が代わりエンリケ四世治世の初頭に親征が繰り返された後、再度休戦関係が優勢となった。一四八二年から九二年にわたって繰り広げられた、カトリック両王の主導による「グラナダ戦争」が開始される前夜まで、ほぼ安定的な関係を保っているといえる(9)。

さて、研究者達は、この二五〇年間を戦争、あるいは平和という二つの区分でもって把握を試みてきた。「境域」の実態を伝えてくれる一級史料としての辺境詩歌（romance fronterizo）にいち早く注目したマッケイは、その先駆的論考の中で、ペドロ一世が即位する一三五〇年から、エンリケ四世の治世期の一四六〇年までの一一〇年間を「八五年の平和と二五年足らずの戦争」と評し、和平関係の圧倒的な優位を明らかにした。和平関係の優位を多数の論稿で強調し続けているロドリゲス・モリーナは、同じく一四世紀を八五年の平和と一五年の戦争へと区分する。ここで彼は、パワーズがかつて提唱した「戦争遂行型社会」論に対置させる形で、カスティーリャ＝グラナダ「境域」がむしろ「平和維持型社会」であったと主張する。これに対してゴンサレス・ヒメネスと彼の弟子ロハス・ガブリエルらは、異なる見解を抱く。全面的戦争（guerra declarada）が稀であることを承認しつつも、休戦時においてすら日常的な暴力が「境域」では優勢であった点を指摘して、牧歌的な和平状態は一度たりとも存在しなかったと語気を強める。つまりは戦争、あるいは平和という二つの現象のどちらを、より肯定的に評価するかという点で、地域史研究者の間で激論が交わされているのである(10)。

約二五〇年にわたるカスティーリャ王国とナスル朝グラナダ王国とが並立した時期の大半において、和平関係が優勢を占めているのはまぎれもない事実といえる。しかし、二者択一議論には問題がないわけではない。先行研究は、どちらの局面を重視するかで大きな差があるとはいえ、「戦争か？　あるいは平和か？」という対立軸上で議論を展開している点で変わりがないといえる。とはいえ、双方の主張が、ともに当時の証言に厳密に立脚した上で提示された意見である以上、どちらも否定することはできない。だが問題なのは、史料類型の差異の不必要な強調である。上述のロドリゲス・モリーナは、自身の論稿における「平和維持型社会」論の根拠として次の点を繰り返す。彼は、先行研究が政治・軍事史に偏り、両者間の宗教的不寛容ばかりを強調してきたとし、この原因を「十字軍説教を意図する教会によって醸成されたイデオロギーと妄想に彩られた年代記」ばかりを用いてきた点に求める。そして自身の主張の論拠を「境域」当事者の残した文書群、すなわち都市議事録や、「境域」の拠点同士がやりとりした命令書や書簡に含まれる「生々しい」情報に置く(11)。

とはいえ、ことはそう単純ではない。彼のいう「境域」当事者の史料は、和平とみなしうる越境交渉と同時に、休戦協定の締結にもかかわらず日常的に行使されていた小規模な窃盗、略奪、あるいは暴力行為を頻繁に証言してくれているからである。むしろ休戦協定の違反事実を境の向こうの「敵」へ伝達し、実力行使をも含めた補償を要求することを契機として「越境外交」が展開されていたとさえいえる。これは本書の第二部と第三部で詳細に取り扱うこととなろうが、王国間休戦協定の有効性にかかわらず、防備の恒常化、頻発する双方向的な暴力行使と、境の向こうとの「共存的な対話」とは、常に並存しえたのである。また、王権あるいは教会といった、政治と宗教の「中心」の主張を色濃く反映した叙述史料の詳細な分析は、序論で述べたように、彼ら王国の為政者がグラナダ王国との関係をどのように理解していたのかを検討するための第一級の情報源となりうる。必要とされるのは、一方の史料類型を除外することではなく、「中心」と「境域」の双方の史料を比較検討することであろう。

先駆者カリアソが既に述べていたように「グラナダ境域において平和と戦争は常に明白で全領域的なものではなく、それぞれの概念の十全な意味において平和は平和ではなく、戦争もまた然り」なのであった(12)。現在の我々が考える戦争あるいは平和と、中世イベリア半島におけるそれらが異なり、この齟齬が「戦争か？　あるいは平和か？」という不毛な論争の原因となっているのではないか。まずは当時の史料に即した形で戦争、あるいは平和の諸側面を再考すべきであろう。その上で「戦争と平和」という一見して相反する二つの現象の関連性を提示し、両王国の「中心」同士の折衝を、王国間休戦協定の成立という視角から総合的に検討することを試みていく。

第四章　対グラナダ戦争の特質

第一節　「消耗戦」と「拠点奪取戦」

序論で検討したようにカスティーリャ王国では、「神の敵（inimici Dei, enemigos de la nuestra santa fe católica）」への対抗意識を旨とする聖戦と、西ゴート王国と教会の復興という世俗的な正戦とが、分かちがたく結合していた。そしてこれが、王権の行使するアンダルスに対する戦争あるいは拡大の原動力の根幹となっていた。とはいえ、異なる宗教を奉ずる両勢力は、決して不断の闘争状態に置かれていたわけではない。現代における戦争とは異なり、中世におけるそれには、人員の徴発から、戦闘あるいは攻囲技術、さらに兵站の組織化とそれを支える財政の面で、極めて大きな制限がかかっていた。

この点でカスティーリャ＝グラナダ「境域」をめぐる戦争も例外ではない。近代の戦争論では両軍の勢力が激突する会戦（batalla campal）によって勝敗が決せられる。これに対し中世においては、むしろ小規模な略奪遠征からなる消耗戦（guerra de desgaste）を繰り返すことで、敵領域を疲弊させることに戦争の主眼が置かれていた。度重なる略奪を実施した後、敵が疲弊しきったところで、拠点奪取戦（guerra de expugnación）に移行し、相対的に重要な拠点を獲得するため、守備側と降伏協定を結ぶのが常道であった。八〇〇年の長きにわたる「レコンキスタ」の内実は、このような消耗戦と拠点奪取戦の繰り返しであったといえる(1)。

したがって会戦はできうる限り回避すべきものとされた。フェルナンド三世の孫にあたるファン・マヌエルは、敵との遭遇に関して以下のように忠告する。

開戦している者らとできうる限り戦闘を行なわないようにせねばなりません。というのも、敵方以上に兵を失いだすからです。たとえこのような会戦においてこそ戦争の火蓋が切って落とされるような地へと神がお導きになったにせよ、そのような会戦を決して行なわないようにして、むしろ最大限の人員を集結させなさい。兵を保持して小規模な抵抗戦をなすように(2)。

人的、物的資源が不足していた中世で、キリスト教諸国、アンダルスともに、不断の略奪、侵入行為に晒されることは共倒れを意味した。そこで、双方の「最高権力者」の間で戦争行為を停止するための交渉がなされ、休戦協定が締結されることとなる。この意味で、当時における平和とは、戦争行為の不貫徹さからもたらされる不可避な結果とみなすべきであろう。

ここで想起されるのは、中世盛期の対アンダルス戦争に関してガルシア・フィッツが示した結論である。彼はスメイルによる一二世紀シリアを中心とする十字軍国家研究で提起された論点を継承しているといえる。すなわち、会戦の危険性と困難さを前提とし、戦争の中核をなす略奪、そして城砦をめぐって展開される攻守戦を重要視する。彼によれば、会戦、拠点奪取戦、あるいは略奪や伐採と焼き討ち（tala y quema）から構成される中小規模の消耗戦、そして敵国内に混乱と不和をもたらすための「外交」交渉に至るまでのあらゆる方策が、アンダルスの「殲滅」のために意図的に行使されていた。この結論は、その語調の過激さはさておき、「戦争か？　あるいは平和か？」という二者択一の図式を打ち崩すものといえる(3)。

中世後期に視点を移した場合、消耗戦を主軸とする戦争、そしてこれと平和との連関性は、史料における証言からも指摘できる。同じく先に引用したファン・マヌエルは、以下のように対グラナダ戦争の区分を行なっている。

また、キリスト教徒がモーロ人の地へと侵入する場合、なされる侵入［形態］は、次の四つのうちの一つとならねばなりません。すなわち、アルモガバレスのごとく、何かを奪うために騎馬で侵入を行なう場合、［木を］伐採して土地を荒廃させるために堂々と侵入を行なう場合、ある拠点を包囲するために侵入する場合、そして戦闘を求めて侵入する場合です(4)。

この引用箇所のうち、第一と第二の戦争形態は、小規模な略奪行為と中規模な略奪遠征からなる消耗戦を指していることは明白である。このような消耗戦こそが対グラナダ遠征の中核をなしていたことは、神聖ローマ皇帝位を得るべくイベリア半島を離れる際に、アルフォンソ一〇世が、夭折する長子フェルナンド（生没一二五五〜一二七五）に与えた助言にも示されている。

麦が青々と茂っているグラナダ沃野へ進撃し、彼ら［＝グラナダ王国民］に危害を与えず、ただ麦を踏みつけて打ち倒せ。農地や葡萄畑で被った他の損害、そしてグラナダに滞在している者ら［＝亡命中のカスティーリャ貴族？］がなした損害とともに、もし少ない麦を彼らが失ったのであれば、戦争はごく短期間で終結するだろう(5)。

このように、当時の為政者が考える対グラナダ戦争とは会戦、あるいは拠点奪取戦というよりもむしろ、略奪を繰り返すことで相手の経済状況を悪化させ、闘争心を弱めることを意図的に目指すものであった(6)。

略奪の結果、ナスル朝前線拠点の兵站を破壊できたと確信される場合、フアン・マヌエルのいう第三の戦争形態、すなわち拠点奪取戦へと移行する。しかしその実施は稀であった。そして、これには理由がないわけではない。以下にいくつかの例を引用しておきたい。

一三二七年七月、アルフォンソ一一世は自らモロン南東約三〇キロに位置するグラナダ王国最前線拠点、オルベラを包囲した。数日間の攻囲を経た後、守備側に有利な降伏協定を締結して占領する。この後、オルベラの近郊に位置する小城砦プルナを包囲したが、同城砦は「非常に堅固なる岩山に建造されていたため、攻囲することが不可能であった」(7)。王は攻城機材（ingenio）を準備していたが、最終的にことを決したのは、二名の地の利を知る者の提案による急襲であった。思いがけず砦の要所を奪取された守備側は、もはや持ちこたえられないと考えて城砦を明け渡す。同じくオルベラ近郊の二つの城砦、アヤモンテ、トーレ・デ・アルアキメも同時期に占領されているが、おそらく守備側は抵抗することなく退去したと推測される(8)。

一三三〇年の夏にアルフォンソ一一世は、コルドバから親征を実施するに際して、列席する諸侯、そして「境域の者達（los de la frontera）」に助言を求めた。拠点を包囲するにあたって兵站を確保する容易さと、当該拠点の征服時にもたらされうる戦略上の利点を考慮し、先に占領したオルベラから東北東約四〇キロに位置する要衝テーバを包囲することで合意をみた。当時のグラナダ王国軍を統率していたマリーン朝の将軍ウスマーンは、テーバ包囲を知るや、すぐさま救援軍を率いて急行する。ウスマーン率いる救援軍の目的は「テーバのモーロ人らが意気消沈して、救援が絶たれたと考えないように、勢威を示す」ことにあり、度々包囲軍と救援軍との間で小競り合いが繰り返された(9)。これに対するアルフォンソ一一世は、まずはこの救援軍に対処せねばならなかった。彼は「攻城兵器による砲撃は毎日継続されていたとはいえ、包囲軍の者達に拠点［＝テーバ］への攻撃をさせなかった。というのも、もしモーロ人らが攻撃を仕掛けてきた場合、自身の兵たちが負傷してしまわないよう、また攻城兵器を最大限用いることができるようにする必要があったからである」(10)。救援軍を敗北させた後で総攻撃をかけ、最終的にテーバは降伏を申し出る。その降伏条件はオルベラと類似しており、食料と武器、衣服を除くその他全ての動産を帯同しての守備側の退去となった。テーバの征服により、近郊の城砦群、すなわちカニェーテ、クエバス、オルテヒカルが「無防備化（que estauan desanparadas）」されたため、即座に占領された。

一三四〇年のマリーン朝・グラナダ王国連合軍とのサラード会戦におけるカスティーリャ側の勝利はつとに有名である。この余勢を駆ってアルフォンソ一一世は、一三四二年の八月から、マリーン朝の最重要半島拠点アルヘシラスの包囲を試みる。しかしこの包囲戦は一三四四年三月までの、実に約二〇か月間にわたり続いた。ジェノヴァ、アラゴン、ポルトガルの援助を受けつつ実施された包囲戦であったが、海上封鎖を貫徹することもできず、海峡の対岸から随時派遣されるマリーン朝救援軍との間で小競り合いが絶えることはなかった。

一三四三年九月、カスティーリャ側陣営は食糧不足に陥り、必死にアンダルシーア各地から徴発することで、辛くも飢餓に陥ることは回避された。しかし穀物価格の大幅な上昇は避けられなかった(11)。アルフォンソ一一世は包囲が長期化することを何よりも恐れており、最終的にマリーン朝救援軍を撃退し、アルヘシラスの城壁へ向けて坑道を掘り進めることで、守備側の意気を消沈させようと試みる。

一三四四年三月、グラナダ側からの提案によって、両王国間の休戦協定とアルヘシラスの降伏協定に関する交渉が開始される。アルフォンソ一一世は「かほどに多くの人命が失われ、彼らのうちの一部は疫病で死亡し、さらに多くの者が負傷により亡くなった。さらにもたらされるであろう危険を回避し、また既に亡くなった者達以上に自兵を死の危険に晒さないようにすべく、［アルフォンソ一一世は降伏協定を介して］都市を獲得することを善しとして」、降伏協定と休戦に関する交渉の継続を受け入れた(12)。

グラナダ側は一五年間という長期にわたる休戦を提案するものの、カスティーリャ側はこれを却下し、最終的に一〇年間で合意をみる。この休戦協定は、カスティーリャ、グラナダ、マリーン朝、アラゴン連合王国、ジェノヴァという「海峡戦争」に関与していた五者の間で締結され、これをもってアルヘシラスのカスティーリャへの譲渡が決せられる。アルヘシラスは、先例と同じく、財産を伴っての住民全員の退去が許可される形で降伏した。降伏の後、ムスリム守備兵や領民らは、降伏協定の取り決めにしたがって「自身の物品を帯同し、王による保障の下、全員が退去した。彼らからは何も強奪されなかった」(13)という。

アルフォンソ一一世は、一四世紀前半に熱意をもって「レコンキスタ」を自ら推進したとされるが、彼の治世での拠点奪取戦の事例から分かることは以下の通りである。第一に、拠点奪取の著しい困難さである。一三世紀以降に形成されていくカスティーリャ＝グラナダ「境域」の最前線は、平地に点在するカルヤ（村落）と、必要時に避難所となるヒスン（城砦）という、それまでのアンダルスに広くみられた古典的集住モデルからの逸脱を余儀なくされていった。「境域」に由来する諸条件のゆえに、天険の要地の周辺に要塞化され、相対的に大規模な拠点へ集住する傾向がみられるからである(14)。このような「要塞」を包囲して短期間で強奪することは、例外を除いてほぼ不可能であった。「攻城兵器」すら、上記の例からも明らかなように、拠点奪取の決定打とはなりえない。拠点の奪取は、援軍への希望を断ち切り、さらに補給路を遮断することによって守備側の士気を損じ、降伏協定を介して成功させるしかない。あるいは、地の利を知る者や離反者からの内部情報を頼りにせざるをえない。

第二に、オルベラやテーバ征服の事例は、両拠点が征服された後、近郊の小城砦が即座に恭順あるいは放棄されうることを示している。であればこそ、王権が主導する大規模な拠点奪取戦の目標は、常に「境域」で中核となる重要拠点に定められた。なぜなら、他の小さな城砦は、おのずと獲得できるからである。しかし第三に、この結果として拠点奪取戦がもたらす甚大な労力と疲弊を考慮せねばならない。アルヘシラス包囲戦の経緯が端的に示しているように、補給と救援軍の来訪を阻止できなかった場合、極めて長期間にわたる包囲戦となる。人員はもとより、糧食や物資を大量に動員せざるをえず、結果として王庫、ひいては王国社会全体の疲弊を招来してしまう。

事実、アルフォンソ一一世は包囲戦に従軍する兵士らへの給金支払いのために教皇、フランス王から多額の財政的援助を受けざるをえなかった。同王の治世は、悪名高い取引税（alcabala）の恒常的な導入などの点で、中央集権的王制への基盤を整えた時期とされているが、その背景には度重なる戦争による戦費調達の必要があった[15]。一四世紀の前半期とは対照的に、同世紀後半期のカスティーリャ王国は政治的、社会的混乱に彩られ、対グラナダ戦争は全く行なわれていない。度重なる親征によってもたらされた深刻な疲弊が、その後のトラスタマラ諸王の政策を大きく左右した可能性すらある。

状況は、一五世紀に入っても変化をみせていない。むしろ、王が自ら軍を率いて大規模な拠点奪取戦を行なう事例は激減する。一五世紀末の一〇年間にわたる「グラナダ戦争（一四八二〜一四九二）」を例外とすれば、フアン二世の摂政フェルナンド・デ・アンテケラが率いた遠征が有名であろう。一四一〇年四月二六日から同年九月まで、要衝アンテケラをめぐって展開された包囲戦は、スペイン史上初めて、大規模かつ組織的に重火器が用いられた例として名高い。しかしこれも、グラナダ王からの救援軍をボカ・デ・アスナ会戦で撃破した後、グラナダ王側からの休戦の申し入れと降伏協定締結の結果としての征服にすぎない[16]。

中世の盛期と後期を問わず、中世史研究において近年興隆をみせている「新しい軍事史（la Nueva Historia Militar）」で一貫して主張されている点は、拠点奪取戦時における守備側の攻囲側に対する圧倒的な有利さである。先に例示したように、カスティーリャ王国とグラナダ王国という二つの王国の間に横たわる「境域」において、大規模な拠点奪取戦が実施された例は少なく、一四世紀前半にほぼ集中している。たとえ実施したにせよ、その拠点を奪取するために、救援軍を撃退し補給路を遮断して、守備側の疲弊を待って降伏させるまでに、驚くほどの時間と資源を投入せねばならない。そして成功は必ずしも満足のいく結果をもたらさない。たとえば一三一〇年に征服された要衝ジブラルタルは、一三三三年に再征服されている[17]。

拠点奪取戦をめぐる状況は、アンダルス最後の砦グラナダを征服するにいたる「グラナダ戦争」でも、表面上は変わることがない。この一〇年間にわたる継続的な戦争において、都市マラガの例を除けば、ナスル朝領域のほとんどは降伏協定を介して征服され、抵抗したムスリムたちですら、そのまま都市や農村部に残留することを許可されている。降伏協定は、征服の進展に伴い個別拠点ごとに取り交わされ、条件は様々ではあるものの、概して寛大なものであった(18)。ナスル朝支配下の地方有力者すなわち城主（alcaide）、法官（cadi）、学識者（alfaqui）や執吏（alguacil）、そして古老（viejo）といった者達がムスリム共同体の代表として降伏協定に署名し、そのまま征服後に留まる者も多かった。事実、カトリック両王は一四九〇年の「降伏に尽力したムスリム有力者」に、以下のような同内容の書状を書き送っている。

王と女王より

［空白］　我々の軍団総長でビリェーナ侯の書状によって、善意と熱意をもって貴方がたが我々への奉仕を考慮し、そして実行に移したことを我々は知りえた。このことに我々はいたく感謝しており、我々への奉仕によって、貴方がたが恩恵を受けるであろうことは確実である。この件、あるいはその他の件に関して、我々に代わってビリェーナ侯が貴方がたに書状を送付するので、我々の側から記し、あるいは述べるところの全てに信を置くように。セビーリャにて、［一四］九〇年四月三日。余たる王。余たる女王。王と女王の命により、フェルナンド・デ・サフラ［が記す］(19)。

ちょうど一四九〇年には、グラナダ「境域」の北東部で計画的な征服が実施されており、先の空白箇所に地域のムスリム城主や法学者の宛名を挿入して送付しているものが、同年に五通、確認されている(20)。

この「グラナダ戦争」における征服過程からうかがえることは、次の点であろう。第一に、中世末期、既に重火器が広範に用いられ始める時代になっても、守備側の優位は未だ揺るがず、拠点を力ずくで征服することが困難であり続けていた。よって第二に、カトリック両王もまた、拠点ごとに降伏を促すことが必要であり、これと同時にナスル朝勢力の分断を促進すべく、ムハンマド一一世（ボアブディル、在位一四八二〜一四八三、一四八七〜一四九二）という「傀儡」を立てることを試みる(21)。このような懐柔と征服を使い分ける政策は、後述するように、中世において展開される「レコンキスタ」で繰り返されてきた戦争形態といえる。つまりは戦争の困難さのゆえに、これまで「宗教的寛容」の顕れとみなされてきた、寛大なる降伏協定が必要とされたのである(22)。

会戦と同じく、カスティーリャ王権はその思惑がどうであれ、拠点奪取戦を実施する際には非常に慎重になった。当時の為政者は、大規模な戦争を実施する困難さを知悉していた。期待した成果が得られないか、あるいは一定の成果が十二分に得られたと判断するや、たとえ相手が「神の敵」ムスリムであろうとも、休戦の交渉に遅滞なく入る。上記の例でいえば、一三二七年のオルベラ占領の翌年、一三三〇年から開始されたテーバ攻囲と占領の翌年、アルヘシラスの征服と同時に締結された一三四四年三月二五日、そしてアンテケラ征服直後の一四一〇年一一月一〇日に、王国間休戦協定が即座に締結されている(23)。

戦争においてある程度の成果を挙げたならば即座に休戦を締結すべきという「叡智」は、当時の為政者には、よく知られていた。フアン・マヌエルは戦争と休戦との関係について自身の教育書の中で次のように述べている。

またこの後、戦争をうまく推移させるために最も重要であるのは、戦争を十全に思慮深く、大いなる熱意でもって、さらに大いなる過激さによってなすことです。というのも、戦争が非常に激烈で過激になされるのであれば、それは死、あるいは和平でもって早急に終結するのです。しかし不熱心なる戦争は和平をもたらすことなく、それをなす者は栄誉を受けることなく、また熱意をもってそれが果たされることもありません。また、交渉をよく行ない、合意において、何がより自身の栄誉となり利益となるのかを、既に述べたようになすべく、よく理解し、またその知識を持つべきです。神がその場へとお導きになった後、和平と合意を進んでなしなさい(24)。

ここではっきりと、戦争と平和との連続性が垣間見える。中世においては、いかなる政治権力も戦争を長期にわたって継続する人的・財政的な基盤を保持していなかった。また拠点奪取戦を早期に終結させて、戦局を左右させるために不可欠な攻城兵器も稚拙なものであった。これは対グラナダ戦争においても例外ではなく、散発的な戦争の後、休戦協定を即座に締結する必要があった。双方ともに戦争によって相手を殲滅できない時代、休戦協定は双方の実利を伴う方策でもあった。拠点を奪取して、それを防衛網の中に位置づけるための休息期間を確保するためにも、休戦が必要不可欠とされた。

カスティーリャ王権が大規模に関与することができなくなる一四世紀後半以降、対グラナダ戦争はさらに散発的になっていく。イベリア半島内のキリスト教諸国や他の西欧諸国との関係の安定化に忙殺され、対グラナダ戦争に関与できないカスティーリャ王権は、ナスル朝との休戦協定の無条件更新を選択していかざるをえない。しかしこの休戦は、後述するように、「境域」に安寧を即座にもたらすものでもなかった。

第二節　「境域」が担う戦争

カスティーリャ王国とナスル朝グラナダ王国が境を接した約二五〇年間には、長期にわたる休戦関係が概ねで維持されていた。これは、「レコンキスタ」の推進を首尾一貫した自身の目的とし、軍事力の面で相対的に優勢であったカスティーリャ王権の側にすら、恒常的に略奪戦あるいは大規模な攻囲戦を実施し続ける力がなかったことを意味している。ゆえに王権は休戦を選択し、機会をうかがったのであった。

とりわけ一四世紀後半の内戦で勝利したトラスタマラ王朝歴代のカスティーリャ諸王は、対グラナダ親征をほとんど実施していない。一四世紀の後半が「奇妙な平和」と称され、一五世紀が「英雄精神の衰退期」と主張されている所以である(25)。しかしながら、随時更新されていく王国間休戦協定を一時的に破棄して、あるいは休戦協定の失効を待って、「境域」の民は、王権の助力を得ることなく略奪行為、あるいは攻囲戦を実施することもあった。「境域」は、当該域に自生的に地盤を確保していく大貴族や中小貴族、あるいは都市民兵を動員することによって、最前線拠点の奪取を試みた。「境域」最前線の進退は、王国間で成立する和平にかかわらず常に流動的であり、小規模の敵側拠点が征服され、またそれが奪取されることが頻繁となった(26)。

しかしそれぞれの政治的「中心」をなす両王権が直接的に関与しない拠点奪取戦は、当然ながら、王権の実施するそれにまして困難を極める。長期間の拠点包囲を行なうにあたって必要となる人員と兵站を自弁できない「境域」の諸侯のみで、天険の要害に配された拠点を強奪することは、ほぼ不可能であった。以後事例を紹介し、その後で「境域」が自立的に行なう拠点奪取戦の意義を分析していきたい。

本書の第二部で述べるように、「境域」の最前線は人口過疎地帯にならざるをえなかった。これはアンダルシーア全域で爆発的に人口が増加していく一五世紀においても変わることがない特質といえる。たとえば一四六二年に征服されたアルチドナは、最前線の典型的な中規模拠点といえるが、一二〇名の騎士、三〇〇名の弓兵、二〇〇名の槍兵が配置され、王権からの給金を下賜されている。最前線の小城砦の例として、中規模拠点モロンに属するコテ（Cote）には、一四世紀の後半で二〇名足らずの市民（vecino）しか入植していない。入植を奨励し続ける王権は、「境域特権（Derecho de Frontera）」と総称される優遇措置を講じて、入植希望者に給金と糧食を支給する。それでも多くの拠点は荒廃するにまかせられ、城壁の修理すらままならなかった。限定された人員と未熟な防衛網で行使されるのが、「境域」の戦争であった(27)。

確かに、一五世紀後半エンリケ四世の治世期において、「境域」諸勢力による拠点奪取の成功事例がいくばくか存在している。一四六二年、「境域」の最有力貴族メディナ・シドニア公フアン・デ・グスマン、アルコス伯の嫡子ロドリーゴ・ポンセ・デ・レオン、そして都市民兵から構成される一団が、海路の要衝都市ジブラルタルを征服した。

しかし征服を実施する決意を彼らが行なったのは、次のような経緯が事前に存在したからであった。

一四六二年八月、一名の離反者がタリファとベヘルの守備駐屯兵のもとへ［来訪し］、ジブラルタルの騎兵全てがグラナダ王領地へ遠征を実施するために出払っているとの報せをもたらした。というのも、当時この［グラナダ］王国は党派分裂を起こしており、ジブラルタルはサアド王の敵サッラージュ家門に与したからであった。城砦はムハンマド・サバ（Mahomad Caba）が保有しており、彼はこの王の一派に敵対していた。守備のための費用にも事欠いているため、少ない労でもって開城されるであろうとのことであった(28)。

グラナダ王国内の内乱に乗じて、離反者からジブラルタルが手薄であるとの情報を得て初めて、彼らは直接攻撃を決意した。ジブラルタルは当時「広大な城壁を守護し、守備配置の座所を満たすにはモーロ人の数が不十分であった。しかしそれでもなお、城砦の立地条件に護られて、我々のうちの一部を撃退するばかりか、少なくない数の死者を出した」後で、降伏協定が交されて征服に成功した(29)。

同様の経緯は、同年に征服されたアルチドナでもみられる。『エンリケ四世年代記』によれば、「カラトラバ騎士団長がグラナダの重要拠点たるアルチドナを奪取した。その要塞としての立地にもかかわらず、［グラナダ］居住民の不注意によって防備が整っていなかったため、そしてまた水不足のゆえに征服されたのであった」(30)。

一四七二年、グラナダ側「境域」の西方部最前線に位置するビリャルエンガ渓谷の小城砦カルデラ（Cardela）が征服された。同じく『エンリケ四世年代記』が、この経緯を詳細に記述している。カディス侯となったロドリーゴ・ポンセ・デ・レオンは、同城砦の守備兵の大半がマラガに出向いていて手薄なのを見破った。自身のライバルであったメディナ・シドニア公を攻撃するという名目の下で兵を招集し、カルデラを急襲する。この城砦には一四名のグラナダ兵が駐屯していたが、水汲みのために城砦外へ出払った三名が捕えられたため、一一名のみで立て籠もる。カディス侯は「約一〇〇〇名の武装兵、さらに三〇〇〇名以上の歩兵を新たに招集して」包囲する。守備側の絶望的な不利にもかかわらず、「残る一一名のグラナダ守備兵は、苦労しつつもできうる限り多くの女性と子供を匿うことに成功して、急峻な立地のゆえに包囲を恐れることもなかった。というのも、奪取の困難さに関して、それまでの他の［キリスト教徒の］諸侯らによる無謀な試みは、常に失敗に終わっていたことを知っていたため」(31)、彼らは勇敢に抵抗する。事態が思うように推移しないことに業を煮やしたカディス侯は、退却を命じようと考えていた。しかし休戦時にカルデラ城砦に入場した経験を持ち、砦内部の構造を知っている一名の羊飼いの手引きと、侯の兄弟マヌエル・ポンセ・デ・レオンの先陣を切る勇敢さによって、かろうじて征服に成功した。

カルデラ征服の例で顕著にみられるように、カスティーリャ＝グラナダ「境域」の城砦が地の利を生かした要所に配置されている以上、たとえ守備側が少人数であったとしても、その奪取は困難を極めた。ましてや徴発できる人的・物質的資源に乏しい「境域」の当事者だけで征服することは、ほとんど不可能に近かった。成功した上記の征服は、グラナダ内の情勢に詳しい者（内通者や行商人、あるいは改宗者など）からの情報の取得、あるいは水や兵糧の不足などの好条件が整って初めて可能となった。そして征服できたにせよ、後に検討していくように、人口過疎と資源不足に悩み続け、かつ背教者や「ならず者」といった内通者になる可能性の高い者達を抱え込む「境域」の最前線で、拠点を防衛・維持していくことは容易ではなく、再征服の憂き目に遭う確率も高い。

極めて小規模な最前線城砦の獲得合戦に終始するのが、「境域」の実施する戦争の現実であった。ここでも、中世の「新しい軍事史」で一致をみているところの結論、すなわち、攻囲側に対する守備側の圧倒的な有利さが指摘できよう。ロハス・ガブリエルによれば、「境域」が主導する戦争における「征服の成功は、本質的にとぎれとぎれで、包括的なものではなかった」のである(32)。

「境域」が自前で展開する戦争行為は、先述のファン・マヌエルによる戦争の四区分に従えば、第一と第二の形態における消耗戦、とりわけ第一の形態、すなわち小規模な略奪の応酬が主体となった。これは王権が主導する、計画を事前に要しグラナダ王国領域の組織的な破壊を目論む規模の大きい略奪遠征とは、様相を大きく異にしている。なぜなら、人口が少なく、なおかつ大貴族家門同士の確執により細分化されてしまう「境域」は、ミクロな略奪行為に専念せざるをえないからである。

とはいえ、「境域」で展開される小規模な略奪戦に焦点を合わせた場合、興味深い逆転現象がみられる。ナスル朝領域側の民が、カスティーリャ王国領域の民以上に、小規模な略奪行為に明け暮れていたという事実である。確かに王国単位で比較した場合、グラナダ側が軍事的に劣勢であったことは間違いない。しかし、こと「境域」における小競り合いにおいて、グラナダ拠点民がより熟達していたこともまた事実であり、この点で近年の研究者らの意見は一致している(33)。

「境域」に限定した小競り合いでのグラナダ側の優勢は、実際に当該地で長く軍事経験を積んだフアン・マヌエル自身も知悉していた。

彼らは小規模な抵抗戦に極めて熟達しています。なぜなら彼らは大いに歩き、非常に少ない糧食だけで侵入し、歩兵を引き連れず、また荷車も帯同せずに、統率者あるいは他のあらゆる者らのそれぞれが自身の馬で行軍して、少量のパンとイチジク、干しブドウあるいは他の果物以外のものを持参しないのです。また彼らは皮の盾以外の防具を持たず、彼らの武器は小さい投槍あるいは剣です。このように非常に身軽な彼らは、多く歩くことができるのです。騎馬遠征の場合、荒らしたいと望む地に侵入するまで昼夜を問わずに最大限行軍できるのです。彼らは極めて隠密に、また非常に敏捷に侵入し、略奪を始めるや、多くの地を荒らし、そのなし方においては驚くべきものがあります。キリスト教徒の六〇〇名の騎士に比べて、モーロ人の二〇〇名の騎兵は、より多くの地を荒らし、またより甚大な損害をもたらし、そしてより多くの戦利品を獲得することでしょう(34)。

「境域」では、双方向的に繰り返される小規模な侵入行為と、散発的に展開される、同じく小規模な最前線拠点の奪い合いが戦争行為の中核を占めた。このように小規模な消耗戦あるいは拠点奪取戦の応酬に備える社会が「境域」で独自に形成されていくのは必然であった。しかし「境域」において展開された戦争の応酬は、華々しく目にみえる形での成果は現れない。

王国間で休戦協定の更新が継続する一四世紀の後半から一五世紀にかけて、一見して「境域」と国境線では、平穏が優勢であったかのようにみえる。しかし『七部法典』で定義される「熱き辺境（la frontera caliente）」としての「境域」は、王権の助力を得ずに、また王国間休戦協定の存在にも左右されずに、小規模な戦争を繰り返していた。このような略奪行為を推進し、また必要に応じて抑止していくために、「境域」に固有の慣習を生み出していったのである。

「境域」における具体的なダイナミズムの検討に入る前に、まずは王国間レヴェルで確立されて更新され続け、約二五〇年にわたる両王国の対峙期間の大半を占めたとされる平和状態の実像に迫っておく必要があろう。

第五章　王国間休戦協定

第一節　異教徒間における和平の構築

ラテン・キリスト教世界、イスラーム世界は双方とも、異教徒勢力との恒久的な和平関係を構築することがなかった。しかし戦争状態、あるいは領域侵犯行為の一時的な停止を目指す休戦協定が、両世界の間で締結されることは頻繁であった。既にイスラーム世界へと編入された地域（「平和の家」）と、将来的に征服して編入すべき地域（「戦争の家」）とに世界を区分する、イスラームの二分法的な世界認識はよく知られていよう。しかし、イスラーム世界が初期の拡大期から脱するにつれて、「協約の家」という法理念が登場してくる。これにより、「戦争の家」に居住する異教徒と休戦を樹立することが、現実と理念の両面において十分に正当化されうるものとなった。イスラームの諸法学派らは、異教徒との間の休戦が許される場合を事細かに定めており、その長さも数日間から一〇年間という長期にわたる和平、さらに「恒久的平和」に至るまで、様々な解釈が提示された。和平では互いの神を前にした誓約を伴うことが一般的であるため、期間満了を待たずして相手領域を無断で攻撃してはならず、破棄する場合でも、事前にその旨を伝達することが義務づけられていた(1)。

イベリア半島においても、異教徒勢力同士の間で和平が取り結ばれることは頻繁であった。そもそもイスラーム勢力による同半島の征服過程自体がそれを物語っている。七一三年、イフリーキヤ総督ムーサー・イブン・ヌサイルの息子アブド・アル＝アジーズと、ムルシアを治めていた西ゴート貴族テオドミルスとの間では、和平協約の形で「征服」に合意がなされた。この協約で、テオドミルスと彼の管轄域の住人に対して安全の保障、信仰の自由が保障され、支配域であったオリウエラ、アリカンテ、ロルカその他は自身の領地として安堵されて、この対価として貢納の支払いが義務づけられた(2)。

これ以後、史料は沈黙するものの、北に勃興したアストゥリアス・レオンの歴代王、イニゴ・アリスタを始祖とするナバーラ歴代の王、あるいはカタルーニャの諸伯は、当時の「上位権力」であった後ウマイヤ朝に対し貢納を行なうことで侵略を回避しようとした模様である。

北のキリスト教諸勢力と南のアンダルスとの勢力バランスが、前者へ有利に傾きだす一一世紀になると、両者の和平関係も逆転を遂げる。軍事的劣勢にたたされたアンダルスの側が、キリスト教諸国に対して、和平と引き換えの貢納を実施し始める。カスティーリャ・レオン王権、ナバーラ王権、新興のアラゴン王権、そしてカタルーニャ諸伯権は、当時分裂状態にあったアンダルスのターイファ諸王に対して、パーリアと総称されている軍事貢納金の供出を強制していく。協定内容は、例外的に残存している一〇六九年四月一日、一〇七三年五月二五日付の、ナバーラ王サンチョ四世（在位一〇五四〜一〇七六）とフード朝サラゴーサ王アル＝ムクタディル（在位一〇四六〜一〇八一）との間に締結された和平協約証書の文面から、推測することができる。この二つの証書において、両名は和平を確認し合うとともに、第三勢力との結託を禁じ、サラゴーサ王からナバーラ王に対して供出される貢納金額の取り決めがなされている(3)。

アンダルスの再統一を果たしたムラービト朝も、その「原理主義的」なイメージに反して、キリスト教諸国との間に和平関係を構築した。ただし両者の力関係が拮抗していた時期であり、貢納金の授受がなされていたかは不明である。断片的な史料ながら、一一二三年から二五年の間の騒擾に関する法的見解（ファトワー）から、ちょうどこの時期にカスティーリャ・レオン王国とムラービト朝との間に休戦関係が樹立され、トレードとコルドバとの間で交易関係が確立していたことが分かる(4)。和平の構築は、ほぼ同時に交易関係の樹立を意味し、それは先にみた一〇六九年の和平協約の条項からも明らかである。そこでは「両者の間を繋ぐ道が、安全で、よく維持され、その道を通って旅する者すべてに対していかなる妨害や損害も生じないようにすべきであるし、もしある悪事を為す者がこの道に損害を与えたのならば、それがどちら側であれ、以後そのような者が現れないように罰し、このような混乱を静めるべし」と明記されている(5)。

一一四〇年代、ムラービト朝の急速な瓦解に伴い、第二次ターイファ時代と呼ばれる政治的混乱が再びアンダルスをおおった。ここでも貢納金を伴う和平構築がなされた。ムルシアとバレンシアを中心とする地中海沿岸部において独立を果たしたイブン・マルダニーシュ（在位一一四七〜一一七二）は、カスティーリャ・レオン王アルフォンソ七世、バルセローナ伯ラモン・ベレンゲール四世（在位一一三一〜一一六二）、アラゴン王アルフォンソ二世（在位一一六四〜一一九六）、あるいはナバーラ王サンチョ六世（在位一一五〇〜一一九四）と連携を行なう切り札として、彼らとの和平締結を選択した。イブン・マルダニーシュが登位して二年の後、彼は臣従・貢納金と引き換えにキリスト教諸国との「同盟」の道を選択し、アンダルスを漸次併合していくムワッヒド朝に生涯にわたって抵抗することに成功した(6)。

交易関係の樹立と和平の締結が不可分であったことは、イブン・マルダニーシュが海洋都市国家ピサと交した通商協定（一一四九年一月付）にも示されている。ピサの目的は、あくまで通商関係の保障にあったと推測されるが、この協約文書は「今日から一〇年間の和平証文（cartulam pacis ... ab odie usque ad decem annos）」という形式をとっている。この後に、相互の支配領域の保全、港の安全と通行税特権の付与、そして「商館（fondacum aut bancum）」の設置許可が続く。ここで興味深いのは、和平期間時に被った損害や誘拐の事実を一方が訴え出た場合、他方は四〇日以内に解決せねばならないとの取り決めである。またこの契約時には、既に連れ去られていた一三名のピサ都市民を解放することで合意している。和平を端緒として、交易関係の樹立はもとより、過去に遡って引き起こされていた様々な不和や騒擾に関する双方の不満を、両者間で解消することにも繋がりえた点は強調されるべきである。このような和平締結時に双方の不満を解消する手続きは、第三部で検討する中世後期の「境域」でも頻繁にみられる(7)。

ムワッヒド朝との関係も同様である。レオン王フェルナンド二世（在位一一五七〜一一八八）は、一一六八年以後、ムワッヒド朝と和平を結び、カスティーリャとポルトガルに対する備えを整える。一二世紀の末には、ナバーラ王サンチョ七世（在位一一九四〜一二三四）も、ムワッヒド朝と和平を締結している。カスティーリャ王アルフォンソ八世（在位一一五八〜一二一四）も同様であった。一一九〇年には同王朝と休戦を締結し、これは一一九四年まで継続して更新された。一一九五年のアラルコス会戦でカスティーリャ側が大敗北を喫した後、再び一一九七年に両者の間で休戦関係が樹立されている(8)。

一三世紀の前半期においても、このような状況が繰り返される。ムワッヒド朝の急速な瓦解によって、再び小王国が乱立する状況（第三次ターイファ時代）へと陥ったアンダルスは、諸王が個別にキリスト教諸国と和平を締結することで生き残りを図る。たとえば『シーロスの聖ドミンゴの奇跡譚』によれば、一二三四年、コルドバの騎兵長（adalid）であったムハンマドなる人物が「パーリアを持参し、フェルナンド王との面会のためにブルゴスへ来訪」している(9)。

ターイファ諸王は、一一世紀と同様に、貢納金としてのパーリアを支払うことで、かろうじて自身の存立を図ろうとする。しかしこれも一一世紀と同様に、皮肉にも、アンダルス政治権力の分立をさらに深める結果となり、キリスト教諸国による迅速な「大レコンキスタ」を、むしろ容易にした。カスティーリャ王フェルナンド三世が死去する時点において、年代記の言葉を借りるならば「イスパニア（Espanna）の［西ゴート最後の］ロドリーゴ王からモーロ人らが奪取したところの海手前の土地の全て」は、「一方は征服され、他方は従属下にある」状態となった(10)。

第二節　カスティーリャ＝グラナダ間の王国間休戦協定の特質

このように中世イベリア半島では、ムスリム勢力とキリスト教徒勢力とが陸続きで境を接し続け、和平が両者間で締結されることは一般的であった。時に、それは両者間の同盟へと至り、宗教が入り乱れた合従連衡すらもたらされた。また和平関係の構築は交易関係を樹立させ、さらには捕虜交換や過去の損害回復の契機、さらには軍事力の提供を取り決める手段にもなっていった(11)。

しかしながら、これをもって諸宗教間の「牧歌的」な平和がもたらされたとすることはできない。多くの場合、キリスト教諸国とアンダルスとの力関係が協定内に如実に反映されており、この象徴として貢納金すなわちパーリアをアンダルス側が供出する形で和平が構築されていたにすぎない。このような特徴は、中世後期におけるカスティーリャ王国とナスル朝グラナダ王国との間に交された休戦協定にもはっきりとみられる。

両者の間で成立した休戦協定の特質として次の三点を指摘できる。第一に、休戦協定が恒久的な平和を保証しなかった点である。ドュフルクの言葉を借りるならば、それは「敵対関係の一時的な停止（suspension des hostilités）」であり、ガルシア・フェルナンデスがいうところの「沈静化した戦争（guerra mitigada）」にすぎない。カスティーリャ王とグラナダ王との間で締結された休戦は、ほぼ常に厳密な開始日と失効日を定めており、期間の満了あるいは契約者たる一方の王が満了を待たずして死去した場合、即座に戦争状態へと復帰することが推察されよう。これは、暫定的な戦争停止状態と判断できる。とはいえ、双方のうちの一方が、休戦協定の更新の意思を伝達し、再度折衝がもたれた後、休戦期間が延長されることも多かった(12)。

休戦協定とは、王個人がなす、一種の契約行為とみなされていた。たとえば一三世紀のカスティーリャ国法典『七

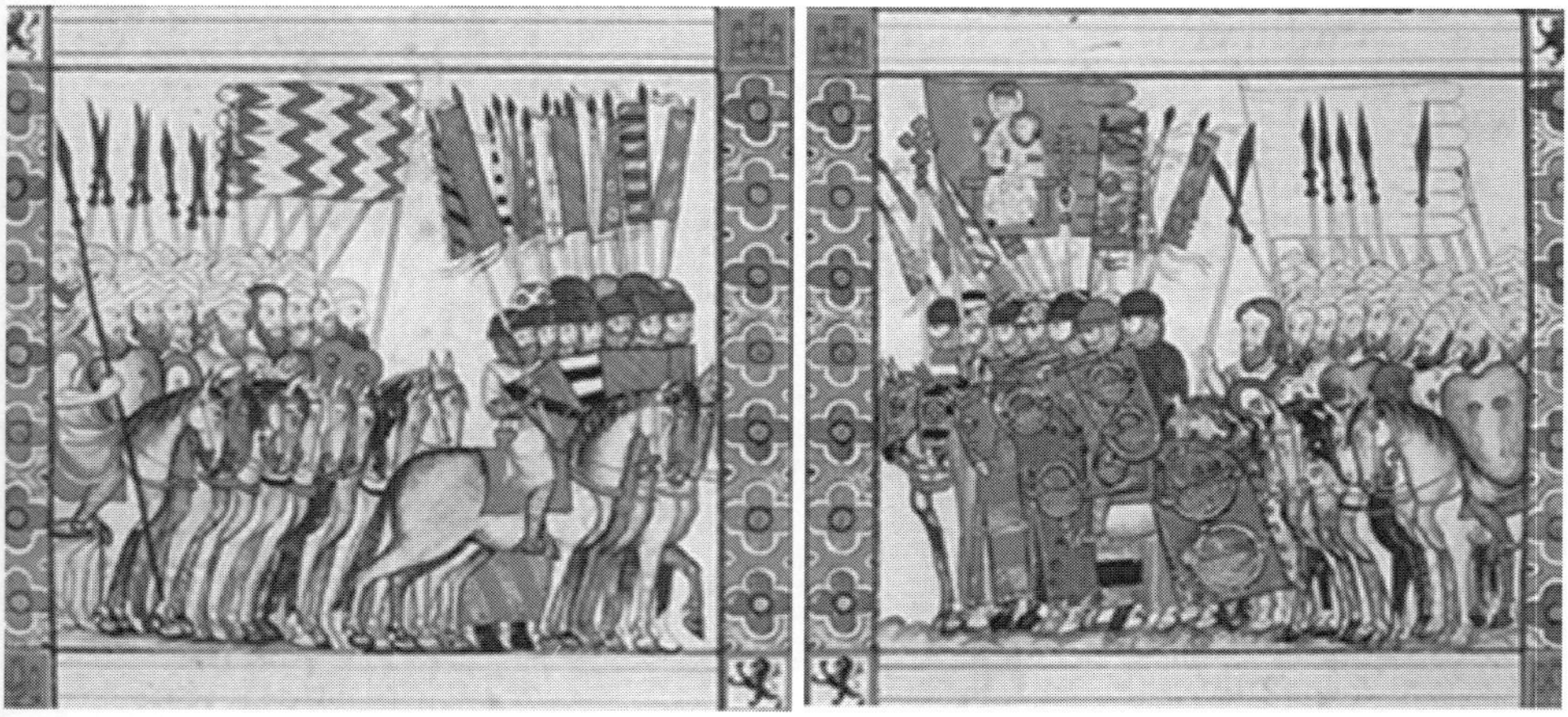

北アフリカのイスラーム教徒勢力同士の戦争の模様（13世紀半ば）
ムワッヒド朝軍（右）とマリーン朝軍（左）との衝突が描かれている。双方の軍勢の最前列には，キリスト教徒傭兵が配置されていることが分かる
（聖母マリア頌歌集 Cantigas de Santa María，ファクシミリ写本［早稲田大学中央図書館所蔵］より）

部法典』は、休戦を次のように定義している。

> 休戦とは、貴顕の士（fijos dalgo）の間において、紛争の後に互いの間でなされる確約のことである。この休戦期間中は、身体もしくは財に悪事を働いてはならない。両者の間で不和と敵意が継続する限り、休戦の余地がある。［中略］休戦もしくは保障（segurança）には三類型が存在する。第一に、ある王が誰かとなす場合であり、この場合、公示（pregonada）された後、もしくは公示の際に不在であった場合においても、他の方法によりこの休戦を知った場合、支配領域全ての臣民がこれを守らねばならない[13]。

このように、本来は個人間での紛争の仲裁手段であった休戦が、王という個人と、別の勢力圏の代表者との間でなされた場合、結果的に王国間休戦へと拡大解釈されることになる。この場合にのみ、王国全ての民にこれを遵守する義務が生じることになる。休戦があくまでも個人間でなされるという点で、王や地域権力が来訪する「外交」使節に与える人身保護（salvoconducto）と質的な差はないように思う[14]。

特質の第二は、双方が協定の締結あるいは更新で合意をみるため、事前の交渉が必要となる点である。一二世紀以降、西欧諸勢力の間での対等な「外交」が、王と彼を取り巻く宮廷によって担われ始めたことは、よく知られている。しかし、少なくとも理念上は異なる文明に属し、互いに拒絶しあう勢力同士が休戦を締結する場合には、水面下で熾烈な交渉が行なわれねばならなかった。そして休戦条項には、中世盛期の例と同じく、両者の政治・軍事関係の優劣が直接的に反映されている(15)。

とりわけ西ゴート王国の復権という「レコンキスタ」理念を公に掲げつづけたカスティーリャ王権は、自身の王国内の情勢、対グラナダ戦争継続に伴う出費と損害、そして休戦締結によってもたらされる実利を秤にかけ、自らの要求をグラナダへ突きつけようとする。両王国の「中心」間の意見の衝突は、次章で詳細な事例を挙げて検討するように、休戦期間、交易関係、グラナダ王の臣従、とりわけ貢納金の支払い額の策定において激化した。

また、休戦と両王国間の境界線の画定には、密接な関連性があった。このことが、『フアン二世年代記』における一四一〇年の事件の顚末から明白に理解できる。一一月六日から一七か月の休戦協定が開始されることで双方が同意した後、この開始日以前にグラナダ側は「境界上に位置していた」アンテケラ近郊のシェバル（Xebar）砦の奪取を試みている。常に休戦への意志表示と、双方の領土的な関心が並行する形で交渉が展開されていたことが分かる。そして協定締結で合意をみたにせよ、これは友好関係の樹立を即座に確約するものではなく、この意味で戦争状態と決して相反するものではなかった(16)。

そして特質の第三は、交渉を行なうべき相手が別の信仰を奉じているばかりか、別の言語と文化を有しているという点である。カスティーリャ王国の行政言語は、既にカスティーリャ語であり、グラナダ王国のそれはアラビア語となる。双方の言語を解する「仲介者」が使節となるか、あるいは使節に随行する必要があった。とはいえ双方の言語に流暢な者は、西欧世界とイスラーム世界との間の広義の辺境に位置し、越境行為が絶えることのないイベリア半島において事欠くことがなかった。両王国の交渉では、後述するようにアンダルシーアあるいはムルシア地域の都市貴族や、同地域で「境域」ならではの役職を担う者達が関与する場合が多い。さらに一四世紀後半からのトラスタマラ朝期に入るや、次第に台頭してくる「境域」の大貴族が、交渉の全権を担うように変化していく(17)。カスティーリャ王国とグラナダ王国との間の関係は、このような「外交」に伴う難題を解決した上で取り結ばれていた。休戦が優勢を占め、静態的にみえる両王国の関係は、常に水面下で緊張に満ちたものであった。

さて、一方から他方への休戦の申し入れとともに、休戦協定に盛り込まれる条項を策定するための交渉が開始される。これに合意をみた段階で、草稿がバイリンガル（中世カスティーリャ語とアラビア語）で作成される。その後、正式な契約証書が二通以上作成され、それぞれの該当箇所に双方の代表者の署名がなされることで、休戦は効力を発揮した。ガルシア・フェルナンデスが述べているように、両王国間の休戦関係が始まる一三世紀の半ば以降、条項と定型句、そして王国間レヴェルでの果たすべき義務の点で類似性が際立っているのは、疑いようのない事実である。しかし同じく彼が述べるように、それぞれの協定が各々の歴史的時期に応じた諸条件に従って成立していたことも、また明らかなはずである(18)。

協定条項の第一は休戦期間の決定であり、何年の何月何日から何年間あるいは何か月間という形で明記され、双方向的な領域侵犯の禁止を宣言する。これは先に述べたように、同時に両王国の国境域を確定することにも繋がる。第二は臣従条項である。グラナダ王は先に述べたように、一二四六年のハエン協定以降、伝統的にカスティーリャ王の臣下とみなされていた。このため、年に一度の身分制議会への参加義務、必要な際の軍役奉仕義務が課された。第三に、貢納金の支払いに関する条項である。中世後期においても、両者の政治軍事関係の優劣が如実に反映される形で、常にグラナダ王の側が貢納金、すなわちパーリアをカスティーリャ王に供出していた。一五世紀になると、金貨の支払いに加えて、グラナダ王国内に囚われている一定数のキリスト教徒捕虜の返還義務も課され始めた。第四に、交易の自由に関してであるが、「禁止品目（cosas vedadas）」が定められる場合がほとんどであった。たとえば一四六〇年四月一五日から一年間にわたる休戦協定の条項では「馬、武器、穀類、そして余と貴殿、貴殿と余が決定した物品を除いて」の交易が許可されている。これも一五世紀に入るや、陸上交易拠点（puertos secos）を厳密に規定し、それ以外の地での交易活動が禁じられるようになった。第五に、相互の王国領域に囚われている捕虜の相互返還と、この目的で相手王国領内で活動を行なう捕虜返還交渉人（alfaqueque）に関しての条項。第六に、休戦協定を違反しての越境侵犯行為の裁定に関する条項。第七に、双方がそれぞれの神あるいは信仰に誓う形で、上記の条項の遵守を誓約する。そして最後に、当該休戦協定の証書の作成方法に関して、それぞれにカスティーリャ語（castellano あるいは ladino）とアラビア語（arávigo）によって共通の内容を持つ二通の書状を作成する旨の定型句が挿入される。草稿の作成の後、双方の王あるいは全権を委譲された使節による署名と捺印をもって効力を有し、各々の宮廷内で一通ずつの証書を保持する形となった。たとえば一三四四年のアルヘシラス攻囲とそれに続く休戦において、「モーロ人らは自身の陣所からキリスト教徒の陣所へと赴き、またキリスト教徒らはモーロ人の陣所へと、締結された休戦のために赴いた」と述べられており、休戦協定の内容を確認し署名するために、使節の往復が頻繁になされたことが分かる(19)。使節の往復によって、正式に休戦協定が両君主の間で批准された後、双方の王国内で通告がなされ、「境域」に位置する都市や拠点で休戦が公示されることで、それ以後の侵入や略奪行為が不法とされた(20)。

休戦協定の条項分析から把握できることは以下の通りである。

第一に、一一世紀の第一次ターイファ諸王のひとり、ジール朝最後の君主アブド・アッラーが述べる通り、「毎年、都市から貢納金を取り立てることで」、「最終的にはトレードがそうであったように、弱体化して屈服するまで」続くパーリアの供出は、ムスリム君主の側の政治的意図がどうであれ、長期的にみてアンダルス経済を徐々に侵食していくものであった。貢納金を課されたグラナダ王は、その財源の確保のため、イスラーム法に規定のない非合法な税を臣民に課すことで対応せざるをえない。これは法学者や民衆の不満を招き、王位の簒奪や宮廷内の権力闘争で頭角を現すことを目論む者に反乱の大義名分を与えることになる。このように、中世盛期と後期とを問わずカスティーリャ王権にとって、休戦協定はアンダルス内に不和と軋轢を誘発することのできる伝統的な「外交手段」ともなりえた(21)。

しかし、逆にこのことを知悉していたグラナダ王は、自らに課される貢納金の減額あるいは免除を、休戦協定で得ようと画策する。マリーン朝君主アブー・イナーン・ファーリス（在位一三四八〜一三五八）に宛てた一三五七年頃の書状において、ムハンマド五世は「領域に平穏を、統治に勢威をもたらすべく［カスティーリャ王との］和平を受け入れることにした。しかしある日の次には明日が訪れ、全ての事柄には終わりが存在する」と本音を吐露している。つまり彼は、休戦と戦争が流動的なものであると考えているのである。一見して安定的な友好が樹立されているかにみえる休戦関係は、まさに「冷戦」状態と呼ぶに相応しく、虎視眈々と互いの隙を狙う平衡状態にすぎなかった(22)。

第二に、交易における「禁止品目」の規定であり、ここでもグラナダ側の劣勢が明らかとなる。武器や馬は明らかに戦争に用いられるものであり、輸出品が将来的に両国間の戦争に使用されてしまう可能性があるため、売買は固く禁止されていた。穀物もまた、戦争の際に兵糧として大量に必要となる物資である。グラナダ王国は人口密度が高く、国内生産のみで必要な穀物をまかなうことができず、対岸のマグリブからの輸入に頼らざるをえなかった。カスティーリャ側がグラナダ側への穀物輸出に、禁止条項を設けることで制限を加えていたからと考えられる。よって交易条項は、カスティーリャ王にとって将来的な戦争の再開を前提とするものであり、同時に、グラナダ王国の漸進的な経済的衰退を意図するものともなっていた(23)。

絶えざる「冷戦」状態にあった両王国が締結する休戦協定の条項は、当然ながら双方の交渉次第で変動していかざるをえない。ここで、一四世紀前半の三つの休戦協定を比較してみたい。一三一〇年、カスティーリャ王フェルナンド四世（在位一二九五〜一三一二）がアルヘシラス包囲を行なった際に締結された協定では、臣従義務、年額一万一〇〇〇ドブラ金貨の支払いが課されるものの、交易に関しては全面的に許可された。一三三一年、アルフォンソ一一世がアンダルシーアの要衝テーバを獲得した直後に締結された休戦協定では、臣従と年額一万五〇〇〇ドブラ金貨の供出、そして馬と武器の交易が禁じられた。しかし、グラナダ王とマリーン朝からの攻勢によってカスティーリャ側が要衝ジブラルタルを失った後の一三三四年の協定は、マリーン朝の首座フェスにて、三者間で締結されている。ここ

休戦協定条項の変動（14世紀前半）

休戦協定	臣従条項	貢納金条項	交易条項
1310年 7年間	1年に1度，グラナダ王の臣下の1人をコルテスへ派遣し，20日間の滞在 召集された場合，アンダルシーア・ムルシア王国へ，自費による400名の騎兵を伴う3か月間の従軍を行なう	1万1000ドブラ金貨／年	家畜，武器，衣類，麦を含む全てを関税支払いの上で許可する
1331年 4年間	1年に1度，グラナダ王の臣下あるいは親族をコルテスへ派遣し，20日間の滞在 召集された場合，アンダルシーア・ムルシア王国へ，1年のうち3か月間の従軍を行なう	1万5000ドブラ金貨／年	馬，武器の取引を禁止する。麦類に関しては初年の8月初日以降の取引を許可する
1334年 4年間	臣従を行なう？	貢納金支払いを行なわず	？

でカスティーリャ王は「自身の王国に平穏をもたらすためにモーロ人と一定期間の休戦をなすことが不可欠であると考え」て、貢納金の支払いからグラナダ王が免除される形で四年間の休戦が宣言された(24)。

休戦期間の決定から、臣従、貢納金の額、そして交易に至るまで、協定の策定は絶えず緊張を孕むものであったことは間違いない。前章で既に分析したように、休戦協定が当時の戦争のあり方の結果として選択された方策であるとすれば、それは直前の戦況あるいは大局的な政治情勢如何に大きく影響されざるをえないのであった。

第六章　王国間休戦協定の締結状況と時代的変遷

前章までで、キリスト教諸国とアンダルスとの間で展開された戦争と平和の実態を概観し、さらに中世後期における休戦協定の条項を分析してきた。「外交」交渉の結果として休戦協定が締結されていたことを示し、戦争行為と休戦協定とが不可分に結びついていたことを指摘した。本章では、両者間の交渉を反映した結果として締結される休戦協定の締結状況、そして条項内容の変遷を、更なる具体的な史料を引用しつつ分析し直し、対グラナダ王国での休戦と戦争の特質を明らかにしていきたい(1)。

第一節　休戦協定の締結状況（一二四六～一四八一）

一二四六年から一四八一年までのカスティーリャ王国とグラナダ王国との間の休戦関係、そして各々の協定に含まれる条項を概観し、傾向として以下の点が指摘できる(2)。

確かにこれまでの研究で指摘されてきたように、ナスル朝の滅亡をもたらす最後の一〇年間の「グラナダ戦争（一四八二〜一四九二〕までは、大半の時期が両王国間の休戦関係で占められている。エンリケ四世の死去に伴って即位したイサベル一世治世の初期においてすら、大差のない条項内容で休戦が維持され続けていた。

しかしながら、休戦期間は多様さを極めている。一三三一年の二月四日付の書簡に記されているような、「上述の休戦と和平が余と彼の間で論じられている間」のみの数か月程度の一時的な戦争停止から、初期の長期間を別とすれば、一三四四年の一〇年間までと多岐にわたっている。ここからも、上述の交渉と合意の難しさが推察されよう(3)。しかしさらに興味深いのは、臣従に関する条項の変遷である。一四世紀前半、カスティーリャ王フェルナンド四世からアルフォンソ一一世期にかけては、身分制議会への参集と軍事奉仕の義務を伴った詳細な臣従条項が含まれている。しかし臣従条項は、一四世紀半ばを境としてほぼ完全に消失する。史料上の制約を踏まえたとしても、全体として眺めた場合、この点で一四世紀半ばが、ひとつの転機であることが分かる(4)。

一方、臣従条項とは異なり貢納金は、グラナダ王の側が一五世紀まで支払い続けている。額としては、年額で一万二〇〇〇ドブラ金貨が多く登場するものの、既に前章で論じたように、額の決定には双方の交渉がつきものであるため、随時変動している。事実、一四世紀後半は、一三七八年の年額五〇〇〇ドブラ金貨の支払いを除いて、管見の限りでは徴収されていない。しかし一五世紀には、再び貢納金の徴収がほぼ常態化するとともに、さらにキリスト教徒捕虜の返還義務が加えられていく。後者の条項は、カスティーリャ王国内に捕えられている自身の親族などとの交換を行なうために、キリスト教徒捕虜を抱えていたグラナダ王国臣民から、その捕虜を購入あるいは没収した上での返還を、グラナダ王に強要することとなる。このため、パーリアと同じく結果的に自らの王への不満を、グラナダ王国内に引き起こす可能性のあるものに変わりはなかった。捕虜の返還と貢納金の徴収は、カスティーリャ王の使節が都市グラナダへ直接赴く形で実施されていたと考えられる。たとえば一四三九年と四三年の二つの休戦協定では、休戦協定文書と別に「アラビア語の彩色書状（una carta de papel colorado escripta de letra morisca）」にグラナダ王の果たすべき支払義務を記し、ここに「支払証文（cartas albalaes de conocimiento）」を付け加える形で、分割してなされる支払い

1410-11-10	17か月間		●		●	●	グラナダ王ユースフ３世	
1412-04-10	１年間		●				アラゴン王フェルナンド１世？	
1413-04-12	１年間				●	●	アラゴン王フェルナンド１世？	
1414-04-14	１年間				●	●	アラゴン王フェルナンド１世？	
1415-04-16	１年間				●	●	アラゴン王フェルナンド１世？	
1416-04-18	１年間				●？	●？	アラゴン王フェルナンド１世？	
1417-04-16	２年間		●		●？	●？	摂政カタリーナ？	
1417-11？	？						グラナダ王ムハンマド８世？	グラナダ王死去に伴う更新
1418-09-??	？						グラナダ王ムハンマド８世？	
1419-04-18	２年間						グラナダ王ムハンマド９世	グラナダ騒乱に伴う更新
1421-07-16	３年間		●				グラナダ王ムハンマド９世	
1424-07-15	２年間			●	●	●	？	
1426-07-15?	？						？	おそらく更新か？
1427-02-16?	２年間？						？	
1429-04c.	１年間？						グラナダ王ムハンマド８世	
1439-04-15	３年間		●	●	●	●	グラナダ王ムハンマド９世	
1441末～	？						グラナダ王ムハンマド９世	休戦交渉の開始
1443-04-15	３年間		●	●	●	●	グラナダ王ムハンマド９世	
1446-04-01	３年間						カスティーリャ王フアン２世？	
1448-04-26	？						？	
1450-04-07	５年間			●？	●？	●？	グラナダ王イスマーイール３世？	
1452-09-01	５年間						カスティーリャ王フアン２世	
1453-07-24	？						グラナダ王ムハンマド10世	グラナダ王死去に伴う更新
1454-07-24	？						カスティーリャ王エンリケ４世	カスティーリャ王死去に伴う更新
1455-07-29	？		●				グラナダ王ムハンマド10世	
1456-10-16	４か月間						グラナダ王サアド？	
1457-10-31	５か月間		●				グラナダ王サアド？	
1458-12-15	４か月間		●				グラナダ王サアド？	
1460-01-15	３か月間						？	交渉のための一時的休戦
1460-04-01	２か月間						？	交渉のための一時的休戦
1460-04-15	１年間		●？	●	●	●	カスティーリャ王エンリケ４世？	
1461-04-15？	１年間？		●？	●？	●？	●？	？	
1462-11-20	６か月間		●				グラナダ王イスマーイール４世？	
1463-02-28	８か月間		●				？	グラナダ新王アブー・アル＝ハサンとの契約
1464-03-14前	１年間			●			？	
1465-04-20前	２年もしくは５年間						？	
1472-01-18	３年間			●	●	●	カスティーリャ王エンリケ４世	
1475-03-11？	２年間？			●？	●？	●？	？	
1477-03-11	４年間			●	●	●	カトリック両王？	
1481-03-12	１年間			●	●	●	カトリック両王？	

王国間休戦協定の締結状況と協定内容（1246年～1481年）

日　付	休戦期間	臣従	貢納金	交易	捕虜	越境騒擾解決	提　唱	特記事項
1246-04-06	20年間	●	●				グラナダ王ムハンマド１世	
1252-06-??	20年間？	●？	●？				グラナダ王ムハンマド１世	カスティーリャ王死去に伴う更新
1265-09-??	？	●	●				グラナダ王ムハンマド１世	
1271-??-??	？						グラナダ王ムハンマド１世	
1274-01	？	●	●				グラナダ王ムハンマド２世	
1276-01	２年間						カスティーリャ王アルフォンソ10世	
1278-02-24	１年間						カスティーリャ王アルフォンソ10世	
1281-11-??	？						カスティーリャ親王サンチョ	
1282-12-03	？						カスティーリャ親王サンチョ	
1291-05-??	？	●	●				カスティーリャ王サンチョ４世	
1300-03-07	？						カスティーリャ王フェルナンド４世	
1304-08-15	？	●	●				カスティーリャ王フェルナンド４世	
1310-05-26	７年間	●	●	●	●	●	？	
1312-09-07	？						カスティーリャ摂政ペドロ	カスティーリャ王死去に伴う更新
1316-07-20	８か月間						カスティーリャ摂政ペドロ	
1318-??-??	１年間						グラナダ王イスマーイール１世	
1320-06-18	８年間			●	●	●	アンダルシーア諸都市群	
1321初頭	？						アンダルシーア諸都市群	前休戦の確認
1331-02-04	１か月間						グラナダ王ムハンマド４世	交渉のための一時的休戦
1331-02-19	４年間	●	●	●	●	●	グラナダ王ムハンマド４世	
1333-08-24	４年間	●？	●	●	●？	●？	カスティーリャ王アルフォンソ11世	前休戦と同様との記述
1333-10-16	２か月間程度						？	グラナダ王暗殺に伴う
1334-03-01	４年間	●？					カスティーリャ王アルフォンソ11世	於フェス
1338-03	４年間？						？	形式上の休戦更新？
1344-03-26	10年間	●	●	●			グラナダ王ユースフ１世	アルヘシラス占領と同時に
1350	？						？	カスティーリャ王死去に伴う更新
1370-06-01	８年間						カスティーリャ王エンリケ２世	
1378-02-10	２年間		●				？	
1379-08-21	４年間						カスティーリャ王フアン１世？	カスティーリャ王死去に伴う更新
1382-10-01	４年間						カスティーリャ王フアン１世？	前休戦と同じ条件
1384-10？	？						？	休戦の更新？
1390-05？	？						グラナダ王ムハンマド５世？	
1391-??-??	？						グラナダ王ユースフ２世	グラナダ王死去に伴う更新
1395末？	？						グラナダ王ムハンマド７世	
1399-??-??	？						？	休戦の維持
1408-04-15	７か月間						グラナダ王ムハンマド７世	
1408-09-17	７か月間						グラナダ王ユースフ３世	グラナダ王死去に伴う更新
1409-03-19	５か月間	●？	●？				グラナダ王ユースフ３世	
1409-08-10	７か月間						？	

の実態を双方が確認し合っていたと推測される(5)。

他の条項、すなわち交易条項、捕虜の処遇と捕虜返還交渉人への安全保障、そして越境騒擾の解決策に関する条項は、遅くとも一三一〇年から、カスティーリャ側とグラナダ側の双方で合意がなされ始め、大きな変化を被ることなく一五世紀末まで現れ続ける。交易条項のほとんどは、既に述べた「禁止品目」の取決めを含んだグラナダ側に不利なものであり、交易相手国たるグラナダ王国の経済を緩やかに疲弊させるものとなった。

このように、変化に乏しいとされてきた休戦協定の内容の変遷をあらためて分析してみると、いくばくかの揺れ動きがはっきりと浮かび上がってくる。このような休戦協定内容の多様性は、両王国間関係の不安定さを端的に物語ってくれており、これは対の半島キリスト教諸国のひとつであるアラゴン連合王国とグラナダ王国との間に締結された協定条項と比較した場合に、相異は、より鮮明となる。グラナダ王国と陸続きの「境域」をもたず、さらに「レコンキスタ」の完遂を「国是」としないアラゴンの場合、五年間以上という長期にわたる休戦が一般的となるばかりか、人的移動の自由、港湾や交易関係の安全保障に関する条項を、より重視している。貢納金の支払いや一方的な捕虜返還をグラナダ王へ強制することもなく、相互の軍事援助を約すなど、はるかに水平的な利害関係を示している(6)。

第二節　戦争の経緯と休戦協定交渉の実態

先行研究で主張されてきたように、カスティーリャ王国とグラナダ王国とが陸伝いで境を接した約二五〇年間のうちで、比較的大規模な戦争状態と呼べる期間は非常に短い。すなわち、一四八二年からの「グラナダ戦争」を除けば、①マリーン朝の大規模な介入に端を発する一三世紀の第四四半世紀、②「海峡戦争」が激化し一三四〇年のサラード会戦で一応の幕を引くアルフォンソ一一世治世期、③幼少のフアン二世の摂政フェルナンド・デ・アンテケラが推進し、一四一〇年のアンテケラ占領を遂げる時期、④フアン二世と寵臣アルバロ・デ・ルーナによる一四三〇年代の戦争、そして⑤エンリケ四世登位後の一四五五年から五八年までの年毎の遠征、となる。

期せずマリーン朝からの大規模な軍事介入を被った①の期間を除くならば、カスティーリャ側からの開戦は、ほぼグラナダ王国内で生じている混乱状態への軍事介入を契機としている(7)。一三二七年一月二〇日付の書簡でアルフォンソ一一世は、グラナダ王国内においてマリーン朝の将軍ウスマーンとの間に生じている騒乱状況を、ムルシア都市当局へ次のように伝える。

> グラナダに関する情報を知らせようとして、貴方がたが送付した書状を閲覧した。ウスマーンがアルハンブラへ入城し、グラナダ臣民とともに［グラナダ］王に反旗を翻そうと試みているが、彼の望むように事態が推移していない。［中略］今や、彼らを打倒するべく神と余への奉仕において、望むすべてを達成する余地がある(8)。

一四三〇年四月九日、ミサを挙行していたフアン二世のもとへグラナダから使節が来訪し、ムハンマド八世（在位一四一七～一四一九、一四二七～一四三〇）とムハンマド九世（在位一四一九～一四二七、一四三〇～一四三一、一四三二～一四四五、一四四七～一四五三）との間で生じている内乱状態を知る。同年の七月にナバーラ、アラゴンと休戦協定を締結したフアン二世は、同地に滞在していたグラナダ王ムハンマド九世の使節に休戦更新の拒否の意志を伝え、同時に臣民へ辺境防備を命じることで正式に開戦が宣言された。この後、戦争状態に置かれた両王国であったが、当初はカスティーリャ王へ臣従を行なったナスル朝王族のひとりユースフを援助し、彼をグラナダ王として即位させる目的でのグラナダ侵攻となった。事実、ナバーラとアラゴンとの休戦（「マハノ休戦（Tregua de Majano）」）以前の六月二五日、亡命を余儀なくされたムハンマド八世の息子で上述のユースフ（後のユースフ四世）をフアン二世は庇護しており、七月一日、彼にグラナダ王国を授けることを約している(9)。

同様の契機はエンリケ四世期の戦争にもみられる。父フアン二世から王位を継承した彼は当初、グラナダ王ムハンマド一〇世（在位一四五三～一四五五）との休戦の更新を望んでいた(10)。しかし一四五五年二月二二日、ヘレス都市当局へ次のように伝達し、対グラナダ戦争を開始する。

第一に、［グラナダ内部で］サアド王とムハンマド王との間に騒乱が生じており、自身の息子と他の騎士らを通じて、サアド王が余に対し、この事態に関して通告してきていることは既に知っていると思う。余に伝えてきているところによれば、上述のムハンマド王が、上記のサアド王を包囲しているとのことであるが、今現在、後者は余と［休戦］交渉を行なっているところであるので、この交渉の最中に彼が損害を被らないよう、彼に何らかの好意と援助を与えるように余が命じるのが理に適うと思う(11)。

次に戦争の実際の経過をみていきたい。先述したように、ガルシア・フィッツが中世盛期の対アンダルス戦争で指摘していたのと同じく、中世後期においても、戦争とは略奪行為の反復と中小規模拠点の奪取を軸として推移していた。他方で大規模な包囲戦を実施することで成功を収められた事例は、ジブラルタル（一三〇九年）、アルヘシラス（一三四四年）、アンテケラ（一四一〇年）など数えるほどしかない。そしてたとえ成功したにせよ、莫大な人員損失と財政的出費を覚悟せねばならなかった。

しかし、変化に乏しいかに思える戦争の推移をつぶさにみていくなら、ひとつの傾向が明らかとなる。カスティーリャ王自らが親征を実施する規模の大きな戦争自体が、一四世紀後半にトラスタマラ王朝へと交代するや激減するのである。たとえばアルフォンソ一一世は、一三二七年から四四年までの、数年単位での休戦を挟みつつ展開される対グラナダ戦争で大半の時期を、アンダルシーア「境域」内で過ごし陣頭指揮をとっている。これに対して一五世紀の摂政フェルナンド・デ・アンテケラは、一四〇七年と一〇年のうち短期間のみ、「境域」に滞在する。最も顕著なのはファン二世であり、一四三〇年代を通じて継続した戦争状態のうち、自らグラナダ沃野（Vega）へと進撃するのは、一四三一年のイゲルエラ会戦時のみである。そしてエンリケ四世は、一四五五年から五八年までの毎年、春から秋にかけてのみ略奪遠征を自ら指揮した後、王宮廷の置かれた内地へと帰還する。よって実際の戦争の多くを、一四世紀の後半以後、次第に台頭してくる「境域」の有力貴族、あるいは王宮廷から派遣された寵臣が軍団長（capitán）として指揮するに任せているといえる(12)。

このような傾向は、「境域」滞在期間が非常に長い傾向にある、アルフォンソ一〇世からペドロ一世までのブルゴーニュ系の諸王と、カスティーリャ内地で統治を行なう傾向が顕著となるトラスタマラ系の諸王との対グラナダ政策の差異をはっきりと示しているように思われる。興味深いことにこの傾向は、前節でみた休戦協定で、臣従条項が消失する時期とも見事に重なる。トラスタマラ諸王の治世は、いわゆる「封建制の危機」が最も表面化する時代でもあり、カスティーリャ王権は一四世紀後半においては英仏百年戦争と対ポルトガル戦役、そして一五世紀には半島内キリスト教諸国間の激しい騒乱に対処せざるをえなかった。さらには、王を取り巻く有力貴族間の権力闘争が頻発し、国内情勢が不穏を極める時期でもあった。

ゆえに、直接にグラナダ情勢へ関与する余裕のないトラスタマラ系のカスティーリャ諸王は、可能な限り従属的な休戦協定をグラナダ王に課すことで、その内部崩壊を目論んだ。休戦協定の条項の履行は、グラナダ王国の服属と漸進的な経済の衰退、そして騒乱を惹起し、将来的な軍事介入の機会を与えてくれる。たとえば『ミゲル・ルーカス・デ・イランソ事績録』は、一四六二年、パーリアの徴収のために都市グラナダを訪れた都市ハエンの修道士ディエゴ・デ・ラ・グアルディアの次の証言を載せている。

モーロ人の間にいと大きな混乱と不和が存在し、かの御方［＝ミゲル・ルーカス］が彼らに対して実施した戦争によって疲弊しきっていた。［グラナダ］臣民の皆、とりわけ城塞とアルバイシン街区の者らは、我等の主であるところの［カスティーリャ］王に服属して、かの都市と自身の土地で、ムデハルとして生きる意図を有している。そして多大なる労苦から自衛することを考え、自身らの王として親王イスマーイールの擁立を試みた(13)。

であるからこそ、両王国間の休戦協定の交渉は熾烈を極めた。一四三九年四月一五日から三年間の休戦へと至る協定交渉の模様が、これを如実に示してくれている。一四三一年以降の戦争を経て、休戦交渉の全権を委任されたイニゴ・ロペス・デ・メンドーサとカスティーリャ王宮廷、そしてグラナダ王宮廷との間の利害衝突の分析は、これまでに論じてきた筆者の仮説を補強してくれる(14)。

まず指摘すべきは、カスティーリャ側の条件が極めて苛烈である点である。フアン二世の寵臣で大元帥のアルバロ・デ・ルーナから、一年間の休戦、最大限の貢納金の供出と捕虜の返還を提示すべき条件として命じられたイニゴ・ロペスは、これに一四世紀前半に頻出していたところの古典的な臣従義務と「境域」要衝の無償譲渡を条件として加え、グラナダ側に突きつける。一五世紀の休戦協定条項として管見の限りで登場していない臣従が要求されている点から、以下のことが推測される。すなわち、実際の交渉段階でカスティーリャ側は、臣従を休戦締結の条件として要求し続けていたのではないか。かたやグラナダ側は、これらの条件を当初は全面的に拒否し、後に譲歩して五年間の休戦と交易の全面的自由、そして捕虜返還と貢納金の軽減を提示する。難航する折衝の結果、三年間の休戦、交易の限定的な許可、そして減額された貢納金の供出と五五〇名のキリスト教徒捕虜の無償返還で一致をみた。つまりは、一方が短期間の休戦と最大限の経済的搾取を目論むのに対して、もう一方が長期間の休戦と貢納金の減額あるいは免除、そして交易の全面的自由を要求する。この双方の要求が衝突し、すり合わされた結果が休戦協定として結実していたといえる。

休戦協定の締結をもって、中世後期のカスティーリャ王国とナスル朝グラナダ王国との関係が安定的なものとなり、友好関係が確立されたとすべきではない。ましてやそれは、一四世紀後半以降のトラスタマラ王朝の歴代諸王の「堕

休戦協定の交渉（1438年～1439年）

書簡日付	提案先	内　容	条件提示
H842-05-25 (c.1438-11-13)	Cr. → Ca.	カスティーリャ王フアン２世へ休戦の申し入れ （休戦期間，条件の詳細はなし）	
1438-11-24	Ca. → Neg.	フアン２世，イニゴ・ロペス・デ・メンドーサに交渉権を委譲する	
1438-11-26	Ca. → Neg.	大元帥アルバロ・デ・ルーナ，1439年から１年間の休戦，最大限の貢納金供出と捕虜返還でもっての締結を指示する	
?	Neg. → Gr.	条件：①グラナダ王の臣従，コルテス参加，軍役奉仕　②戦争の損害の補填　③アルヘシラスの復興と譲渡，カンビル，ベルメスの譲渡　④グラナダ王国に捕囚されている全キリスト教徒の返還　⑤年額２万ドブラ金貨の支払い	Ca.(1)
1439-01-02	Neg. → Ca.	１年間は短すぎるのではないかとして指示を仰ぐ	
1439-01-15	Ca. → Neg.	１年間で交渉できなければ２年間での締結を指示する	
c.1439-01-18	Gr. → Neg.	Ca.(1)の条件の全てを理由とともに拒否する	Gr.(1)
1439-01-28	Neg. → Gr.	Gr.(1)の理由を否定し，臣従は「いかなる恥でもなくむしろグラナダ王と王国にとって利益である」とする	Ca.(2)
1439-02-11	Ca. → Neg.	イニゴ・ロペス・デ・メンドーサへ協定内容の交渉とその締結を全権委任する	
1439-02-12	Ca. → Neg.	１年間もしくは２年間での休戦協定締結，アルフォンソ・デ・ストゥニガの解放を盛り込むように指示する	
1439-[02]-24	Ca. → Neg.	１年間もしくは２年間，あるいは３年間以下で締結するように指示する	
H843(sic.)-09-10	Gr. → Neg.	「これらの要求があまりに重く，達成できない」とし，自身の理をあらためて強調する	Gr.(2)
?	Neg. → Gr.	条件：①１年間の休戦　②年額１万2000ドブラ金貨の支払い　③カスティーリャが指名する600名のキリスト教徒捕虜の返還	Ca.(3)
1439-03-02	Neg. → Ca.	交渉の難航を吐露し，１年間の休戦は困難であるとし，また捕虜に関しても100名のみを指名することとなると述べる	
?	Gr. → Neg.	条件：①１年間では短すぎるとし，５年間を提案　②キリスト教徒捕虜は「ムスリム捕虜の返還のため」であり，600名は多すぎる　③年額１万2000ドブラ金貨の貢納は多すぎるとし，年額5000ドブラ金貨の供出を提案　④交易の自由を提案	Gr.(3)
?	Neg. → Gr.	条件：①２年間の休戦　②交易は家畜，オリーブ油その他に限定　③返還する捕虜にアルフォンソ・デ・ストゥニガを加える	Ca.(4)
?	Neg. → Emb	交渉条件：①１年間の休戦　②年額8000ドブラ金貨　③アルフォンソ・デ・ストゥニガその他の返還 もしくは：①２年間の休戦　②年額8000ドブラ金貨　③300名のキリスト教徒捕虜の返還（内30名を指名）　④交易の自由　での交渉を指示する	
1439-03-24	Ca. → Neg.	「休戦期間は最大限短期とし，貢納は最大限多額で」の交渉を指示する	
1430-04-10	Neg. → Ca.	交渉の終結を伝達する ①３年間の休戦 ②アルカラ・ラ・レアル，サアラ，ウエルマを交易拠点として開放し，馬の売買は禁止し，年7000頭の羊，年1000頭の雌牛の売買を許可 ③550名のキリスト教徒捕虜の返還 ④年額8000ドブラ金貨の貢納	
1439-04-11	Neg.	都市ハエンにて，協定内容の草稿を作成する	
1439-04-18	Neg. → Ca.	休戦の告示を行なったことを伝達する	

＊Ca.：カスティーリャ王宮廷　Gr.：グラナダ王宮廷　Neg.：イニゴ・ロペス・デ・メンドーサ　Emb.：グラナダ王宮廷への使節

落した贈収賄精神（espíritu venal）」を示すものでもない(15)。「無能王（el impotente）」として知られるエンリケ四世の実施した対グラナダ政策は、年代記作者アロンソ・デ・パレンシアから現代の研究者に至るまで、非常に否定的な評価が下されてきた。しかし、実際の戦争契機あるいは採用されている戦術、そして休戦協定の策定を考慮に加えて総合的に判断するのであれば、彼の対アンダルス政策もまた、彼以前の諸王に共通する伝統的なものであったとみなすべきである。すなわち、消耗戦と貢納金の支払いとを組み合わせることで、一貫してグラナダ王国経済の疲弊を誘発する戦法をとり、可能であれば拠点の奪取を試みている(16)。

中世の戦争の中核をなす消耗戦は、グラナダ王に否応なく休戦を結ばせる。貢納金の供出あるいは捕虜の返還を伴う不利な休戦の締結は、グラナダ王国内の不和を招いて内乱を誘発する。そして再びカスティーリャ王に軍事介入の機会を与える。このように、戦争と休戦は政策の面で密接に連関しており、休戦協定の締結もまた、消耗戦という中世における戦争の一形態の延長上に位置していた。度重なる王の交代劇と陰謀渦巻く宮廷闘争に彩られたとされるナスル朝グラナダ王国の混乱の一因に、カスティーリャ王のしたたかな思惑も関わっていたと考えられる。

このように戦争と平和を統合して考察することで、カスティーリャ王国において対アンダルス戦争の主軸をなした消耗戦の意義、そして休戦協定の締結の目的とが、同王国の「国是」として維持された「レコンキスタ」理念の名のもとで、矛盾なく説明できるのである。

第七章　王国間休戦協定と「境域」の接合点
――「外交」使節

第一節　「外交」使節と「全権大使」

前章までで、カスティーリャ王国とグラナダ王国との間に締結された王国間休戦協定の実像を明らかにした。ナスル朝が存続した約二五〇年間にわたる時期の大半が、協定内にて規定された休戦期間に該当することをあらためて確認しつつも、その背後に隠された双方の「外交」的な思惑とその意義を検討してきた。つまり王国間休戦協定の模索とは、休戦期間を単純に合意へと導くのみならず、常に劣勢に立たされたグラナダ側に義務づけられる貢納金や捕虜解放をとりきめるとともに、交易の許可の有無をめぐってなされる「静かなる戦争」を意味した。そして双方の合意は、両者の端的な力関係が如実に反映される形でしか、なされなかった。ゆえに、合意に達しなかった交渉や、貢納金の授受や督促、あるいは単純な贈与関係に至るまで、残存している史料をはるかに超えて、両王国の間で多彩な交渉がなされていたと想像することができる。そこで本章では、両王国間レヴェルの交渉を支えた枠組みを考察しておきたい(1)。

両王国の交渉を担当するのは、使節の役割であった。様々な交渉事に関する密命を帯びて、彼らは文明の狭間を往復していく。未だ国際法の存在しない時代ではあるものの、「敵地」に赴く使節の身体の安全は、古来より慣習的に保障されていた。これは、異なる一神教を奉ずるキリスト教諸国とアンダルスとの間においても例外ではなく、カスティーリャ国法たる『七部法典』は、使節の安全に関して次のように規定している。

王の宮廷へは、敵の命を帯びて敵地から、つまりはモーロ人の地からあるいはその他の地域から、しばしば使節が訪れる。余は善処し、以下の命令をなす。余の地に来訪する全ての使節は、キリスト教徒であろうとモーロ人であろうと、あるいはユダヤ人であろうとも、来訪から帰還までの間、余の王国領域の全てにおいて身体の安全が保障される。その者あるいは彼の財に対して暴力、侮辱、害悪が敢えて与えられることのなきよう(2)。

カスティーリャ王国とグラナダ王国との「外交」交渉は、言語、文化そして宗教を越境してなされなければならなかった。当然ながらこの交渉を担う者は、双方の言語や文化、そして交渉事を有利に進めるため、相手方の振舞を知悉していなければならない。とはいえ、ラテン・キリスト教世界、ビザンツ世界そしてイスラーム世界という三つの異なるサブ文明世界が並存した中世地中海世界では、越境「外交」が頻繁になされ、かつそれを担うに適任な人材も揃っていた。

中世の西地中海圏における「外交」交渉の実態分析に近年先鞭をつけたサリクルによれば、イスラーム世界への使節とは「他者を知る者」でなければならなかった。この海域世界を舞台とし、海を越えて戦争と平和を展開して、交易や内政干渉を頻繁に行なっていたアラゴン連合王国でこの役割を担っていたのは、まず何よりも文明世界の狭間に位置する「境域」に関連する役職の保持者であった。たとえば、アラゴンとグラナダとの間で展開された「外交」の場合、両王国の政治的な「中心」の間を線で結んだ中間、すなわちバレンシア王国の総バイイ（baile general）が仲介役を務めた。バレンシア王国内には多数のムデハルらが居住しており、統治の上でもアラビア語や彼らの習俗を解する必要が常にあった。また、商人やユダヤ人、あるいはムデハル自身といった、越境「外交」に手慣れた者達もバレンシアには多い。中世西地中海圏においてヒトの移動は頻繁であり、渡海してイスラーム世界の一角を占めるマグリブやイフリーキヤで傭兵として軍役に従事するキリスト教徒も数多く存在していた。彼らは逆に、イスラーム諸政権側の使節として任命され、バレンシアへと赴くことすらあった(3)。

中世後期カスティーリャ王国とグラナダ王国との間の「外交」交渉でも、ほぼ類似の傾向がみてとれる。すなわち、カスティーリャ王国の「境域」となったアンダルシーア、ムルシアにおける役職保持者、たとえば後に詳述する境域大総督（adelantado mayor de la Frontera）やムルシア総督（adelantado del reino de Murcia）、捕虜返還交渉人から、「境域」前線城砦の城主（alcaide）、「境域」都市当局の役職保持者らが、ナスル朝領域へ派遣される「外交」使節として表舞台に登場する。同じくユダヤ人やイスラーム世界で軍役奉仕するキリスト教徒傭兵、そして「境域」に居住してアラビア語を解する改宗者ですら、文明世界間の交渉を担っていく(4)。

カスティーリャ王国とナスル朝グラナダ王国との間で往復した使節らは、その身柄と持参する物品の安全が保障され、なおかつ彼らの訪問に際して必要となる出費も、訪問先の国側が負担していたのであろう。これも、アラゴン連合王国とグラナダ王国との間の使節をめぐる詳細な史料から類推することが可能となる。

一四一八年二月、グラナダ王ムハンマド八世は、アラゴン王アルフォンソ五世（在位一四一六～一四五八）へ、休戦協定の交渉を申し出ている。以後、バレンシア王国の総バイイ、フアン・メルカデルがこの交渉を担当し、グラナダからはハイリーン（Hayren, Hayrin）という名の使節が頻繁に訪れて、休戦協定の合意へ向けた折衝がなされた。同年の七月四日に双方の条件が一致したため、暫定的な協定の草稿が作成された。最終的に、おそらく総バイイの一族であろう、ベレンゲール・メルカデルなる人物がグラナダ王の自署を得るために、使節としてグラナダ宮廷へ赴いた。たび重なる折衝において、グラナダ王の使節ハイリーンがアラゴン連合王国内に使命を帯びて滞在する期間の出費は、アラゴン側の負担であったことが支出明細票から把握できる。この明細には「都市バレンシアにおいて、また同都市から都市サラゴーサまでの道程、当該都市での滞在、そして帰還における食事、駄獣や宿舎の賃貸、他の必要なもの」の支出を行なった旨が記されている(5)。

草稿が作成された後、グラナダ王の自署を得るための使節としてグラナダ宮廷へ赴いたベレンゲール・メルカデルは、しかしながら同宮廷での署名の際、ある問題に巻き込まれている。この経緯に関して、グラナダ王がアラゴン王へ送付した、同年九月四日付の書状は次のように伝える。

余は貴殿に以下のことを通告する。すなわち、貴殿の使節ベレンゲール・メルカデルが、［余の使節たる］ハイリーンとともに、貴殿が送付した書状を持参して余のもとへと到着し、余は同書状の内容の全てを知りえた。貴国でハイリーンが合意したところの状況、また貴殿から余のもとへの使節の派遣に関してであるが、いと高く、いと貴顕なる王よ、また余の同志で友よ、以下のことを理解してほしい。すなわち、余と余の廷臣の面前にて、上述の貴殿の使節とハイリーンがそれぞれ陳述したのであるが、彼らによってなされた陳述では、上記の貴殿の使節が示す条項が、余のハイリーンに命じ余が提案したところのそれらと一致しないことに気付いた。いと高く、いと貴顕なる王よ、また余の同志で友よ、余は上述のベレンゲール・メルカデルとハイリーンに命じ、余の廷臣の面前に出頭させ、状況を確認させたのであるが、みたところ、内容と条項が食い違っているのであった。そこで余は、かかる状況と内容の不一致に鑑み、署名ができないと判断した。というのも、余が上述のハイリーンに、そうするようにと命じた方策でも形式でもなかったからである(6)。

この後、グラナダ王はベレンゲール・メルカデルとさらに会談したが、後者は条項の不一致をひとりで解決する権限を持たないと返答した。この後、再び折衝がなされ、同意が得られた上で締結に至ったものと推測されている。

「外交」使節とは、単純に王権の書簡の輸送者ではなく、王の意を伝えるとともに、時に条項の調整と交渉あるいは確認を委ねられた交渉人でもあった。上記の例のように、休戦協定の交渉がいずれかの王の宮廷でなされる場合、王自らの提言により大きく左右される可能性もあった。しかしカスティーリャの場合、次節で検討するように、多くの場合は「境域」に滞在する「全権大使」に交渉を委任する場合が多い。

先の章で扱った一四三九年のカスティーリャ王国とグラナダ王国との王国間休戦協定の交渉を担当したイニゴ・ロペス・デ・メンドーサの例をみてみたい。一四三九年二月一一日付の書状で、カスティーリャ王フアン二世は、次のような慣例的文言でもって、休戦協定に付随する具体的な条項案の策定を委譲している。

本書状により余は、以下の十全なる権限を貴殿［イニゴ・ロペス・デ・メンドーサ］に授与する。すなわち、貴殿が余のために、そして余の名において、グラナダ王と彼のモーロ人らと、現在のところ余が行使している戦争の休止を締結して同意するための権限である。これは、貴殿が把握し理解した期間、方策、そして条件でもって［交渉を］行なうことができ、それに関し、余のため、そして余の名と余の王国、土地、あるいは王国領域の名において、［協定を］なし、授与することができる権限である。またそれは、あらゆる保障、条件、あるいはあらゆる確約と誓約、義務、罰則を伴って、上述のグラナダ王から自らと自身の王国と土地のために［休戦を］受領することができる権限である(7)。

実際の使節のやりとりは、アラゴンではバレンシア王国総バイイのフアン・メルカデル、カスティーリャの場合には「境域」の軍団総長（capitán general）を務めていたイニゴ・ロペスのような「全権大使」が主導し、彼らが「中心」たる王権と、実際に書簡を携えてグラナダへと派遣される使節との仲介役を担っていたと推測される。

陸上「境域」を介して接し合う王国同士ばかりか、第三国を通過しての使節の往復も頻繁であった模様である。一四二八年一二月九日、アラゴン王アルフォンソ五世は、グラナダ王国領域と接するカスティーリャ王国「境域」の最前線都市ロルカ当局宛に書簡を送り、グラナダ王の使節を務めるユダヤ人ヤコブ・イスラエルの、アラゴン連合王国領域までの安全な通過に対して善処を要請している。使節の移動は「たとえ和平時であろうと、戦争時であろうとも」許可されるべきものであった(8)。

このように「外交」を担当する使節の移動は、宗教や文化の別なく諸王国間において保障されていた。この保障は、贈物の授受に示される友好関係の第一歩を保証するとともに、宗教を跨いだ休戦関係や軍事同盟関係をもたらすばかりか、商人や傭兵をはじめとするヒトやモノの円滑な交流を可能としていく。中世地中海世界のダイナミズムは、この「外交」の後ろ盾があって初めて確約された。そしてこの点で、文明の仲介の場として「境域」が果たした役割は、次節で検討するように非常に大きい。

第二節　カスティーリャ王国の「外交」使節と「境域」

前章で検討したように、一二四六年のハエン協定から一四八一年の一年間にわたる最後の休戦協定に至るまで、カスティーリャ王国とグラナダ王国との間に成立した王国間休戦の大半は、両者のうちの一方が申し入れをすることによって交渉段階に入った。この後、双方の合意をみた上で正式に契約されるまでの一連の折衝を担うのが「外交」使節の役割であった。休戦協定の交渉に代表される「外交」では、カスティーリャ王宮廷、ナスル朝宮廷という双方の政治単位の「中心」の狭間に位置する「境域」の仲立ちが、重要な役割を果たす。王国間休戦協定の交渉と維持に関する使節、あるいは「全権大使」の人名と役職・出自について、管見の限りの史料と研究を参照した結果は、次表の通りとなる(9)。

単純な書簡の送付のみを使命としていようと、あるいは交渉の全権を委任されていようとも、使節は、やはり「境域」と何らかの形で関連する者達が多く登場する。マグリブのマリーン朝に傭兵として仕えた経験を持つグスマン家の初代当主アロンソ・ペレスは、ムスリム政権との縁故を頼りに使節として任命されている可能性が高い。ガルシア・マルティネス・デ・ガリェーゴスも、同様にマグリブでの傭兵経験を持つ。彼の子息と推測され、都市セビーリャの有力者として法官職を務めたゴンサーロ・ガルシア・デ・ガリェーゴスも、休戦協定の締結のためにマリーン朝の首座フェスに派遣されている。本書の第二部で詳しく検討するが、「境域」に深く関連する役職である境域大総督、越境騒擾裁定人長（alcalde mayor entre moros y cristianos）、捕虜返還交渉人長（alfaqueque mayor）も登場する。彼らの多くは、アンダルシーア「境域」を構成する三王国、すなわちセビーリャ王国、コルドバ王国、そしてハエン王国の統治に深く関与する者達であった。同じく「境域」と関わりの深い宗教騎士団の高位に列する団長や総代官（comendador mayor）、代官（comendador）あるいは収入役長（contador mayor）も登場する(10)。

さて、ここでもひとつのおぼろげな転機を指摘できる。一四世紀半ばを転機として、使節あるいは「全権大使」の質が変容しているのである。一四世紀前半のアルフォンソ一一世治世期までの使節には、「境域」で比較的中下層に属する貴族が登場する。また、使節の人選も固定化せずに多様さがみられる。おそらくこれは、都市セビーリャをはじめとする「境域」の有力都市に長らく滞在している王の身近に偶然控えていた人物が、その都度選定されていたことを示唆しているのではないか。こう仮定するならば彼らは、王権と廷臣の抱く意思を伝達する使命を帯びた、単なる王書簡の送付人にすぎなかったともいえる。

しかしながら、一四世紀の半ばから、このような傾向が変質をみせていく。トラスタマラ王朝の初代エンリケ二世は、ペドロ一世をモンティエルの戦いで撃破して、王国内戦で勝利をおさめた直後の一三六九年三月二三日の書状で、アンダルシーア王国群の統治を自身の股肱の臣らに委任した。その内のひとりが、カラトラバ騎士団長で境域大総督を兼任するペドロ・ムーニス・デ・ゴドイであった(11)。エンリケ二世と次代フアン一世（在位一三七九～一三九〇）治

1413	ディエゴ・フェルナンデス・デ・コルドバ1世（カブラ－バエナ家）	同上
1414	ディエゴ・フェルナンデス・デ・コルドバ1世（カブラ－バエナ家）	同上
1415	?	
1416	ディエゴ・フェルナンデス・デ・コルドバ1世（カブラ－バエナ家）	同上
1417	ルイス・ゴンサレス・デ・ルナ	書記
1418	?	
1419	?	
1421	ルイス・ゴンサレス・デ・ルナ	同上
1424	ルイス・ゴンサレス・デ・ルナ	王使節長
1426	?	
1427	?	
1429	?	
1430	ルイス・ゴンサレス・デ・ルナ	コルドバ二十四人衆
1439	イニゴ・ロペス・デ・メンドーサ	ハエン王国軍団総長
1441	?	
1442	ルイス・ゴンサレス・デ・レイバ，ディエゴ・フェルナンデス・デ・スリタ	カラトラバ騎士団代官，アルコス城主兼ヘレス統治官
1443	おそらくペドロ・フェルナンデス・デ・コルドバ（アギラール家）	
1446	ペドロ・フェルナンデス・デ・コルドバ（アギラール家）	
1448	ディエゴ・フェルナンデス・デ・コルドバ2世（カブラ－バエナ家）	元帥
1450	ペル・アファン・デ・リベーラ？	境域大総督
1452	ペドロ・フェルナンデス・デ・コルドバ（アギラール家）	
1453	?	
1454	ペドロ・フェルナンデス・デ・コルドバ（アギラール家）	
1455	ディエゴ・フェルナンデス・デ・コルドバ2世（カブラ－バエナ家）	カブラ伯
1456	ペドロ・ヒロン，フアン・ブラーボ	カラトラバ騎士団長，騎士
1457	ペドロ・ヒロン？	同上
1458	?	アルカラ城主？
1460	ディエゴ・フェルナンデス・デ・コルドバ2世（カブラ－バエナ家）	カブラ伯
1461	フアン・デ・オルテガ・デ・カリオン	?
1462	ペドロ・ヒロン	カラトラバ騎士団長
1463	ペドロ・ヒロン	同上
1464	?	
1465	フアン・パチェコ	ビリェーナ侯
1472	フアン・パチェコ	ビリェーナ侯
1475	ディエゴ・フェルナンデス・デ・コルドバ2世（カブラ－バエナ家）	カブラ伯
1476	フェルナンド・デ・アランダ，ペドロ・デ・バリオヌエボ	コルドバ二十四人衆，ソリア統治官
1478	ディエゴ・フェルナンデス・デ・コルドバ2世（カブラ－バエナ家）	カブラ伯
1481	フェルナンド・デ・アランダ，ガルシア・デ・ハエン	コルドバ二十四人衆，ハエン統治官

休戦協定の締結交渉あるいは維持を目的とする
カスティーリャ王国側の派遣使節あるいは交渉代表（1246〜1481）

年	「外交」使節あるいは「全権大使」	出自・役職
1246	？	
1252	？	
1265	？	
1271	？	
1274	？	
1276	アロンソ・ペレス・デ・グスマン	マリーン朝傭兵
1277–1278	「聖職者」，ガルシア・マルティネス・デ・ガリェーゴス	聖職者，マリーン朝傭兵
1281	ゴメス・ガルシア・デ・トレド，アロンソ・ペレス・デ・グスマン	サンチョ４世の寵臣（後に在バリャドリード修道院長），マリーン朝傭兵
1282	？	
1291	フェルナン・ペレス・ポンセ	境域大総督
1300	アロンソ・ペレス・デ・グスマン，グティエレ・ペレス	サンルーカル領主，カラトラバ騎士団総代官
1304	フェルナンド・ゴメス・デ・トレード，サムエル	証書局員，徴税官
1310	？	
1312	親王ペドロ	アルフォンソ11世の摂政
1316	ガルシ・ロペス・デ・パディーリャ	カラトラバ騎士団長
1318	？	
1320	ペイ・アリアス・デ・カストロ	コルドバ城主，王の法官
1321	？	
1331	バスコ・ロドリゲス・デ・コルナド，フアン・マルティネス・デ・レイバ	サンティアゴ騎士団長，セビーリャ騎士
1332	ディエゴ・マルティネス	？
1333	？	
1334	ゴンサーロ・ガルシア・デ・ガリェーゴス	セビーリャ法官
1338	フェルナンド・ペレス・デ・バリャドリード，ゴンサーロ・ガルシア	？，セビーリャ法官？
1344	フェルナン・パラデーリャ	？
1350	？	
1369–1370	ペドロ・ムーニス・デ・ゴドイ	カラトラバ騎士団長（境域大総督を兼任）
1378	？	
1379	ペドロ・ムーニス・デ・ゴドイ	同上
1382	ペドロ・ムーニス・デ・ゴドイ	同上
1384	？	
1390	？	
1391	？	
1395	？	
1399	？	
1403	アルフォンソ・フェルナンデス・デ・コルドバ２世（アギラール家），その他	越境騒擾裁定人
1405–1406	？	
1408	アルフォンソ・フェルナンデス・デ・コルドバ２世（アギラール家），グティエレ・ディアス	同上，王書記
1409	グティエレ・ディアス，ディエゴ・ガルシア	王書記，王庫書記
1410	アルフォンソ・フェルナンデス・デ・コルドバ２世（アギラール家），ディエゴ・フェルナンデス・デ・コルドバ１世（カブラ－バエナ家）	越境騒擾裁定人，捕虜返還交渉人長
1412	ディエゴ・フェルナンデス・デ・コルドバ１世（カブラ－バエナ家）	サンティアゴ騎士団長の会計人長

世期の対グラナダ「外交」は、一三八四年に対ポルトガル戦役で戦死するまで、彼に全権が委譲されていたと考えられる(12)。

ペドロ・ムーニス・デ・ゴドイの後、詳細の不明な期間を経て一五世紀に至るや、対グラナダ「外交」交渉の全権が委譲される傾向が、より顕著となる。幼少のファン二世の摂政フェルナンド・デ・アンテケラが「勢威発揚」を主たる目的として遂行した一四〇七年から一〇年にかけての対グラナダ戦役は、双方の王宮廷の間で、直接交渉がなされている。ゆえに、王の宮廷に深く関連する役職の保持者が使節として登場する。しかし対グラナダ戦役が佳境にさしかかるアンテケラ包囲戦時から開始された交渉の後、コルドバを拠点とする「境域」の大貴族フェルナンデス・デ・コルドバ家門に属するアギラール、カブラ＝バエナ両家構成員が頻繁に現れてくる。一四二〇年代の前半に登場するルイス・ゴンサレス・デ・ルナ、一四三九年のイニゴ・ロペス・デ・メンドーサ、そしてエンリケ四世の寵臣でカラトラバ騎士団長のペドロ・ヒロンやビリェーナ侯ファン・パチェコらも交渉の全権を一時的に掌握している。しかし全体として眺めた場合、一五世紀の末までフェルナンデス・デ・コルドバ家門が対グラナダ「外交」の多くを取り仕切っている印象は否めない(13)。

では、なぜ一四世紀の後半から「境域」に君臨する有力貴族、とりわけコルドバ王国域の最有力貴族フェルナンデス・デ・コルドバ家門が、対グラナダ「外交」の主導権を握り始めるのであろうか。この理由は、先の章で指摘したトラスタマラ系への王朝交代劇に伴う「外交」の質的転換に求められねばならない。そして何よりも、後述するように、カスティーリャ＝グラナダ「境域」という場に固有の社会的ダイナミズムが大きく変容したからであった。

まず考慮すべきは、内戦に勝利したトラスタマラ系の諸王が、ポルトガル、アラゴンあるいはナバーラといった半島キリスト教諸国、そしてフランス、イギリスをはじめとするピレネー以北の諸王国との関係の安定化に常に苦慮していた点である。さらに内戦で分断された王国内貴族との利害調整にも、彼らは忙殺された。このような事態は、王権による「境域」政策の忘却を招く。しかしながら、否応なくナスル朝支配領域と境を接する当の「境域」社会では、対グラナダ「外交」を無視することは許されない。「境域」は、ちょうど当該域で進行中であった軍事資質を軸とする社会経済的な身分階層の分化（「戦争遂行型社会」の成熟）に従って、自らの主導で対グラナダ「外交」を展開しようとした。ここで、他の案件に忙殺されるカスティーリャ王権という「中心」、自立傾向をみせる「境域」、この両者の利害が一致する。「中心」は「境域」の支配者層を形成する有力貴族家門に様々な役職や恩恵を下賜することで、この「外交」交渉を一任する。こうして「境域」は、名実ともに対グラナダ「外交」の立役者として登壇してきた(14)。

「境域」は、グラナダ王国情勢に関連する様々な情報が、何処よりも迅速に到達する場となった。「境域」の最前線に位置する城砦や都市の運営に好んで乗り出していく軍事貴族層のもとには、「対岸」の情報がいち早く集約されていった。事実、有力都市セビーリャやハエン、ヘレスなどに残存している都市議事録は、境の「対岸」に関連する議題を日々取り扱っている。後述するように、一五世紀のグラナダ「外交」の多くを担当したフェルナンデス・デ・コルドバ家門は、一三四一年に征服された最前線拠点都市アルカラ・ラ・レアルの城主職を長期にわたって兼任している。この都市はナスル朝の首座たる都市グラナダに最も近接しており、カスティーリャ王国内へ最新の情報がもたらされる窓口の役割を果たした(15)。

『ファン二世年代記』の記述によれば一四〇八年、都市アルカラ・ラ・レアル城主職に就いていた同家門のアギラール家初代当主アルフォンソ・フェルナンデス・デ・コルドバ二世（当主位一三八四～一四二四）のもとに、グラナダ情勢に関する情報が最も早く到達している。

キリスト教徒らはグラナダ王の死を誰も知らなかったが、五月二〇日、アルカラ・ラ・レアル城主として同都市に滞在していたアルフォンソ・フェルナンデス殿のもとに初めて報せがもたらされた。新たにグラナダ王となったユースフは、上述のアルフォンソ・フェルナンデス殿に書簡を送り、以下のことを伝えてきた。すなわち、神はこの世界から彼の兄弟ムハンマド王を連れ去ることをお望みになり、彼自身がグラナダのモーロ人らの王として即位した。［ユースフは、］彼［＝アルフォンソ・フェルナンデス］の主君たるカスティーリャ王に、アブド・アッラー・アル＝アミーンを使節として派遣して、彼の兄弟の前王が締結していたところの休戦［を更新するための］交渉を行なうつもりである、と。彼は休戦を遵守することに満足しており、また遵守を意図している。ゆえに［カスティーリャ王フアン二世］王から命令がもたらされるまでの間、キリスト教徒らの地の各城主たち、そして境域に居住する者達に伝達して、休戦を遵守させてほしい、と。そこでアルフォンソ・フェルナンデスは、グラナダ王の書状を閲覧するや、女王と親王殿にグラナダ王の死、そしてグラナダ新王の使節が宮廷に向かっていることを［事前に］通告した。また彼は、セビーリャ、コルドバ、そして境域の全ての拠点に対してグラナダ王の書状の写しを送付し、後見人たる女王と親王殿が、この件に関する命令を下すまで、これまで通りに休戦を維持するようにと申し送った(16)。

この経緯から、以下のことが把握できる。グラナダ王は直接カスティーリャ王に使節を送る予定である旨を、事前に「境域」の最前線都市アルカラ・ラ・レアルに通告していた。協定の交渉時には休戦を継続させる慣習が共有されていたと考えられ、「境域」におけるこの慣習の遵守を、城主アルフォンソ・フェルナンデスに依頼した。これを受けて彼は、交渉中の休戦遵守を「境域」の各拠点に対して布告する。つまり彼は、最前線地帯における、いわば「休戦の監督者」として、カスティーリャ王、グラナダ王、そして「境域」全体の間で振舞っている。一四一〇年のアンテケラの征服の成功後、再びカスティーリャ、グラナダ両王国の関係は安定化していくが、ここで休戦交渉を担っていくのも、同じくフェルナンデス・デ・コルドバ家門のもうひとつの有力家、カブラ－バエナ家の初代当主ディエゴ・フェルナンデス・デ・コルドバ一世（当主位一三八四〜一四三五）、そしてアギラール家第三代当主ペドロ・フェルナンデス・デ・コルドバ（当主位一四四一〜一四五五）であった。

とはいえ「境域」へグラナダ側から到達するのは、何も情報ばかりではない。それとともに、ヒトもまた双方向的に越境を繰り返していた。この結果、多くのムスリムがキリスト教へと改宗し、彼らは当該域を統べる貴族の下で、小規模の略奪遠征軍を率いる騎兵長や、和平交渉に尽力する捕虜返還交渉人として活躍していた(17)。

こうして、アラビア語を解する子飼いの家臣を多く抱えることとなった「境域」の有力貴族は、グラナダ王国側との個別交渉を試みていくのに、何の障害も抱えなくなった。いやむしろ、彼らは自身の権益を守るため、カスティーリャ王のみならず、より近くに君臨するグラナダ王に接近することすら厭わない。この点で最も典型的とされる人物が、カブラ＝バエナ家の第二代当主、ディエゴ・フェルナンデス・デ・コルドバ二世（当主位一四三五〜一四八一）であった。元帥（mariscal）、コルドバ大執吏（alguacil mayor）、コルドバ大法官（alcalde mayor）を歴任した彼は、一四五五年にカブラ伯の称号を王権から下賜され、一四六九年からアルカラ・ラ・レアル城主も兼任した。彼はカスティーリャ王エンリケ四世治世の末期に生じた動乱の際（一四七一年）に、グラナダ王アブー・アル＝ハサン（在位一四六四〜一四八二、一四八三〜一四八五）と同盟に近しい一〇年間の休戦を個別に締結している(18)。

親密な関係をナスル朝君主と個別に取り結ぶ彼は、カスティーリャ王が対グラナダ「外交」を展開するにあたって非常に頼りになる存在でもあった。エンリケ四世が死去した翌年の一四七五年、『エンリケ四世年代記』によると、新女王イサベル一世はカブラ伯ディエゴ・フェルナンデス・デ・コルドバ二世に、グラナダとの休戦締結の全権を委任している。しかし休戦締結後の一四七七年四月、ムルシア王国内のサンティアゴ騎士団領の村落シエサが急襲され、領民の全員が捕囚された。これは明白な休戦協定の違反行為に該当するため、イサベル女王と夫のアラゴン王フェルナンド二世（在位一四七九〜一五一六）の両名は損害の回復、連れ去られた捕虜の無償返還、そして休戦関係の復帰を試みるべく、グラナダ宮廷へ使節を派遣した。しかしこの交渉は長引き、最終的にカブラ伯の登壇となる(19)。

［ペドロ・デ・］バリオヌエボの派遣は必要な権威の面で劣り、また彼は柔軟さにも欠いていた。こうして何ら決定的なものは獲得されず、戦争と休戦の狭間でアンダルシーアの境域は、かかる不確定さから生じる結果に苦

しみ、これは多くの者にとっての大いなる危険となった。このような緊急性に駆られてフェルナンド殿はかつての不注意に鑑みて、解決を迫られ、セビーリャへと入城する前日に、ペドロ・デ・バリオヌエボからグラナダに関する話を聞いた後、この無益さに同意しなかった。彼は柔軟性の欠如と将来に対する不利益を考慮して、アブー・アル＝ハサンへ第二の使節を派遣することにした。悲痛なる経験によって［フェルナンド二世の］目は開かれ、自身の親族たる伯ディエゴ［・フェルナンデス］・デ・コルドバを召喚した。彼は大いに思慮に富み、彼の王への忠実さと親密さは証明されており、またグラナダ王とも悪い関係ではないため、彼にこの責務を委ねたのであるが、まさに彼は適任であった(20)。

ナスル朝の首座グラナダから直線的に最も近いという地理的な理由により、対グラナダ「境域」のうちで最も戦争行為が激しく展開された中央部は、同時に和平を構築する交渉に最も適していた。「境域」の中央部を統括するフェルナンデス・デ・コルドバ家門が、グラナダ王との個人的な関係を緊密にしていったのは必然でもあった。「境域」に無関心なカスティーリャ王権は、対グラナダ「外交」を当地に根を張る者達に委譲していった。そして「境域」社会は、これを自らの主導で担っていく。しかし、時にその思惑はカスティーリャ王権とも、また「不倶戴天の敵」たるグラナダ宮廷とも一致するとは限らない。やはり「境域」自体の状況が問われなければならないのである。

＊　　＊

中世盛期と比べて中世後期の「レコンキスタ」は、精彩を欠くとされてきた。カスティーリャ王国とナスル朝グラナダ王国が境を接する最前線地帯、すなわち「境域」では、英雄的な会戦や華々しい征服行為が生じなかった。このため、長らく研究者の関心を呼び起こすことはなかった。逆にこのような「境域」の静態性に注目する近年の研究者らは、戦争行為に対しての和平関係の圧倒的な優越から、「共存」をそこに見出そうとする。このような現在の研究状況を出発点として、両王国間関係の再考を試みた第一部の結論は以下の通りとなろう。

まず指摘すべきは、カスティーリャ王国とグラナダ王国との間に締結されていた休戦協定が、決して安定的な関係を保証するものとなりえなかった点である。これは、両王国間関係における平和の優位を示すものではなく、状況に応じてその都度の両者の熾烈な交渉を経た、水面下の「戦争」にすぎなかった。事実、それぞれの王国を取り巻く状況如何によって休戦期間のみならず、臣従や貢納金、そして交易に関する条項に大きな変動が生じていた。「陸の境域」たるカスティーリャ＝グラナダ国境地帯における平和の優位は、表面的なものにすぎない。それは、両王国間の、そして両王国を取り巻く西欧世界あるいはイスラーム世界の大局的な情勢と深く連動しつつ、その中で選択された結果にすぎなかった。両王国間の休戦協定の維持と更新を基調としつつも、水面下において和戦が密接に連関する形で関係が成り立っていたのである。おそらくここにこそ、アラゴン連合王国とグラナダ王国との間の「海の境域」を介した比較的良好な関係との決定的な差異があるように思う。

カスティーリャ側は、将来的に戦争行為を再開することを常に念頭に置いていた。人員徴集力、兵站確保、軍事技術といった、あらゆる面における制度の未発達のゆえに、中世における戦争とは長期間にわたって大規模に実施できるものではない。また実施したにせよ、成功は保証されておらず、ゆえに当時の為政者らは戦争を慎重に計画していく。カスティーリャ王は、状況に応じて臨機応変に対応できるよう、なるべく短期間の休戦を望み、また最大限の経済的搾取をグラナダ王に強制することで間接的に疲弊させようと試みる。この点で、実際の戦争行為と休戦協定の締結とが相反する現象であったとはいえない。

上記の連関する「戦争と平和」という視角から見た場合、約二五〇年間にわたる両王国間の関係は、ほぼ二分できる。

第一期は一三五〇年頃までである。この時期は、「海峡戦争」という国際的な合従連衡の最中、カスティーリャ王もまた対グラナダ関係を重要視していた。王が自ら戦争を率い、グラナダ王国を臣従下に取り込もうと試み、一一世紀の末からイベリア半島情勢へ幾度にもわたって軍事力を提供してきたマグリブからの介入に終止符を打つことに成功した。

グラナダ王国が孤立し、トラスタマラ王朝へカスティーリャ王権が交代することで始まる第二期において、しかしながら逆説的に、カスティーリャ王権は国内外で頻発する様々な問題に対処せざるをえなくなった。他方のグラナダ王国は、ムハンマド五世の長期にわたる治世のもとで最盛期を謳歌する。第二期の最初の約五〇年間（一三五〇〜一四〇六）は、ほとんど貢納金の供出義務を負うことのない、連続的な休戦協定の更新期となった。しかし一五世紀の初頭から貢納金の徴収が再開されるとともに、捕虜返還条項が付加され始める。なお対グラナダ情勢に専念できないトラスタマラ系の歴代諸王は、休戦協定を介したグラナダの漸進的衰退と不安定化を狙いつつ、グラナダへの直接関与すなわち戦争の機会を虎視眈々とうかがっていた。とはいえ両者の交渉の結果、臣従条項が表面上に現れることはついぞなかった。この意味で、両者の「外交」的な力関係はある程度拮抗していたともいえる。

なお、グラナダ王国内に疲弊と分断を引き起こすカスティーリャ王権のしたたかな政策は、最後の「グラナダ戦争」においても遺憾なく発揮されている。ムハンマド一一世を懐柔し臣従させつつ内乱を引き起こさせ、グラナダ王国内の各拠点を「寛容」な降伏協定を通して個別に勢力下へと併合していく。カスティーリャ王宮廷のとる対アンダルス政策は、中世盛期と後期を通じて驚くほど酷似していたとすべきであろう。

大規模な戦争を実施できない王権は、一一世紀においてパーリア制という一種の異宗教間での同盟関係を採ることで、漸進的なターイファ諸王国の衰退を目論み、トレード征服へと結実させることができた。状況は一二世紀においても、そして「大レコンキスタ」が推進される一三世紀の前半期においても同様といえる。対アンダルス戦争は、先に分析したように「西ゴート王国の簒奪者」たるイスラーム勢力に対して正当化された戦争という意味で正戦であり、なおかつ相手が異教徒でもあることから、後に聖戦へと変容していった。しかし序論で既に述べたように、これはアンダルスの政治的な服属、つまりは臣従下に置くことを目標とする現実的なものでもあり続けた。戦争遂行の限界を示しつつ、常に一定の「共存」への可能性の扉を同時に開いていったのである。

最終目標をアンダルスの併合に置きながら、中世盛期から首尾一貫した戦争と「外交」をアンダルスに行使し続けたカスティーリャ王権の目標は、あくまでその政治的併合にあった。一五世紀の末に突如として状況が一変するまで、中世を通じて臣従や降伏協定を通じたムスリムの取り込みが、別段大きな問題を引き起こすこともなかった。このような中世スペインの歴史は「寛容か？　あるいは不寛容か？」あるいは「戦争か？　あるいは平和か？」という単純な二者択一の図式では把握できないものである。この点を、いま一度強調しておきたい(21)。

戦争と「外交」手段を駆使することによる「レコンキスタ」の完遂という、首尾一貫したカスティーリャ王権の大義の実現のためには、「境域」の民の介在が不可欠とならざるをえなかった。グラナダ王国に関する最新情報がいち早くもたらされる「境域」が「外交」交渉に必要な人材を揃え、当該「境域」の有力者が、王権になりかわって折衝を行ない始めるのは当然の流れであった。そして「境域」社会が、自身の思惑をもって個別交渉にあたっていくのもまた必然であった。とりわけ一四世紀の後半以降、トラスタマラ系のカスティーリャ諸王が「境域」政策から離脱するに伴い、この自律傾向は一層進行した。

動態と静態、そして「戦争と平和」の連関性の中で展開された、中世後期の両王国間関係であったが、しかし未だ当の「境域」社会自体の動向分析がなされていない。中世盛期から首尾一貫した政策をアンダルスに行使し続けようとした「中心」としてのカスティーリャ王権の思惑は、当の「陸の境域」、すなわち中世後期におけるアンダルシーア、ムルシア両地域の当事者達と彼らの形成する地域社会で、どのように受容されていたのであろうか。言い換えるならば、「中心」同士で成立した王国間休戦協定の存在にもかかわらず、日常的な越境暴力に晒され、しかしこの侵犯行為を抑止させるために独自のイニシアチヴで対岸と「対話」を欠かすことのなかった「境域」社会は、いかなる動きをみせていくのであろうか。結論を先取りするならば、カスティーリャ王権による和戦の方針に従いつつも「境域」は独自に動いていった。そして結局のところ、グラナダ王国との戦争と平和を真に担うのは、「境域」に留まる者達が形成した社会であったのである。

カリアソが述べたように、和戦が「各境域の民の独自の交渉ごとであり、自身の利害と気まぐれな処断によって決せられ、各々が自身の戦争と平和を恣意的に行なう」(22)のであるならば、これまで分析してきたカスティーリャ王とグラナダ王という両「中心」からのマクロのベクトルと、「境域」自体で生じていくミクロのベクトルとの相互関係こそが、問われなければならない。

第二部　「境域」における「戦争と平和」

――カスティーリャ＝グラナダ「境域」社会の複合性

第八章　地域史としての「境域」社会史の成立

第一節　アンダルシーア・ムルシア地域史の新展開

第一部では、中世後期におけるカスティーリャ王国とナスル朝グラナダ王国という異教徒同士の王国間で成立した諸関係を、「戦争と平和」という視角から分析してきた。王国という「国家」間で取り結ばれていた関係は、友好を永続化させるものではなく、両王国は常に「冷戦」状態に置かれていた。しかし、このダイナミズムを内包する「冷戦」関係を維持するためには、ナスル朝支配領域と接する「境域」の助力が欠かせなかった。

とりわけ一四世紀の後半にトラスタマラ王朝が成立するや、カスティーリャ王権は自王国の内地に「中心」を定め、対グラナダ「境域」に関心を寄せなくなる。これとほぼ時期を一致させて、「境域」社会が成熟の道をたどっていく。こうして、対グラナダ「外交」に関与しなくなった王権に代わって、「境域」社会が王国間で成立する休戦協定を自ら維持し、時にそれを一時的に破棄して自前で戦争を行使する時代が到来した。カリアソが述べたように、「中心」としてのカスティーリャとグラナダという二つの権威が、休戦協定を通じて「冷戦」状態を維持しようとする一方で、

「境域」民の各々は、戦争と平和を自らの主導権で行使していくのであった(1)。

近年、一五世紀のグラナダ王国社会史研究に着手したペラエス・ロビラは、対をなすナスル朝支配領域の前線地帯が、いかに動態的かつ柔軟な揺れ動きをみせていたかを明らかにした。グラナダ側の「境域」社会も独自の論理で動き、不安定でありながらもほぼ恒常的な交渉を境の「対岸」、すなわちカスティーリャ王国側の「境域」と維持しようとしていた(2)。とするならば、カスティーリャ王、グラナダ王の宮廷によって構成される「中心」同士の折衝を土台としつつも、自立して諸関係を構築していく双方の境域地帯のミクロな相貌を分析することで、異教徒同士であった両王国間の関係をより統合的に把握できるのではないか。

幸いにも序論で既に指摘したように、現在、この「境域」社会を構成しているアンダルシーア、ムルシアの両地域史研究が興隆をみせている。まずは、これら地域史研究の成熟の軌跡を跡づけて、この「境域」社会をどのように分析してきているのかを素描する。その上で、本書の第一部で明らかにしてきた、いわばマクロな両王国間関係を基盤としつつも、いかに対異教徒和戦の真の当事者たる「境域」社会がそれに従い、またそれから逸脱をみせていくのかを検証していく。

これは既に第一部で指摘した見解を、「境域」というミクロな場に置きなおし、異なる意義を見出すことに繋がると考える。中世の異教徒間交渉の具体事例のひとつとして、中世後期のカスティーリャ＝グラナダ「境域」を総合的に理解することは、他の境界地帯の分析にも有益な示唆を与えてくれるのではないか。このように期待している。

第二節 中世後期の「境域」の特質

まずはカスティーリャ王国側の「境域」を構成するアンダルシーア・ムルシアの「境域」に関連する地域史研究を

概観する。そして、これらの中で提示されている、二つの相対立する社会論、すなわち「戦争遂行型社会」論と「平和維持型社会」論のそれぞれを整理していく。この目的に沿う形で第二部が構成される。続く第三部では、この二つの社会論を統合する形で、刊行・未刊行史料を広範に用いながら、「境域」住民とその社会の実態を明らかにしていくつもりである。

さて、中世後期アンダルシーアとムルシアの歴史とは、とりもなおさず「境域」の歴史であった。この両地域に関連するテーマの全てが、必然的に「境域」の情勢と関連せざるをえないからである。序論で既に概観したように、これまでの中世イベリア半島の「境域」をめぐる議論は、主として中世初期から盛期を軸に展開されてきた。そしてこれらの時代の評価をめぐって「レコンキスタ」と「レポブラシオン」の両テーゼが提唱された。一九七〇年代以降、封建社会論と貢納社会論（アンダルス社会論）が提示され、それまで「レコンキスタ」と総称されていた征服と植民を主軸とする社会運動は、「封建化か否か?」という参照軸をもって精力的に議論されるようになった。しかしこれからみていくように、中世後期のアンダルシーア・ムルシア両地域もまた、「レコンキスタ」の過程で生成された「境域」であることは明らかである。

スペイン中世史学の泰斗、サンチェス・アルボルノスはその記念碑的著作において、中世後期の「境域」としてのアンダルシーアとムルシアの歴史には大きな関心を示さなかった。また、彼の提唱した「スペイン史の鍵」としての「レコンキスタ・テーゼ」に大きく関わるものとして中世後期を分析対象とすることもなかった。彼の提示したスペインの歴史像において、中世後期の歴史は、中世初期と盛期のエピローグとして扱われているにすぎない。彼の考える中世後期とは、これ以前に成立したスペインの中世西欧世界に対する独自性、すなわち、「平民騎士（caballeros villanos）」によって担われた都市共同体の「自由」が次第に失われていく衰退の時代であった。それはまた、近世や近代のスペインの「没落」へ向けた前段階を象徴し、スペインの辺境性あるいは先進性が失われていく時代でもあった(3)。

アンダルシーアとムルシアの最前線の「境域」地帯は、約二五〇年間にわたって、比較的安定したかにみえる防衛線によって構成されていた。それは、我々が想像する、城砦群や狼煙台という「線」によって、厳然とした形で「陸の対岸」と分かたれた場として理解できる。しかしそれは同時に、中世の「レコンキスタ」の過程で生み出された「動く境域（moving frontier）」の最後の形態でもある。なぜならカスティーリャ＝グラナダ「境域」は、第一部で既に分析してきたように、中世の軍事的あるいは財政的な限界を反映する形で、必然的に互いの干渉を事前に阻止するべく「無住地」を間に挟むかたちで形成されるばかりか、相対峙する両勢力が小競り合いを繰り返したことで、最前線拠点は、その主を頻繁に換えていたからである。両王国の間に横たわる緩衝地帯としての「無住地」は、牧草地として双方が用いることで、「境域」ならではの家畜放牧に特化する奇妙な領域でもありえた(4)。

カスティーリャ＝グラナダ「境域」は、中世盛期のそれを継承したものとならざるをえない。アンダルシーアとムルシアの両社会は、一三世紀の前半から半ばにかけての「大レコンキスタ」の後、主にカスティーリャ王国出自の入植民によって再形成されていくが、この入植民の故地も、既に中世盛期の時点で社会的・制度的な観点から十二分に「境域」化されていた社会であった。ゆえに、ゴンサレス・ヒメネスが指摘するように「アンダルシーア社会とは、当時のカスティーリャ社会の反映にすぎなかった」のであって、他の選択肢はありえなかったのである(5)。しかし、中世後期のカスティーリャ＝グラナダ「境域」社会は、入植の成功と失敗を幾度となく繰り返す過程で、内外の諸条件の変化に呼応しつつ、独自の展開をみせていった。

休戦協定が履行されていようとも略奪や誘拐が横行し、危険が常態化していた「境域」は、人口の過疎状態に悩まされ続けた。カスティーリャ王権やその代理は、領域の防衛に不可欠となる最前線地帯の入植を成功させようとして、多くの諸特権を付与して、これに対応した。入植者には、自身の軍事的資質あるいは能力に応じて、社会身分を容易に上昇させる可能性が大きく開かれていた。次の章で詳述するように、「境域」における入植は、入植希望者それぞれの軍事的役割を基準として進められた。中世西欧社会に広く普及した三身分にとどまらず、弓兵（ballestero）、騎兵長（adalid）、歩兵長（almocadén）といった軍事的な身分が個別に設けられた。さらには、諸特権を享受することを期待して、追い剝ぎや盗賊、あるいは殺害犯（homicianos）といった「ならず者」が闊歩し、逆説的ながら平穏が脅かされる場となった。「境域」民にとっての戦争は、迅速に身分上昇を果たす絶好の機会へと変貌する。しかし、略奪行為や不法な侵入に特化したアルモガバル（almogávar）らの活動は、王国間で休戦協定が締結されていようとも、止まることはなかった。

この結果、「境域」社会は、やはり逆説的ながらも、永続的な平穏を最も希求する場となったのである。この想いに応じて、越境騒擾裁定人（alcalde entre moros y cristianos）や足跡調査人（fiel de rastro）といった役職の保持者が日夜活躍して、休戦状態の維持を図り、捕虜返還交渉人（alfaqueque）が各なく誘拐された犠牲者を救出しようとして、越境暴力の連鎖と拡大を食い止めようとする。

まとめるならば、カスティーリャ＝グラナダ「境域」は、バッサーナが指摘しているように、ターナーのいう近代アメリカの西漸運動の過程で生じたフロンティア社会一般との類似においても、また中世盛期の社会経済史的な社会論、すなわち「貢納社会としてのアンダルス」と「封建社会としての西欧キリスト教社会」との境であるという意味においても、あらゆる点で「真の境域（una frontera por antonomasia）」であった(6)。次節では、この「境域」社会を取り巻く二つの相対立する見解を素描した上で、続く章への橋渡しを試みる。

第三節　「境域」社会の二元性

カスティーリャ＝グラナダ「境域」は、戦争と平和という一見して相反する二つの事象から生じる様々な影響が、王国間レヴェルのマクロな関係と比較して、はるかに並存あるいは連関せざるをえない場となった。住民は、日常的な暴力に満ちた困難な生活を強いられるものの、しかし戦争を通じて容易かつ迅速に社会身分を上昇させることができる。一方では、異教徒勢力と常に境を接する状況の下、必然的に彼らに対する非妥協的な暴力行為が発生する。しかし他方では、平和を維持するために必要な組織が作られて、宗教を超えた「共存（convivencia）」関係が頻繁に生じる。確かに、この二重性の存在を、「境域」を研究する者の皆が理解している。

しかし近年、カスティーリャ＝グラナダ「境域」で展開された日常的な異教徒勢力間の接触をどのように解釈するかをめぐり、研究者の間で明らかな対立が表面化し始めている。すなわち、越境暴力の優勢を強調する立場と、宗教と文明を超えて生み出される共生を強調する立場とに分断されてきているのである。これは第一部で指摘した、マクロな両王国間の「平和」をかりそめなものとみなすか、あるいは優勢を占める休戦関係によって生み出される「共存」に重きを置くかという二元性と極めて相似している。戦争状態の継続に重きを置くゴンサレス・ヒメネスあるいはその弟子ロハス・ガブリエル、そして和平状態の永続性を主張するロドリゲス・モリーナ一派との間の対立が、よりミクロな「境域」社会の解釈でもそのまま見出せる。地域史研究者が執筆する個別論文にも、このどちらかを強調する立場が垣間みえる(7)。

両者とも、それぞれ「境域」に関する未刊行の新史料を多数「発掘」し、アンダルシーア、ムルシア両地域の古文書館に所蔵されている史料を分析しながら自身の主張を組みたてている。同じ「境域」由来の史料を分析することで、一方はそこに日常的暴力の優勢をみてとり、他方は「中心」の公的言説で拒絶されてきた日常的な「共存」の証拠を発見しようとする。現在のアンダルシーア地域史研究を牽引してきたゴンサレス・ヒメネスは、和平的な関係を強調する研究者らを、以下のように痛烈に批判する。

「境域」の歴史から、非交戦的かつ肯定的な相貌を描写するという「善意」でもって突き動かされた幾人かの歴史家達は、日常的で小さな暴力にほとんど注意を払わないか、あるいは過小評価している。暴力こそが真実であり、そこに全ての行動の理由がある。彼らは、グラナダとカスティーリャとの間の関係史を彩る戦争期間の短さにこだわる。しかし公的な戦争による暴力とは、カリアソが述べるところの「恥ずべき、小規模なる戦争」とは異なり、より儀式的であって、規則にのっとって進められることを忘れてしまっている(8)。

一方、彼の好敵手ロドリゲス・モリーナは、異なる「境域」社会の解釈を提示し続ける。彼は、「レコンキスタ」をめぐって中世から近世・近代、さらに一九世紀から二〇世紀に至るまでの歴史家が抱いてきた見解を修正あるいは否定するという立場から研究を推進する。彼は「境域」の「毒されていない」新たな史料に着目し、そこに経済、社会さらには宗教においてすら、一定の共存関係が境を跨いで成立していたことを強調する。これが彼のいうところの「平和維持型社会」論の骨子を構成している(9)。

このようにアンダルシーア地域史研究者も「戦争か？　あるいは平和か？」という二者択一的な立場で「境域」を分析しようとしている。「境域」の意義をめぐる相反する二つの解釈は、しかしながら、同じコインの裏と表にすぎないのではないか。一方の特質のみで、かように複雑な「境域」の現実を理解しきることはできない。「境域」という場における戦争状態とは、我々の考える戦争から乖離しており、また平和も同様であったと考えられる。中世後期の「境域」という具体的な場にいま一度踏み込んだ上で、そこで行使されていく暴力あるいは「共存」が、実際に意味していたところを再定義していかねばならないのである(10)。

戦争と平和という二元性は、両王国間の大局的な関係において、各々の王権と宮廷という「中心」の主導する公的な戦争と、王国間休戦協定のそれぞれに象徴されていた。他方で「境域」地域史における和戦の二元性は、それぞれ「戦争遂行型社会」論と「平和維持型社会」論という相対立する議論に集約されている。しかし本書の第一部でみてきたように、王国間の諸関係においてすら、戦争と平和という二つの現象は対概念ではなかった。これと同じく、どちらか一方を強調するか、あるいは別個に論じることで「境域」の実像にせまることは不可能であろう。まずは、双方の社会論を出発点として提示されてきたこれまでの研究成果を、実際の史料を用いて再確認しつつ、「境域」社会の実像を把握する準備を整えていきたい。

第九章　戦争を軸とする「境域」の相貌

第一節　「戦争遂行型社会」としてのカスティーリャ＝グラナダ「境域」

「戦争遂行型社会」論は、ローリーの先駆的論考によって提唱された社会論である。七一一年のイスラーム勢力によるイベリア半島の征服を被らなかった北のキリスト教徒勢力は、次第に自衛と将来的な軍事征服に特化した社会を形成していった。とりわけ特徴的なのは、非貴族階層からなる「平民騎士」の存在であった。この「平民騎士」層は、一〇八五年のトレード征服から一二四八年のセビーリャ征服に至るまでの中世盛期において、防備と遠征の主力をなすばかりか、王権から下賜される諸特権をたよりに、都市寡頭層の中核を担っていた。彼らのみならず、カラトラバ、サンティアゴを代表とする固有の宗教騎士団が「境域」で形成される。「境域」では、大将（cabdillo mayor）や騎兵長、歩兵長、そして小競り合いに特化したアルモガバルなど、軍事専門的な兵種が整備されていった。彼女の考える「戦争遂行型社会」とは、恒常的な防備を必要とする、不安定な「境域」の情勢に適応した必然の結果でもあった(1)。

パワーズは、同じく『戦争遂行型社会』と題した自身の著作で、中世盛期の「境域」社会に特徴的であった「平民騎士」と、彼らによって統率される都市民兵を研究の対象とした。「境域」に点在するコンセホ（Concejo）すなわち都市共同体は、都市法（fuero）を整備し、アンダルスからの侵入に即応する体制を整えていった。自らの主導で攻守を担っていく彼らの活動がなければ、「レコンキスタ」も、辺境都市を起点として領域を拡大していくキリスト教諸国も、存立することはできなかったと主張する(2)。

上記の二人の見解を先駆として展開されている「戦争遂行型社会」論は、序論で述べた「フロンティア・ヒストリー」と共通する歴史解釈をもとにしている。すなわち、人口過疎地帯ならではの高い社会的流動性を前提としつつ、イベリア半島「境域」に通底する次の特質を提示するのである。特質の第一として、「境域」で休戦関係の有無にかかわらず繰り返される略奪侵入行為に対応できる迎撃体制の整備と、防備と迎撃あるいは攻撃に適した兵種への専門分化である。第二に、アンダルスへ向けて実施される侵入あるいは迎撃行為を成功させることで、もたらされる物品と捕虜の獲得に重きを置く経済が成立していくものの、略奪行為が双方向的に多発するがゆえの危険の常態化である。この結果、人間と物の獲得という略奪経済、そして穀物栽培ではなく戦争時に移動可能な家畜の放牧に特化した経済が、「境域」では優勢を占めた。そして第三に、軍事に特化し、危険な社会とならざるをえないために生じる、高い社会的流動性、すなわち「自由」である(3)。

日常的で双方向的な暴力行為に晒され、常に辺境防備を維持する必要があるため、必然的に人口の過疎状態をもたらすとともに、土地が荒廃することとなった。防備の成功を目論むカスティーリャ王権は、入植奨励策を頻繁に実施し、入植者らは後に述べる一連の「境域特権（Derecho de Frontera）」を享受した。軍事が優勢の社会であるがゆえに「腕っぷしの強い」者には、社会的上昇の機会が幅広く開かれていた。これを端的に象徴しているのが、中世盛期の最前線都市群の支配層を形成していく「平民騎士」であった。既に西欧型の封建社会の一角をなし、社会身分の固定化を示し始めていたイベリア半島の北部地域とは対照的に、南の最前線に居を構える彼らは、自前で軍馬を獲得することによって騎士身分に相当する特権を容易に享受することが可能であった。

当初は中世盛期の「境域」、すなわち「カスティーリャ・レオンのエストレマドゥーラ（Extremadura castellano-leonesa）」と呼ばれる、ドゥエロ川とタホ川に挟まれた地帯の社会像として主張されてきた「戦争遂行型社会」論であるが、これらの特徴は、中世後期の「境域」でもそのままみられるものであった。

第二節　越境暴力の恒常化

暴力行為は、何も王国勢力同士が衝突する、公的な戦争期間のみに行なわれるわけではない。むしろ逆といえる。いったん王国間休戦協定が締結されると、「境域」に居住する農民や牧人、あるいは行商人らは、この休戦協定で保障された安全を信頼し、自身の職能に応じた活動を行なうために国境地帯へと日々繰り出していった。しかしこの状況下で、侵入を試みる「ならず者」達は、より容易に彼らを誘拐し、あるいは殺害して、物品を強奪することができる。つまりは王国間休戦が履行され、日常的な「共存」が達成されている時期にこそ、公的な戦争にまして、予測できない暴力が頻繁に生じうる。事実、後に述べるように、「境域」で防備・監視網の組織的な整備がなされていくにしても、小規模でなされる略奪侵入行為の発生は予測不可能であり、これを事前に食い止めることも、ほぼ不可能であった。

ムルシア中世史研究の泰斗トーレス・フォンテスは、防衛のための城砦網が未熟であり、国境の監視に不可欠な人的資源にも恒常的に欠いていた実態を強調する。略奪行為が横行していたムルシア「境域」では、常に安全が欠如しており、王国レヴェルで休戦協定が履行されたにもかかわらず、「境域」では敵対的な行為が横行していたとする。このような越境暴力に満ちた状況に鑑みて、ガルシア・フィッツは「熱き辺境（frontera caliente）」論を提示し、散発的ながらも止まることを知らない暴力の横行こそが、中世の「境域」の基本的な特質であったと主張する。同じくロハス・ガブリエルも、「根深く本質的な暴力が核をなす（una violencia profunda, medular, substancial）」状態を、「境域」の最も特徴的なあり方として強調する。「境域」における戦争とは、先にみた王国間レヴェルで休戦関係が成立している時に、不可避に生じる略奪をこそ、意味していたのである(4)。

このような「境域」の特質を踏まえた上で、当該社会における略奪侵入行為の意義を考えることが重要となる。先に引用したローリーやパワーズは、中世盛期のカスティーリャ「境域」社会で、略奪行為がいかに社会経済的活動の中心を形成していたかを強調していた。同じく中世後期を対象としてキンタニーリャ・ラソは、軍事的な緊張状態によって支配される「境域」の生活様式の諸側面を先駆的に分析し、「境域」の民にとって、繰り返される双方向的な侵入により生み出される暴力こそが、日常であったと結論付ける。そしてこれらの暴力行為は事実、『七部法典』や、後に扱う『皇帝法規（Fuero de los Emperadores）』によっても規定され、正当な活動とみなされている(5)。中世後期の対アンダルス「境域」の特質は、見事に『七部法典』の中で以下のように要約されている。「スペインの境域とは熱きものであって、そこで生じる現象は、かつての土地における以上に荒ぶり、より激しく錯綜する」(6)。

では、中世後期「境域」の状況は、真に「熱い」ものたりえたのであろうか。一四世紀後半と一五世紀前半における二つの個別事例を、未刊行史料と刊行史料の双方を用いることで再検証してみたい。

本書の第一部で分析したように、優勢を占める休戦期間の中でも、とりわけ一四世紀の後半は、ラデロ・ケサダによって「奇妙な平和」と特別視されたほど、両王国間で一度たりとも公的な戦争行為が実施されない「平和な時期」であった。王国間で休戦が合意をみた後の一三七〇年六月一〇日付で、カスティーリャ王エンリケ二世は、都市ムルシアに次のように通告している。「貴方がたに以下のことを余は通告する。すなわち先の五月末日の金曜に、余、マリーン族の王、そしてグラナダ王との間において、八年間にわたる和平を宣言した」。このように伝達した後、休戦の遵守を命じている(7)。

本来であれば、この国王の至上命令をもって、「境域」は和平状態に置かれなければならない。しかし一三七四年から翌年にかけての都市ムルシア議事録からは、王国間で休戦協定が宣言されたにもかかわらず、越境暴力の応酬がなされ続け、これが負の連鎖を引き起こしていたことが分かる。一三七四年七月一八日には、グラナダ王国側からの侵入によって、ムルシア市民の家畜群が強奪され、八名の牧人と彼らの所有する家畜の全てが持ち去られたことが議題となっている。ムルシア総督でカリオン伯でもあったファン・サンチェス・マヌエルとムルシアの都市当局は、この略奪と誘拐の事実確認を命じるとともに、とるべき措置を講じることで一致した(8)。

しかし暴力の連鎖は、次第に悪化していく。同年の一〇月七日の議事録は、次のように記す。「我らが主たる王とグラナダ王との間で締結をみた和平と友好を侵害し」、「少し以前からグラナダ王国のモーロ人らはこの土地に多くの害悪と損害をもたらし、多くのキリスト教徒を殺害し、馬や家畜を強奪してきていた」が、さらに新たな騒擾が発生した。都市ロルカ領域へと侵入した「騎兵と歩兵から構成された一団」を迎撃したアルフォンソ・デ・モンブルンとその一派が、七名のグラナダ臣民の首を持参したため、都市当局は報奨金として一〇〇〇マラベディの供出を決定している(9)。

状況は改善の兆しをみせない。休戦時と戦争時を問わず身体の安全を保障されていたはずの捕虜返還交渉人ですら、通行に支障をきたす事態に陥る。一三七五年一月一三日、ムルシア都市当局は、捕虜返還交渉人からの訴えを受け、事態への対処を次のように決した。

同都市の市民で、モーロ人の地で捕囚されているキリスト教徒に奉仕する捕虜返還交渉人、ベレンゲール・サラニャーナが、都市参事会へ出頭した。彼がいうには、ベラとベレスの城主、それらの当局と古老から、安全に捕虜解放の案件のために同地を行き来するための保障状を携えているにもかかわらず、全領域のためのグラナダ王による保障状なしには、モーロ人の地を安全に通過できなかったとのことである。

このために有力者と役人は以下のことを命じた。すなわち、同ベレンゲール・サラニャーナが、グラナダ王から全領域を安全に通過するための保障状を受け取ることができるように、［ムルシア］都市当局の書状を与えるべし、と。彼に与えるよう命じた書状は次の通りである。

「我々、高貴なる都市ムルシアの当局、有力者、役人から貴君［＝グラナダ王］の手に接吻を。［中略］我等は貴君に以下のことを請うものである。すなわち、捕虜の件において彼［ベレンゲール・サラニャーナ］と彼に随行する者全て、そして持ち行き、持ち帰る物品の全てが、昼夜問わず、そして戦争時、和平時を問わずに、捕虜返還交渉人の慣習に従って、安全に街道と都市、全ての貴君の領域を行き来できるよう、書状の発布を命じてほしい。そして我等もまた保障状を、貴君の領域から来訪する捕虜返還交渉人の全員に発布することであろう。貴君が望むことをなす用意がある。貴君に神のご加護を」(10)。

最終的に「境域」の東方部の状況悪化は、双方の国王の介入を必要とした。同年の二月三日付で、都市ムルシアは、近隣の都市カルタヘーナ宛に書状を送付し、次の情報を伝達している。

我等の主たる王がグラナダ王との面会に出立するらしく、また聞くところによれば、その面会の場にて、我等の主たる王が、上述のグラナダ王との和平の締結と署名以降に［生じた］、一方から他方へなされたあらゆる捕囚や略奪品全ての返還交渉をなすようである。この和平の締結以降に生じた事態に限定して、そちらの都市［＝カルタヘーナ］とその領域から、モーロ人らが捕らえ強奪した捕虜は全員で何名であり、他の物品の量がどれくらいであるのか、彼らは何という名であるのか、どの場に於いて強奪されたのか、何処へ連れ去られたのか、何時、誰が殺害されたのかを調査するよう(11)。

このように、当該「境域」で双方向になされ続けてきた越境暴力の回復を国王に直訴することを彼らは考えている。

モロン議事録（1402～1426）におけるグラナダ王国からの侵入もしくはモロンからの侵入動向

日　時	侵入者の所在	Ca.	Gr.	損　害
1402-06-07	サアラ		●	1名殺害　10ドブラ金貨相当額の物品を強奪
1402-12-09	サアラ		●	コテ城主殺害　20ドブラ金貨相当額の物品を強奪
1403-05-01	ロンダ，プルナ		●	50ドブラ金貨相当額の家畜・物品を強奪
1403-05-13	ロンダ，プルナ		●	牧人1名殺害　雌牛群を強奪
1403-06-06	サアラ		●	雌牛群の強奪　5頭の豚を殺害
1404-12-03	ロンダ，サアラ		●	2名殺害
1404-12-07	ロンダ，サアラ		●	騎士団代官所有の雌牛150頭の強奪
1404-12-21	サアラ		●	2名殺害と仔牛・雌牛の強奪の報復として，騎士団代官率いるモロンの軍勢と衝突
1405-03-24	ロンダ		●	2000マラベディ相当の雌牛を強奪
1415-04-24	ロンダ		●	1名殺害，3名誘拐
1415-05-01	Abdita（サアラ近郊）		●	3名誘拐　鞍つきの馬1頭，その他驢馬などの強奪
1423か1424	？		●	「Carchite で殺害された4名のモーロ人」の所有物に関する記述
1424-12-??	騎士団代官とモロン	●		牛，羊，山羊，家畜，他の物品を強奪
1425-??-??	モロンの民？	●		？
1425-??-??	モーロ人		●	雌馬の強奪

＊ Ca.: カスティーリャ側からの侵入行為　Gr.: グラナダ側からの侵入行為

越境暴力の負の連鎖は、たとえ王国レヴェルで長期の休戦協定が締結されていようとも、常に生じる可能性があった。それは「奇妙な平和」と題される一四世紀後半でも例外ではなかった。王国間で和平を継続していく一方で、最前線地帯では、小規模な暴力の応酬が繰り返されていた。確かに、上記の都市ムルシアをめぐって頻発していた侵入行為は、即座に全面的な開戦へと至りうるほど甚大な被害をもたらしてはいない。しかし「不法」な越境暴力の常態化は、確実に「境域」の住民同士の間に相互不信を醸成していかざるをえない。この意味で、中世後期の「境域」も、また「熱き」ものであったといえる。

このような状況は、一五世紀に入っても変わることはない。都市モロンは、先にみた「境域」の東方部を構成するムルシアの反対側に位置する、西方部の前線都市であった。セビーリャ王国内で残存する最古のものである同都市の議事録の証言が、このことを如実に示している(12)。

カスティーリャ＝グラナダ「境域」の西方部に

属する前線都市モロンの議事録は、極めて無味乾燥な記述ながらも一四〇二年、〇三年、〇四年、一五年そして二三年から二五年にかけての箇所で、グラナダ王国域からの小規模な侵入、それにより被った損害、あるいは迎撃の成功を列挙している。一四〇二年から〇四年までは、上記の「奇妙な平和」内であった。一四一五年から二五年にかけても、一年から三年間にわたる王国間休戦協定が継続して更新されていたと思しき時期に該当する。王国間レヴェルでの休戦関係が、必ずしも「境域」の当事者が自前で実施する個別的な略奪行為の停止に直結していなかったことが、都市モロンの事例からも分かる。

また添付の表にみられる通り、グラナダ王国側からの小規模な略奪行為が、カスティーリャ側から以上に頻発していたことが分かる。先に論じたように、王国間の休戦協定が概ねナスル朝にとって不平等な交易条項を含んでいたことを考慮すれば、グラナダ王国側での相対的な物資の不足状況が推察される。よってカスティーリャ＝グラナダ「境域」とは、その双方の側が「戦争遂行型社会」であったともいえよう(13)。

第三節　「境域」の防備体制

休戦期間が圧倒的に長かったにもかかわらず、不穏な空気の絶えない「境域」では、防備を担い、必要とあらば自前で遠征を実施して自身の管轄区域を維持する必要性が常にあった。では、小規模な略奪の行使が常態化していたと考えられる当該域の防備と警備の体制は、どのように組織されていたのであろうか。

一二一二年のラス・ナバス会戦の後、急速に瓦解したムワッヒド朝の治下にあったアンダルスでは、政治的な分裂が急激に進行し、ある者はキリスト教諸国と結託して複雑な合従連衡を行なう、いわゆる第三次ターイファ時代へと陥った。この混乱期を利用して「大レコンキスタ」を成し遂げたカスティーリャ王フェルナンド三世、そして父の遺した広大な征服地の再編を託された次王アルフォンソ一〇世が当初目指したのは、中世盛期のドゥエロ川とタホ川に挟まれた都市共同体（コンセホ）と類似の統治機構の確立であった。一二四八年に居住ムスリムの全面退去を条件として降伏した都市セビーリャに入植者を募るべく、王権は「土地再分配（レパルティミエント Repartimiento）」状を発布したが、この中で同都市内と属域において身分（血統貴族、「平民騎士」、歩兵）に応じた、家屋と領地を分配する「平等」な方策が採られた。征服間もない「境域」の拠点で中核をなすのは、いわゆる封建領主ではなく、都市に実際に居住して自身の不動産で自活しうる中小土地所有者によって構成される都市共同体となるはずであった。都市部は入植してくるキリスト教徒が統治し、農村部は征服の過程で残留を決意したムスリム、すなわちムデハルが自治を行なうという、ゆるやかな並存の統治が目指されていた(14)。

しかし、一二六四年から翌年にかけて、アンダルシーアとムルシアで勃発した大規模なムデハル暴動が状況を一変させる。ナスル朝グラナダ王国の開祖ムハンマド一世がこの暴動を煽動することで、さらに状況は悪化した。この大規模な反乱が鎮圧された後、農村部で圧倒的な多数派を占めていたムデハルは、強制的・自発的を問わず退去を余儀なくされたと考えられている。これに加えて、一二七五年から激化する海峡対岸からのマリーン朝の軍事介入によって、度重なる攻撃に晒されたアンダルシーア社会は、抜本的な構造転換を余儀なくされた(15)。

この影響は中世の末に至るまで「境域」で色濃く残存した。ムデハルが一斉に退去した後、農村部は絶望的なまでの人口過疎状態に転落し、これに伴って土地価格が大幅に下落する。さらに戦争時と休戦時とを問わず、恒常的な略奪行為に晒される危険が常に付きまとうため、入植希望者は少ない。危機的な状況が生じ、二重のプロセスが同時並行して展開されていった。

第一に、ナスル朝支配域と直接に境を接していない「境域」の後背地では、人口過疎によって「境域」の有力者が土地を集積していった。ここでの主役は、主として都市に権力基盤を持つ中・下級貴族、そして将来的に台頭してくる所領大貴族らであった。彼らは、もはや主人の居ない土地を強奪し、あるいは退去希望者が保有している土地を安価で購入することで、急速な自領の拡大を企図していく。彼らは、王権の許可のもとで、あるいは自らの主導で自領に再入植を募って、「境域」の後背地の再組織化に着手していく。この過程で、王権が当初において構想していた、自活しうる「平民騎士」を主体とする水平的な集住モデルからは大きくかけ離れた領主制的な社会構造が再形成され、これが最終的に大土地所有制（ラティフンディオ）を特徴とする、近世から現代にかけてのアンダルシーア社会の土地支配基盤の形成へと繋がっていった。

しかし第二に、「境域」の最前線では、王権自らが主導する早急な植民が計画された。度重なる略奪行為に耐えて領域の保全を担当できる人員を早急に確保することが、ここでは最優先されたからである。日常的な略奪に晒される可能性が極めて高く、放牧を除けば農業活動を実施することすら実質上不可能な「境域」の最前線拠点の住民は、「境域特権」と総称される法的な優遇を得た。彼らは、後背地から供給される給金と糧食が定期的に配給されることで、生計を立てることができた。それでもなお、日常的な暴力に満ち溢れた最前線拠点の植民に成功したとはいい難く、人口は少ないままとなった(16)。

こうして、中世後期アンダルシーア社会の軍事的特質が確立された。一四世紀前半のアルフォンソ一一世期におけるセビーリャ王国の対ナスル朝「境域」の防備網を分析したガルシア・フェルナンデスは、その博士論文で、セビーリャ王国、つまりは「境域」の西方部を構成する「対モーロ人地帯（Banda Morisca）」における防備・監視体制を、次のように三層に分類した。

一四世紀後半以降に台頭してくる在地の大貴族の強い影響下で、中小貴族から構成される都市寡頭層が統治する大規模な拠点都市（ciudad-base）とその周辺は、後背地として、穀倉地帯を抱える食料供給地となり、前線へ物資の供給を行なうとともに、必要時に遠征を実施する「大本営」として機能する。より前線には中小規模の都市拠点が配置され、王領都市（realengo）や貴族の支配する都市（señorío）が並置された。これらの前線都市は、より日常的な「境域」間での交渉を担当した。そして最前線には、小規模な砦や塔、見張り場と呼ぶに相応しい駐留場が荒野に点在し、後背地や前線拠点からの物資の供給に完全に頼りつつ、不確定極まりない国境線を維持する(17)。

同じくガルシア・フェルナンデスによれば、この三層（後背地・前線・最前線）にわたる防備網は、アンダルシーア王国群全体に敷衍が可能なものといえる。最も後背に位置する地域は肥沃な穀倉地帯であり、多大な人口を抱える。これは大規模な遠征の拠点ともなった。後背領域は大西洋岸から始めて、サンルーカル・デ・バラメーダから、カソーラ渓谷に至るまでの地帯にあたる。その拠点都市はセビーリャ王国、コルドバ王国そしてハエン王国の各々の首座、すなわち都市セビーリャ、コルドバ、ハエンとなる。都市エシハもエンリケ四世の親征時における召集軍の集結地となり、セビーリャ北東の都市カルモナなども時に王権の滞在地として重要であった。さらなる前線には、中小規模の前線都市が点在している。同じく南西から北上し、都市アルヘシラス、タリファ、ヘレス、アルコス、モロン、オルベラ、テーバ、アンテケラ、アルカラ・ラ・レアル、アルカウデテなどを中核として「境域」防備の主軸を形成する。そして最前線には、見張り塔や避難所、あるいは小規模拠点が点在する。たとえば都市アルカラ・ラ・レアルの前線砦ロクビン、都市ハエンのペガラハール城砦などがこれに該当しよう。このような三層構造からなる防衛網の大枠が、一四世紀前半のアルフォンソ一一世期に確立した(18)。

都市カルモナのアルカサル（城砦）を望む　現在は国営ホテルとして利用されている（著者撮影）

ガルシア・フェルナンデスの先駆研究以後、文献史学・考古学の両面から研究が進展しており、コルドバ王国、ハエン王国における防備の重層構造も分析されて、その存在が立証された。「境域」の東方部を担うムルシア王国に関する個別研究は未だ存在していないが、状況は同様であったと推測できる。すなわち、都市ムルシアを拠点都市と

都市アルコスから当時のナスル朝側「境域」の方角を望む（上） アルコスは正式には「アルコス・デ・ラ・フロンテーラ」と呼ばれ，当時の「境域」の前線都市の面影を色濃く残している。また同都市は白壁の町としても有名である **（下）**（著者撮影）

し、前線都市の役割を都市ロルカが担いつつ、最前線にヒケナ（一四三三年に征服）といった、要所に点在する小城塞が緊急時の避難所あるいは情報の伝達仲介拠点として機能していたと推測される。

なお、対のナスル朝グラナダ王国領域の防衛網も類似したものであった。さらなる考古学的な調査の必要性を認めつつも、エチェバリアは、一四世紀前半にマリーン朝のイベリア半島拠点となったアルヘシラス、対セビーリャ王国の拠点都市として機能したロンダとマラガ、ハエン王国に対峙する首座グラナダ、バーサ、そして対ムルシア王国の拠点アルメリーアやベラといった重要拠点が各防衛単位の中核をなし、周囲に中小規模の前線都市が点在して、さらに最前線には防備が施された小村落が配される防衛網を構築していたと主張している(19)。

「境域」の防衛に不可欠な人員や物資の補給、情報伝達の面での綿密な組織化は、互いの前線拠点の奪取を確かに著しく困難なものにした。防備網の組織化のみならず、地の利のよい拠点を要塞化することによって、兵站の面で不安の残る最前線拠点を除けば、征服されることは極めて少なかった。防備網の整備が、一見したところ動かない静態的なカスティーリャ＝グラナダ「境域」像を補強していることは間違いない。見張り塔や狼煙台が要所に配置されることで、日々繰り返される小規模な略奪遠征に対する国境警備も強化された。これはまた、危険を迅速に後背地へ伝達することにも繋がった。たとえばカスティーリャとアラゴンが戦争状態に置かれていた一三六四年、グラナダ王ムハンマド五世と結託したカスティーリャ王国軍が、アラゴン連合王国の最南端に位置するオリウエラ行政管区を包囲していた時の逸話は、この事実を端的に伝えている。

　このころ、オリウエラは完全に包囲されていた。というのも近隣の拠点はカスティーリャ王によって占拠されていたからであった。カリョーサ城砦のみがアラゴンに属しており、農地で耕作に従事する者達にとって一定の利益があった。なぜならこの城砦から、日中は狼煙により、夜間は煙幕によって敵の来襲を知らせることができるからであった(20)。

とはいえ、この防備体制は、小規模な略奪行為を完全に妨げるものとなりえなかったのも事実である。グラナダ側からの度重なる略奪に悩まされていた都市オリウエラでは、一四〇〇年、この警戒態勢の脆弱さにも言及している。

　オリウエラの者等はかかる戦争によって疲弊した。というのも、絶え間なく手に武器を持って警備招集に備えねばならず、さらに悪いことには、かほどに広大な領域であったため、敵に追いつくことは稀であり、［侵入の］報せが到達した時には、既にモーロ人らは退却してしまった後であったからである(21)。

しかし、そもそもなぜ侵入行為が頻発していたのであろうか。その一因は、次節で述べるように、「境域」の前線から最前線へかけての入植奨励策自体が、管理しきれない不規則で日常的な暴力を招いていたからであった。さらに、この防備網は決して「カスティーリャ王国対グラナダ王国」という形へと一元化されておらず、細分化が著しかった。これも後述するように、それは有力軍事貴族の各々の在地化をさらに促し、彼らが担う戦争と平和の地域的な細分化の原因とも結果ともなりえたのである。

第四節　「境域」の入植状況

ナスル朝グラナダ王国との「境域」を担い続けたアンダルシーアとムルシア両地域は、軍事が最優先される社会を形成していかざるをえなかった。「境域」社会は、日常的な越境暴力に対処するための防備網を整備した。しかしこの防備網は、当たり前であるが、前線や最前線に居住する民が存在して初めて効果的に機能する。中世後期のカスティーリャ王権は、アンダルスからの攻撃に備えるとともに、新たに獲得された領域を確保するために、数多くの特権を盛り込んだ入植許可状（cartas-pueblas）を発布していった。とはいえ、双方向的に領域侵犯が頻発し、安全が欠如している前線各拠点への入植は、ほとんどの場合において失敗した。それは「レコンキスタ」の末期にあたる一五世紀になっても変わらない。パレンスエラで開催された身分制議会（一四二五年）において、カスティーリャ王フアン二世は、「境域」の防備のためになされてきた入植の現況に関して次のように述べる。

対モーロ人の境域における余の城砦と拠点に十分な数の入植者を確保するべく、余の王国で生じたところの大いなる利益に従い、またその利益を考慮して、歴代の王たちと余は彼ら入植者たちに臨時貢租、取引税やその他の貢納の免除を与え、さらに彼らに麦と金銭あるいは他の多くの恩恵を授与する必要があった。しかしこれら全ての方策にもかかわらず、戦時と休戦時を問わずに日々モーロ人からこうむるところの害悪と損害のゆえに、十分な入植に成功していない(22)。

約二五〇年間にわたって維持された「境域」の前線・最前線地帯においては、小規模な個別紛争が頻発し、安全が損なわれていたため、人口過疎状態が続いた。大貴族から平民に至るまでの「境域」住民の誰も、戦争の災厄から逃れることはできなかったのである。トーレス・フォンテスがいみじくも述べるように「グラナダとの戦争は、一連の慢性的で限定的な国境の小競り合いと化し、人々を翻弄し抑圧する間に都市や拠点は過疎化して」いったのである(23)。

このため、ナスル朝支配域に程近い最前線拠点には、できる限り多くの特権が入植希望者に下賜された。これらは研究上「境域特権」と総称されている。入植者は、本来であれば義務づけられる様々な貢租支払いから免除され、給金と糧食の配給（pagas y lievas）を受けながら、さらに交易上の特権や、略奪品を分配する際の優遇策といった種々の恩恵を得ることができた。一方、これらの諸特権と引き換えに、彼らは軍役奉仕を義務づけられた。常日頃、国境域の警備を実施し、必要時には略奪遠征や報復攻撃を自前で実施することのできる「腕っぷしの強い」入植者を確保することが最優先課題となった。

諸特権の中でも注目に値するのが「殺害犯特権（derecho de homicianos）」であった。中世後期のカスティーリャ王権は、新たに獲得された最前線拠点へ発布する入植許可状に、この特権を盛り込んでいく。これは、同特権が授与された領域内を一種のアジールとみなし、本来であれば裁きを受けるべき重罪人がそこに入った場合、恩赦を与える制度である。これは、人類学的な聖性の発現の一類型といえ、なおかつこれからみていくように、その起源、適用と展開の点で、「レコンキスタ」に忙殺された中世カスティーリャ王国の法制度的な独自性、すなわち「境域性」をも同時に示している(24)。

対アンダルス国境域では、既にドゥエロ川流域への入植の過程で、「殺害犯特権」の存在が確認されている。時を経て中世後期、対グラナダ国境域で初めて「殺害犯特権」が登場するのは、征服後間もないジブラルタルに対して一三一〇年一月三一日付で、フェルナンド四世が発布した入植許可状においてである。

さらに、余は以下のことを命じ、また堅持するものである。すなわち、盗賊あるいは盗人、人殺しや他のあらゆる悪事を働いた者、または自身の夫から逃亡した既婚女性その他で、ジブラルタルを訪れ、同地の都市民あるいは居留民となった者は、同地において全て死罪から守られ庇護されるべし。この都市あるいは域内に滞在して居住する限りにおいて、何人も彼らに対し損害を与えようとしてはならない。しかしながら、裏切り者、すなわち主人に背いて城砦を譲渡した者、王の休戦や和平を侵犯した者、あるいは主人の妻を強奪した者はその限りではない。この者らは同地にて庇護されず、よってしかるべき罰を受けるべし(25)。

さらに、重罪から免除される条件として以下を規定した。

また、既に上述の通り裏切り者を除く罪人の全ては、都市民としてあるいはそうではなくとも、ジブラルタルに一年と一日滞在することで、余の裁きから免れる。ただし同ジブラルタル内で悪事を起こした場合はその限りではない(26)。

「境域」の最前線に一定期間滞在し、軍役あるいはその補佐に従事して初めて、過去に犯した重罪が免除されるわけであり、「境域」防衛のための人員の確保という王権の意図がここに強く介在しているのは明白であろう。しかし、これは全ての重罪人に無条件で適用されるわけではない。裏切り者（trahidor）、不実なる者（alevoso）、あるいは王権の締結した休戦を侵犯した者は恩赦を受けることができなかった(27)。

一三世紀の末から一四世紀の前半にかけて、要衝アルヘシラスをめぐって展開された合従連衡、すなわち「海峡戦争」に参戦したカスティーリャ王国は、確かにアルフォンソ一一世の実施した度重なる征服活動によって、グラナダ王国から多くの前線拠点を奪取することに成功している。しかし、後に同王自身も遠征中に罹患した黒死病が猛威を振るい、ちょうど政治的・社会経済的な危機が深刻化していく一四世紀半ばにおいては、「境域」に限らずイベリア半島の全土が人口減少にあえいだ。このための最後の手段として、本来であれば排除すべき殺人犯、誘拐犯や盗賊といった秩序を攪乱する人的資源をも王国の防衛のために利用せざるをえなかった。一三二七年にオルベラ、この翌年にアルカウデテ、三一年にケサダを征服した後、即座に「殺害犯特権」を授与している。既に一三世紀末に獲得していたタリファへも、一三三三年にこの特権を付与している。王権の主導による「境域」防衛の困難さを垣間みることができよう(28)。

一四世紀後半には領土的な拡張が全くみられず、少なくとも公的な戦争状態がカスティーリャ王国とグラナダ王国との間で宣言されることはなかった。しかし一五世紀に入るや、再び断続的に戦争が実施され、この過程で新たに獲得された前線拠点に発布された入植許可状で、再び「殺害犯特権」が登場してくる。管見の限りで、一四四八年に既に征服されていたアンテケラ、六〇年にヒメナ、七〇年にロルカ近郊の小城砦ヒケナ、そして「グラナダ戦争」の末期にあたる一四九〇年に地中海に面した要衝サロブレーニャへ、この特権が付与されている(29)。

「殺害犯特権」が授与されている拠点を調べてみると、明白な傾向が浮かびあがる。それは、対グラナダ王国の「境域」で新たに獲得された諸拠点にほぼ限定されていることである。このことは、人口過疎と防備の必要性に晒され続けた「境域」へ早急に入植者を誘致するため、王権がやむなく採用した方策であったことを示している。

王権による「境域」防備の政策とその失敗の具体例を、「レコンキスタ」末期にあたるエンリケ四世の治世期でみてみたい。一四五六年、対グラナダ戦争でロンダ南方、地中海に面する要衝エステポナを獲得したエンリケ四世は、まずは自身の側近でビリェーナ侯フアン・パチェコへ同都市の統治を委譲している。しかし「この都市はモーロ人から至近の境に位置しており、彼らの領域に深く食い込み、またキリスト教徒の地から大変離れているために、上記のモーロ人らはこの都市を征服しようと戦闘を随時行なっている」(30)として、同年の六月二〇日付で「殺害犯特権」を含む入植許可状を発布する。しかし状況は改善しない。一四六〇年二月九日付でエンリケ四世は、ヘレス都市当局に城主職の任命権を委ねるとともに、六名の騎士と一四〇名の歩兵を守備隊として派遣するよう命ずる。それでも状況は芳しくなく、同年五月一六日付で、都市エステポナを放棄して拠点を破壊すべきという決定が通告された。この一五世紀後半の拠点征服と「殺害犯特権」の授与をめぐる経緯は、最前線拠点の維持の困難さをこの上なく物語っている(31)。

「殺害犯特権」による最前線の入植奨励によって、防衛はからくも果たされた。しかしこの方策は、王の責務でもある自王国内の「平穏と安寧（paz y sosiego）」の確保を脅かしかねない諸刃の剣となった。たとえ一定期間の軍役奉仕を終えて「ならず者」が恩赦を享受したとしても、それまでの彼らの生き方を大きく転換させることは難しかったと考えられる。また、彼らが受入先の拠点城主や居住民から不信の目でみられ続けていたことも想像に難くない。事実、王権による同特権の付与にもかかわらず、タリファ城主が彼らを「一年と一日の奉仕」期間が満了する前に捕縛してしまったことをめぐって、係争が生じている。一三三四年一一月一〇日付の王書簡から、彼ら犯罪者が、「境域」の防人の役割を果たすと同時に、その攪乱者となりえたことが分かる(32)。ここでも「境域」で展開される戦争と平和の両義性が端的に示されている。

特権の下賜を伴う入植奨励策を採用して、からくも維持された最前線拠点の人的な防備体制が、休戦時、戦争時を問わずに維持されていたことは、「境域」都市議事録に含まれている年次収支報告からも分かる。具体例として、ここでは二つの事例をとりあげたい。その第一は、トレード大司教領カソーラ前線管区（Adelantamiento de Cazorla）に属し、「境域」中央部の最前線を担った都市カソーラの議事録である。一四二七年一〇月から二八年九月までの一年間の収支報告によれば、二八年の四月から九月まで一か月交代で三〇名の市民が迎撃人（atajadores）、監視人（ataladores）として従事しており、二〇〇マラベディが支出されている。王国間休戦協定の締結状況と照らし合わせてみると、契約証書自体は残存していないものの、一四二七年の二月一六日に協定の更新がなされたと推測される。さらに一四二八年一二月二日付で、国王フアン二世は都市ムルシアに書状を送付して、「グラナダ王に余が授与したところの休戦の期限がまもなく満了を迎える。すなわち来たる一四二九年の二月一七日である」と通告している。このことから考えても、ほぼ確実に王国間休戦協定が履行され、両王国間で正式な戦争停止が命じられていた。つまりは、和平時であっても防衛体制を緩めることはできなかったのである(33)。

第二の例を挙げたい。カスティーリャ王エンリケ四世は一四六九年、給金と補給に関する特権を授与していた「境域」中央部の前線都市アルチドナへ書簡を送る。この特権文書によれば、年額一万二〇〇〇マラベディが「和平時における防備と諜報（Guardas y escuchas en la paz）」のために支払われ、年額三万六〇〇〇マラベディが「九〇回の夜警、三〇回の周回警備と迎撃（90 velas, 30 rondas e sobrerrondas）」のために供出されていたことが分かる。さらにこの都市拠点に駐留する騎士に対しては、年額一〇八〇マラベディ、弓兵に三六〇マラベディ、槍兵に二八八マラベディが給金として支払われている(34)。

さて、「境域」の戦争に特化した兵士の登場を、ローリーは「戦争遂行型社会」の特質の第一として扱っていた。おそらく「境域」は、中世盛期あるいはそれ以前から、上記の「ならず者」をはじめとして、相手領域の地の利をよく知る越境者、改宗者あるいは背教者を多く抱えていたと考えられる。「境域」に特化した兵が、既に中世盛期の時点で出現していたことは間違いない。「境域」ならではの軍事的な役職が、一三世紀後半に成立する『七部法典』で既に規定されていることからも、それは分かる。

役職の第一は、騎兵長と呼ばれるそれである。アラビア語で「先導者」を意味する「dalila」を語源とする、この役職の役割と担当者に必要とされる資質が、『七部法典』の第二部の二二条で詳細に規定されている。この記述によると、騎兵長に必要な資質とは、第一に知識（sabiduria）、第二に気概（esfuerço）、第三に純粋で明晰な頭脳（buen seso natural）、そして第四に忠実さであった(35)。騎兵長職を研究の対象としてとりあげたトーレス・フォンテスは、騎兵長と総称されている役職保持者の果たす役割の複合性を強調した。『七部法典』で規定された騎兵長は、王直々の叙任式を経て、遠征において大きな権限を保持する、いわば中世盛期で最有力の貴族が担った旗手（alférez）に近しい上位職に該当する。しかし中世後期の「境域」情勢の中で現れる騎兵長は、王による叙任を必要としていたとは思われず、軽装騎兵から構成される小規模な遠征軍の先導役としてばかりか、この略奪遠征の途上で生じた同胞間の仲裁者、さらには戦利品の分配責任者としても活躍している。彼らは各々の「境域」都市当局や所領大貴族に個別に仕えていた模様である。小規模な遠征の先導者という役割から容易に想像できるように、もとは境の「対岸」に居住していた改宗者が多く雇用されていたと推測される。彼らは休戦期間になると、侵入を試みた敵の足跡を追跡し、あるいはグラナダ領域からの侵入者を迎撃することで、和平の守護者としても活躍した(36)。

第二に、騎兵長に準じる役割を果たすが、より下位に位置する役職として歩兵長が登場する。『七部法典』によれば、「かつては歩兵達の長（cabdillo）と呼称されていた者達」と規定されている。彼らもまた中世後期の「境域」最前線で活動した(37)。

第三に、アルモガバルと総称された略奪兵である。彼らは地の利を知悉し、局地戦闘（guerra guerreada）に特化した者であった。しかし彼らは決して公的な戦争においてのみ活躍したわけではない。中世後期の「境域」の都市議事録でしばしば登場する彼らは、和平の攪乱者として当局を悩ませる存在一般、つまりは略奪者として、盗賊とほぼ同義で登場してくる。彼らは、王国間休戦の存在如何にかかわらず、略奪や誘拐を自前で実施し、カスティーリャ側、グラナダ側の双方の「境域」の平穏を日々悩ませる存在となった(38)。

「境域」は臨戦態勢を崩すことはなかった。この理由としてまず、王国間休戦自体が本質的に脆弱なものにすぎなかった事実を挙げるべきである。たとえカスティーリャ王、グラナダ王という「中心」の間で休戦の合意がなされたにせよ、両王国間に横たわる広大な「境域」の全域にその遵守を徹底させることはできなかった。また、構築された防備網が存在したにせよ、それは決して小規模な略奪を阻止するほどの警戒態勢でもなかった。防備のために採られた入植奨励策自体が、入植を促進し防備を成功させることに寄与すると同時に、逆説的ではあるが、この防備を攪乱する要素を招き入れることに繋がった。騎兵長、歩兵長そしてアルモガバルといった「境域」の防備と維持、そして迎撃に適した彼ら自身が、国境線の維持を担当する一方で、略奪を無秩序に行なって休戦時と戦争時とを問わず、秩序を攪乱する存在ともなりえた。「境域」とは、これらの諸要素が平衡状態を保ちつつ、かろうじて維持される不安定で両義的な場となっていたのである。

第五節　軍事貴族の台頭

(1)「境域」の主役としての軍事貴族

本書で検討している「境域」は、いうまでもなく対イスラームの最前線を担う場である。ラテン・キリスト教世界の一角を占めたカスティーリャ王国でも、異教徒と戦うという宗教的責務が重視されたことは間違いない。しかし、彼らは当然ながら信仰のみに生きていたわけでもない。中世盛期のスペイン血統貴族の対異教徒認識に関してバートンが述べているように「永遠の救済への期待は確かによきものであった。しかし十字軍士の最大で第一の関心事とは、自身の世俗的利益を確保することにあった」のである(39)。

とはいえ、中世後期のカスティーリャ＝グラナダ「境域」は、アンダルスに対する防衛と侵略が、そのまま参加者の物質的利益と精神的利益の双方へと直結する場となっていた。「境域」社会の中で対異教徒戦争の主軸を担うと同時に、これを通じて財と不動の名声を獲得していく軍事貴族層が台頭してくることに、それは端的に示されている。「境域」が最も「封建化」、言い換えれば戦争と平和を担うにふさわしい軍事貴族を土地領主として戴く領主制（sistema señorial）が深く根を下ろした地帯であったという点で、研究者の総意は得られている(40)。

当該域で軍事貴族の役割が重視された理由は明らかである。入植と防衛に苦慮する王権、とりわけカスティーリャ内地で統治を行なう一四世紀後半以降のトラスタマラ系の諸王を除けば、彼らのみが防備と迎撃、あるいは進撃を自前で実施し、さらに人的基盤を確保するために入植の奨励も同時に行なうことのできる「力」を保有していたからである。

「境域」で台頭してくる貴族は、次の四つの「力」を集約することに成功した。第一に、経済的な特権である。すでにみた「境域特権」の一環として、最前線の各拠点の城主職（alcaidía）には王権から莫大な給金が支払われた。前線拠点の居住民に分配すべき給金と糧食の配給も、城主の権限であった。また「境域」に関連する重要役職、すなわち境域大総督職（adelantamiento mayor de la Frontera）、軍団長職（capitanía）、元帥職（mariscalía）や捕虜返還交渉人長職（alfaquequería mayor）に割り当てられる給金も重要な収入源となる。「境域」の陸上交易から得られる収益、自身の領地で実施する家畜放牧の経営からもたらされる収入、そして「戦争遂行型社会」ならではの、境の「対岸」へと日夜実施される略奪による戦利品収入も無視できない。第二に、直接的な軍事力である。「境域」の城主あるいは自領地の主として当該拠点に居住する人々を社会的に束ねる彼らは、必然的に小規模戦闘に特化した軍事力を容易に徴発できるようになる。第三に、政治的な力である。王権に代わって「境域」の和戦を仲介する貴族は、当然ながら王権との緊密なやりとりを必要とするため、国王の寵愛を得やすい。こうして、さらなる恩恵を得ることに直結する。そして第四に、イデオロギーの力である。西欧封建社会に固有の「戦う者（bellatores）」としての役割を担う彼らは、自身の権力の行使を社会の中で容易に正当化することができた。戦相手が異教徒であったため、「十字軍」を率いる者としてのカリスマも自然と付加されることになる。これらの諸要素が関連し合って、アンダルシーア、ムルシア両地域の大貴族は、極度の軍事化傾向をみせつつ、これと対をなす「封建化」を果たしていった(41)。

（2）大貴族層の成立と「境域」

カスティーリャ＝グラナダ「境域」の西方部を構成するセビーリャ王国内で大貴族へと上りつめたのはグスマン家、そしてポンセ・デ・レオン家の二家門であった。未だ研究は途上にあるとはいえ、彼らの台頭と「境域」との関連性は明らかといえる。グスマン家の初代アロンソ・ペレスは一二七五年頃にジブラルタル海峡を渡り、マリーン朝君主アブー・ユースフ（在位一二五九〜一二八六）に傭兵として仕えた。彼は同王朝の「大将（capitán mayor）」として莫大な給金を受けとって、一二九一年頃に祖国へと帰還している。その後、当時の対マリーン朝、対ナスル朝の最前線海港都市タリファの城主を務め、両王朝軍による激しい攻囲に対して伝説的な防戦を繰り広げた。この功績によって、カスティーリャ王サンチョ四世（在位一二八四〜一二九五）から大西洋岸の要衝サンルーカル・デ・バラメーダを受領した彼は、おそらく上記の傭兵時代に蓄財した莫大な金銭を用いて土地購入を集約的に行ない、セビーリャ王国南西部の「境域」に自身の所領を形成していった。彼の子孫も同じ路線を踏襲し、ベヘル、メディナ・シドニアといった「境域」

タリファ海岸　左にはアロンソ・ペレスが守護した城砦，右は現在，モロッコ行きのフェリー乗り場となっている（著者撮影）

の最西部での最大領主へと上りつめた。一四世紀の後半から一五世紀にかけて、グスマン家門は「境域」に限らず、自身の財を「賄賂（acostamiento）」の形でセビーリャ王国内の都市寡頭層を構成する中小貴族らに分配して、自身の党派を形成していくことで、陰からセビーリャ王国の実質的支配権を牛耳っていた(42)。

グスマンと対をなすポンセ・デ・レオン家の台頭も、また「境域」と深く結合している。初代フェルナン・ペレス・ポンセは、一二九〇年三月から翌年の九月まで境域大総督職を務めて、一二九二年に死去するまで王太子フェルナンドの太傅（ayo）を兼任し国王宮廷への接近を試みている。次代のペドロ・ポンセも、一二九六年一〇月から一二九八年一〇月まで境域大総督職に就いている。一四世紀初頭までに「境域」の前線都市マルチェーナの領主へと上りつめた同家門は、これ以後、上述のグスマン家門と縁戚関係を築いて自身の地盤を確保しつつ、「境域」における和戦に深く関与していった。セビーリャの二大貴族の一方として頭角を現したポンセ・デ・レオン家門の家長ペドロ・ポンセ・デ・レオンは、一四四〇年に初代のアルコス伯に任命された。都市アルコスもまた、「境域」西方部の重要な前線都市である。ライバルのグスマン家と陰惨な党派対立をセビーリャやヘレスといった大都市内で繰り広げつつ、「境域」では、ポンセ・デ・レオン家門の存在も不可欠となっていた(43)。

一五世紀のコルドバ王国内では、フェルナンデス・デ・コルドバ家門が押しも押されもせぬ実権を誇っている。この家門構成員が王国間休戦協定の「全権大使」として活躍していくことは、本書の第一部でも既に取り扱った。初代アルフォンソ・フェルナンデス・デ・コルドバ一世（当主位一二八四〜一三二七）は、一三一七年一二月から一三二〇年一二月頃まで、やはり境域大総督職を務めている。第二代のフェルナン・アルフォンソ（当主位一三二七〜一三四三）は、カスティーリャ王アルフォンソ一一世が実施した多くの親征に参加し、アルヘシラス攻囲戦で戦死している。第三代のゴンサーロ・フェルナンデス（当主位一三四三〜一三八四）は、「境域」中央部の最前線の有力都市アルカラ・ラ・レアルの城主職に任命されるとともに、コルドバ王国の有力貴族であったものの断絶したアギラール家門の所領を吸収して、一躍、大貴族の地位へと上りつめた。これ以後、彼らは一五世紀の「境域」情勢にさらに深く関与していく。同家門はアギラール家とカブラ－バエナ家へと分裂するも、この両家はコルドバ王国とハエン王国の対グラナダ最前線地域、すなわち「境域」の中央部を取り仕切る存在であった[44]。

「境域」の東方部を構成するムルシア王国では、サンティアゴ騎士団領が防衛の一角を占め続けた。しかしこの騎士団領は当初の設立理念を遵守し、率先して対イスラーム戦に参加していくわけではない。むしろ「境域」での権益の獲得を望む有力貴族家門の政治的な利害関係に翻弄された[45]。ここで王の寵愛を受けて「境域」に関連する役職を担い、自身の影響力を拡大していき大貴族として頭角を現すのが、ファハルド家門であった。一四世紀の前半に、ムルシア王国で王権に対して「反旗」を翻し続けたカスティーリャ王族の傍系にあたるマヌエル家門に代わって台頭してくるファハルド家の歴史は、アロンソ・ヤーニェス・ファハルドが一三七八年に越境騒擾裁定人に任命され、さらに一三八三年からムルシア王国大総督職（Adelantamiento mayor del reino de Murcia）を兼任することで始まる。この後、同家門に出自を持つ者達が、ムルシア王国の「境域」に関連する役職を独占していった[46]。

　さて、大貴族層の成立と「境域」との関連性をみていくならば、彼らが台頭し始める時期がほぼ一致していることが分かる。マグリブでの傭兵活動によって得た多額の富を用いてセビーリャ王国の南西部で勢威を振るい始めるグスマン家門を例外とすれば、対グラナダ「境域」を構成するセビーリャ、コルドバ、ムルシア王国のそれぞれで台頭してくる他の三家門は、一四世紀の後半から、その姿をはっきりと示し始めている。これはカスティーリャ王権のトラスタマラ王朝への交代劇と時期が一致しており、さらにモクソがかつて提唱した「旧貴族から新貴族へ（**De la nobleza vieja a la nobleza nueva**）」の最有力貴族層の交代期、つまりは全王国的な権力の重心移行期とも重なる[47]。

　一四世紀の後半期は、第一部で述べたように、カスティーリャ王権の対グラナダ「外交」が大きく変化する時代でもある。「中心」を形成する王宮廷が示す、対グラナダ「境域」への消極的な眼差しの一方で、当該地帯に実際に居住する者達は、「境域」での和戦の担い手、すなわち軍事貴族層を軸として再編成を試みていった。

「境域」情勢と同域を統括する貴族層の成立との関連は、俗人貴族所領の変遷を分析するや、より明白となる。アンダルシーア土地制度史と貴族研究の泰斗コリャンテスの研究が、これをはっきりと説明してくれている。一三世紀前半の「大レコンキスタ」によって一挙に征服されたアンダルシーア、ムルシアでは、中小土地所有者層を中核とする都市・農村モデルが当初目指されていた。これを反映するように、サンチョ四世期におけるアンダルシーア王国群で大所領の経営を行なっているのは、王族に一時貸与された所領、宗教騎士団領、そしてトレード大司教領に属するカソーラ前線管区のみであった。政治的混迷期にあたる次王フェルナンド四世の治世を経て、「海峡戦争」に全面的に関与していくアルフォンソ一一世期に、大きな変化の兆候が現れている。すなわち、「境域」防備に関与し、なおかつそのために必要な人的資源の確保を準備することのできる俗人軍事貴族へ土地の委譲が増加する。とはいえ、未だそれらの多くは、一代限りの授与あるいは貸与に限定されていた。

「境域」所領の形成の変遷という観点からも、やはり転機は、トラスタマラ王朝初代のエンリケ二世の治世に置かれるべきである。それまで一代限りに限定されていた所領の権利譲渡が、世襲可能な限嗣相続制度（マヨラスゴ）へと移行する。これ以後、「境域」における世俗大所領は増加の一途をたどり、この傾向はカトリック両王による「中央集権的強硬策」をもってしても、大枠では食い止めることができなかった。この結果、すでに「境域」としての役目を終えた一六世紀の時点で、アンダルシーア王国群の領土のうちの実に四八パーセントが大所領に属している。注目すべきは、フェルナンド四世治世の開始（一二九五年）からエンリケ四世の死去（一四七四年）の間に、グラナダ王国から新たに獲得された最前線領域の約七〇パーセントが、そのまま俗人貴族の所領内へと組み込まれている事実である。いかに「境域」が、当時の俗人貴族すなわち軍事貴族の台頭と密接に関連していたかを示していよう(48)。

「境域」と密接に結びついた大貴族は、同域で展開される戦争に熟達していく。対グラナダ親征で、王の軍事指南役として戦争の主導権を握っていくのも、彼らであった。一四〇七年の摂政フェルナンド・デ・アンテケラの親征時、遠征の計画立案会議では、「境域」に所領を保有するペドロ・ポンセ・デ・レオン、境域大総督のペル・アファン・デ・リベーラの助言が最も重視されている。この助言により、同年九月三〇日に前線拠点サアラを占領した摂政は、再び側近を招集して、今後の方策を討議した。彼はこの余勢を駆って「境域」西方部の最重要拠点ロンダへ、一気に攻め寄せる心積もりであった。しかし「彼以上に戦争を熟知し、年配でもある彼ら」の意見を尊重して攻撃目標を変更している。「境域」で展開される大規模な戦争は、たとえ王権やその代理による指揮であったにせよ、その計画の立案は実際に当該域に居住している軍事貴族らであったと考えられる(49)。「境域」は、カスティーリャ王国の政治的「中心」が遂行する戦争を、自身らの経験に基づいて陰から主導していた。この意味でも、対グラナダ戦争の真の主役とは、彼ら「境域」の軍事大貴族であった。

（3）中小貴族のミメーシス

戦争行為を中心として組織されていったのは、「境域」に大所領を形成していく大貴族層ばかりではない。中小貴族から構成される都市寡頭層もまた、「境域」の存在が必然的にもたらす諸状況に強く影響されていく。中小の都市貴族らは、大貴族層の振舞を模倣する形で都市内での権力基盤を整えていくのである。

中小都市貴族層にとって、「境域」での軍事奉仕、すなわち対イスラーム戦争での武勲が、彼らの社会身分の維持と、更なる上昇のために必要不可欠となった。都市ヘレスの小貴族で、一三世紀の征服直後に同都市へ入植した四〇名の受封騎士（caballeros de feudo）のうちのひとりを始祖に持つオルバネハ家を、この後詳述するように、典型的な例として指摘できる。彼らはグラナダ戦争への参戦で獲得された社会的名声と富を根拠に、ヘレス都市参事会員内で役職を得る正当性を得ている。アンダルシーア貴族研究を現在牽引しているサンチェス・サウスの表現を借りるならば「境域こそが騎士を育てる」のであった(50)。

以下に具体事例を示しておきたい。一三七五年一月一三日付で、カスティーリャ王エンリケ二世は、アルカラ・デ・エナレスにて、都市ハエンの騎士ロドリーゴ・セペトに対して種々の恩恵を授与している。ここで下賜の根拠となっているのは、「境域」での対ムスリム戦争の際の武勲であった(51)。

次に、都市セビーリャを拠点とするリベーラ家門をとりあげたい。初代のペル・アファンは、一三八四年に都市セビーリャの寡頭層、二十四人衆となり、翌年には対ポルトガル戦役における艦隊長（capitán general de la flota）に任命され、さらにこの翌年の一三八六年にはアンダルシーア公証人長（notario mayor de Andalucía）を兼任することとなった。しかし最も重要なのは、一三九六年の境域大総督への任命であろう。彼の息子ディエゴ・ゴメスは、この大総督職を世襲し、カニェーテ、トーレ・デ・アルアキメといった「境域」の最前線拠点の守備を任されている。彼は一四三〇年代の対グラナダ戦争でも活躍し、一四三四年の対マラガ遠征の途上で矢を受け、この傷がもとで死亡した。祖父と同名のペル・アファン二世は一四三六年に大総督職へと就任し、一四四一年にはアルカラ・デ・ロス・ガスーレスの防備を担っている。このペル・アファン二世以後のリベーラ家門は境域大総督職を世襲し、王権の命令に従って略奪遠征を実施して、後述するように、グラナダ王国内の騒乱に直接干渉している(52)。

サーベドラ家門は、故地のガリシア地方から移住して一四世紀の初頭にアンダルシーアに居を構えた。この後、カスティーリャ王国の内戦でペドロ一世の側に与したため、故地の所領を喪失した。これ以降、同家門は「境域」を拠り所として自身の地位を確固たるものにしていく。「善良なる（el Bueno）」フェルナン・アリアスは、一五世紀初頭の対グラナダ親征の際、カニェーテの防衛を担当して英雄的な防戦をみせる。彼の息子フアンとゴンサーロも、「境域」での活躍をみせる。前者は一四三一年、新たに獲得された最前線拠点ヒメナの城主を務め、一四三四年の三月には、ヒメナから南方に位置するカステリャールの征服に貢献した。一四三九年七月二八日付で、国王フアン二世は彼を捕虜返還交渉人長に任命している。一四四八年にはマルベーリャ近郊のベルデ川における戦闘で敗北を喫し、捕囚の憂き目にあっている。解放された彼は一四五八年に死去し、彼の息子フェルナン・アリアスが捕虜返還交渉人長職を世襲しつつ、カステリャールの領主として「境域」に関与し続けた。もうひとりの息子ゴンサーロもまた、一四三一年の親征に従軍してグラナダ沃野へと進撃し、一四四五年に「セビーリャ、カディスにおける輸出・禁止品目に関する判官（alcalde de las sacas y cosas vedadas en Sevilla y Cádiz）」に就任している。また彼は、「境域」交易路の要衝サアラの城主、一四四八年にはタリファの代官を歴任している(53)。

先に指摘したオルバネハ家門は、一三世紀に都市ヘレスが征服されて「土地再分配」が実施された際に入植した最初の四〇名の血統騎士のうちのひとり、グティエレ・ルイス・デ・オルバネハを始祖とする。同一門は決して有力貴族層とはいえず、都市貴族の上層を占めているわけでもない。しかし、彼らの「誇り」は、徹頭徹尾、対イスラームでの武勲に深く根ざしていた。一四八八年の一月の都市参事会にて、ヘレスの支配領域内の城砦テンプル（Tempul）城主職、そして管財役職（mayordomia）の候補者をめぐって競合が生じた。これに立候補を果たしたフェルナンド・デ・オルバネハ、ガルシア・デ・オルバネハの両兄弟は、都市当局に自らの家系の業績一覧を提出して、上記の都市役職を担うに相応しいことを証明しようとした。この業績一覧は、全六二項目から成っており、一四三八年から立候補の年までの五〇年間における、彼らの父フェルナンド、兄ファン、そして両名自身の業績が書き連ねられている。

提出された全六二項目の業績欄のうちの、実に五一箇条が、対グラナダ関連の迎撃戦、報復侵入戦、拠点包囲戦、拠点救出戦といった戦争行為、そして軍需物資補給などの準戦争行為における従軍に関連している。二箇条は、一四六三年から翌年におけるグラナダ王国西方部の最前線城砦カルデラとの和平交渉への参加に関するものである。残りの九箇条は、対ポルトガル戦役とアンダルシーア王国内における党派抗争の際の従軍、あるいは食糧供給業務に関してである。ゆえに、合わせて五三箇条が、対グラナダ王国に関連する事績で埋め尽くされていることになる。テンプル城主、そして管財役は重要な役職といえない。それでも、これらの職を担うに相応しいと公に認めさせるためには、軍事的な功績、とりわけ対グラナダ戦争での業績が最重要視されていたと考えられる(54)。

ところで、グラナダ王国領域と直接に境を接していないとはいえ、アラゴン連合王国の最南端に位置するオリウエラ行政管区（Gobernación de Orihuela）の中核都市オリウエラでも状況は類似していた。この都市はカスティーリャ王国領のムルシアを間に挟んで、グラナダ側との直接的な交渉を多く行なっており、実際に対グラナダ戦争から、甚大な社会的・心理的な影響を受け続けていた。このため、一四世紀にオリウエラは、武装した騎馬の保有者すなわち

1478	23条	長子フアン	グラナダからの報復攻撃の情報を受け迎撃の際に従軍	G
?	24条	長子フアン	グラナダからの侵入の情報を受け迎撃の際に従軍	G
1479	57条	長子フアン	オルテヒカル征服の際に従軍	G
?	58条	次子ガルシア	Handon（？）への侵入に従軍	G？
1481	56条	次子ガルシア	ビリャルエンガ渓谷村落の征服行動の際に従軍	G
1481	33条	次子フェルナンド，ガルシア両名	サアラ救援の際に従軍	G
1482	27条	次子フェルナンド	アルアマ征服の際に従軍，右手に矢傷を負う	G
1482	28条	次子フェルナンド	征服後アルアマの防衛に参加	G
1482	30条	次子フェルナンド	グラナダ沃野への親征に従軍	G
1482	55条	次子ガルシア	ロハ攻囲の際に従軍	G
1482	37条	次子フェルナンド	セテニル攻囲（結局征服に失敗）の際に従軍	G
1483	35条	次子フェルナンド	アサルキアでの敗北時に従軍	G
1483	29条	次子フェルナンド，ガルシア両名	マラガ近郊のロペラでグラナダ軍を撃破した際に従軍	G
1483	34条	次子ガルシア	サアラ征服の際に従軍	G
1484	62条	次子フェルナンド，ガルシア両名	アロラ征服の際に従軍	G
1484	46条	次子ガルシア	カルデラ攻囲（結局征服に失敗）の際に従軍	G
?	47条	次子ガルシア	雌牛を強奪したグラナダ臣民？の捕縛遠征に従軍	G
?	49条	次子フェルナンド	アルコス域に侵入したグラナダ臣民の迎撃の際に従軍	G
1484	43条	次子フェルナンド	セテニル征服の際に従軍	G
1484	31条	次子フェルナンド	マラガへの略奪遠征の際に従軍	G
1485	38条	次子フェルナンド	ロハ攻囲（結局征服に失敗）の際に従軍	G
1485	32条	次子フェルナンド	ロンダ攻囲戦の際に従軍	G
1485	45条	次子フェルナンド	カンビル，アラバール征服の際に従軍	G
1485	36条	次子フェルナンド	アルアマへの物資供給に参加	G
1486	44条	次子フェルナンド	ロハ，イジョラ，モンテフリオ，モクリン占領に従事し，グラナダ沃野へ進撃する際に従軍	G

＊G: 対グラナダ戦争関連　P: 対グラナダ和平関連

オルバネハ家の兄弟（フェルナンド，ガルシア）が都市役職への立候補時に提示した業績録

年	史料項目	人　物	業　績	分類
1437～1438	1条	父フェルナンド	グラナダ沃野への進撃の際に従軍	G
1440年代末	6条	父フェルナンド	雌牛を強奪したグラナダ臣民の追撃の際に従軍	G
1451	4条	父フェルナンド	ヒメナ救援の際に従軍	G
1451	11条	父フェルナンド	グラナダからの侵入軍の迎撃の際に従軍	G
1453	12条	父フェルナンド	グラナダ王による遠征の迎撃の際に従軍	G
1455	2条	父フェルナンド	マラガへの親征に従軍	G
1455～1456	13条	父フェルナンド	グラナダからの侵入の情報を受け迎撃の際に従軍	G
1456	3条	父フェルナンド	ヒメナ征服の際に従軍	G
1459～1461？	14条	父フェルナンド	グラナダからの侵入の情報を受け迎撃の際に従軍	G
1460	10条	父フェルナンド	エステポナ破壊時に従軍	G
1460	9条	父フェルナンド	エステポナからの撤退時に従軍	G
1460～1468	8条	父フェルナンド	雌牛を強奪したグラナダ臣民？の追撃の際に従軍	G？
1462	5条	父フェルナンド	ジブラルタル征服時に従軍	G
1463～1464	40条	長子ファン	休戦協定の交渉に関与	P
1463～1464	39条	長子ファン	カルデラとの和平協定のために同席	P
1468頃？	42条	長子ファン	ヒメナ救援の際に従軍	G
1471	7条	父フェルナンド	カルデラ攻撃の際に従軍	G
1472	18条	長子ファン	カルデラ占領時に従軍	G
1472	19条	長子ファン	ガルシアゴでの戦闘に従軍	G
1472	16条	父フェルナンド	カルデラを包囲するグラナダ軍の迎撃戦に従軍	G
1472	50条	長子ファン	ロンダ遠征の際に従軍	G
？	51条	長子ファン	雌牛を強奪したグラナダ臣民の捕縛遠征の際に従軍	G
？	20条	長子ファン	グラナダからの侵入の情報を受け迎撃の際に従軍	G
？	52条	次子ガルシア	グラナダからの侵入の情報を受け迎撃の際に従軍	G
？	53条	次子ガルシア	グラナダからの侵入の情報を受け迎撃の際に従軍	G
1473	21条	長子ファン	カルデラ救援の際に従軍	G
1473～1474	54条	長子ファン	グラナダへの報復攻撃の際に従軍	G
1477～1478	22条	長子ファン	サアラからの略奪に対する報復の際に従軍	G

「平民騎士」、そして郷士（イダルゴ）が都市寡頭層を形成していく。しかし、対ナスル朝の国境地帯からみて、はるか後背地に位置するアラゴン連合王国の有力都市バレンシアでは、騎士の家系が台頭してくることは僅少であり、むしろ交易で財を築く有力都市民が寡頭支配層を構成した(55)。

「戦争遂行型社会」としての「境域」社会では、社会的な流動性を大きく含みつつ、俗人貴族層が「戦う者」としての資質を競い合っていた。また対グラナダ「境域」は、宗教文明的な意味における「境域」でもあった。対異教徒での殊勲は、俗人貴族層を奮い立たせるとともに、自らの社会内における自身の身分と権力行使の正当化の源泉ともなる。このように「境域」の情勢は、都市を統括していく中小貴族層の成立とも、密接に関連していたといえる。

第六節 「境域」における暴力と経済

繰り返すように「戦争遂行型社会」は、三身分論に象徴される中世西欧世界の一般的な封建社会像からは大きく逸脱していき、例外的に社会的流動性が高い社会であった。なるほど確かに、あらゆる「境域」の住民には、戦争行為を通じての社会的身分の上昇の機会が与えられていた。しかし大多数の民が、自らの社会的な上昇よりも、日常の平穏を求めていたことも否定できない。先述したような防備網が組織化され、王国間レヴェルで締結されて随時更新されていく王国間休戦協定があるにもかかわらず、いやむしろ休戦が有効であるからこそ、局地的な暴力は予測できないままで、頻繁に生じた。この最大の犠牲者が、市井の民であった。いったん入植を果たした者達が殺害されるか退去し、再び入植奨励策がとられるものの、「境域」で生じ続ける暴力に恐れおののき、多くの者が再び去っていく。ゆえに「境域」は、常に人口の過疎状態にあえぎ続けた。

王国間休戦と同時並行して生じた越境紛争の目的は、ほとんどの場合、相手領域の直接的な征服ではない。「境域」の経済が、戦火の被害を容易に被ってしまう穀類やオリーブ、そしてブドウの栽培に負っていないことは普遍的にみられる特質といえる。この特質は、「戦争遂行型社会」の原因とも結果ともなり、とりわけ最前線地域で先鋭化している。その代わりに、戦火の影響を受けにくい動産として家畜の放牧経営が一般的となった(56)。

「境域」の特質としての家畜放牧の普及と休戦、そして戦争との関連性は、史料からもうかがい知ることができる。王自ら、あるいは王権の代理に指揮された大公に開戦が宣言された場合、この通告が「境域」各拠点で回覧される。計画的な略奪は、より破規模な略奪遠征が、ナスル朝経済の計画的な衰退を目論むものであったことは既に論じた。計画的な略奪遠壊的な結果を相手側にもたらすものの、しかしながら逆説的に、より「安全」であったともいえる。計画的な略奪遠征は、互いの「中心」が事前に宣言する公的な戦争状態において実施されるため、双方とも準備を整える「余裕」があるからである。たとえば、アンダルシーアに滞在中のアルフォンソ一一世は、一三三九年七月二七日、ムルシア総督宛に「全ての家畜と自身の物品を守った上で」対グラナダ戦争へと参戦するよう厳命している(57)。一四〇〇年、直接にグラナダ王国と境を接していないものの、ナスル朝領域から頻繁な略奪に見舞われていたアラゴン連合王国領のオリウエラ行政管区に、「ムルシアから報せがもたらされ、カスティーリャ王とグラナダ王との間に戦争が宣言されたとのことであった。この地［＝オリウエラ行政管区］にもモーロ人の大集団が侵入するため、家畜を安全な場に移すように」と通告された(58)。同様の伝達は、定められた休戦期間の満了が近づく際にも行なわれた。一四一〇年三月二三日、幼少のカスティーリャ王フアン二世と摂政フェルナンド・デ・アンテケラは、王国間休戦が同年の三月末で満了を迎えることを勧告し、全ての家畜が引き揚げられて、「かつての戦争期間において善処されたところに従って」家畜が保護されるよう、都市ムルシア当局に対して命じた(59)。

後述するように、両王国間で休戦協定が締結されていようとも、地域単位で休戦協定が一時的に無効化される場合もある。一四五三年五月二五日、ロルカ城主アロンソ・ファハルドは、ムルシア都市当局に次の命令を送付した。「モーロ人と私は全き戦争状態に置かれており、戦争に関わる以外に中間は存在しないことを知らせたい。よって準備を行ない、戦争に身を置き平原に放牧された家畜を保護するように。またカラスコイへ守備を配置して、夜には明かりがみえるように、昼には煙を焚き［事態を］知らせるよう」(60)。

全域的であれ局地的であれ戦争状態に入るや、「境域」に放牧されていた家畜を避難させることが急務となる。時にこの避難が間に合わず、あるいは休戦協定が侵犯されて奇襲を受け、家畜の略奪を被って、時に大規模な損害がもたらされた。一三七九年一二月一二日付で、グラナダ王ムハンマド五世は、カスティーリャ王宛の書状で、度重なる家畜略奪の応酬の結果、二万頭の家畜を失ったと不満を述べている(61)。

誘拐は、双方でさらに恐れられた暴力形態であった。「境域」の当事者らが自らの主導権で実施する略奪遠征は、はるかに小規模で局地的であるものの、王国間休戦を一時的に違反して、突発的に実施される。逆説的にも、休戦の存在を信頼して街道や山野を闊歩する無垢の民が、この予測できない暴力の犠牲者となる。これは最も恐れられる暴力形態であるとともに、しかし最も迅速に富を得る経済的活動にもなった。なぜなら、身代金を要求するか、あるいは奴隷として捕虜を売却することで、一挙に多額の利益を獲得できるからである(62)。

カスティーリャ王国域から誘拐されたキリスト教徒達は、捕虜として競売（almoneda pública）で競りにかけられる。購入者は、捕虜を粉挽きなどの強制労働に従事させ、身代金を支払わせるために拷問を加えて、故地の親族に連絡させようとする。あるいは、「対岸」すなわちカスティーリャ王国域に、子や夫、あるいは親族が捕囚されている者がこの捕虜を購入して、拠点当局や捕虜返還交渉人を通じて捕虜交換の打診を行なうことも多い。

既に述べたように「境域」には、「殺害犯特権」を享受するために来訪する犯罪者や、身分上昇を目論む、野心に満ち溢れた者達が闊歩している。彼等は王国間で締結された休戦を考慮することなく、略奪や不正を働いていく。この不正行為への報復がなされ、当初は局地的にすぎなかった暴力が、連鎖して拡大していく。

略奪遠征の途上で捕縛された騎士や兵卒も当然ながら捕虜となりえたが(63)、やはり最大の犠牲者は、自衛する術をもたない牧人や農夫、女性や子供であった。近年刊行された『シーロスの聖ドミンゴの奇跡譚』が、彼ら捕虜のおかれた厳しい実態を垣間見させてくれる。一三世紀の末頃に執筆されたこの奇跡譚は、運良く解放された元捕虜がこの「奇跡」に感謝するために、捕虜解放の聖人でもあった聖ドミンゴの座所へ来訪して語った証言を記録したものとされる。農夫、粉挽き場に向かう途上で誘拐された者、家畜を引き連れた牧人、麦を輸送する途上で誘拐された者から、休戦協定で身体の安全を保障されているはずの行商人や外交使節まで、皆が誘拐の犠牲となった。被害者の多くは、戦いに赴く者ではなく、王国間休戦協定を信頼して街道を歩いていた者、あるいは自身の生業を営んでいた者達であった(64)。

カスティーリャ、グラナダ双方の「中心」は、互いにそれぞれの思惑を抱きつつも、休戦協定に同意することで、越境暴力の行使を厳しく禁じた。しかし「境域」に「中心」の命令が完全に及ぶことはなかった。設立当初は、「中心」たるカスティーリャ王の主導権が強く介在して形成されていった「境域」社会であったが、「中心」は一四世紀後半から、恒常的な「投資」を行なえなくなる。こうして「境域」社会は、「中心」の意図する戦争と平和から逸脱し、「中心」からすれば不法な暴力に満ちた場を否応なく産み出していった。「境域」社会が戦争を通じて形成され、そこから利益を得ていく一方で、この社会は戦争による犠牲に晒され続けもした。「境域」住民が苦慮したのは公的な戦争ではなく、むしろ私的な越境暴力の横行にあったのである。

第十章　和平を希求する「境域」の相貌

第一節　「平和維持型社会」論

中世後期のカスティーリャ＝グラナダ「境域」は、王国間休戦協定が履行されているにもかかわらず、日常的に暴力が横行する場となっていた。この暴力は、とりもなおさず、主導権を前線で発揮することで身分上昇を果たしていった大貴族、そして拠点都市の都市参事会員を構成する中小貴族層の存立基盤でもあったため、事態はより複雑化した。「殺害犯特権」を期待して来訪した「ならず者」もまた、「境域」で管理できない暴力の行使を直接に担った。

しかしながら「境域」の住民は、自身の身に降りかかる不正な暴力を望んでいたわけではないので、「境域」の日常を否応なく支配していた暴力の横行を抑止する動きも、同時に生まれてくる。この点で逆説的ながらも、都市オリウエラ議事録の記述は示唆に富んでいる。「和平と戦争時を問わず、モーロ人、キリスト教徒らは敵の領内への侵入と窃盗を繰り返してきた。その結果、都市当局の最大の案件は、これらの損害の回復となった」(1)のである。

「境域」社会は略奪遠征を組織すると同時に、報復の更なる連鎖を恐れて、これを抑止すべく、暴力に拠らない手

モロン議事録（1402〜1426）において派遣されているグラナダ王国関連の使節

年	使　節	内　容
1420	モロン→マルチェーナ	モーロ人からもたらされた情報をファン・フェルナンデス・エル・トロが書簡で届ける
1424	モロン→マルチェーナ	グラナダ王からの情報をマルチェーナ宛にファン・カリソが書簡で届ける
1425	モロン→騎士団代官	モーロ人の保障状（carta de seguro）をアルフォンソ・デ・ベヘルが届ける
1425	モロン→セビーリャ	モーロ人が侵入を試みていることを騎士団代官にパタリンが知らせる
1425	モロン→セビーリャ	ロンダのための保障状（carta de seguro）を持参させ，大法官マルティン・フェルナンデスを派遣
1425	モロン→セテニル	参事宰（mayordomo del concejo）のサンチョ・ガルシアは，セテニルに6日間滞在し都市当局の安全に関する書状を届ける
1425	モロン→コロニル	トリビオ・フェルナンデスの息子が，モーロ人に関する情報について，境域大総督宛の書状を届ける
1425	モロン→セビーリャ	モーロ人が侵入を試みていることを騎士団代官にラッパ吹き人たるゴンサーロが知らせる
1425	モロン→アラアル	モーロ人の侵入動向をロドリーゴが伝達する
1425	モロン→セビーリャ	モーロ人の侵入動向をロペ・ガルシアが伝達する
1425	モロン→セビーリャ	セテニル城主が送ってきた書状について，書記アルフォンソ・フェルナンデスが書簡を届ける
1425	モロン→マルチェーナ	モーロ人が侵入を試みていることをマルチェーナにペロ・ゴンサレス・デ・マイレーナが知らせる
1425	モロン→セビーリャ	モーロ人に対してなされた実力行使に関して，書記マルティン・フェルナンデスが騎士団代官に書簡を届ける

段を見出した。セビーリャ王国の前線都市モロンにおける一五世紀前半の議事録を先に引用したが、それによれば一四二四年七月一五日から、二年間の王国間休戦が締結されているにもかかわらず(2)、一四二五年には数多くの小競り合いの応酬がなされていた。しかし同年には、損害回復に関する使節の派遣も頻繁になされているのである。無味乾燥な事実の羅列であるため、具体的な交渉内容は不明であるが、「モーロ人」の侵入情報を、近隣のカスティーリャ王国側の諸都市と共有すると同時に、境の向こう側の都市ロンダとの「外交」交渉を維持していた形跡がある。また注目すべきは、グラナダ側の最前線城砦セテニルへも使節を派遣している。使節はこのナスル朝城砦に六日間滞在しており、その後、同城砦からも使節が来訪している模様である(3)。

「境域」では、休戦時のほうがむしろ暴力の管理が行き届かず、多くの市井の民が犠牲となるという逆転現象が起こっていた。『オリウエラ編年史』によれば、一四五六年に生じた騒擾の際、同都市当局がグラナダ王宮廷へ派遣する予定の使節本人に対して「モーロ人からの損害に関して、戦争時よりも和平時に、より多大な損害がもたらされているのであるから、どのように対処していくべきなのかをグラナダ王へ尋ねるよう」(4)命令している。

近年の研究者、とりわけ「平和維持型社会」論を提唱したハエン大学正教授ロドリゲス・モリーナは、前章で扱った戦争を軸として形成される社会論、すなわち「戦争遂行型社会」論に強く反論している(5)。そこで本章では、彼をはじめとする近年の研究者らが強調する「平和維持型社会」としての「境域」像を素描することにしたい。

第二節　「境域」における越境騒擾の解決 ―― 平和を維持する社会

（1）王国間休戦協定の限界と、その維持のための対策

約二五〇年にわたって、カスティーリャ王とナスル朝グラナダ王との間で締結され、更新され続けた休戦協定は、時代を下るにつれ、休戦違反行為としての越境騒擾を解決する手段を取り決めていった。以前からキリスト教徒勢力とアンダルス勢力との間で、このような休戦違反行為の解決に関する慣習が既に存在していたと推測することもできるものの、休戦協定内の条項として明文化されるのは、管見の限りで、一三一〇年五月二六日付で契約された七年間の休戦協定文書においてである。この協定文の後半には、次の条項が盛りこまれている。

> また、余［＝カスティーリャ王］は貴君［＝グラナダ王］に以下のことを約束する。すなわち、貴君の地に最も近い余の領域に、一名の有力者を配し、この者は、余の権限でもって余の地と貴君の地との間で生じた騒擾を遅滞なく解消し、また解消させるものとする。また、もし事態がうまく推移しないならば、貴君は余に代わって境域に配されている総督にそのことを知らせるよう。総督はかの地に他の者らを配属することで、解決に至らせるよう(6)。

一三三一年二月一九日付で締結された四年間の休戦協定においても、同様の条項が含まれているが、より長く詳細なものとなっている。両者間で損害が生じた場合、「余がそのために配する者あるいは者達（aquel o aquellos que nos pornemos [sic.] para esto)」が、事態を解決に導く点で一三一〇年の条項と変わりはない。しかし、もし二か月以内に問題解決に至らない場合、動産の場合には現物を返還、あるいはそれに相当する財で補塡せねばならない。誘拐の場合には、二か月以内に下手人を特定した上で、解放させねばならない。この期限を越えても解放を行なわない場合には、その下手人を死罪とせねばならない。もし期限が過ぎた後になって、誘拐された者が発見された場合には、即座にその者を解放する。このような条件で合意をみている。このように「二か月」という期限が新たに設定され、解決の手順が詳細に定められていくのが分かる(7)。

時は下って一四六〇年の四月三日付で、エンリケ四世は同月の一五日から履行される一年間の休戦協定の締結内容を、王国の「境域」各拠点へ通告した。都市ヘレスへ送付された書簡によれば、国境紛争解決に関する条項は次のように、さらに詳細なものとなっている。

そしてこの和平において、余〔エンリケ四世〕は上述の貴顕のグラナダ王と、互いに以下の事柄を確認した。すなわち、余の王国もしくは支配領域の箇所に忠実なる裁き手を配し、この者らが苦情を聞き、案件を裁いて両側の陳情者に〔損害を〕賠償させる権限を持つこととする。さらにこの件に関して、余と貴顕の上述のグラナダ王との間で、以下の点が確認された。〔国境の〕双方の地の者から、身体に関する、財に関する、あるいは生じうる他の事柄についての苦情が寄せられた場合、〔違反行為の〕実行者の足跡と強奪品を特定して、この足跡がどの地点に到達して途絶えたかを調査し、足跡が途絶えた地の者らにその情報を開示すべし。当該地の者らは、この情報を受取らねばならないが、もし情報の受領を望まないがこの件に関する証言者がいた場合、損害を賠償せねばならない。受領の期限として、事が生じてから一〇日間を設定する。下手人への要求が収集され、足跡の途絶えた箇所を特定してから五〇日間の期間を設定する。〔この間に〕盗品が発見された場合、それを返還することとなるが、もし上述の期間内に法を遵守できないと思われる場合、当該領域を管轄とする紛争の裁き手は、〔足跡の途絶えた」かの地の者らに損害の賠償を命じねばならない。もし紛争の裁き手が上述の期限内に解決できないのであれば、この案件を余、そして貴君［＝グラナダ王］、そして余と貴君によって権限を委譲されている者へと陳情し、余と貴君が案件の賠償を命じるとともに、上述の裁き手に罰を与えることとする。臣民により申告された物品の賠償は、彼ら当人へと期限内になされるべきであり、その後、あらゆる手段でもって悪事の実行者を殺害すべし。もし［下手人の］殺害時に誘拐されていた者が発見されたのであれば解放し、そうでないならばひとり当たり四〇ドブラ金貨を支払うべし。家畜や他の物品でもはや返還できないものに関しては、裁き手が見積もったそれぞれの価値分を賠償する。これはキリスト教徒、モーロ人双方の領域箇所で共通の基準とする(8)。

越境騒擾の解決に関する条項はその後も登場する。一四七二年一月一八日付で、三年間の王国間休戦協定が締結された。「この和平において我々は、騒擾を扱う忠実なる裁き手を双方側に配する。この者らが騒擾を裁き、当該案件で双方側にとって正当なることを行ない、訴人は補償を受けるものとする」とのみ簡潔に表現されている。最後の公式な王国間休戦協定（一四八一年）でもほぼ同様に、短い文言で要約されている(9)。

休戦協定の契約の文言内に、越境騒擾の解決手段に関する条項が一四世紀の初頭以降に挿入されていく事実から、次の点が指摘できよう。第一に、上記で引用した一三一〇年、一三三一年そして一四六〇年という三つの協定の条項比較から、解決プロセスが一四世紀から一五世紀にかけて次第に精緻化していく点を指摘できる。二か月という解決期限を設け、賠償の手順、協定に違反して悪事をはたらいた下手人の処遇も規定された。第二に、この手順は双方で共有され、慣習化していったことが推測される。ゆえに、一四七二年、一四八一年の協定条項では「正当なること」をなすという文言のみで、双方にとって有益となる解決が十分に実施できた可能性がある。そして第三に、これが最も重要な点であるが、騒擾の解決は王自身が担うのではなく、「境域」情勢を知悉している彼の代理、史料が述べる「忠実なる裁き手」が行なう点である。これは、カスティーリャ王、ナスル朝君主という双方の「中心」自体が、自ら誓約し締結して遵守を命ずる協定の実効力にそれほど信頼を置いていなかったことを端的に示している。「境域」が自立し、自らの利害に従って動いていくならば、休戦を守るのも破棄するのも、そしてそれを回復するのも当事者の責務であった。そして騒擾を解決する際の「裁き手」こそ、これからみていく越境騒擾裁定人であった。

（2）越境騒擾解決の担い手

①　越境騒擾裁定人（Alcaldes entre moros y cristianos）

「忠実なる裁き手」として一三一〇年以降の王国間休戦協定の文書に登場する役職は、研究において、越境騒擾裁定人と呼ばれている。この裁定人の存在を特定して、その活動内容を初めて分析したカリアソは、一四世紀の前半から王権が任命する形で登場するこの「裁き手」は当初、有効に機能していなかったと述べる。しかし状況は「奇妙な平和」と称される一四世紀の後半に変化した。トラスタマラ王朝第三代のエンリケ三世（在位一三九〇〜一四〇六）の治世が画期となり、「モーロ人とキリスト教徒間に関する判官（alcalde entre moros y cristianos）」という役職名が登場し始める(10)。「平和維持型社会」論の提唱者ロドリゲス・モリーナは、自身の著書の「法を維持する機構」と題した節において、この役職の詳細な分析を行なった。これこそ、彼の主張する社会論の根幹をなす役職といえる(11)。

具体例を挙げたい。一五世紀初頭、ハエン王国のケサダ、トレード大司教領に属するカソーラをはじめとする前線拠点とグラナダ側の諸拠点との間で、ヒトの誘拐の応酬が繰り返されていた。この状況を重く見たエンリケ三世は一四〇五年一二月一〇日付で、「余のキリスト教徒とモーロ人との間の判官（mi alcallde entre christianos e los moros）」であったコルドバ王国の大貴族フェルナンデス・デ・コルドバ家門のアギラール家当主、アルフォンソ・フェルナンデス・デ・コルドバ二世（当主位一三八四〜一四二四）に裁定を委ねた(12)。時は下って一四二〇年、休戦協定が履行されているにもかかわらず、都市ウベダと、ナスル朝側の最前線拠点ウエルマとの間で騒擾が負の連鎖を引き起こし、全面戦争に陥る可能性が濃厚となっていた。この事態を重く見た双方の王は、次の措置を採ることで一致した。

この件に関してグラナダ王は報せを受け、当時非常に勇猛でよく訓練されていたハエン司教区の騎士らが軍旗を携え大挙して集結していることを、ベルメス城主アフマド・カリーリーから聞き知った。そこでグラナダ王は、自身の大宰相ナスーラと、宮廷の主要なる騎士らを招集した。そして事態の悪化を阻止するべく、モーロ人とキリスト教徒との間の判官として全権を委任されたムハンマド・イブン・アル゠カーシムを急派した。一方、ファン王は元帥ディエゴ・フェルナンデス・デ・コルドバ［一世］をキリスト教徒側の裁定者として任命した。彼ら両名は同年の六月八日付で、闘争と侵入行為を停止するように命令を発し、両名の面前へそれぞれの代表を派遣して陳情し、判断を仰ぐべき案件を提示するようにと、境域の城主達に伝達した。これによって、双方向で生じていた侵入行為は停止することとなった(13)。

一四七〇年代には、大元帥（condestable）ミゲル・ルーカスの子息ルイス・デ・トーレスが、ハエン王国で同役職を担当している。コルドバ王国とハエン王国域では、このように裁定人の活動が断片的ながらも確認されている。セビーリャ王国域での活動の具体的な痕跡は未だ不明なものの、近年刊行された都市へレス古文書館の史料集より、少なくとも一三九四年から一四五〇年まで、四名の役職保有者が確認された(14)。

ムルシア王国は、「境域（Frontera）」と総称されることの多いアンダルシーア王国群とは異なる行政単位に置かれているものの、越境騒擾が頻繁に生じる点で全く変わりがない。前節で扱った一三三一年の休戦協定においてカスティーリャ王の側は、アンダルシーア王国群（las comarcas de la frontera）とムルシア王国（regno de Murçia）のそれぞれに裁きのための「有力者」を配置すると宣言している。同年の二月二七日付でムルシア王国側の裁定人を、同王国総督を務めていたペドロ・ロペス・デ・アヤラが兼任すべき旨の命令が発せられている。以後の同王国における役職保有者は、トーレス・フォンテスによってある程度特定されている。一三七八年、二年間の王国間休戦協定が二月一〇日に締結された後、エンリケ二世の治世晩年にあたる八月二六日付で、同王はムルシア王国の有力貴族に上りつめ始めていたファハルド家門当主のアルフォンソ・ヤーニェス・ファハルドを「かのムルシア王国における余のキリスト教徒とモーロ人との間の判官（nuestro alcalle entre los christianos e los moros [...] en ese dicho reyno de Murcia）」として任命しており、翌年一一月二六日、当該人事が次王ファン一世によって追認されている。彼は、おそらく一三九六年の死去に至るまで、この役職を担当していたと考えられる。彼の死後、カスティーリャ王国の最有力貴族ルイ・ロペス・ダバロスがムルシア大総督職と兼任し、大元帥として王国政治の中枢に関わっていく彼の代官が「境域」で実務を担っている。一五世紀の状況は未だ不明なままであるが、総督の地位を世襲していくファハルド家門が、裁定人をも世襲していったと思われる(15)。

ここまで、越境騒擾の裁定を専ら担当する役職をめぐる研究の現況をみてきた。「平和維持型社会」の特質として常に指摘されているにもかかわらず、未だ史料状況は芳しくなく、実際の活動の全貌は謎に包まれている。とはいえ、この役職の保有者が王国間休戦協定の維持に不可欠な役割を果たしたとは言い難い。この役職の保有者は、確かに騒擾の解決と裁定を実施している。しかしこれは、裁定人職の権限で仲裁しているとは言い難い。むしろ彼らは、「境域」の貴族として既に確立させていた「力」でもって仲裁を担うことができたのではないか。

一四世紀の後半、カラトラバ騎士団長ペドロ・ムーニス・デ・ゴドイは、自らグラナダ王宮廷に赴き、エンリケ二世期と、続くファン一世期における王国間休戦の交渉に尽力した。しかし彼は、休戦の交渉と同時にグラナダ王と「境域」の諸勢力間で生じた騒擾の解決にも大きな権限を有していた。しかし彼は越境騒擾裁定人ではなく境域大総督であった。一四世紀の末から一五世紀の初頭にかけて、コルドバからハエン王国域にかけての越境騒擾裁定人は、フェルナンデス・デ・コルドバ家門の構成員であった。しかし彼らは、既に当該「境域」で押しも押されもせぬ大貴族へと上りつめており、既に述べたように、グラナダ側との太いパイプすら個別に築いていた。セビーリャ王国において一五世紀後半、最有力貴族として君臨するグスマン家門、ポンセ・デ・レオン家門の構成員らは、自らが越境騒擾裁定人に就任することなく、地域単位で和戦の主導権を発揮している。

よって「境域」の和平を直接に保証していくために、必ずしもこの役職は必要とされていないと思われる。実際に、休戦の遵守と違反者の処罰を監督するのは、あくまで最前線に位置する都市当局、あるいは「境域」に所領を保有する大貴族であった。しかし、これは決して驚くべき傾向ではない。これまで指摘してきたように、対グラナダ戦争を通じて自らの身分の上昇を競っていく大貴族や都市拠点民は、同じく和平をも、個別かつ直接に担っていくのであろう。事実、「境域」に点在する各拠点は、本書の第三部で分析するように、ミクロなレヴェルで王国間休戦を維持する役割を果たしていたのである。

②　足跡調査人（Fieles de rastro）

「境域」の各拠点には、越境騒擾に関連する最新の情報が随時もたらされた。不法な暴力を被った被害者は、自身の属する拠点共同体に損害を訴え出る。損害の程度、下手人の逃亡先に関する情報を収集して、境の向こうの拠点に「犯罪」の証拠を提示し解決を要求せねばならない。この末端の任務を担うのが、足跡調査人であった。王国間休戦協定の条項でも、彼らの活動の痕跡が把握できる。たとえば既に引用した一四六〇年の休戦協定では、「苦情が寄せられた場合、［違反行為の］実行者の足跡と強奪品を特定して、この足跡がどの地点に到達して途絶えたかを調査し、足跡が途絶えた地の者らにその情報を開示すべし」と規定されている(16)。

しかし、これまで述べてきたように「境域」で生じる越境暴力は、予測のつかない局地的な規模で、なおかつ恒常的に繰り返されるという性質をもっている。さらに、二か月以内に問題を解決せねばならないという時間的な制約もあった。よってほとんどの場合、「上位権威」である越境騒擾裁定人に裁きを委ねることなく、個別拠点単位で足跡を調査し、解決へと導いていったと推測される。たとえば一例として、一三七四年七月一八日火曜日に、都市ムルシア議事録は次の決議を行なっている。

教区代表が六名の人員を雇い、ベン・アロリョ殿が所有する家畜の群れを、牧人らから強奪したモーロ人の足跡をたどらせることについて。

昨日月曜の午前、カルタヘーナ郊外にて、グラナダ王領域のモーロ人らがアブラハム・ベン・アロリョ殿と他の都市市民の家畜群を強奪し、八名の牧人と彼らの家畜群の全てを持ち去った。このため、有力者と役人らは、伯殿の意志とともに次のことを命じた。すなわち、上述の伯殿、上記の有力者と役人達がこの件に関して、捕虜達と家畜が何処へ連れ去られたのか明らかとなった後になすべきことを行なうために、教区代表で同都市当局の鍵管理人ビセンテ・アベリョに命じ、五名もしくは六名の歩兵ら、そして一名の騎兵を雇い入れて、上述のモーロ人らがどの地を通って上述の捕虜と家畜を連れ去ったのかを調べるべく足跡を追わせ、その起点となるモーロ人の地まで辿らせるように、と(17)。

休戦協定違反に該当する侵入で生じた損害の訴えがなされた場合、まず「境域」の都市や拠点当局単位で下手人の足跡調査を命じる。足跡調査人は拠点単位で任命されており、状況はグラナダ側の拠点でも同様であったと思われる。一四八〇年の都市ハエン議事録によれば、この調査は次のように推移した。家畜の群れを強奪したムスリムの足跡を追っていった足跡調査人らは、同じく「境域」最前線の都市アルカラ・ラ・レアルの支配領域へと達したため、この情報を都市アルカラに属する足跡調査人に提出した。七月三日、同都市の市民から略奪の訴えを受けた都市ハエン当局は、早急な足跡調査を命じた。家畜の群れを強奪したムスリムの足跡を追っていった足跡調査人らは、同じく「境域」最前線の都市アルカラ・ラ・レアルの支配領域へと達したため、この情報を都市アルカラに属する足跡調査人に提出した。七月一〇日、都市アルカラから返答が到着し、先の足跡がグラナダ王国領域の拠点コロメラへ向かっているため、損害の回復をコロメラと個別に交渉すると通告した。このように個別の都市や拠点に所属する足跡調査人は、略奪や誘拐の証拠となる下手人の足跡を辿り、カスティーリャ王国に属する他の拠点の管轄域に達するや、その情報を当該拠点の調査人に受け渡す。これを繰り返していき、「政治と宗教の境」を超えるまで調査は継続された。そして足跡が最終的に到達したナスル朝領域の当局との間で、最終的に損害回復の交渉が図られる(18)。足跡調査人の任命権を各拠点が別々に保有していたことは、同じく都市ハエン議事録からもうかがい知ることができる。一四七九年一〇月二五日、当局が足跡調査人を新たに任命しているからである(19)。

彼らは、当局の命令を受けた上で活動を開始する。調査の結果、証拠が固められるか、あるいは他の拠点に情報が譲渡された時点で、報酬を当局から受け取る。報酬額は、一五世紀後半の都市ハエンでは二〇〇マラベディであり、これを調査に従事した者達全員で折半したようである。決して大きな報酬とはいえないものの、彼らは、日常的に越境暴力が生じる「境域」の和平維持の担い手として不可欠な存在であった(20)。

彼ら足跡調査人は、「政治の境」のみならず、「宗教の境」と「言語の境」を超えて情報を伝達せねばならない。ゆえに地形を知悉するのみならず、境の「対岸」の言語や慣習も知っていなければならない。たとえば一四八〇年の一二月一日、同じく都市ハエン当局は、調査された足跡の情報を足跡調査書記（escrivano del rastro）のゴンサーロ・デ・フェスに命じて、グラナダ側の拠点カンビル宛の書簡を書かせている。状況はグラナダ側でも同様であったと考えられる。公式、非公式を問わず、ヒトの越境行為が頻発する「境域」では、政治と言語、さらに宗教を乗り超えて情報の交換が日夜なされていた(21)。彼らこそ、拠点単位のミクロな和平の維持の守り手であったといえよう。

③　捕虜返還交渉人（Alfaqueques）

暴力の応酬が繰り返された結果、「境域」では多くの者が捕囚の憂き目にあっていた。時には、越境騒擾裁定人の発する命令によって地域全般にわたる和平の維持が図られたものの、多くの場合においては、拠点単位によって、奪われた財や捕囚者の返還交渉が個別になされた。これを担当するもうひとつの役職が、捕虜返還交渉人（alfaqueque）である。その特異な呼称からも推測される通り、アラビア語で「解放」を意味する「fikak」から派生し、中世カスティーリャ語に導入された役職であった(22)。

一三世紀のカスティーリャ国法集成『七部法典』は、この役職の説明に一節を設けることで詳細に規定している。

このことからも理解される通り、略奪や誘拐が繰り返される「境域」では、古来より不可欠とされていた役職であった。同法典によれば「アルファケッケとは、通訳であり、捕虜［の返還］を交渉して救出する実行者」であり、「アルファケッケという語は「アラビア語で善良なる真実の者」を意味し、捕虜を救出するために任命される人物」(23)と規定される。さらに同法典では、この役職の担い手に求められる資質も詳細に列挙される。すなわち、第一に「真正さ（verdaderos）」、第二に「無欲さ（sin cobdicia）」、第三に「解放に赴く地の言語も知る者（sabidores, tambien del lenguaje de aquella tierra）」、第四に「善良さ（non sean mal querientes）」、第五に「勇敢さ（esforçados）」、そして第六に「富裕さ（ayan algo de lo suyo）」であった(24)。捕虜の返還交渉のためには相手方、この場合はアラビア語を話すムスリムと交渉する必要が生じる。交渉時には、担保として自身の財や身柄を提供して解放交渉を行なわねばならない。このように困難な任務を誠実に全うできる人材が求められたのである。

カスティーリャ＝グラナダ「境域」が成立した一三世紀半ばの時点で、既に法的に規定されていたこの役職は、当該域に点在する拠点や都市毎に任命されていたと考えられる。この点で先にみた足跡調査人と類似していよう。足跡調査人と同じく、アラビア語の知識が必要不可欠であり、ゆえにイスラームからキリスト教への改宗者、あるいは仲介役に適したユダヤ人が多く任命されていたと推測される。「境域」の各拠点で任命された捕虜返還交渉人が、日常的に繰り返される略奪や誘拐行為から生じる損害の回復に努める様は、王書簡あるいは各都市議事録からもうかがい知ることができる(25)。

トラスタマラ王朝歴代のカスティーリャ王が一四世紀の後半以降、「境域」政策に関心を向けなくなることは既に述べた。しかし彼らはその代わりに、「境域」でそれまで自発的に実施されていたと思われる捕虜の救出、家畜や盗品の奪還交渉に、綿密で中央集権的な制度化で対処しようとした。それが捕虜返還交渉人長職（Alfaquequería mayor）の創設であった。一三六九年三月一四日、モンティエル会戦で内戦に勝利したエンリケ二世は、早くも同年の九月一〇日に、トロで採択された議決（Ordenamiento de Toro）において「モーロ人の地に関する捕虜返還交渉人長（alfaqueque mayor de la tierra de moros)」を要職（grandes ofiçios）に分類している。一三七一年、同じくトロで開催された身分制議会でも、上記の決議を追認した(26)。

一四一〇年、休戦協定の交渉開始に伴い、「親王〔＝摂政フェルナンド・デ・アンテケラ〕は、王の捕虜返還交渉人長たるコルドバの伯一族（Abenconde de Córdova）のディエゴ・フェルナンデス殿を召還させ、廷臣らと協議の上で、彼をかの地へと派遣することで一致した」。この人物は、フェルナンデス・デ・コルドバ家門、カブラ－バエナ家当主ディエゴ・フェルナンデス・デ・コルドバ一世と考えられ、先にみたように彼は、王国間休戦協定の「全権大使」としても活躍していた(27)。一四三九年七月二八日付で、セビーリャ王国域の中貴族、サーベドラ家門に属するファン・デ・サーベドラは、同王国域を管轄するこの役職に任じられ、彼の息子フェルナン・アリアスが役職を世襲している。残るムルシア王国域においては、その任命状況が不明なままである(28)。

「境域」においては、上記で挙げた役職のみならず、修道会も捕虜の解放交渉で活動していた。捕虜解放を主任務とし、地中海で国際的に活躍するメルセス修道会や三位一体修道会などである。しかし地中海へと常に目を向けているアラゴン連合王国に比して、カスティーリャ王国内における彼らの活動は、現在のところ、あまり確認されていない(29)。

トラスタマラ系の諸王は、「境域」での捕虜返還の仕組みを「上から」制度化しようと試み、そのための管轄権と上訴機構を組織だてようと試みていた。しかしながら、各都市や拠点単位で既に活動していた捕虜返還交渉人と権限の重複が発生したと思われ、王権の考える「中央集権化」には成功したとはいえない。なぜなら、本書の第三部で扱う一五世紀後半の史料では、捕虜返還交渉人長は姿をみせず、個別の拠点当局に雇用されている下位の役職者の活動ばかりが目に付くからである。ここでもまた、「中心」たる王権の試みの一方で、決してこれに一元化されえない「境域」という側面がみてとれる。各拠点に配置された捕虜返還交渉人は、迅速な返還交渉で大きな役割を果たすと同時に、その語学能力を生かして、後述するように、時には局地的な外交交渉で大きな役割を果たすこととなる(30)。

第三節　「境域」における「隣人関係」

「平和維持型社会」の特質として挙げられているのは、紛争の抑止とその解決機構の整備にとどまらない。強制力の弱い王国間休戦協定を維持していくためには、必然的に境の「対岸」、すなわちナスル朝グラナダ王国領域との平和的な対話を繰り返すことが必要不可欠であった。これは「境域」の都市や拠点単位で日常的に実施されていき、この過程で一種の共存関係すら生み出していった。

「平和維持型社会」の提唱者ロドリゲス・モリーナが幾度も引用する逸話が、一四七九年五月七日の都市ハエン議事録に収められている。同日、グラナダ側の最前線拠点カンビルの当局は、自らと直接に境を接する都市ハエン当局宛に以下の書状を送付した。

またグラナダからひとりの聖戦士（gasi）のモーロ人がカンビルへと来訪したが、かのガリン塔へと至る道を間違え、道を外れてカンビルへ至る道と思い込み、別の畦道を行きウエルマへと到達した。このことをウエルマ城主が伝達してきた。カンビル城主ムハンマド・レンティンは、この件に関してウエルマ城主へと書簡を送って彼の解放を求めたが応答がない。幾度となくキリスト教徒らはウエルマへと向かう際に道を間違えてカンビルへと辿り着くため、カンビル城主らは、ウエルマへの道を示すためにモーロ人［の道案内人］を提供し、彼ら［迷ったキリスト教徒］を捕らえることはなかった。ゆえにウエルマもそうすべきである、と。城主たるもの、もしモーロ人が道に迷ったのであれば、そのことを知らせるべきであり、これこそ隣人間の友好（vesindad）である。ハエンはウエルマの管轄域（afederado）であるから、かのモーロ人の解放をウエルマ城主へと命令するようにと請願した(31)。

確かに不法な誘拐や略奪は日常茶飯事であった。しかし、誘拐や略奪から生じた損害の回復のため、境を越えて折衝が頻繁に持たれる。この過程で人的な交流が促進され、相互に依存し合う経済関係すら生じていった。

(1)「平和」的なヒトの交渉

本書の第一部で既に分析したように、公的な戦争期間は非常に短く、大半の期間で王国間休戦協定が履行されていた。とはいえ、「戦争遂行型社会」たる「境域」は、休戦を顧慮することなく略奪を互いに行なっていた。しかしこれと同時に、損害回復のためにはグラナダ側と日常的に折衝を繰り返す必要が生じ、人々の交流が促進された。たとえば一六世紀半ばのある歴史書は、以下のように在地の「境域」貴族の姿を描く。「双方の貴顕の士の間においては、戦争時に槍撃の応酬がなされようとも、休戦と和平が存する時には贈物の応酬もなされ」(32)ていたのであった。

イベリア半島の歴史上、「境域」の有力者層は、現世的利害のために、信仰の境を超えた一種の同盟関係を締結し続けてきた。同じく中世後期の「境域」でも、このような事例は数多い。たとえば一四世紀の前半、ムルシア大総督に就任していたカスティーリャ王族のフアン・マヌエルは、自身の政治的思惑に従って、グラナダ側と個別の同盟関係を模索した。一五世紀半ばのムルシア王国でも、在地の最有力貴族ファハルド家門構成員の各々が、それぞれの政治的利害に応じて、ナスル朝側の前線拠点と個別に盟約関係を画策していた。このような状況は、アンダルシーア「境域」でも変わらない。コルドバの最有力貴族フェルナンデス・デ・コルドバ家門はグラナダ王族と結託し、セビーリャのグスマン家門やポンセ・デ・レオン家門は、ロンダ、マラガのムスリム有力者と関係を個別に取り結ぶ。とりわけ双方の王国の「中心」が混乱に陥る時期、彼らは「境域」における自らの権益の保護のために、蜜月関係を築いていく(33)。

アルハンブラ宮殿からアルバイシン地区を望む（著者撮影）

「境域」に位置する都市や拠点では、境の向こう側からやってくる貴族や使節の歓待を実際に目にすることも頻繁であった。一四六三年の謝肉祭（carnestolendas）の日曜日、グラナダ側の最前線拠点カンビルの城主は、三名から四名のグラナダ王のムスリム騎士を帯同して都市ハエンを訪問し、大元帥ミゲル・ルーカスと「外交」折衝を行なった。大元帥は、同日に、全てのハエン騎士に命じて槍試合を挙行する。その夜、カンビルから訪問したムスリム高官とともに都市街区を練り歩き、ともに食事をとった後、就寝する。火曜の夜には弓術試合（sortija）を行ない、都市民の行なう「この世で最も勇敢なる南瓜祭（juego de calabaças […] la más brava pelea del mundo）」を観戦した後、再び夕食をともにしている。三月初めの日曜には閲兵（alarde）が挙行され、上記のムスリム使節達は「非常によく行列がみえる場」でこれを閲覧する。カンビルからのムスリム使節が、ハエン都市民の勇壮さを褒め称える形で、この逸話は終わっている。

先の逸話を含む『ミゲル・ルーカス・デ・イランソ事績録』は、大元帥の対グラナダ武勲を称揚するために記述された史料であるため、多くの場合、彼らは憎むべき信仰上の敵として登場する。にもかかわらず、都市ハエンに来訪したムスリム使節団は、都市民とともに謝肉祭に参加している。大元帥と共食し、都市ハエン内を練り歩いて祝祭を観戦する彼らは、不倶戴天の信仰の敵というムスリム認識一般からは、大きく乖離している(34)。

確かに、ハエンをはじめとする「境域」の諸都市では、異教徒であるムスリムを直接目にする機会が頻繁にあった。これと同様に、グラナダ側の諸拠点においても、カスティーリャ側からの「外交」使節や「全権大使」といった貴族層や、折衝に赴く捕虜返還交渉人や足跡調査人、そして休戦協定で移動の自由を保障された行商人といったキリスト教徒を頻繁に目にすることができた。たとえば一四三九年に休戦協定が締結された際、使節として都市グラナダへ赴いたファン・デ・ラ・ペーニャとルイス・ゴンサレスは、滞在中の四月二二日付で、国王ファン二世宛に、次の現況報告を行なっている。

王殿、その後我々はアルハンブラを出立し、我々にはサアド・アル＝アミーン将軍と他の多数の騎士や歩兵らが、我々の逗留するヘニル城砦まで同行いたしました。そして王殿、アルハンブラを出立する時、我々の面前にて触れ役（nysuar）が騎乗し、和平を大声で宣言いたしました。宣言がなされるや、その場にいた多くの者らは声を上げて、大いなる満足と喜びを表現いたしました。その後、触れ役は都市を練り歩いて、同様の宣言を声高らかに行ないました(35)。

「境域」の人的交流は、文化と宗教の相違を超えて繰り返された。後述するように、都市議事録をはじめとする「境域」由来の史料から、改宗者がこれらの交流で多く活躍していたことが判明する。キリスト教とイスラームとの間の改宗行為は、双方向的に頻発していた可能性が高い。自身の境遇に絶望した捕虜が、牢獄内で改宗を選択することも頻繁であった。それればかりか、自発的な改宗行為もみられる。これらの事例には、宗教の境すら、さしたる困難も感じずに超えていく「境域」住民の姿がいきいきと描き出されている(36)。

(2)「平和」的な経済関係

「平和維持型社会」論は、「共存」を示す経済関係も明らかにしてきた。その第一は、双方の王国領域の境界上に位置する「無住地」で実施された牧草地貸与契約（contratos para el aprovechamiento pastoril）である。日々略奪に晒される可能性のある「境域」に最適な経済活動が牧畜であることは、本書でも指摘してきた。上記の貸与契約は、グラナダ側の領域に広がる牧草地の利用を一時的に可能にするものであった。アシエン・アルマンサの先駆研究により、都市ヘレスとナスル朝側の都市ロンダの西方に位置するビリャルエンガ渓谷村落との間で、このような牧草地の貸与関係が成立していたことが明らかとなった。さらに、ロドリゲス・モリーナ、アルヘンテ・デル・カスティーリョの研究によって、同様の経済依存関係が、ハエン王国域でも存在したことが確認された(37)。

両王国の国境域には、近世で「禁止区域（entredichos）」と呼ばれた中立地が横たわっており、これを双方の諸拠点の家畜に草を食ませるため共同で利用していたことが分かってきた。とはいえ、中世後期「境域」の両側の諸拠点では、契約証書を取り交わすことなく慣習的にこれらの取り決めを口頭で行なっていたと思われ、史料には間接的な形でのみ言及されるにすぎない(38)。

第二に考慮すべき「平和」的な経済関係は、カスティーリャ王国とグラナダ王国との間で継続されていた交易である。既に本書の第一部で分析したように、残存するほぼ全ての王国間休戦協定の証文は、制限を設けつつもグラナダとの交易を概ねで許可していた。また征服活動の進展に伴い、新たに獲得された最前線拠点へ授与されていく入植許可状の多くが、グラナダ側と恒常的に維持される交易関係を間接的に証明してくれる。たとえば、都市タリファの征服から三年後の一二九二年に授与された入植許可状では、「余の王国からであれ、他のいかなる地からであれ、またキリスト教徒であれ、モーロ人やユダヤ人であれ、全ての商人はタリファの港や都市内に持参する食料や武器に関していかなる貢租（derecho）も支払う必要はない」と規定する。入植許可状には、防備の困難さのみならず、物資の不足を補うためにはグラナダ側との交易も厭わない「境域」の現実が写しだされている(39)。

ちょうどタリファと正反対に位置する、「境域」の東方部ムルシア域の最前線都市ロルカでも、長らくこのような特権が与えられていた。時代が下って一四一二年五月二八日付で、国王フアン二世は、ロルカがかつてから保持してきた特権の追認を行なっている。「この都市［ロルカ］の市民や居留民は、モーロ人の地へ騾馬、驢馬、家畜、蜂蜜、オリーブ油とその他の品々を持ち出すことができたし、今も可能である」ことを保障しているのである。この特権を付与してきた理由とは、ロルカがあまりにも最前線に位置しているためキリスト教徒の商人が訪問せず、さらにロルカの地域経済が家畜に大きく依存しているため、これをグラナダ側に売ることでしか生活を維持できないからであった(40)。これらの事例には、互いににらみ合いを続けるべき「敵」との交易に依存せざるをえない「境域」最前線の厳しい現実が見え隠れしているのではないか。

なお、王国間休戦協定や入植許可状といった、いわば間接的な交易関係の証言に加えて、より直接的な史料も数は少ないながら残存している。ラデロ・ケサダは、「通行税（almojarifazgo）」の分析からグラナダ交易の実態をつかもうと試み、トーレス・デルガドらは「モーロ人との交易税（**diezmo y medio diezmo de lo morisco**）」を研究している(41)。

それでは、主として陸上の「境域」において実施される対ナスル朝交易は、いかなる特徴を持っていたのであろうか。第一に指摘すべきは、この陸上交易が、海で展開されるそれに比して、小規模なものであった点であろう。カスティーリャ王国側の「境域」は、私見では、セビーリャを中心拠点とする西方部、ハエンを中心とする中央部、そしてムルシアを中心とする東方部という三つのブロック単位に分割されていた。よってナスル朝との陸上交易も、この地域単位ごとでなされていたと推測される(42)。

第二に、取り引きされる品はいかなる品であったのか。一例として一四八二年四月三日のハエン都市条例によれば、オリーブ油、蜂蜜、粘土、魚、イワシ、亜麻布、アーモンド、砂糖キビ、黒砂糖などの日用の食料や衣類品、そして去勢雄牛、雌牛、羊、山羊などの家畜が取り引きされていたと考えられ、食糧や日用品の売買が中心であったことが分かる。「境域」では常に生活物資が互いに不足していたからこそ、陸上交易が政治的、宗教的な違いを超えた形で継続されていたともいえ、確かに、カスティーリャ王権もこれを容認していた(43)。

とはいえ、カスティーリャ王権にとってグラナダ王国とは、「レコンキスタ」理念にしたがえば、結局は将来的に征服せねばならない相手でもあった。ゆえに、休戦協定を頻繁に締結しながらも、交易に対して一定の制限をかけようと試みた。とりわけこの傾向は、一五世紀に「レコンキスタ」の完遂が再び意識され始めた時、より強まっていくように思われる。

たとえば先に指摘したロルカでは、軍馬を除いて、長らく家畜の無制限な売買が例外的に認められていた。しかし一四一五年一二月一一日付で国王フアン二世は、この家畜売買特権を剥奪し、以後は「これらの休戦において余が禁止した物品をモーロ人の地へ売却するために持ち出すことはできない」と命じた。この措置は、本書の第一部で指摘したように、休戦協定において陸上交易拠点を限定し、管理を徹底しようとする時期とも符合している(44)。

両王国間の正式な交易関係は、王国間休戦協定で規定されていたが、一五世紀に入るや、陸上交易拠点をその都度定めていった。アンテケラ、サアラ、アルカラ・デ・ロス・ガスーレス、アルカラ・ラ・レアル、ルセーナ、ハエン、バエサ、ホダル、ケサダ、ウエルマ、エリン、ムラ、ロルカといった中小規模で最前線近くに位置する諸拠点が、そのときどきの協定交渉の結果として選定された。ナスル朝領域からもたらされる商品としては、たとえば手工業品、絹や砂糖などの奢侈品、干イチジクなどの乾燥果実、そして史料によく登場する地中海産イワシなどの海産物が主だったものといえる。一方でカスティーリャ側から輸出されるのは、もっぱらオリーブ油や家畜などの農畜産物であった。グラナダ経済が穀物、牛、そしてオリーブ油不足に悩まされていたことはよく知られている。グラナダ側は、生存のためにカスティーリャ側との経済依存関係を維持する必要性がより高かったといえる(45)。

上記の陸上交易拠点の中でも特に重要であった都市アルカラ・ラ・レアルにおいて「モーロ人との交易税」の名のもとで徴収された収入額から、対グラナダ交易が相当の規模に達していたことが分かる。都市ハエンも重要交易拠点といえ、都市議事録の議題からも、その実態を摑むことができる(46)。

確かに王国間休戦協定では、「禁止品目」として軍需物資に該当する馬、武器、麦のグラナダへの輸出制限を講じていた。本書の第一部で論じたように、休戦は双方の政治軍事的な関係を考慮しつつ策定されたため、決して無条件な交易ではなかった。「モーロ人の地に関する輸出品目と禁止品目の判官（Alcalde de las Sacas y Cosas Vedadas de Tierra de Moros)」という役職が「境域」に設けられていることから考えても、やはり交易が戦争の延長線上で認識されていたことは明らかといえる(47)。

しかし「境域」は「中心」から逸脱していくため、交易の現実は大きく異なる。たとえ「禁止品目」が設定されていようとも、非合法の交易関係が跋扈していた。ムルシア王国域では、麦と馬の輸出に多くの「境域」民が関与し、たとえば一五世紀の都市ロルカ市民の多くが、このような非合法交易に関与していたことが分かっている。同様に、セビーリャ王国の都市モロンの議事録の断片的な情報から、ナスル朝側拠点との交易が維持されていたことが分かる。しかしこの都市は一度たりとも公式な陸上交易拠点として規定されていない。境を越えた交易関係の断片的な証拠は、あらためて「中心」の意図と「境域」の現実との乖離を考えさせてくれる(48)。

＊　　＊

これまで「戦争遂行型社会」論と「平和維持型社会」論で主張される「境域」の諸特質を、史料を確認しながら総覧してきた。王国間休戦協定を顧慮せずに、略奪が繰り返される「戦争遂行型社会」としての「境域」では、逆説的ながら、休戦を維持していくためのメカニズムも同時に働いていたことが分かる。しかしながら「境域」は、第三部で詳細に分析していくように、休戦を維持するために越境してなされる折衝を、王国間休戦協定の維持のためだけに行なうわけではなかった。「境域」住民は、「中心」の権威によらない独自の関係を「対岸」と個別に構築していき、局地的な和平の維持者として活躍していった。彼らは「中心」からみれば不法に該当する交易を秘密裏に行ない、厳しく禁じられているはずの改宗すら頻繁に行なった。

確かにロドリゲス・モリーナの強調する通り、「境域」由来の、いわば生の証言を伝える史料は、和平の維持や損害の回復に関連する個別交渉について語ってくれている。そしてこれらの証言の多くが、これまで見落とされてきたことも否定できない。

しかしながら、ここであらためて強調しておくべきは、戦争と平和の双方が表裏一体の形で現れ、分かちがたく結合するという「境域」に不可避の現実である。地域的な和平の維持を担うのは「戦争遂行型社会」の主役で軍事を生業とする大貴族、そして彼らを模倣し立身出世をとげ、都市当局を支配する中小貴族であった。また、王権という「中心」の思惑に従わず、地域単位、より正確にいえば拠点単位で個別的に略奪遠征を実施し、同時に和平の維持を行なっていく「境域」は、決して一元化されることがない。しかしこれも考えてみれば自明のことといえる。日常的に行使される暴力に即座に対応できるのは、「境域」の拠点単位をおいてありえなかったからである。そして、このような和平維持の越境交渉は、暴力が基調をなす社会であるからこそ、より頻繁に行なわれ、逆説的に平穏をもたらすメカニズムを成熟させるという逆転現象を引き起こしていた。

王国間休戦協定が履行されている期間は圧倒的に長く、カスティーリャ王国の領域的な拡大、すなわち「レコンキスタ」も、中世盛期のように大きい進展を、約二五〇年間にわたって経験することがなかった。このかりそめの静態性の内実とは、「戦争遂行型社会」の特質としての局地的暴力と、「平和維持型社会」の特質としての和平の個別維持機構の双方が、絶妙なバランスで同時に力を及ぼしていたために生じた、いわば動的平衡状態なのではなかろうか。

第三部　細分化される「境域」

——最前線に居住する人々の振舞

第十一章　和戦を個別に展開する「境域」

第一節　「中心」と「境域」の認識の乖離

第二部では、「戦争遂行型社会」と「平和維持型社会」という、研究上で相対立している二つの異なる「境域」社会像の概略を再検討しながら、カスティーリャ＝グラナダ「境域」の一見矛盾した特質を総覧した。この結果、両社会論は決して相反するものではないことが分かった。ロドリゲス・モリーナが提唱した「平和維持型社会」論が指摘する宗教の境を超えて展開された和平関係は、「戦争遂行型社会」の特質といえる戦争や暴力行為の頻発を抑止するためにこそ現れたからである。つまりは、「境域」における戦争と平和という現象は、第一部でみた「中心」同士の関係にまして、分かちがたく連関せざるをえなかったのである。

大貴族層、あるいは「境域」の都市拠点に君臨する中小貴族層は、「戦争遂行型社会」の論理に従って身を立てるとともに、「平和維持型社会」のメカニズム内部でも、自らの地位を役立てていった。このような状況は、対のナスル朝側の「境域」においても同様と考えられる。君主としてのグラナダ王の意図に即座に従わない「境域」は、固有の思惑を抱き、個別に和戦を担っていた可能性が高い(1)。

アンダルシーア「境域」研究の先駆者カリアソは、先駆的にも次のように述べている。「戦争と平和は国家の案件ではなかった。〔中略〕それは各境域民の独自の交渉ごとであり、彼らの利害と、気まぐれな処断によって決せられた。各々が自身の戦争と平和を恣意的に行使するのである」。当の「境域」における「戦争とは、ほぼ一度たりともひとつの民全体と他のそれとの争いとならなかった」し「まして休戦も然りであって、それの意味するところとは、とりもなおさず薄弱な戦争状態であった」(2)。しかし、カリアソの述べるように、「境域」の民は、本当に「気まぐれ」に振舞っていたのであろうか。彼らの行動に、何らかの傾向を見出せないのであろうか。

さて、双方の王権という「中心」の想定する和戦と、「境域」が考える和戦との大きな乖離は、『オリウエラ編年史』における一三五四年の記述に、この上なく示されている。「当時の君侯や王の資質とはかかるものであって、和平と戦争という事柄を、かくも抜け目なく自らの利益となるように扱っていた。このため、家臣は安全なる時を保持できずに、常に疑念を抱きつつ自らの地を守護していた。同様に我等が都市当局オリウエラもまた、王同士の和平には信頼をあまり置かずに」行動していた(3)。

本章以後では、アンダルシーア・ムルシア両地域の郷土史研究でこれまで刊行されてきた古文書館所蔵史料と、いくつかの未刊行史料を中心に用いつつ、これまで総括して扱われることのなかった「境域」の諸貴族、諸拠点の個別の動勢を分析していきたい。結論を先取りするならば、「境域」社会は、王国間レヴェルで宣言される戦争、あるいは休戦とは異なる基準でもって戦争と平和を認識し、結果として「中心」の意図から逸脱していった。つまりは、「中心」が締結した王国間休戦協定からみると不法な小競り合いに奔走し、また同時にそれを抑止することこそが、「境域」の考える日常であったのである。不法な暴力を地域個別的な単位で相互に抑止し、結果、「中心」が想定する休戦関係以上に境の「対岸」と緊密な関係を構築していく。「境域」では、戦争状態と和平状態とが、常に同時に生じていたのである。

第二節　静態的かつ動態的な「境域」社会

一三七九年五月二九日、トラスタマラ王朝の初代カスティーリャ王エンリケ二世が死去した。これにより、それまで締結されていた王国間休戦協定は失効して、「境域」では双方向的に小規模な侵入行為が繰り返された。同年の八月二七日、報復の許可を求めた都市ムルシアに対して新王ファン一世は、新たな休戦協定の締結を交渉中であるため、その結果が確定するまで報復を思いとどまるようにと命令した(4)。

この休戦協定の更新へ向けた「外交」交渉は、カラトラバ騎士団長で、境域大総督を兼任するペドロ・ムーニス・デ・ゴドイが「全権大使」を務める形で行なわれた。同年の九月五日、この大総督からの書状が都市ムルシアに到着し、既に前月の二一日付で、グラナダ王、マリーン朝君主、ザイヤーン朝君主との間で、四年間の休戦協定が締結されたことを伝達した。しかし休戦締結間もない八月の末、都市グラナダに滞在中の大総督のもとへ、早々の休戦協定の違反についての情報がもたらされたことも、先の書状でもって伝えている。すなわち、ムルシア王国の領内からキリスト教徒の一団が不法に侵入し、五〇名のグラナダ臣民が連れ去られたとのことであった。そこで早速、この協定違反に対する善処を大総督は都市ムルシアに求める。上記の大総督を兼任する騎士団長の書状を受領した九月五日付で、ムルシア都市当局は王国間休戦協定の成立を正式に都市内にて公示し、この翌日、グラナダに未だ滞在中のペドロ・ムーニス宛に次の書簡を作成させた。

団長殿、この都市やムルシア王国内の他の拠点は、グラナダ王領内のモーロ人から、日々多くの損害を被っており、こちら側からも同様の行為を行なうべき大義があったことをご承知おきください。とはいえ、かのモーロ人らを誘拐したのは、都市ムルシアの民ではございません。聞き知ったところによれば、都市ロルカの者等が今から数日前に、かのモーロ人たちが［以前の］休戦期間中に誘拐した男女と強奪した家畜に対する報復として、グラナダ王国領域からモーロ人の男女数名を連れ去ったようです。そして団長殿、もしこの都市住民によって連れ去られたのであったならば、御命令通りにしたことでしょう。団長殿、我々の、そして貴殿の主君たる国王の裁量に属するこの件、もしくは他の件において、我等に善処する準備はできております。貴殿はグラナダ王のもとに逗留していらっしゃいますので、もし可能であれば、以下のように彼［＝グラナダ王］と協議していただけないでしょうか。ムルシア王国の諸拠点が、彼の領地から被ってきた害悪と損害の補償がなされるように、そしてモーロ人もまた、これまでに被った損害の補償が同様に全て等しくなされるならば、それは神、そして我等の主君への大きな奉仕となるでしょうし、この地にとっても大きな利益となることでしょう(5)。

既に王国間休戦協定が履行されて、都市内で公示されたにもかかわらず、それ以前の略奪の応酬によって生じた損害の回復は、未だ実施されていなかった。一〇月一九日、フアン一世は都市ムルシアの法官（alcalde）、アレマン・デ・バリブレアに書状を宛てて、前王エンリケ二世の治世末期から継続していた、グラナダ領域の最前線拠点ベレスとの間の報復行為の応酬を解決するべく、越境騒擾裁定人アロンソ・ヤーニェス・ファハルドにこの案件を担当させるように命令した。一一月二〇日、フアン二世の書状が到着して、さらに報復の応酬がなされ続けることを回避するため、もしグラナダ領内に侵入して勝手に略奪を働いたことが判明した場合、その下手人を捕縛して裁きにかけるため、越境騒擾裁定人に下手人の身柄を引き渡すようにと厳命した(6)。王国間休戦協定が締結されて、越境騒擾裁定人に裁きの権限を委譲してもなお、事態は大きく改善せず、小規模な紛争は絶えなかった。一三八四年八月二〇日の王命では、一三八三年一一月七日付で、損害回復に応じようとしないグラナダ王との個別交渉の権限を、再度、ムルシア大総督と越境騒擾裁定人を兼任する上述のアロンソ・ヤーニェス・ファハルドに委譲している(7)。

他方で、王国間休戦協定締結の「全権大使」であったカラトラバ騎士団長ペドロ・ムーニスは、同時期にハエン王国域の前線都市ウベダとグラナダ王国北方の都市バーサとの間で生じた二万頭におよぶ家畜強奪の係争解決を、別個にグラナダ王と協議中であった。一三八〇年の八月二日付で、グラナダ王がアロンソ・ヤーニェス・ファハルドに宛てた書簡をみる限り、この家畜略奪をめぐる係争は、双方の合意を得た形で解決したと考えられる(8)。

これらの経緯は、王国間で休戦協定が締結された後、損害回復の交渉が各地域単位で個別に実施されていたことを示唆している。アンダルシーア北部のハエン王国では、王国間休戦協定の「全権大使」で境域大総督を兼任するカラトラバ騎士団長ペドロ・ムーニスが、他方でムルシア王国では、越境騒擾裁定人で後にムルシア大総督に任命されるファハルド家当主が、個別にグラナダ王と協議している(9)。

カスティーリャ＝グラナダ「境域」は、西のタリファから東のロルカに至るまでの七〇〇キロ以上にわたる広大な国境地帯であった。どの拠点がいかなる損害を被ったのかや、その損害の規模や額、あるいは捕囚された犠牲者の氏名、出自や年齢といった、損害補償を実施して休戦を維持するのに不可欠な情報は膨大であり、交渉の全権を委譲された者が単独で対処できるものではない。ましてや、一四世紀の後半以降に「境域」へ直接足を運ぶことの極端に少なくなるトラスタマラ諸王が、粘り強い休戦の維持を自ら主導できるはずもなかった。「境域」の各地域は、当該域を半自律的に統べ、大総督や越境騒擾裁定人といった重要な役職を兼任する大貴族層、あるいは「境域」の前線に位置し、現地に直接の利害関係を有する各都市拠点当局の責任のもとで、個別かつミクロな「外交」を、ナスル朝側の領域と行なおうと試みた。

王国間休戦協定を遵守させることの困難さと、暴力の連鎖の結果、複雑化を極める損害回復交渉に伴う、この上ない煩雑さを知悉してもいたカスティーリャ王権は、休戦協定の維持に必要とされる個別交渉の権限を、半ば自動的に「境域」へ委譲していった。このことは、一四五二年に締結された休戦協定の締結後の対応から推測できる。王国間休戦協定が締結された場合、王権あるいは「全権大使」は、「境域」の各拠点に、締結の事実とその遵守を即座に伝け加えている。

達する。書状を受領した各都市や拠点の当局は、これを各々の広場で公示する。しかし一四五二年の場合、同年の八月一六日付で国王フアン二世は、都市ムルシア当局に対して五年間の休戦の遵守を求めるとともに、以下の文言を付け加えている。

もし要求されたなら、この件に関して貴方がたの確約状（cartas de seguridad）を、上述のグラナダ王と、同王国境域の城主らに対して同様に送付するべし。上記の期間［＝五年間］、この休戦と戦争停止を保持し、遵守し、また授与して果たす旨を誓約し、宣誓して請合うように。というのも、それが余への奉仕となるからである(10)。

同年九月二五日、既に締結された休戦協定に関して、交渉の「全権大使」ペドロ・フェルナンデス・デ・コルドバは、自身の従者アロンソ・デ・バルガスを都市ムルシアへと派遣して、次の要請を行なった。

私は貴方がたに、我らが主君たる国王の側から述べ、また私の側から請願する。すなわち、上述の私の従者が箇条書きで持参し、貴方がたに示す形に従って、貴方がたの公印と書記の署名入りの確約状を作成してほしい。グラナダ王から其方側の都市と領域宛の確約と誓言状が到着したら、貴方がたにそれをおって送付しよう(11)。

これを受けて都市ムルシア当局は、一〇月一〇日付で、確約状をグラナダ王とナスル朝側の前線拠点宛に送付して、この王国間休戦協定への同意と遵守を約する。この確約状は例外的な形で全文が判明しているため、冗長ながらも、全訳しておきたい。

いと高き権勢のあるグラナダ王へ。いと高貴なる都市ムルシアの当局、法官、執吏、参事会員、騎士、盾持ち、役人と有力者から、貴君の手に接吻を。貴君の恩寵のもとに身を委ね、貴君に以下のことを知らせることを喜ばしく思う。すなわち、カスティーリャとレオンの王、いと高貴で権勢ある我等の主君の側近で、いと高貴なる都市コルドバの大法官、アギラール家当主ペドロ［・フェルナンデス・デ・コルドバ］殿が、王権の許可と権限でもって、グラナダ王たる貴君そして貴君の王国と、五年間の和平と戦争の停止を交渉して締結した。この和平は、主の年たる今年一四五二年の九月一日から開始され、来たる一四五七年の八月末日をもって失効する。上述のペドロ殿は忠実で、上記の我等が主君たる国王への真の奉公人たること、そして彼が主君への奉仕と彼の王国、土地、領域の善と和平、また平穏に資すると判断することのみを行なうであろうことを我々は知悉している。彼が書簡にて知らせてきた上述の戦争停止の交渉模様と締結内容に関する書状を閲覧して、我々も同ペドロ殿がこの領域においてなし、一致して締結したところの全てに同意することを喜ばしく思う。

この書状の面前で、我々は神、聖母マリア、四福音書の全ての言において、かの十字架の印を我々の手の内に握り、次のことを誓言する。イスパニアの法と慣習によって我等が認めるところの、ムルシア王国総督で騎士、貴顕の士ペドロ・ファハルドの権勢のもとにある騎士、貴顕の士として、一度、二度、三度にわたって、上述の和平と戦争の停止を上記の五年の間保持し、遵守する。我々によっても、この都市と管轄域内の市民や居留民のいかなる者によっても、この和平と戦争の停止は破棄されず、また破棄させないことを誓約する。貴君の王国の都市や町、拠点や城砦に対して戦争や損害を、上記の五年間にわたって我々は与えないし、与えるように命じず、また与えられないことを約する。もし我々や我々の命令によって、もしくはこの都市の市民や居留民の誰かが、貴君の王国の都市や町、拠点や城砦に害悪と損害を与えたのであれば、それがモーロ人に対してであれ、家畜に対してであれ、あるいは他の物品に対してであれ、我等と我等の財を担保として、和平条項に従って、その損害［の補償］が要求されて足跡が提出された日から二〇日間で、全てを返還して支払うことを保証する。確約を上記の通りに、なした誓約や協約、あるいは契約を破棄し遵守しない者が陥るところの罰則のもとに、我々は遵守し完遂することを約する。この件に関して、貴君が確信して疑念を抱かず、また我々が推移を知らないと言い張ることができないよう、我々はこの確約状に、我ら参事会員と役人の数名の署名と捺印をする。そして更なる確実さのために、次に記す我々の命を受けた書記が、署名と印を添付する形で貴君の面前に送る。

上述の都市ムルシアにて作成。我等が主イエス・キリスト生誕の年一四五二年、一〇月一〇日。このために召喚されて参列し、請願されて上記の内容に関しての誓約を見た証人は、リコテ代官フアン・ファハルド、ムルシア市民ペドロ・イニゲス・デ・サンブラナ、マルティン・ルイス・デ・チンチーリャ、フアン・ゴンサレス・デ・コルドバである(12)。

たとえ休戦協定が王国単位で締結されたにせよ、その遵守と、違反行為が発生した場合に迅速に解決へと至らせるためには、国境線を挟んで対峙する双方の前線拠点同士で連絡をとりあうことが不可欠となる。結果、「境域」をめぐって展開される戦争と平和は、大きく分けて三つの地域ブロックごとに、ほぼ独立した形で展開されていったのである。

王国間休戦協定の文書にしばしば登場する表現「タリファからロルカまで」を、両王国間でほぼ確立した国境線と考えるならば、まず都市タリファから都市アンテケラ周辺までを含む「境域西方部」、都市アルカラ・ラ・レアルから都市ハエンを経由して、トレード大司教領カソーラ前線管区までの「境域中央部」、そしてムルシア王国領内の都市ロルカを最前線拠点都市とする「境域東方部」という三つのブロックが、これに該当する。これら三つの地域単位の模様を、以後の各章にて、個別に分析していきたい。

第十二章　和戦を個別に担う「境域西方部域」
――一五世紀後半を中心として

一三世紀の第四四半世紀から一四世紀の前半まで、マリーン朝からの軍事介入を契機とする対グラナダ戦争は、地中海と大西洋の狭間に位置するタリファ、ジブラルタル、そしてマリーン朝の半島拠点アルヘシラスの争奪戦を意味した。政治と宗教が入り乱れた合従連衡が日常茶飯事と化したこの「海峡戦争」でカスティーリャ王が一応の勝利を収めた結果、一四世紀半ばの時点で「境域」西方部の国境線と前線領域がほぼ確定した。地中海岸の要衝タリファから北方向へ向かい、メディナ・シドニア、アルカラ・デ・ロス・ガスーレス、アルコス、モロン、オルベラ、テーバまでの領域が、対グラナダ「境域」の前線拠点として防衛網を構築した。一四一〇年にアンテケラが征服されて北東部の前線が南下し、同じく「境域」西方部の防衛網に組み込まれた。

「対モーロ人地帯」とも呼ばれる、この「境域」西方部で直接の和戦を担っていたのは、「殺害犯特権」を授与された「ならず者」が闊歩する最前線の中小拠点であった。そしてこれらを統べる助言と命令が、前線を統括する都市へレス、そしてさらに後背地に君臨する中心都市セビーリャから発せられた。都市モロン議事録の分析の際に示したように、確かに王国間休戦にもかかわらず、小規模な略奪侵入行為が絶えることはなかった。とはいえ、中世後期を通じて絶望的なまでの人口の過疎状態に悩まされたこの地帯は、逆説的にも大規模な略奪の応酬が生じにくく、休戦の全面的な破棄に至るほどの危機的状況が惹起されることは、ほとんどなかった。

これに対峙するナスル朝側領域は、城砦セテニル、そしてビリャルエンガ渓谷の小村落群が国境線に程近い最前線を構成し、これら最前線拠点を後背の都市ロンダが統べた。地中海岸の後背地には都市マラガが君臨し、ナスル朝君主に不満を持つ一派の牙城となることが度々あった。本章では、対グラナダに関する情報が多く含まれる史料として、ヘレス都市議事録を中心に用いる。「境域」で作成、往還された書簡の内容を分析しつつ、史料状況の良好な一五世紀後半に焦点を絞って、局地的な「境域」をめぐる和戦の相貌を明らかにしていきたい。

第一節　グラナダ王国内乱事件をめぐる「外交」の錯綜——一四五〇年

都市ヘレスは、「境域」の西方部セビーリャ地域での前線主要拠点であり、例外的に一五世紀の都市議事録が多数現存している。筆者はこの都市議事録を調査中であるが、本書の執筆現在で閲覧できた一四五〇年の議事録を主として用い、前線拠点の都市民がどのように「対岸」との和戦を認識していたのかを考えてみたい。

一四四八年の四月二六日付で、グラナダ王と期限は不明ながらも休戦協定が締結された(1)。おそらくこの休戦が維持されていた一四五〇年二月二一日付で、グラナダ側の西方部前線都市のロンダ当局から、アルコス伯でセビーリャ王国の大貴族フアン・ポンセ・デ・レオン宛に書状が到着した。この書状は、都市ヘレスの捕虜返還交渉人アロンソ・ガルシアを仲介者として、以前から継続されていた休戦協定の交渉に関する、グラナダ側からの返答であった。

この書状でまずロンダ当局は、アルコス伯が「この地帯全域の総帥（Gran Capitán）に任命されたことを知り、我々はこれにいたく喜んでいる。というのも、貴殿は栄誉ある偉大な人物であるから」と称揚する。これに続いて、交渉中の休戦協定が「貴殿［＝アルコス伯］の仲介によるものであることに感謝している。というのも、貴殿と偉大なる公〔＝メディナ・シドニア公、グスマン家門当主〕の両名が〔総帥に〕任命されたことにより、ムスリムにとってもキリスト教徒にとっても最善な状況が生じることであろうから」と述べる。興味深いのは、さらに次のように和平の締結へ向けた手順を示している点である。

> アロンソ・ガルシアが、貴殿宛の我々の書状、そしてこの休戦を何処が〔同意し〕、どのようにして〔遵守するか〕に関する我々の決定事項を持ち帰る。それに目を通して、貴殿のもとへ我々の書簡とともに到達するであろう記載条項に従い、貴殿とともに和平をなす者達の不可欠となる署名とともに、貴殿の署名でもって必要な結論を出してほしい(2)。

「境域」の西方部では、上記のアルコス伯を家長とするポンセ・デ・レオン家門、そしてメディナ・シドニア公を家長とするグスマン家門が、領域防衛を統括する総帥として任命されており、都市ヘレスもこの二大家門から発せられる命令に則って事態に対処していた模様である。二月二三日、メディナ・シドニア公フアン・デ・グスマンから、都市ヘレス宛に上記の交渉中の休戦協定に関する命令が到着した。

> 公殿は以下のように述べられた。すなわち、枢機卿殿と伯フアン・ポンセ・デ・レオン殿が、アブド・アル＝バッル（Abdilbar）と他のグラナダ王国の軍司令らによって要求されているところの一年間の休戦を彼らに与えるよう。またこの件に関して、我等が主たる王は以下のように記し、お命じになられていた。「この件において、神と私への奉仕となる方策でもって、またよかれと思われるよう対処するように」。そしてこの件で話し合われて合意がなされ、上述の枢機卿殿、公殿、伯殿によって、上記のモーロ人らが、コルドバからタリファに至るまでのキリスト教徒の地に害悪と損害をなすために侵入してはならず、他方のキリスト教徒らもまた、タリファか

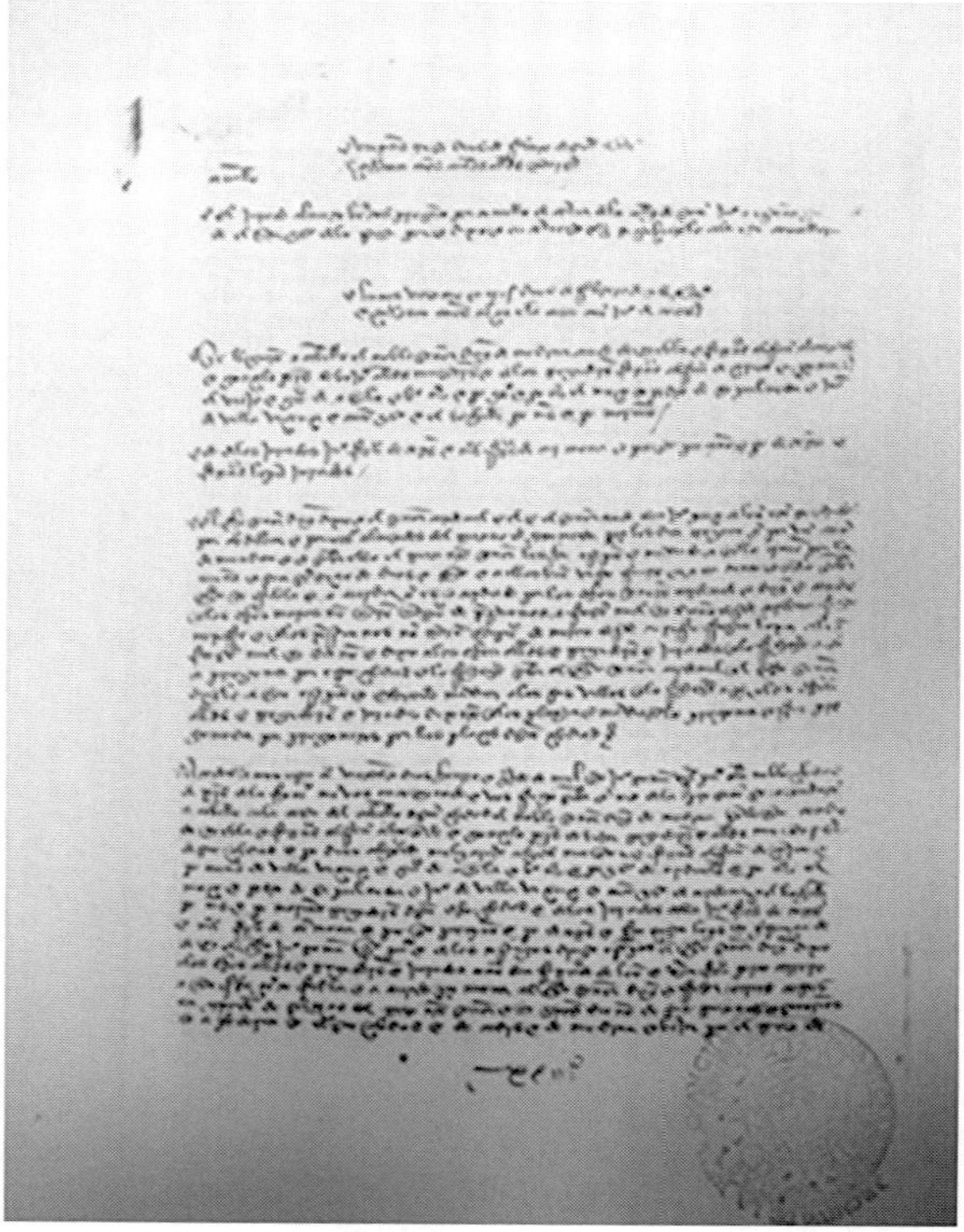

1450年２月23日月曜の都市ヘレス議事録（AMJF, AACC 1450, fol. 124 v.）

らロハに至るまでのモーロ人の地に害悪と損害をなすために侵入してはならないことで一致がみられた(3)。

こうして正式な休戦の締結に向けた交渉が「対岸」のロンダとの間で開始された。しかしこの頃、グラナダ王国内部では、深刻な政治的混乱が生じていた。それまで王位に就いていたムハンマド九世に対して反乱を企てたイスマーイール三世が、「境域」の西方部の中心都市マラガを占拠したのである。カスティーリャ王フアン二世は、グラナダ王国内部での、この宮廷闘争を軍事介入の好機ととらえて、「境域」西方部における国王の代理たる境域大総督ペル・アファン二世に、この「反乱者」イスマーイール三世を援助するよう命じていた模様である(4)。

しかし上記の政治的混乱と軍事介入とは無関係に、メディナ・シドニア公とアルコス伯の息のかかった「境域」西方部は、グラナダ側のロンダと休戦協定の個別交渉を継続した。交渉の結果、三月二〇日、双方の合意が得られたことを通告する書状が、ロンダ当局からアルコス伯宛に送られた。

我々の側では、アンテケラからタリファに至るまで、かの貴殿の書状において限定された期間にわたって戦争の停止をなすことで同意が成立した。この休戦は神の介在により、我々によって守られることであろう。また我々は、自らの領域の全てにこれを守らせることを命令し、相応しき者らに告示させ、我々の検分した貴殿の書状の写しの命令と方策に従って、我々と貴殿の書面を、可能な限りの相応しき者らに知らせた。ゆえに、我々に要求されているところの命令に関しての端的な返答を、我々は期待している。その書状が我々のもとに到達するまでの間に、この貴殿の書状を、我等の公証人の署名、上記の城主による捺印の上で返送する。神と我々の法によって、我々の手に保管されている貴殿の書状に記載されているところに従い、上述の休戦を遵守し、また遵守を命じることを再度誓約する(5)。

休戦期間をはじめとする具体的な条項で双方の合意がみられた後、この休戦交渉の「全権大使」といえる二名、メディナ・シドニア公とアルコス伯は連名にて、都市ヘレス当局宛に三月二七日付で、休戦の締結結果を通告した。アンテケラからタリファに至るまでの領域で、三月二〇日から一八か月間に及ぶ休戦が宣言され、休戦が既にナスル朝側の領域で告示されて遵守が命じられているので、上述の和平を急ぎ都市ヘレス内で公表し、遵守するように命令した。また、和平成立に伴い、市壁外への家畜の放牧を許可するよう命じている(6)。

一方、カスティーリャ王権の意を汲んで「反乱者」イスマーイール三世を援助し続けていた境域大総督ペル・アファン二世は、四月七日付で、この「反乱者」と五年間の休戦協定を締結した(7)。このように二重の休戦協定が締結される中で、都市ヘレスは「対岸」に程近いロンダとそれに与するナスル朝諸拠点から、内乱の推移と、カスティーリャ王権の命に従いイスマーイール三世を援助すべく軍を動かしていた境域大総督の動きに関する情報を随時受け取っていたと考えられる。たとえば六月二六日には、グラナダ側の拠点ウブリケから直々に書状を受け取り、内乱と軍事介入の推移の情報を互いに共有している。

ペドロ・デ・トーレスが持参した、ウブリケのモーロ人からの書状が読み上げられた。それによれば、ヒメナの騎兵たちがイスマーイール王に反旗を翻したマルベーリャにて殺害を企て、五〇名のモーロ人を連れ去ったため、これによってモーロ人らは何らかの行動を起こそうと望む可能性がある。よって、自身の家畜を守るようにとのことであった。そこで〔参事会員らは〕上述のモーロ人らに対して、書き記してきた通りに対処する旨の返答をし、同時に、〔都市〕アルコスに宛てて、数日間にわたって守備兵を配置することが望ましいと伝達することで一致した(8)。

ここから判明するのは、次の経緯である。都市マラガに居を構えるイスマーイール三世の権威に抵抗した近郊のナスル朝都市マルベーリャであったが、イスマーイールを援助する大総督の意を汲むカスティーリャ最前線都市ヒメナは、この抵抗に報復を加えた。おそらくイスマーイール三世にも、ムハンマド九世にも与していないウブリケは、冷静に都市ヘレスへ現状を知らせ、マルベーリャから、あるいはムハンマド九世に与する党派からの復讐に警戒するよう書状を送ってきた。都市ヘレスとアルコス伯も、内乱には関与せず、自身の管轄領域の安全に気を配っているのである。しかし内乱ナスル朝領域を混乱に陥れた内乱は同年の六月末、イスマーイール三世の死去でもって収束を迎えた。しかし内乱を平定したムハンマド九世と、彼の娘婿ムハンマド一〇世は、イスマーイールを兵力・兵站の両面で直接援助していた「境域」西方部に対する報復を計画した。この報復攻撃を危惧したメディナ・シドニア公、アルコス伯、そして都市ヘレスは、続く七月から一〇月にかけて、独自の境域「外交」を展開した。宮廷都市グラナダに君臨するムハンマド九世とあらためて和平を構築するための交渉がなされる一方で、直接境を接するロンダ近郊の最前線村落群ビリャルエンガ渓谷の「宰相」イブン・ハーシム（Benahaxin）とも、以前に成立していた地域的な休戦協定をそのまま維持していくことで合意に達した。都市ヘレス、グスマン家門、ポンセ・デ・レオン家門、グラナダ側の拠点ロンダ、ビリャルエンガ渓谷村落群、そしておそらく先のウブリケが恐れていたのは、カスティーリャ王、グラナダ王という

「トップ・レヴェル」で恣意的に決定される動乱に巻き込まれることであったのではないか。

結局、ムハンマド九世は兵を動員し、先の内乱を煽動したとして境域大総督ペル・アファン二世の所領ウトレーラへの報復を実行に移した。当初、都市ヘレスは大総督からの援軍派遣要請に応え、連携して防備にあたることを決断していた。しかし一〇月七日、メディィナ・シドニア公から命令が届き、派遣軍を撤退させるように命じられた。なぜなら、今回のグラナダ王の報復の対象はあくまでも内乱に干渉した境域大総督あるいは都市ヒメナであって、援軍を派遣することで報復対象に加えられてしまうことを恐れたからであった。撤退命令に加えて、地域レヴェルでの和平を維持するために、ムハンマド九世の宰相イブン・サッラージュにも個別に事情説明を行なうようにと命令した。

「境域」西方部で一四五〇年に展開した、錯綜する交渉の模様から判明することをまとめると次の通りとなろう。第一に、最初に締結された休戦協定の交渉に、カスティーリャ王も、ナスル朝君主も直接関与した形跡がないという点である。カスティーリャ側は、「よかれと思われるよう対処するように」とのお墨付きをもらったセビーリャ王国域の二大貴族メディィナ・シドニア公とアルコス伯が交渉の全権を担い、これに都市ヘレスが与している。グラナダ側では、前線都市のロンダが主導権を発揮し、近隣の諸拠点を束ねて和平構築に結実させている。王への締結内容の「お伺い」や、王の自署は必要とされず、上記の当事者らが契約文書を作成し、彼らが捺印と署名を行なっているのであろう。この結果として第二に、この休戦が「アンテケラからタリファまで」という限定された領域のみに適用されている点である。当初の交渉においては、ロハあるいはコルドバまでとなっていたが、最終的に上記の二つの都市領域は合意された休戦協定で除外されている。これは、両王国間の「境域」全体で締結された協定ではなく、西方部のみで条件が一致して履行された局地的な休戦として定義できる。

当然ながら、都市ヘレスも、メディィナ・シドニア公も、そしてアルコス伯も、カスティーリャ王に服従する領域である。しかし王権が想定する対グラナダ政策に従っているわけではなく、同じくカスティーリャ家臣である境域大総督ペル・アファン二世、同じ臣民が住むウトレーラに援軍を派遣することもない。「境域」の利害は、さらに細分化

1450年06月30日	イスマーイール３世の死去	A. Echevarría Arsuaga, *Caballeros en la frontera...*, p. 45.
1450年07月05日	議論（イスマーイール３世の死去に関して）	AMJF, AACC 1450, fol. 173 r.
1450年07月18日	メディナ・シドニア公とアルコス伯からの書状（ムハンマド９世との交渉模様に関して）	AMJF, AACC 1450, fol. 174 v.
1450年08月12日	「宰相イブン・ハーシム」からの書状（メディナ・シドニア公とアルコス伯らがグラナダ王と締結した２年間の和平を遵守することに同意）	AMJF, AACC 1450, fol. 185 v.
1450年08月26日	議論（警戒態勢を解除することを決定）	AMJF, AACC 1450, fol. 199 v –200 r.
1450年09月04日	休戦の継続のため，都市ヘレス当局は，マルベーリャとエステポナに対しヒメナ住民が実施した略奪で獲得した捕虜の返還をヒメナ城主バルトロメ・デ・アビラに要求	AMJF, AACC 1450, fol. 202 v.
1450年09月05日	都市アルカラの書状（ヘレスの領域内を通ってグラナダ領内の家畜が略奪されたことを知らせる。もし彼らが報復に来訪しても，迎撃しないように求める）	AMJF, AACC 1450, fol. 202 v.
1450年09月12日	ジブラルタルから帰還したフアン・ロドリゲスの持ち寄った情報に関する議論。 ムハンマド９世が「境域」西方部に侵入を計画しているとの情報。 対応をメディナ・シドニア公に相談することを決議	AMJF, AACC 1450, fol. 203 r.
1450年09月22日	大総督，都市アルコスからの書状（グラナダ軍がウトレーラへ向かっていることが判明）。 ヘレス当局は援軍の派遣を決定	AMJF, AACC 1450, fol. 204 v.
1450年09月30日	グラナダ王宰相イブン・サッラージュからの書状（件の遠征は境域大総督に対する懲罰であることを述べる）	AMJF, AACC 1450, fol. 208 v.
1450年10月05日	レブリハからの書状（大総督の命に従い，連携して防備を固めることに同意）	AMJF, AACC 1450, fol. 209 v.
1450年10月07日	メディナ・シドニア公からの書簡（休戦の遵守とともに，境域大総督に要請された派遣兵を帰還させるように指示） ヘレス当局は大宰相イブン・サッラージュ宛に書状を送ることを決議	AMJF, AACC 1450, fol. 210 v.

1450年をめぐる「境域」西方部情勢—都市ヘレスを中心として—

日　時	内　容	典　拠
1448年04月26日	グラナダ王国との王国間休戦協定（年数は不明，おそらく３年間か？）	RAH, Colección Salazar y Castro M-9, fol. 168–169 v.
1449年12月23日	国王フアン２世，メディナ・シドニア公フアン・デ・グスマン，アルコス伯フアン・ポンセ・デ・レオンを境域総帥（capitán de la frontera）に任命	*Memorias de Don Enrique IV*, n. 14, p. 25.
1450年02月21日	ロンダ当局からアルコス伯宛の書状の閲覧（休戦の申し出を受ける）	A. Labarta, "Cartas árabes malagueñas," n. 3, pp. 615–616.
1450年02月23日	アルコス伯らが，上記の地域間休戦（１年間）を命令	AMJF, AACC 1450, fol. 124 v.
1450年03月頃	ムハンマド９世に対する反乱を起こしたイスマーイール３世がマラガを占領。国王フアン２世は後者を優遇すべく，境域大総督ペル・アファン・デ・リベーラ２世に軍事援助を命令したと推測される	*Crónica del Halconero de Juan II...*, p. 542.
1450年03月20日	ロンダからアルコス伯宛書状の閲覧（休戦への誓約，しかし休戦に合意していたにもかかわらず，誘拐と略奪が生じたため，その善処を求める）	A. Labarta, Cartas árabes malagueñas," n. 2, pp. 614–615.
1450年03月25日	イスマーイール３世のマラガ占領に関して議論（警戒を強めることを決議）メディナ・シドニア公と都市メディナ・シドニアへもこのことを知らせることを決議	AMJF, AACC 1450, fol. 141 r.
1450年03月27日	メディナ・シドニア公とアルコス伯は18か月の地域間休戦を正式に締結したことを伝達し，公示するように指示。これを29日に公示	AMJF, AACC 1450, fol. 143 v.
1450年04月07日	イスマーイール３世とフアン２世，５年間の休戦協定を締結。しかしこれは６月まで都市ヘレスには伝達されず	*Diplomatario del reino de Granada...*, n. 294, pp. 636–638; Abellán, 2006, p. 82.
1450年04月23日	イスマーイール３世への対応に関する決議。イスマーイール側からも書状を受け取っている	AMJF, AACC 1450, fol. 152 r.
1450年06月03日	境域大総督からの書状（上記の５年間の休戦の公示を命ずる）	AMJF, AACC 1450, fol. 169 r.
1450年06月26日	ウブリケのムスリム共同体からの書状（グラナダ側での内乱状態に関連して）	AMJF, AACC 1450, fol. 171 v.
1450年06月28日	議論（ムハンマド10世の遠征に関して）	AMJF, AACC 1450, fol. 172 v.

されていたのである。

第二節　地域的利害の共有――一四五〇年代

管見の限りで、前節で明らかにしたものと類似の地域間休戦は、一四五五年にも登場し、同じく捕虜返還交渉人のアロンソ・ガルシアと思しき人物が使節として境を往復している。彼はロンダ、ビリャルエンガ渓谷、そしてジブラルタルへと派遣され、ロンダ城主とその執吏、ヒメナ、ビリャルエンガ渓谷の代表からの返答を持参して、同年の三月一四日に都市へレスへと帰還した。グラナダ側の諸拠点は「モーロ人らは和平を遵守しており、グラナダ王もキリスト教徒の地に損害を与えるために人員を集結させてはおらず、もしこの件で何かを知ったならばそれを知らせるつもりである」との回答をよこした。やはり彼らが警戒していたのは、「中心」の動静であった(9)。

ところで時は遡って前年の一四五五年七月に国王フアン二世は死去している。次王エンリケ四世が即位した後、休戦は先王の死去にもかかわらず維持されるように命じられていた。しかし一四五五年二月二二日付で新王エンリケは、再びグラナダ内部で生じている跡目争いに乗じて、サアド王を援助するべく命令を発し内政干渉を試みた。政治的混迷の中であったが、ロンダをはじめとするグラナダ王国側の西方部もまた、地域的な利害関係を優先させているとみるのが適切である(10)。

そしてこのような地域的な利害の重視は、マラガ司令へ新たに着任したアリー・アル＝アッタールがアルコス伯へと送付した、一四五八年一月一三日付の書簡内容において、明白に表現されている。

城主［＝アルコス伯］よ――神よ、貴殿に栄光を――。本日、我が主君［＝グラナダ王］――神よ、彼に勝利を——が、司令と城主という任務とともに都市マラガを、貴殿の友である私に授与なさったことを知らせたい。貴殿の友は今、この地におり、このことを貴殿に報告する必要がある。もし私から何かを望むのであれば、その旨を知らせてほしい。我々はそれを神の仲介のもとで善処する所存である(11)。

なお同書簡には、マラガ司令の息子ムハンマドの挨拶も添えられている。当然ながら、これは外交書簡にみられる典型的な美辞麗句にすぎないとも解釈できる。しかし少なくとも「境域」の西方部は、カスティーリャ王国側もナスル朝側も、交渉の継続の意思を持ち続けていたことは否定できない。このような越境「外交」の継続こそが、政治と宗教の違いを超えて地域的な利害の一致を生み出し、局地的な休戦協定の合意を可能にしたのである。

第三節　地域間休戦——一四六〇年代

地域的な利害にしたがって締結されるミクロな休戦関係は、その後も現れる。一四五九年の一〇月二〇日、「境域」西方部の最前線拠点エステポナの城主、アグスティン・デ・スピノラは、都市ヘレス宛に書簡を送付した。カスティーリャ王から個別の休戦協定を締結するように命じられていた彼は、メディナ・シドニア公、アルコス伯と協議の上で三か月間の短期休戦を、グラナダ側の最前線都市ジブラルタルと個別に交渉中であることを通告している(12)。

一四六〇年一月一八日、都市ロンダから都市ヘレス宛に書状が届き、同年の一月五日から四か月間の地域間休戦が無事に締結されたことを報告している。しかしこれとは別に、この前日にメディナ・シドニア公は、自身の管轄都市メディナ・シドニアの城代宛に、カブラ伯、すなわちディエゴ・フェルナンデス・デ・コルドバ二世を「全権大使」とする三か月間の王国間休戦協定が締結されたとの報せを伝えている。そしてこの情報を同じく公の領地であるべへルの城主と当局にも伝達するよう城代に命じた。さらに四月一五日から一年間の王国間休戦協定が「境域」全域を対象として締結され、グラナダ側の最前線に位置するビリャルエンガ渓谷村落から、これに同意する旨を伝える書簡が都市ヘレスへ四月に到着している。

この錯綜する経緯を要約すると、次のようになる。一四六〇年一月一五日から三月三一日まで、カブラ伯が「全権大使」を務める王国間レヴェルの休戦協定が締結された。しかしこれと同時並行する形で、一四六〇年一月五日から、四か月間の休戦が西方部のみを対象とするレヴェルで、重複して締結されているのである(13)。

一四六〇年の四月一五日から一年間の王国間休戦が履行されたわけであるが、開始から六か月後の一〇月一日、都市ヘレスに再びビリャルエンガ渓谷から書簡が到着する。「双方の王によって授与された和平に同意を与えて有効とし、またそれを遵守すべく、この都市［＝ヘレス］、アルカラ［・デ・ロス・ガスーレス］、アルコスそしてメディナ［・シドニア］のそれぞれが一名の騎士を［ビリャルエンガ］渓谷に派遣し、同地のモーロ人と面談して、皆が平和に暮らせるよう不正を解消すること」を訴えた。おそらく、この六か月の間に、局地的な略奪の応酬が生じたと想定される。損害回復交渉が西方部の諸拠点の代表者間で実施されることを期待しているのであろう(14)。

地域間での個別休戦協定の交渉は、年号が不明ながら一四六〇年から七一年の間の七月一七日においても実施されている。同日付でロンダ城主とその執吏は、アルコス伯に宛てて、既にメディナ・シドニア公の支配領域と都市ヘレス、アルコス、モロン、オルベラそしてオスーナが、四か月間の休戦の締結で合意したことを通告した。しかし伯の管轄都市のマルチェーナのみが、独自に略奪を繰り返していることに不満を述べる。さらに今になって、アルコス伯の子息ロドリーゴが略奪遠征を準備しているとの情報を得たロンダ当局は、休戦に合意する気があるのか否か、ロンダの使節を務める捕虜返還交渉人に返答するよう要求してきたのであった(15)。

地域間休戦は、王国間休戦の締結されていない時にも、自発的に模索されている。一四六三年二月二八日から、八か月間にわたる王国間休戦が既に履行されていた。これが満了を迎える直前の一〇月二一日、本章で度々登場してきたビリャルエンガ渓谷の諸村落から都市ヘレス宛に、次の書状が到着した。

ヘレス都市参事会にて、渓谷のモーロ人がこの都市へ送ったところの書状が読みあげられた。それによると、彼らは八か月の和平を事実として請うており、都市［ヘレス］は和平をジブラルタル、そしてサアラまでの全ての都市のために締結し、他方で彼ら［ビリャルエンガ渓谷民］はロンダ、Algauarul［?］渓谷、ガウシン、カサレスそしてビリャルエンガ［渓谷］のために締結するべきである［と述べた］。この件に関して締結すべきかの議論がなされた。まずは、かつての和平の際にモーロ人によってもたらされた損害の回復が要求されるべきであり、また和平はこの都市の家畜と民にとってよきことで重要であるから、国王代官と教区代表のファアン・デ・トーレスは、同モーロ人達に、和平に関しての返答をなすことで一致し［た］(16)。

こうしてカスティーリャ側は都市ヘレスが、グラナダ側では都市ロンダ近郊のビリャルエンガ渓谷民が主導権を発揮して、八か月間の和平をジブラルタルからサアラに至るまでの限定領域で締結するための交渉が開始された。ところで、この一定区域に限定された和平協約交渉は、まったく偶然にも別の史料に示されている。本書の第二部で用いた都市ヘレスの貴族オルバネハ家門の業績一覧の第三九、四〇条には、ちょうど一四六三年から翌年にかけての業績として「二十四人衆ペドロ・デ・セプルベダと教区代表ファアン・デ・トーレスが、都市の命令によってモーロ人らと和平の締結をすべくカルデラへ赴いた際、上述の我らが兄弟ファアン・デ・オルバネハは、父の代理として二名の騎士とともに出立した」と記載されている。ここで登場しているカルデラとは、ビリャルエンガ渓谷内の中核となった城砦である(17)。

王国間休戦は一一月一日に失効し、この後、翌年の二月頃、一年間にわたる王国間休戦が再び締結された。しかしこれを待たずに、地域レヴェルでは、個別休戦が模索されていた。先の交渉は、略奪で双方が被った損害をどのように補償するかをめぐって難航した模様であるが、短期の一時的休戦を幾度も繰り返した双方は、最終的に一四六四年の九月に、正式な地域間和平協約を締結した(18)。

第四節　粘り強い交渉――一四七一年の地域間休戦

一四六三年からその翌年にかけて、地域間休戦の交渉は難航した。原因は、やはり小規模な騒擾が絶え間なく生じて、双方を納得させる状況になかなか至らなかったからである。都市ヘレスは、和平を模索すると同時に、グラナダ側の都市ロンダ西方最前線を構成するビリャルエンガ渓谷村落群と、日々、略奪の応酬を行なっていた。これは一四七一年の経緯でも同様といえる。渓谷とヘレスとの間で、多くの損害回復交渉が繰り返されている。ビリャルエンガ渓谷側から要求が提示され、これに都市ヘレス側から抗弁がなされてこじれ、双方の合意は困難を極めた。

一四七一年六月三日、ビリャルエンガ渓谷民は語気を強めて、略奪の応酬のそもそもの発端が都市ヘレス側にあると強調する。

我々は貴方達と原則として和平を締結しているのである。もし戦争を望むのであれば、我々にそのことを知らせるべきであった。神の名において、貴方達こそが和平を破棄したのであって、我々は信仰に留まっている。また神の恩寵によって、裏切りをなしたのは貴方達であって我々ではない。神こそが貴方達と我々の間に介在する証人たるべし(19)。

続けて、ヘレス側が略奪に対する報復をさらに実施したことで事態が悪化したと次のように述べる。「カルデラにて和平をなした際、［ヘレスから奪われた］羊の［返還］要求は放棄されるという条件つきで、初めてそれが締結されたことを想起すべきである。かの羊は「よき戦争」時に獲られていた。というのもロンダへと不法侵入したが故に強奪された」(20)のだと述べ、羊の強奪に対するヘレス側の報復自体が不正なものであったと主張する。語気の強さはさておき、一四六四年の例と同じく、以前にビリャルエンガ渓谷の主要城砦カルデラで、地域間の休戦が継続して締結されていたことが分かる。

しかし渓谷民は、休戦の全面的な破棄は決して望んでいない。「平和裏」な損害回復の場があらためて設けられるべきと次のように続ける。

［このような状況を］よきことと思う者は誰もいないわけであるから、貴方達に次のことを懇願したい。貴方達は行ないたかった事柄に関する意志において、我々から逸脱したのであるから、我々のもとへ人物を派遣して、なしたいと思うことに関し話し合うよう。我々はその者と面談するつもりである。その者は平和裏に、そして［身体の］保障のもとに往来できることであろう。幸いにも、誰も死なず、また誰も負傷しておらず、我々の間に流血［沙汰］も起こってはいない。ゆえに全てがうまく運ぶことと思うので、上記全ての点とともに、貴方達の名誉を保証する。本日捕えられた牛と一名のモーロ人に関しては、何事もなさずに、我々の間に和平をみる者が現れるまで、ただ保管して保護下に置くべし(21)。

こうして交渉は継続された。同年の六月一七日にヘレス都市当局は、捕虜返還交渉に訪れる予定のビリャルエンガ渓谷の者に、保障状を発布することを決定している(22)。

この騒乱は、一か月後に解決をみた。前回の地域間休戦と同じく、ビリャルエンガ渓谷のカルデラ城砦で、協約の再確認が実施されたからである。七月一五日から翌日、カルデラ城砦へと至る坂道にて、ヘレス都市当局の代表と、カルデラをはじめとするビリャルエンガ渓谷の代表者同士が面会し、以下の議論をなした。

第一に、モーロ人は、和平の時にヘレスの市民と人々そして牧人から奪った窃盗品の全てを返還するべきである。こうすることで、かの和平が遵守されることとなろう。第二に、都市ヘレスは、モーロ人の出席の下、彼らの目前で境界場として、いくらかの領域を［再度］確認することを望んだ。その後、私、上述の書記が自身の手元に保持しているところの過去の主君たる歴代の王による鉛印章を吊り下げた特権文書を、これらに関して彼らが無知でなきように示した。そして第三に、目で見て足で歩いた上述のモーロ人も、他のモーロ人も、［ヘレス領域へ］入って狩猟をなしたり、上述の都市［ヘレス］の許可なしに何事かをなしたりしないよう、次の警告を行なった。すなわち、もし［ヘレス］領域内で発見されたモーロ人は皆、戦争時におけるがごとくに捕虜として捕囚される、と(23)。

ヘレス側は、両者間の境界の再確認を主張しており、議論の主導権を握っているように思われる。しかしここで考慮すべきは、この時、カスティーリャ王国内は政治的な大混乱に陥っており、「中心」の介在する全王国規模での休戦協定が一切確認されていない点である。興味深いことに、ほぼ同時期にあたる一四七一年七月二四日に、同じく「境域」の西方部の南方の最前線都市ヒメナの城主と市民、ジブラルタル城主らは、グラナダ側のマルベーリャ、ロンダ、カサレス、ガウシン当局との会合を実施している。この面会は、双方の領域の境界域と認識されていたと思しきグアディアロ川沿いで実施されている。「彼ら皆は、上述のグアディアロ川において、我等が主エンリケ王とグラナダ王によって締結された和平の更新をすべく集合」した。参加者をみるに、明らかに西方部のうちでも南方の諸拠点のみがこの会合に参加している(24)。

さて、これまで参照してきた「境域」西方部の史料から、局地的規模で、書簡や情報の往復が頻繁になされていたことが明らかとなった。この結果、「境域」は、政治と宗教の境を跨った形で、ある種の「政治利害共同体」を形成していたと考えられる。この地域的なやりとりの中で、さらに重層的な個別単位がおぼろげながらも見出される。「境域」西方部全域の地域「外交」を取り仕切るのは、メディナ・シドニア公（グスマン家）と、アルコス伯を兼任するポンセ・デ・レオン家である。この下に、ヘレス、マルチェーナ、アルコスといった前線の都市拠点が個別に「外交」を担う。これに対応するグラナダ側では、まず拠点都市ロンダと近隣城砦セテニル、そして何よりもビリャルエンガ渓谷が頻繁に登場している。この局地的な単位で略奪行為が実施されるとともに、損害回復の交渉も繰り返されることで、和平もまたかろうじて維持されていた。

都市ロンダから西側（かつてのカスティーリャ側境域方向）を眺める（著者撮影）

先に引用した一四七一年の状況からは、より南方に、もうひとつの「政治利害共同体」が見出される。都市ジブラルタルとヒメナは、グアディアロ川を自然国境線として対峙する、グラナダ側のガウシン、カサレス、マルベーリャとの間で、やはり局地的な和戦を行使していたのである。

このような局地的な和戦の展開に、グラナダ王という政治的な「中心」が直接に関与することは、ほとんどなかった。都市ロンダ、あるいは都市マラガに駐屯する軍司令が、主導権を発揮していたからである。これに対するカスティーリャ側でも、同じく「中心」は関与しなかった。小規模な略奪は、常に繰り返されていた。しかし「境域」の西方部は、拠点単位で常に損害の回復を図りながら、和平関係を概ねで維持していたことは間違いない(25)。

第十三章　和戦を個別に担う「境域中央部域」
——一五世紀後半を中心として

「境域」中央部は、アンダルシーア王国群のうち、コルドバ王国域、ハエン王国域、そしてトレード大司教領のカソーラ前線管区からほぼ構成される。カスティーリャ側は、アンテケラから北東に進み、アルカラ・ラ・レアル、アルカウデテ、ハエン、バエサ、ウベダ、ホダル、ケサダ、カソーラなどの前線拠点が、防衛網を構築していた。これに対峙するナスル朝側では、王宮都市グラナダが後背地に君臨するとともに、グアディクス、バーサという重要拠点が横に列を成し、最前線に中小拠点が散在する形で、防備網が構築されていた。

第一節　ナスル朝宮廷と直接交渉する都市——アルカラ・ラ・レアル

都市アルカラ・ラ・レアルは、名実ともに「境域」の最前線拠点といえる。「都市グラナダへの近さゆえに、それを守備する者は特に戦争の重責に耐えねばならず、また「天然の要害であるが、グラナダから二万四〇〇〇フィート（pasos）しか離れていないというその近さのゆえに、重要視されている」都市アルカラは、まさに「戦争遂行型社会」の申し子とでも呼ぶべき拠点であった(1)。

王宮都市グラナダから地理的に近いアルカラ・ラ・レアルでは、日々、小規模な略奪行為や侵入行為に関する訴えが集約され、処理された。日々の訴えを受理して適切な措置をとることも、都市当局や城主の果たすべき役割であったからである。既に指摘したように、この都市にはグラナダ王国内部に関する情報もいち早く集積された。そして、この都市の城主職を保有するコルドバの最有力貴族フェルナンデス・デ・コルドバ家は、一五世紀における王国間休戦協定の交渉にも深く関与していた。この事実からも想像される通り、都市アルカラは、「境域」の中で最もナスル朝宮廷との直接交渉が保たれた場であった。結論を先取りするならば、「境域」中央部は、前章でみた西方部、あるいは次章で検討する東方部とは異なり、都市グラナダと同都市に君臨するナスル朝宮廷と、和戦をめぐって直結しているという特徴がみられる。

一四五三年八月四日付で送付されたカスティーリャ王フアン二世の書状からは、これを証明するかのように、グラナダ大宰相イブン・サッラージュと前線城砦モンテフリオの長が、グラナダ王の代替わりに伴い、王国間休戦協定締結の意思をいち早く都市アルカラに伝達していたことが分かる。また一四五五年から六二年の間の一二月一九日に記された、同都市当局宛の書簡の送り手は、グラナダ大宰相（alguacil mayor）本人であった。

同書簡の記述によると、都市アルカラから国境を越えて西南西約三〇キロに位置するグラナダ側の最前線拠点コロメラの者が、アルカラ領内へと不法に侵入した。この際に受けた損害の補償を、アルカラ当局はナスル朝宮廷へ直訴した。先の書簡は、当該案件に対する大宰相からの返答と考えられる。大宰相は「コロメラの者等が強奪した雌牛と人の件を憂慮している」と述べ、アルカラの使節ファン・ガランに返書を預けるとともに、コロメラに対応を命じることを請合った。しかし大宰相は同書簡にて、コロメラの住民が休戦自体に不満を募らせていると付言する。この原因は、都市アルカラと都市ハエンの者らが以前に不法侵入を働き略奪したことにあると吐露し、現在、侵入行為が頻発しているのは都市アルカラの近辺だけであると不満を述べる。その上で、国境警備を強めて不法侵入をさせないようにと都市アルカラに善処を求めるとともに、書簡の末尾にアルカラの領域へと誘拐された人と、強奪された物品についての情報を列挙することで、早急な損害回復交渉の開始を望んでいる(2)。

以後、アルカラ側の使節としてファン・ガランが再びグラナダへ派遣された。彼は再度、次のグラナダ大宰相による返答を携えて帰還する。

貴方がたから強奪されたところの雌牛に関して、次のことを知るべし。すなわち、事が起きた時点で［雌牛を］探し出すことはできなかった。しかし今や、探し出すようにと命令を送っているところである。もし発見されたのであれば、私が貴方がたに送り返そう。しかし、もし失われてしまったのであれば、私が貴方がたに［その相当額を］支払おう。この点に関し疑いはない。また、誉れある貴顕の騎士達よ、双方で生じている不満に関してであるが、貴方がたと我々の間で、それぞれが自身のものを確保するように、この件に必要な善処をなすよう、私は命じるつもりである(3)。

この後、大宰相は続ける。「私の望みとは、よき平和、よき意思、そしてよき愛を貴方がたと維持することであり、このことを神は知っておられる。これまでそうでなかったことは、今後、両者間においてそうなるであろうし、それを神もお望みになろう」と、互いの和平関係の維持を希求している(4)。

損害額は具体的に記されていないものの、都市アルカラとコロメラとの間の騒擾は、おそらく小規模なものと思われる。しかし、たとえ小規模な略奪あるいは誘拐であっても、それが繰り返されることで、不満が次第に募っていく。とはいえ「境域」中央部では、地理的、あるいは地政学的な要因が大きく作用して、小競り合いですらグラナダ王宮廷自らが、その解決を請け合った。グラナダ王宮廷との直接交渉は、決裂した場合に大規模な報復を招く可能性が高い。しかしうまく運べば、和平を維持する「最高権威」として、グラナダ王が登壇することとなる。ここでも、戦争と平和の連関性が明白に見出せるといえよう。

第二節　都市ハエン議事録の証言――一四七六年から一四八〇年まで

「境域」中央部における越境交渉の模様を詳細に示してくれるのは、都市アルカラ・ラ・レアルの史料以上に、前線の重要拠点都市ハエンの議事録である。先駆者カリアソは、既に一四七六年と七九年の同都市の議事録を用いて研究していた。現在のところ、さらに一四八〇年と八八年の議事録の残存が確認されている。既に「グラナダ戦争」に突入している一四八八年を除く、上記の三年間の議事録の内容分析を行なっていきたい(5)。

(1)一四七六年

一四七五年三月一一日から、二年間にわたる王国間休戦が有効とされた。しかし、軽微な騒擾に加えて、比較的規模の大きな拠点奪取戦すら生じた(6)。一四七六年の一月一〇日、ハエンの猟師達は、グラナダ側の最前線拠点カンビルに対して略奪を働いた者を目撃したと訴え出た。越境騒擾裁定人長ルイス・デ・トーレスは、和平の違反者を探し出して罰するよう命じる。しかし下手人を割り出すことができず、一月一五日、代わりにカンビルに対し、損害額に相当する一五〇マラベディを供出することでこの事態は解決した。その額から推測するに、損害はごく軽微なものであったと思われる。

二月一八日、グラナダ側の重要拠点グアディクスとバーサから大軍団が押し寄せ、都市ハエンの南東に位置する最前線城砦ウエルマを攻囲した。二月二一日、この報せを受けた都市ハエン当局は事態の深刻さに鑑みて、同日付でグラナダ王に書状を送付し、攻撃の中止を直接要求した。グラナダ王からの返答は三月四日にもたらされ、軍団に撤退を既に厳命したことを知らせてきた。しかし、そもそもの発端は、ウエルマ城主がグアディクスに対する略奪行為を放任してきたことにあったと主張し、奪われた人間と物品を互いに返還あるいは補償し合うための交渉を実施することを提案した。そこで都市ハエン当局は、教区代表マルティン・デ・エスピノサを使節としてグラナダ宮廷へ派遣し、協議を行なうことを決議した。三月二〇日、彼は交渉を終えてグラナダから帰還した。グラナダ側が先のウエルマ攻囲戦で捕虜にしていた五名のキリスト教徒の解放を約す代わりに、ウエルマの側は上記の攻囲で被ったその他の損害を不問に付す、このような条件で合意に達したことを報告した。興味深いのは、使節マルティン・デ・エスピノサが、グラナダ宮廷に滞在している際に、都市ハエンの名において確約した条項である。

　これに加えて私［マルティン・デ・エスピノサ］は、同都市ハエンのため、本日から一年の間に、同ウエルマ城主、あるいはその助言のもとで、グラナダ王国の全領域に対して与えうる全ての損害に関し、同都市ハエンがその訴えを受け取り、回復し、補償することを請け合う。同時に、これより一年間、［グラナダ側は、］ウエルマ城主のもとに滞在しているモーロ人Johjoh、その他二名の残留モーロ人の件で、ウエルマとその地に対していかなる実力行使も行なわないこと、他方で、ウエルマ城主側は、上述の三頭の雌馬のため［に、いかなる実力行使も行なわないこと］が条件となる(7)。

返還すべきムスリムの捕虜が未だウエルマに匿われているばかりか、三頭の雌馬の返還もまだ終わっていなかった。このために「一年間にわたって」相互の略奪行為を禁ずるとともに、もし何らかの違反が生じた場合、即座に補償を実施できるよう、都市ハエンとグラナダ宮廷との間で合意がなされたのであろう。一四七五年三月から二年間の王国間休戦が結ばれていたことを思い起こせば、この時点でちょうど満了までに約一年間を残している。つまりは、「境域」の西方部と同じく、王国レヴェルで締結された休戦を、都市ハエンとグラナダ王宮との間で再度確認するとともに、かつ個別の相互誓約でもって補強し合っていることになる。グラナダ宮廷で締結されたこの契約は、「二通の同様の証文に我々の名をここに記」す形式をとっている。これは本書の第一部で検討した、王国間休戦協定の証文作成方法と同じ形式である。

三月以降も、小規模な略奪の応酬は、決して途絶えることはない。しかし休戦が全面的に破棄される事態には至らず、たとえば六月一日の議事録にみられるように、二名のグラナダ臣民の捕虜と四名のキリスト教徒捕虜とを相互に解放し合うことで、和平関係は概ね維持されていた(8)。

(2) 一四七九年

一四七五年の末から、先の二年間にわたる休戦協定の満了を待たずして、はやくも休戦更新の交渉が始められた。都市ハエンでは、一四七六年の一月一一日付で、一四七七年三月から四年間にわたる休戦が事前に布告されている(9)。

しかし一四七七年四月の初頭、グラナダ王アブー・アル＝ハサンが、「境域」の東方部の中心都市ムルシアから北西約四五キロに位置するサンティアゴ騎士団領の前線拠点シエサ（Cieza）を急襲して占領、住民全員を捕囚するという大事件が起きた。これは、王国間休戦協定に対する明白な背信行為であったが、カトリック両王とグラナダ王との間で、損害回復交渉が粘り強く繰り返された。最終的に一四七八年五月、グラナダ王の「親友」でもあったカブラ伯ディエゴ・フェルナンデス・デ・コルドバ二世の仲介によって、再度三年間の王国間休戦が更新されるはこびとなった。一四七九年は、この王国間休戦協定が履行されている時期に該当する。

一四七九年初頭の議事録は残存していない。五月以降、対グラナダ関係に関する情報が多く登場し始める。五月七日の議事録から、カンビルとの捕虜返還交渉が進行中であることが分かる。同月の二一日、返還すべきムスリム捕虜が、ウエルマから出立したことが報告された。これに対して、当該ムスリム捕虜と、二名のキリスト教徒との捕虜交換が実施されるよう、カンビル宛に要請した。さらに同日付で、グラナダ大宰相、グラナダ最前線拠点イスナジョスそれぞれに書状を作成して、フェルナンド・デ・クアドロスが一名のグラナダ臣民を殺害してしまったため、この行為に対して補償として四〇ドブラを支払うことを伝えた。さらに同日には、グラナダ最前線拠点コロメラからの書状も到着し、二名のムスリムと三名のキリスト教徒との捕虜交換が無事に同地で実施されたことを知らせてきた(10)。

しかしこれらと同時に、別のグラナダ側拠点アレナスとは一触即発の事態に陥っている。九月二二日、改宗者（tornadizo）ゴンサーロ・デ・コルドバを含むムスリムの一団により、狩をしていたハエン市民が襲われて誘拐されたとの訴えがもたらされた。これを受けて都市当局は、足跡調査人二名に調査を命じるとともに、某ハエン市民の解放を要求するため、彼らにアレナス宛の書簡を持たせた。九月二四日、アレナスからこの件に関する返答がもたらされたが、アレナスの城主は、次のように抗弁する。一四か月前に捕らえられた者が未だに解放されておらず、さらに八日前には他の一名のアレナス住民が捕らえられた。ハエン市民の誘拐は、これらに対する報復措置であるとし、最後通牒を書面で突きつけてきた。

ハエンは戦争か和平か自らの望みを考えよ。彼［＝アレナス城主］には、塔と旗下のモーロ人以外に何もない。彼にその考えた結果を伝達せよ。既に一四か月の間、何の熟慮もされてこなかったのである。ハエンが戦争かあるいは和平を望むのであれば、ハエンが望むように、自身もそれを望む(11)。

略奪・誘拐に対する適切な「外交」的処置がとられない場合、一触即発の状況にまで至る。「境域」中央部で、これらを一括して解決するためには、グラナダ王国における「最高権威」すなわちナスル朝宮廷との直接交渉が必要となった。一〇月一五日、「いと輝かしく最上のグラナダ王の側近、収入役で上級通訳たる誉ある騎士サイード・アブド・アッラー（Çidi Abdalla Borriqueque）の面前にて、同都市と城砦の城主達との間での係争を提示」すべく、教区代表マルティン・デ・エスピノサが再度、都市グラナダへ赴いた。彼はグラナダ王宮廷での交渉結果を、一〇月一三日付で記した誓約文書を携えて帰還した。その冒頭は以下のように始まっている。

一四七九年一〇月初日、誉ある都市ハエンの教区代表マルティン・デ・エスピノサは、都市ハエンの書簡を携えて、また同都市ハエンとグラナダ王国のいくつかの都市と城砦との間に存する問題と議論を理解し、把握して解決し、また同時に、今から一年半前頃に締結された協約――この協定にはそれ以降に生じた問題に関して何事も取り決められていない――を理解するための権限をもってこの都市［＝グラナダ］を訪れた(12)。

「一年半前頃に締結された協約」が、カブラ伯ディエゴ・フェルナンデスの仲介で成立した、上記の三年間にわたる王国間休戦協定を指していることは間違いない。一四七六年と同じく、都市ハエンとグラナダ王宮廷とが「境域」中央部を代表する形で、頻発する日常的な越境騒擾を一挙に解決しようと試みたのである。都市ハエン当局は、一〇月一六日付でグラナダへの返書を作成し「我等はなすべき裁きをなし、全力で事態を調和させるべく努力することを誓う」と回答した(13)。

しかしそれでも騒擾は沈静化しなかった。一〇月二五日、都市アルカラ・ラ・レアル当局から、自市民が殺害されたとの報を受けとった。この足跡を境の「対岸」コロメラへ提出し調査を依頼するが、コロメラの返答は次のものであった。「それはアルカラ・ラ・レアルの市民アロンソ・デ・エステパと足跡調査人フアン・サンチェスの息子が一名のモーロ人を殺害したことに対する報復である」とし、「殺害を殺害でもって解決していくのであれば、それがよい。コロメラは農村であるものの、自分たちを守護してくださる「グラナダ」王を戴いているから」と強硬な態度を崩さない。これを受けてハエン当局は、訴えを送ってきた都市アルカラ当局に、事の顚末を伝えて、訴えを退けた。「もし上述の貴方がたの市民が殺害されたにせよ、思うにそれは貴方がた自身の責任である。なぜなら、まさに貴方がたの市民がモーロ人を殺害し、報復として市民が殺されたのであるから」自業自得であるとして、かつての殺人を放置していたアルカラ当局の責任であると通告したのである。こうすることで、同胞である都市アルカラ・ラ・レアルを、いわば見捨てる形で事態を決着させた(14)。

一触即発に至ろうとする時、逆説的にも「境域」民は、和平をより強く希求する。ハエン都市当局が、グラナダ側のカンビル、アラバール拠点に宛てた一一月一七日付の書状では、次のように情勢の安定化への望みが浮き彫りとなっている。

記憶なき時代から常にそうであったように、ウエルマへと行き来するウエルマ城主の領民達から貴方がたは怒りを被ることはないし、損害を受けることもない。またこの街道で、彼らによって、不本意なる事態がなされることもない。モーロ人はキリスト教徒によって、かつて常にそうであったように、十全なる愛、友好と安全をもって扱われるであろう。というのも、ウエルマ領民と城主の意志から、貴方がたは名誉を受け取るのであって、損害ではないのであるから(15)。

(3)一四八〇年

一四七九年に引き続き、先の三年間にわたる王国間休戦協定が有効な年である。同年の七月一四日、ハエンの足跡調査人は、グラナダ側のアレナス城主が解放を要求しているムスリムを誘拐した、キリスト教徒の下手人の足跡を受け取った。しかしそれを見失い追跡しきれなかったことを告白した。これを受けて、ハエン都市当局はアレナス城主ムハンマド・サマル（Mahomad Çamar）へ、さしあたり四日の間は報復を実行しないように請願した。更なる調査の結果、カスティーリャ側の都市アルカウデテへ下手人が逃亡していたことが判明したため、その下手人の捕縛と捕虜の返還をアルカウデテ城主に依頼した。この件は、最終的に八月二五日、アレナスとハエンとの間で捕虜の交換が実施されて、解決した模様である。

一〇月六日、足跡調査人は、誘拐された二名のキリスト教徒の足跡を境の「対岸」カンビルまで辿り、同地にて捕縛された二名を発見した。そこでこの件に関するカンビル当局の回答を携えて、さしあたりはハエンに帰還した。この案件も、同様に捕虜を相互に交換することで解決したと推測される。一二月においても、小規模な殺害事件と略奪行為、それに続く回復交渉が、ハエン、カンビル、アレナスの三者間で実施されている(16)。

「境域」中央部で展開された和戦の交渉模様は、次のように総括することが可能である。「境域」の中央部では、都市ハエンと都市アルカラ・ラ・レアルが、局地的な和戦の中核を担っている。対峙するグラナダ王国域では、宮廷都市グラナダが、交渉の代表となる。カスティーリャ側の都市アルカウデテや最前線城砦ウエルマ、グラナダ側に点在する小城塞（カンビル、アラバール、アレナス、コロメラ）は、自らの管轄領域内で騒擾が生じた場合、下手人と思しき足跡が向かっている「対岸」の拠点に情報を伝達し訴えでて、事態の解決を試みる。小拠点同士のミクロな「外交」で解決できず、相互間で略奪の応酬が深刻化する場合、都市ハエン、都市アルカラ・ラ・レアル、グラナダ王宮廷が、解決へ向けた筋道を見出すことで、休戦協定に違反する事件が解決されていたと考えられる。

第三節　大貴族の「外交」――フェルナンデス・デ・コルドバ家

王国間休戦協定を土台としつつ、これに地域間の個別的な誓約関係を重ね合わせる形で和平がさらに補強されて、域内での騒擾が個別に解決されていた。しかし和平の維持を担っていたのは、上述の二都市当局（ハエン、アルカラ・ラ・レアル）ばかりではない。アンダルシーアの最有力貴族としてコルドバ王国を統べるフェルナンデス・デ・コルドバ家門も、グラナダ王との個人的な友好関係を利用して、上記とは別枠で休戦関係を補強し、自領の保全を画策した。

カスティーリャ王エンリケ四世の治世末期に当たる一四七〇年前後、カスティーリャ王国全土は、政治的な大混乱に見舞われた。ちょうど同時期には、フェルナンデス・デ・コルドバ家門の内部でも深刻な党派抗争が生じている。カブラ伯ディエゴ・フェルナンデス・デ・コルドバ二世を中心とする党派と、アギラール家当主アロンソ・デ・アギラール（当主位一四五五〜一五〇一）を中心とする派閥の不和が頂点に達したのである。カブラ伯はグラナダ王と、アロンソはマラガで当時グラナダ王に敵対していたサッラージュ家とそれぞれ結託した。この結果、ねじれた合従連衡が「境域」中央部を舞台として発生した。

事の発端は、アギラール家の当主アロンソが、カブラ－バエナ家の当主ディエゴ・フェルナンデスの子息ディエゴを計略にかけて捕縛し幽閉したことである。ディエゴは解放された後、アロンソに対して決闘を申込み、自身の被った恥辱をはらそうとした。興味深いのは、この決闘の見届け人としてグラナダ王アブー・アル＝ハサンを、決闘の実施場所として都市グラナダを選択したことである。グラナダ王はその書状の中で次のように述べる。

> 彼［＝ディエゴ］の名誉のため、彼の請願を聞き入れて、上記のアロンソ殿と、彼に随行する全ての者らの身の安全を保障する書状を彼に送った。余は、上記のアロンソ・デ・アギラール殿と、元帥［＝ディエゴ］に対して、グラナダに君臨する余の面前にて、この書状の作成日時、すなわちキリスト教徒のいう、一四七〇年の八月一〇日に出頭するよう命じた(17)。

雪辱を果たそうと、ディエゴは定められた日に都市グラナダへと赴き、決闘を実施する準備の整えられた広場へと向かった。見届け人として任命されたのは、グラナダ宮廷の高官らであった。しかし結局アロンソは現れることはなかった。そこでグラナダ王は同日付で、決闘の裁決を下し、約定を遵守したディエゴを称え、出頭しなかったアロンソを侮蔑する書簡を作成した。

余は貴殿らに以下のことを述べ、宣言する。すなわち、アロンソ・デ・アギラール殿は自身の名誉も、身分［にふさわしき振舞］も遵守することなく、義務付けられたことを果たさなかった。彼は不実で臆病な騎士である。如何なる者も、彼と誓約したり、彼を信頼すべきではない。丁重に申し上げるのであれば、かように真実を果たすことのない人物である騎士に、人員を指揮して、都市や町、あるいは拠点を統治する権限を委ねることは、王の不名誉である(18)。

このグラナダ王を巻き込んでのフェルナンデス・デ・コルドバ家門内での諍いは、先の決闘の試みで終わらず、さらに流血の事態を招いた。党派抗争の続く一四七一年、「境域」の中央部では、王国間での休戦あるいは戦争とは全く無関係な事態が発生する。グラナダ王アブー・アル＝ハサンは上記のカブラ＝バエナ家当主ディエゴ・フェルナンデスとそれに追従する一族と都市のみと、個別に一〇年間という長期にわたる休戦関係を一二月付で締結して、アロンソ・デ・アギラールの党派と争った。この際には、次のような誓約文書が作成されている。

余の輝かしき家［＝グラナダ王家］は、貴方がたを平和裏に、また心から助力する契約を新たに結び、真実なる愛とともに、途切れることなき一〇年間にわたって貴方がたを優遇する。その始まりは救世主の時代一四七二年の一月初日であり、キリスト暦一四八一年一二月の末日に満了を迎える。［中略］抜きん出た騎士たちよ、同様に余は、秘密裏に、あるいは公然と知りえたことを、貴方がたの損害へと至らないために伝達しよう(19)。

カブラ伯ディエゴ・フェルナンデスは、確かに一四七五年と七八年において、王国間休戦協定の交渉の立役者となっていた。しかし彼は、グラナダ王との個人的な関係を利用し、カスティーリャ王国の全域が大混乱に陥っている時期、自身と自身の党派に属する領域のみの保全を試みた。管見の限りで、一四七五年七月二八日付、同年の一〇月一五日付でも、グラナダ王から親書がもたらされており、都市アルカラ・ラ・レアルの城主を兼任するカブラ伯との間に生じた微細な騒擾を解決するとともに、両者の友好関係を再確認している(20)。

当然ながらこの影響は、カブラ伯の党派に属する者の支配する地域領民にも波及していかざるをえない。一四七一年頃、グラナダ側から略奪遠征が実施されて、都市アルカラ・ラ・レアルの牧人三名と薪取り人七名が誘拐された。しかし彼らは即座に解放される。なぜなら「彼らは、アルカラとアルカウデテの出自であるとのことであり、両都市とモーロ人とは和平のみならず、非常に緊密な友好関係を保っていたから」であった(21)。

このように「境域」中央部では、グラナダ王といえども、カスティーリャ側の貴族同士の利害関係の中に巻き込まれる地域的な一要素でしかなかった。当然ながら、後背地に君臨するカスティーリャ王がこれに関与することはできなかった。

王国間休戦によって完全な和平が維持されるわけではない。しかし、それが存在しないからといって、即座に全面的な戦争状態に陥ることもない。とはいえ、地域間の和平維持の努力によっても、利害の不一致によって、分断された局地的な平穏しかもたらされない。それでも、「境域」に位置する各都市当局や各拠点当局、キリスト教徒の有力貴族やムスリムの城主、そしてグラナダ王宮廷は、日々、可能な限り騒擾の解決に尽力していた。

第十四章　和戦を個別に担う「境域東方部域」
——一五世紀後半を中心として

第一節　ムルシア王国における和戦の地域化

一三世紀の半ばにカスティーリャの版図へと吸収されたムルシア王国は、対グラナダ「境域」の東方部を形成した。当該域の国境線は、一三世紀からナスル朝が滅亡する一五世紀の末に至るまで、微細に変動するのみで、大きな変化を被らなかった。都市ロルカが最前線での中心拠点であり続け、一五世紀の前半に新たに獲得された小城砦ヒケナやサンティアゴ騎士団領カラバカ、モラタリャなども前線の防衛を分担して担当していた。この最前線の防衛網の後背に位置する中心都市ムルシアや地中海岸の都市カルタヘーナも、日々生じる略奪・侵入行為から逃れることはできなかった。同じく、アラゴン連合王国領の最南端に位置するオリウエラ行政管区は、陸路の境でナスル朝と接していないものの、「境域」に特有の越境騒擾事件に頻繁に巻き込まれている。これに対峙するナスル朝域では、ベラを中心として、ウエルカル、ベレスなどの諸拠点が最前線を組織した(1)。

西方部「境域」と同様に、東方部においてもカスティーリャ王という「中心」からは疎遠であり続けた。この地政学的な要因によって、当該域の有力者同士の間で取り交わされたミクロな地域間和平協約が、既に一四世紀で確認される。これは、幼少のアルフォンソ一一世の摂政ペドロとファンが、グラナダ沃野で両名とも戦死した後の政治的混乱期（一三二〇年代）にみられる。一三二一年七月二一日付、一三二三年六月二三日付、一三二七年五月二一日付、一三二八年一月一〇日付、一三三〇年七月五日付の五つの書状から、当時ムルシア王国の総督としてアルフォンソ一一世に反抗を繰り返していた王族ファン・マヌエルが、ムルシアとロルカの両都市当局を巻き込んでグラナダ側の拠点との間で個別に休戦関係を維持していた(2)。

さて、一五世紀半ばに移って一四四五年の五月一一日、グラナダ側の中心拠点ベラの城主として新たに赴任したアラベス（アル＝アッバースか？ Allhabes Aben Humayt）は、ロルカ城主アロンソ・ファハルド宛に書簡を送付した。自らの新規着任を報告するとともに、王国間休戦協定が有効であるにもかかわらず、アルボクス（当時カスティーリャ領）の者らが実施し続けている不法な略奪行為に対する不満を述べて、この件に対する善処を求めた(3)。

同年の九月二二日、ロルカ城主アロンソ・ファハルドのもとへ、再びベラ城主から書簡が届く。「もし事態の収拾を行なわなければ、この地で互いに大きな損害が生じるであろうから」、騒乱が続いている最前線の都市拠点同士、すなわちロルカとベラとの二者間で直接の会合を持ち、捕虜の交換を実施することを提案した(4)。

さらに月日は不明であるが一四四五年、同じくベラ当局からアロンソ・ファハルド宛に書状が送られ、略奪の停止と損害の回復を語気を強めて要求している。ベラ当局は、解決が両拠点間の直接交渉でももたらされない場合、グラナダ王への上訴すら厭わないと、次のように匂わす。

　我等のモーロ人の返還を命じて、平和に暮らすように通告することを切に願うものである。もしそうでないならば、我等が主たる国王にこの件の処断を願わねばならない。貴方がたの返答を待ち、我々に信書による返答を考慮するよう望む。そして貴方がたへの愛のゆえに、ムルシア王国に対する損害を［与えることを］我々が望んでいないことを神はご存知である。もし何か我々に命じるのであれば、その準備は整っている(5)。

この問題を解決したアロンソ・ファハルドは、一年間にわたるロルカ・ベラという二拠点を軸とする個別の地域間休戦を締結するに至ったと考えられる(6)。

一四四八年には、越境「外交」に関する三通の書状が残存している。王国間で休戦が履行されているにもかかわらず、都市ムルシア域内から八名のキリスト教徒が誘拐された。ムルシア都市当局は、ユダヤ人あるいはムデハルと考えられるヨセフあるいはユースフという名を持つ人物を使節に任命して、グラナダ王宮廷に直訴した。これを受けとったグラナダ王ムハンマド九世は、ムルシア宛の返信をしたため、次のように対処したことを述べる。「上記の貴方がたからの書簡を受けとってすぐに、余は東方境域の全てに命令を発して、先の誘拐の調査を命じた。彼らがどこに軟禁されていようとも、解放することを請け合う」。グラナダ王から命令が発せられた後、捕えられているキリスト教徒の人名と出自が早々に特定されて、最前線領域の城主らに調査と返還が厳命された。この後で、グラナダ王の側近サアド・アル゠アミーンは、処置が既に実行されたことを伝達すべく、返答をムルシアへ送付している(7)。

一四五〇年の末から翌年にかけて、東方部は防備命令、略奪行為の停止命令と損害の回復交渉をめぐり、多くの情報が飛び交っている。一四五〇年一二月二二日、グラナダ王が三〇〇〇名の騎兵を引き連れて、都市ロルカへ侵攻を計画しているとの情報がもたらされた。このため、警戒態勢を採るようロルカ当局は命令を発した(8)。この報せは誤報であったが、隣接するグラナダ側拠点ベラでは、当時不満が高まっていた。一四五一年一月一八日、ベラ当局は、ロルカへアラビア語で記された書状を送付した。ロルカ当局はこの書簡を「自身の言語へアラビア語書記（escriuano de lo morisco）、サファド・ディアス（Çafad Dias）に命じて翻訳させた。翻訳の後、この書簡にかの都市［ムルシア］とこの都市［ロルカ］に対する不満と要求が列挙されていたため、この件に関する使節を派遣して、書簡に含まれているところの案件を［ムルシアへ］知らせなければならない」と判断し、同日付で後背の拠点都市ムルシアへ情報の伝達を行なうことを決議した(9)。

三日後の一月二一日、再びベラ城主アラベスから都市ロルカへ書状が到着する。アルボクス（再びグラナダ王国領となっていた）から領民が誘拐されたことを通告した後、語気を強めて次のように続ける。

ご存知の通り、私［＝ベラ城主］は和平を遵守しており、いまや新たにムルシア都市当局と我が「兄弟」アロンソ・ファハルド殿の署名入りの書簡を手にしており、彼らは我々に与えられるであろう全ての損害を請け合っている。［中略］貴方がた、そしてアロンソ・ファハルドへの愛のゆえに、ムルシア王国と戦争することを私は望んでいない。我々のうちの半数は［戦争に］同意しているとはいえ、私は「兄弟」アロンソ・ファハルドの書簡を見て、この案件の進捗状況を知るまで、いかなる動きも起こすつもりはない。彼に伝達し、来訪もしくは書簡の送付でもって、彼が意図するところについて述べるように。この案件を解決するつもりがあるのか、それとも悪化するに任せるつもりなのかを知らせ、彼と貴方がたの態度を私に知らせるように。私はこの案件に対して彼と貴方がたの態度を聞くまで、動くことはない(10)。

ベラ城主の発した書簡内容からは、次のことが把握できる。既にロルカ城主アロンソ・ファハルド、ムルシア都市当局と拠点ベラという三者間で、騒擾の解決へ向けた交渉が別個に開始されていた。しかしベラ城主アラベスは、個人的な友好関係があったのであろうか、「兄弟」とまで親密さをこめて呼ぶアロンソ・ファハルドとの個別交渉を最も重視しており、彼の結論を聞くまで報復を行なわないと述べる。一方、この書簡の別箇所でアラベスは次のように吐露する。「我々は確かに総督が我々との開戦を宣言したことを伝え聞いたが、神にかけてこのことは問題ではない。というのも彼と対峙することはできる」(11)と述べている。アロンソ・ファハルドの従兄弟で、同じくムルシアの最有力貴族ファハルド家門に属する、ムルシア総督ペドロ・ファハルドとの関係悪化が同時並行的に生じていることが分かる。このような個別和戦の錯綜は、先にみた「境域」中央部で生じたフェルナンデス・デ・コルドバ家門の「お家騒動」を髣髴とさせるものである。

ファハルド家門と各都市当局が個別にベラとの和平交渉に尽力する中、一四五一年一月二五日と一月二七日のムルシア都市議事録によれば、再びグラナダ側で大規模な侵入計画が進行中であるとの情報が飛び交った(12)。最前線都市ロルカ、後背の中心都市ムルシア、そして前者の城主アロンソ・ファハルド、後者を統治する総督ペドロ・ファハルドの利害が交錯する形で、事態は一触即発に至りかけた。

二月六日、ロルカ都市当局は、ムルシア宛に交渉の現況を伝達するための書状をしたためる。既に使節をグラナダ王国域に派遣して個別に交渉を実施したことを報告し、「交渉の結論として、彼らは我々に、金曜から八日以内に、和平もしくは戦争の一致した意志でもって、そしてここに記すには長すぎる様々で長い条件付きでもって、我等そして貴方がたに回答を求めてきている」ことを伝えた。「時間は非常に短く、もし次の金曜を返答せずに過ごし、我等と貴方がたの間で戦争と損害に解決策を見出さなければ、彼らが公式に戦端を開くであろう」ことを、ロルカは何よりも恐れていた(13)。

しかし都市ムルシアとムルシア総督ペドロ・ファハルドに都市カルタヘーナが加わった三者は、アロンソ・ファハルドが治める都市ロルカを除外して、事態を改善させようと画策していた。同年の二月八日にカルタヘーナ都市当局は、ベラへ個別に使節を派遣して、両都市間の和平を締結してしまう。五月一八日、ムルシア都市当局も個別和平への道筋に合意し、ベラと捕虜返還の交渉を開始した(14)。

六月一〇日、総督ペドロ・ファハルドは、都市ムルシア市民の二名アルフォンソ・マルティネスとアルフォンソ・ヌーニェス・デ・ロルカを使節に任命し、地域間の和平協約の交渉権限を次の文面で委譲した。

私［＝ペドロ・ファハルド］と都市ムルシア、都市カルタヘーナ、私の都市、拠点、そしてムルシア王国、カルタへーナ司教区内の他の都市と拠点のため、両名に、貴方がたにとってよかれと思う和平、休戦、そして契約を、偉大で強大なるグラナダ王、彼の王国のモーロ人、誉れある騎士で都市ベラの長アラベス、そしてグラナダ王から権限を委譲された他の騎士や人々と、この案件によかれと思う期間、条項、保障、義務［を考慮し］、書面において交渉、実践、締結、署名、授与、決定そして誓約する権限を授与する(15)。

八月四日、都市ムルシア当局はグラナダ王に書状を送り、ベラ城主の権限によって個別の和平協約が既に締結され、双方の側がこれを遵守することで一致したことを事後報告した(16)。しかしながら、この地域間休戦から除外されたことに激怒したロルカ城主アロンソ・ファハルドは、八月一一日付と思しきムルシア宛の書状で、休戦が一〇月の末日まで延長された旨を伝えるとともに、ムルシアとカルタヘーナによって個別になされた和平に不満を募らせている。都市ロルカとその城主アロンソ・ファハルドも、ベラと個別に休戦を模索していたのであろう(17)。

以上の錯綜する経緯からは、ムルシア総督ペドロ・ファハルド、ロルカ城主アロンソ・ファハルド、そして各都市当局が、グラナダ王から全権を委任されて東方境域で事実上の長を務めるベラ城主アラベスと、個別に、また自らの利害に則って地域間休戦の交渉を行なっていることが分かる。彼ら当事者らは、やはりカスティーリャ王や、グラナダ王宮廷の動きとはさほど関わりなく、和平維持を模索していたのである。

さて一四五二年、ペドロ・フェルナンデス・デ・コルドバが「全権大使」を務めて、五年間の王国間休戦協定が締結された。各拠点当局がグラナダ側へ「確約状」を送付したことは既に述べた。しかし一四五三年五月二五日、ロルカ城主アロンソ・ファハルドは、都市ムルシア宛に「モーロ人と私は全き戦争状態に置かれており、戦争に関わる以外に中間は存在しない」と伝える。王国間休戦協定を遵守するのも、あるいは局地的に破棄するのも、「境域」の当事者次第であったことを、今一度強調しておきたい(18)。

一四五一年の経緯でうかがい知ることのできたペドロ・ファハルドとアロンソ・ファハルド両名の確執は、一四五〇年代の後半になると、さらに悪化していった。後者は、グラナダ側と結託する道を選択する(19)。この「背教行為」を憂慮したカスティーリャ王エンリケ四世は、一四五八年六月四日付で都市ムルシアへ書状を発し、アロンソ・ファハルドに追従して勝手にグラナダ王国と和平を締結しないようにと警告を発している(20)。

この家門内の確執は、アロンソが敗北することで終結した。一四六〇年四月一五日から一年間の王国間休戦協定が締結されたが、これが満了を迎える直前の一四六一年三月二四日、ムルシア総督ペドロ・ファハルドは、ロルカ都市当局に「グラナダ王とモーロ人、グアディクス、バーサ、ウエルカル、ベラ、ベレスや他のこの境域の長、都市、拠点と、彼らにとってよきように、そして我等が主君たる王と善への奉仕、また彼の王国と地域の同都市ムルシアと、先に記載した都市や拠点の和平と平穏に利すると思える条件、条項、方策、形式、そして罰則、態度、誓約でもって、当面の休戦と戦争の停止を話し合い、交渉して締結することができる」権限を委譲した。都市ロルカは、グラナダ側と結託したアロンソに与することなく、おそらく都市ムルシア、総督と既に和解していたのであろう。こうしてロルカを含めた「境域」の東方部全域で、満了をまもなく迎えつつある王国間休戦協定を更新する形で、地域間和平協約の交渉が始まった(21)。

しかし、やはり「境域」当局らの平和への想いにもかかわらず、頻発する略奪行為への対処に彼らは苦慮した。一四六三年二月二八日付で、八か月の王国間休戦が締結をみたものの、同年の九月に都市ロルカ当局は、総督ペドロ・ファハルド宛に陳情した。「既にご存知の通り、モーロ人に対して我等は休戦と安全を授与した」にもかかわらず、都市ムルシアの者らが不正な侵入行為を行なったため、グラナダ側の民がこの騒擾の損害回復を望んでいることを伝達したのである。九月二五日、再びロルカはムルシア宛に書簡を送って、ベラとの間で捕虜返還に関する協議を開始すると伝える。王国間休戦協定の満了後を好機をとらえたのであろうか、総督ペドロ・ファハルドとムルシアの者らは、グラナダ領域の城砦ウエルカルへ襲撃を実施した。この事態に、一一月一九日、都市ロルカ当局は強い憂慮を示している(22)。

一四六九年、カスティーリャ全王国規模で生じた政治的混乱の最中、ビリェーナ侯ディエゴ・ロペス・デ・パチェコが「境域」東方部の情勢に介入してきた。彼はムルシア総督ペドロ・ファハルドに対抗する形で、「レトゥルからカルタヘーナまで」つまりは「境域」の東方部のみの限定的な地域間和平を模索して締結した。この地域間休戦のグラナダ側の「全権大使」はプルチェーナ城主、ウエスカル城主、ベレス城主、バーサ城主そしてベラ城主の四者であった。彼らは三年間という例外的な長さの地域間和平協約を締結するに至る(23)。

さて、ここまで検討してきた「境域」東方部の状況は、次のように総括できよう。やはり状況は、既にみた「境域」西方部と類似しているといえる。グラナダ側では、多くの和戦の交渉で、ナスル朝宮廷という「中心」が直接携わるのではなく、東方部の最前線拠点ベラの城主が主導権を発揮している。カスティーリャ側では、何よりも都市ロルカが最前線拠点として、上記のベラ城主と情報の直接交換を行ない、これを必要に応じて後背地に位置する諸拠点に伝達していた。繰り返すが、もうひとつの「中心」たるカスティーリャ王権が直接に関与してくることは少なかった。

ロルカ－ベラ間を軸として、戦争あるいは略奪侵入と損害回復交渉とが並行してなされ、地域間休戦関係が生み出されていった。なおこのことは、近世スペインの一紛争文書からも立証できる。一六世紀の半ばには、都市ロルカと、「レコンキスタ」が完了して既にカスティーリャ王国領となった都市ベラとの間で境界確定をめぐる係争が勃発した。この係争文書において、ベラのモリスコ証人が、自身の若き頃の体験を語っている。

証人の年齢から推測するに、おそらく一五世紀の後半頃であろうか、「この証人が二〇歳くらいの頃、都市ベラとロルカとの間に和平が存在したのをみており、これはモーロ人がキリスト教徒とともに、双方の間で侵入や略奪遠征がなされないように提案したものであった」(24)と証言する。このロルカ－ベラ間の和平関係が維持されている最中、ロルカの騎兵長ファン・レアルが、ナスル朝領域の重要都市アルメリーアへ向けて侵入を働いた。この途上で、ソルバス村落から三名のグラナダ領民を誘拐して連れ去った。これを受けてソルバスは、二名の村民をベラに派遣して、この事実を城主に訴え出た。ベラ城主は、都市ロルカへ先導人（ajea）を派遣して彼らの返還交渉を行ない、見事この三名を解放させることに成功した。このように過去の体験を語っている。捕虜返還交渉を担当したベラの「先導人は、この［ソルバスの］モーロ人らが都市ロルカとベラとの間に締結されていた和平領域内で連れ去られていたため、いかなる身代金も支払うことなく、連れ帰ってきた」(25)。ベラとロルカという二都市を軸として締結された、相互の捕虜返還規定を盛り込んだ地域間休戦について、このように証言しているのである。

第二節　オリウエラにおける和戦の地域化

和戦は「境域」の当事者同士の問題として認識されていた。必要に応じて地域間で個別の和平関係を、境の「対岸」と模索していった。このような状況は、アラゴン連合王国の最南端領域オリウエラ行政管区でも同じであった。オリウエラもまた、アラゴン王とナスル朝君主という双方の「中心」の間で締結された王国間休戦協定に信頼を置かず、自身の利害に則って、「親密」な関係をグラナダ側の東方部拠点と維持した。本節では、一五世紀における都市オリウエラとグラナダ側との和戦の相貌を分析していきたい。本節では、これまでも本書で用いてきた『オリウエラ編年史』を用いる。同編年史は、一六世紀に編纂されたものではあるが、都市議事録の抜粋を多く再録しているため、非常に有益な史料といえる。

さて、一四一五年、グラナダ側からオリウエラ領域への侵入がなされた。オリウエラ都市当局は、都市グラナダへ捕虜返還交渉人のペドロ・トマスを直接派遣して、捕虜解放の交渉を担当させたものの、失敗した。そこでオリウエラ当局は「正当なる権利」として報復を実施して、ベレスの管轄域で二名のムスリムを誘拐した。しかし撤退の際に、カスティーリャ王国域の拠点カラバカを通過してしまった。誘拐を被ったベレスは、足跡をたよりに、このカラバカに対して報復を実施した。理由なく報復攻撃を受けたカラバカの民はオリウエラへと侵入し、さらに報復を実施した。この経緯からも分かる通り「キリスト教圏対イスラーム圏」という図式で侵入が実施されていたわけではない。あくまで各拠点と、その管轄権の及ぶ範囲で、報復行為が繰り返されているのが分かる(26)。

一四一七年にも、同様の事件が生じた。前回と同様に、オリウエラの捕虜返還交渉人ペドロ・トマスが都市グラナダへ派遣されることに決定した。しかしこの際、彼はオリウエラ「当局がグラナダ王に宛てた書簡を携え［中略］またベラ城主とその当局に宛てた別の書簡も持参した。というのも、ベラの者らがオリウエラとの和平を望んでいたからである。そこで和平の締結をペドロ・トマスに一任し、交流と友好が両都市の間に維持されるようにと命じた」(27)。オリウエラの側もまた、ベラとの地域間休戦関係を強く望み、交渉の切り札として、ちょうど同時期に海からの掠奪行為で捕らえていた四名のグラナダ臣民の即時解放を提示した。彼ら四名の氏名と出自を調査し、ベラに滞在して交渉中であったペドロ・トマスのもとへ、この情報を迅速に伝達する。しかし、交渉がカスティーリャの最前線都市ロルカをも含んだ形で、三者間の和平協定へと結実しようとしていたまさにその時、都市オリウエラの住民が勝手に侵入行為を試みてしまった。再びカスティーリャ王国域のカラバカが、咎なく報復の矢面に立たされた。カラバカはオリウエラに被った損害の回復と下手人への懲罰を要求してきた。これを迅速に解決したオリウエラ当局は、ベラが実施しようとしていた報復、すなわち「実力行使（marcas）」の抑止に成功して、地域間和平が正式に成立するに至った。しかしここで非常に興味深いのは、以下の情報といえる。

> そして［アラゴン］王の命令が来るや、［オリウエラ］当局は、ベラの者らに事の顚末を伝え、ペドロ・トマスが彼らと締結したところの和平が遵守されることに喜んでいると報告した。さらに［和平協約条項へ］ひとつ条項を付け加えた。すなわち、もし王達が開戦を命じたならば、事を起す一五日前には、そのことを伝達せねばならない、と(28)。

アラゴン王という自身の属する「中心」に報告を怠ることはなかったものの、オリウエラは和平締結の主導権を、実質上握っていた。締結とその遵守に関し、アラゴン王権の正式な許可が下りた時点で、オリウエラは即座にナスル朝域の拠点ベラに経緯を伝達した。しかし、地域間で一定の「共存」をさらに強固なものにするべく、両王国の「中心」同士でもし開戦が宣言された場合、事前にその情報を共有することで一致している。オリウエラもまた、「境域」社会として「中心」とは異なる次元で、公的な戦争行為を認識していたといえよう。「境域」で繰り返される小規模な戦争や、略奪行為の応酬に比べて、「中心」同士の宣言する戦争では、当然ながら損害が大規模に発生する可能性も高い。この損害を最小限に食い止め、互いに生き残りを図ろうとする点で、両側の最前線の民は想いを同じくしていたのではないか。

一四一九年の経緯も同様である。休戦が維持されていたにせよ、小規模で突発的な襲撃（salteamientos）は避けられない。ベラが襲撃を実施したため、オリウエラはこれに抗議し、両都市間で局地的な戦争が宣言されるに至り、オリウエラ側から更なる報復攻撃がなされた。興味深いのは、局地的な戦争状態に突入する際、「オリウエラは、ベラとその支配領域との間で締結されていた、相互の誘拐の禁止協定を破棄した」と記述されている点である。この後、カスティーリャ側の都市ロルカ、グラナダ側の拠点ベラ、そしてアラゴン側の都市オリウエラという三者の間で、和平の回復交渉がもたれた。早々に彼らは「かつての相互捕囚禁止協定（la amistad pasada de no cautivarse）」に回帰するのが最善であるとの点で一致している(29)。こうして最終的に、ロルカの仲介でベラとオリウエラ間の全面戦争が回避されて、地域間和平の再締結へと至ったと考えられる。地域間和平の内実について、一四三二年の箇所では、「両都市間の和平が存在しており、オリウエラ側はこの行政管区域からベラへの捕虜獲得のための侵入を禁じている」と述べられている(30)。

カスティーリャ＝グラナダ「境域」の動静と同じく、拠点同士で締結される地域間休戦は、王国間で協定が履行されていない時期であろうとも模索される。一四四〇年、ベラ当局はオリウエラ当局宛に以下の書状を送った。

ベラとオリウエラとの間の和平遵守のため、同行政管区の民が略奪した三名のモーロ人を解放し、八五ドブラを補償するように。というのも我等は、両王の間に和平が締結されていないにもかかわらず、既にオリウエラから強奪されていたものの全てを返還しているのであるから(31)。

彼らは、王国間休戦協定がアラゴン王とグラナダ王との間で締結されていなかったにもかかわらず、双方向に繰り返される略奪や誘拐で生じた損害を補償し合い「ベラとオリウエラ間の和平」のために尽力している。相互に捕囚を禁ずる地域間休戦関係は、カスティーリャ王国に属する「境域」東方部の拠点をも巻き込んで成立した。同じく『オリウエラ編年史』は、一四二一年の事跡として次のように記述している。「王の和平、そしてベレスがカラバカと締結しているところの和平（la paz de los Reyes y la que tenía Vélez con Caravaca）」という表現は、王国間休戦と地域間の個別休戦とが、別個のものとして認識されていたことを明白に示している(32)。

『オリウエラ編年史』の記述分析から判明することを整理すると次の通りとなろう。まず、オリウエラの交渉相手は、やはり多くの場合、ベラであった。ベラは、オリウエラ当局がグラナダ王と直接交渉する場合にも、その窓口の役割を果たしていた。たとえば一四五〇年、オリウエラが都市グラナダへ捕虜返還交渉人の派遣を決議した際、ベラ城主アラベスにそのことを事前に伝達している。これに対しアラベスは、ナスル朝君主の代理として、グラナダ王国領内の通行の安全を保障すると返答している(33)。次に、騒擾がグラナダ領域ばかりか、カスティーリャ王国の「境域」東方部をも巻き込む形で、複雑に展開している点である。ロルカやカラバカといったカスティーリャ側の最前線都市拠点、ベラやベレスといったグラナダ側の最前線拠点、そしてアラゴン側の都市オリウエラの各々が、それぞれの領域内から個別に略奪を実施するため、時にはカスティーリャとアラゴンというキリスト教徒勢力同士の間で報復行為が展開した。しかし他方で、王国間休戦が存在せずとも、個別に和平を確認しあって、地域的な枠内で捕虜を相互に解放することで友好関係を保とうとした。相互の捕囚禁止協約を核とする地域間休戦関係は、少なくとも一四七四年という「レコンキスタ」完了の直前まで、何の疑いもなくベラとオリウエラとの間で維持されていた(34)。

さて、本章までにおいて、「境域」を地域ブロックごとに分割して検討し、この各々が、自身の戦争と平和を、自らの主導で行使するさまを詳細に分析してきた。騒擾が頻発して、暴力が連鎖反応を起こして拡大していくものの、その抑止のために、徹底した当事者主義がとられる。抑止を図るために個別に報復が試みられ、しかし損害の回復を図るために交渉が継続されて、宗教を超えた協働すら生じていた。戦争と平和は、「境域」で渾然一体となって、分かちがたく連関していくといえる。これは、「中心」が発動しようとする戦争や平和と大きく異なるものであったといえる。

第十五章　和戦を慣習化する「境域」

　これまで、史料の充実している一五世紀の後半に概ね焦点を絞りながら、「境域」をめぐり展開されたミクロな和戦の相貌を分析してきた。カスティーリャ側、グラナダ側の双方の「境域」住民は、カスティーリャ王、ナスル朝君主という二つの政治的な「中心」から発せられる命令に時に反抗して、双方の「境域」同士で局地的な戦争と平和を繰り返していた。しかし、このいわばミクロな和戦のやりとりは、一五世紀の後半に突如として誕生したのであろうか。二五〇年の長きにわたり王国間レヴェルで休戦関係が優位を占め、戦端が開かれたにせよ一進一退をみせる、この「静態的な境域」で形成された社会では、境の向こう側の隣人と接触を繰り返さざるをえなかった。この結果、ある一定の慣習が双方の地域社会で共有されていった。共通の利害に基づいた、このような慣習が共有されていたからこそ、前章までで検討してきたような、地域的な境域「外交」を問題なく維持できたのではないか。

「境域」ならではの諸慣習を本章で今後分析していくにあたって、まずこれまでカスティーリャ＝グラナダ「境域」の特質として議論されてきた二つの社会論、すなわち「戦争遂行型社会」論と「平和維持型社会」論との間で展開されてきた二者択一的な議論への疑義をいま一度示しつつ、「境域」では、どのように戦争と平和が複合的に展開されていたのかを、具体的な事例を紹介しつつ再確認する。続く次章にて、和戦の複合状況から生み出され共有されていった「境域」ならではの諸慣習を個別に検討しながら、最前線に居住する民のみせる振舞の基準とはどのようなものであったのかを考えていきたい。

第一節　和戦の混在と逆転

「戦争遂行型社会」であり「平和維持型社会」でもあった「境域」は、局地的な和戦を繰り返すことで分断されて、個別的な接触を境の「対岸」と否応なく繰り返した。この過程で、戦争と平和の境界が極度に曖昧になっていかざるをえない。先に挙げた戦争あるいは平和のそれぞれを特徴づけていると考えられてきた事象が、混じり合って連関するばかりか、さらに逆転現象すらみせていく。平和は戦争を誘発し、戦争は和平をむしろ強めさえするのである。「境域」で一四世紀の後半以降に台頭してくる在地の大貴族は、自身の存立基盤を戦争の殊勲に置いていた。しかし彼らは王権の代理として、王国間レヴェルの休戦協定の交渉で活躍し、さらにミクロな地域間和平の維持の立役者でもあった。この事実自体、戦争から平和への逆転を端的に象徴しているといえる。前章までで詳述してきたように、中小貴族の支配する都市や拠点においても状況は類似していた。彼らもまた、各々の都市や拠点で戦争と防衛を担当することで、自らの寡頭層としての地位を正当化していく。しかし他方で、彼らで構成される都市参事会は、膨大な数にのぼる和平維持の折衝を常に境の「対岸」と維持していた。

(1) 戦争から平和へ

「戦争遂行型社会」では、「境域」の小競り合いに順応した兵が活躍する。前線の都市や拠点の当局が、王国間休戦と地域間休戦の維持に苦慮する一方で、地の利を知悉する騎兵長、歩兵長、そして何よりアルモガバルらは、当局の努力を考慮することなく、頻繁に不法な侵入を繰り返した。アジールを機能させる「殺害犯特権」を期待して最前線へと流入する「ならず者」らが、平穏を希求する民の悩みの種となった。しかし、管理しえない越境暴力を象徴する彼らは、時に和平維持の尖兵としても史料に登場してくる。

騎兵長や歩兵長は小規模な略奪遠征団を先導して統率した。そのため「敵地」の地の利を知っておかねばならない彼らには、境の「対岸」、すなわちグラナダ領域から越境してキリスト教へと改宗した者達が多く含まれていたと考えられている。故地で何らかの問題を抱えるか、あるいは自発的に境を越えてキリスト教へと改宗した彼らは、当然ながら故地であるナスル朝領域の地形や集落に関する情報を知悉しているばかりか、アラビア語を流暢に用いることもできた。「境域」の大貴族や都市当局のもとで、これらの役職に抜擢された彼らは、雇い人の意に沿って活動することを求められもした。彼らは地域的な「外交」使節として、和平維持交渉の役割を担うに適任でもあった(1)。

都市拠点が報復のために略奪を計画する場合にはその意に従い、逆に和平維持への尽力を求める場合にも、同じく彼らは活躍した。たとえば、既にみた一三七四年一〇月七日の都市ムルシア議事録では「歩兵長たるアルフォンソ・モンブルンと他の多くのよきロルカ市民」が、七名分のムスリムの首級を持参したため、彼らに褒賞として一〇〇〇マラベディが支給されている。これは和平にもかかわらず領域侵犯を試みた者の足跡を辿って、迎撃に成功したということである。確かに一面においてこれは、賞金稼ぎを目論む「ならず者」の活動である。しかしその行為は、結果的に暴力を介した和平維持へと結実している(2)。

彼らが、より直接的に和平維持交渉に関与していく事例もある。一四五一年二月六日、「境域」東方部の都市ロルカ当局は、ムルシアとの協議を重ねて、グラナダ域との和平維持交渉を続けていた。「この地域の和平と安寧の案件に関する」使節のひとりは「騎兵長ペドロ・サンチェス・メリャード」であった(3)。地の利を知悉し言語の仲介役としても活躍する彼らは、地域間の平和維持のため定期的に実施されるグラナダ側諸拠点との対面協議でも登場する。一四七一年七月、都市ヘレスとビリャルエンガ渓谷村落群との間で生じた騒擾について議論して対応を協議するための場で作成された文書に、「騎兵長フアン・デ・サンティアゴ」が証人欄に登場する(4)。

奇襲と略奪行為に特化した歩兵アルモガバルは、史料には散発的にしか登場してこない。そのため、彼らの出自をはじめとする情報は極めて不足しており、具体像は未だ謎に包まれている(5)。とはいえ、騎兵長や歩兵長と同じく、地の利に明るい人物が求められたため、改宗者、あるいは「殺害犯特権」による恩赦を受けた「ならず者」を中心として組織されていたであろうことは、容易に推測できる。彼らは、休戦協定や地域間で維持されていく和平時には不法な暴力を行使して民や当局から忌み嫌われた。他方で当局のもとで適切に雇用された場合、彼らは和平の維持管理者へと姿を変える。

カスティーリャ王国の内戦期にあたる一三五九年五月一四日、カスティーリャ王ペドロ一世自らポルトガル、グラナダからの援軍を引き連れて、アラゴン王と戦争をするべくムルシアへ進軍してくるという噂が「境域」に飛び交った。アラゴン連合王国領の都市オリウエラ「当局は、［行政官の］ラモン殿と教区代表に対して次のことを命じた。すなわち、危険な箇所に駐留して情報収集を行ない、穂刈り農夫らを守護すべく、アルモガバル達を出来る限り組織するよう」決議した(6)。同様に内戦期の一三六四年七月頃、カスティーリャ王の盟友であったグラナダ王ムハンマド五世が、二〇〇〇名の騎兵でもって侵攻を開始するという報せがもたらされた。そこで都市オリウエラ「当局は、数名のアルモガバルをグラナダへ派遣して、真実を調査させた。彼らは一名の騎兵を捕らえて帰還した。この捕虜は、カスティーリャ王が援軍要請をしたのは事実であると語った。グラナダ王は自身の側近を招集したものの、彼らはそれに同意しなかったため、怒り心頭の王は彼らの給金を没収し、五〇〇名たらずの十分に武装されていない者達だけを派兵したとのことであった」(7)。

このように、アラビア語も使いこなせたアルモガバルは、自身の仕える当局からの命令の下で、諜報活動を担っていた。情報の収集は、軍備を適切に整え、不当な暴力に備えることにも繋がる。結果として「境域」で日々生じる不必要な混乱を抑止し、民に平穏をもたらすことに繋がった。

さらには暴力の抑止のため、人口過疎に悩む「境域」は、新たな暴力を引き起こすことになる危険性を理解しつつも、有事においては罪人すら利用した。一四一九年、グラナダ側との局地的な戦争状態に陥る危険性が高まった時、「都市［オリウエラ］は戦時体制に置かれ、アルモガバルや若人を確保するべく、［行政官］代理は全ての罪人と債務者を組織した」(8)。暴力の担い手は、和戦の境が極度に曖昧になる「境域」においては、暴力の抑止役としても活躍できた。暴力は、当局の意に沿う形で統制されるのであれば、平穏を維持する可能性をむしろ広げるのである。

（2）平和から戦争へ

「平和維持型社会」に固有の役職、すなわち越境騒擾裁定人、足跡調査人そして捕虜返還交渉人は、境をまたにかけて略奪や暴力が横行することを抑止する役割を果たし、王国間休戦や地域間休戦が破棄されて戦争状態へと陥ることを防いでいた。彼らが暴力の抑止と協定の維持に尽力することで、越境「外交」が成熟した。この結果、両王国の「境域」同士の間に、政治と宗教を超えた一種のローカルな「政治利害共同体」とでも呼ぶべきものが現出した。しかし「境域」の平穏の維持を主任務とする彼らは、時に戦争あるいは局地的暴力の引き金を引いてしまう。むしろ、恒久的な平和状態も戦争状態も存在しない「境域」を往還する彼らは、常に戦争と平和とを同時に担いつつ動く、両義的な存在であった。

暴力紛争を裁定する越境騒擾裁定人は、自身の社会的身分の存立基盤を対異教徒戦争を担うことで生じたカリスマに置き、また「境域」最前線の城主職を務めて、対異教徒の防備と遠征を統率する軍事貴族でもあった。「境域」の西方部では、最有力貴族のグスマン家、ポンセ・デ・レオン家が、前線拠点の防衛を担って、時に自前で略奪遠征を実施しつつ、同時に休戦の維持にも尽力していた。このことは、おそらくグスマン家門党派に属するアントン・ゴンサレス・デ・アルモンテが、一四五〇年の時点で越境騒擾裁定人として任命されていることから考えても妥当といえる(9)。

とはいうものの、地域的な和平を模索しつつ、完全に意志が統一されえないのも「境域」の特質である。一四六〇年代、ナスル朝西方部の都市ロンダと、アルコス伯ファン・ポンセ・デ・レオンという当該地域の「最高権威」を仲立ちとして地域間和平が成立しかけていた。しかしロンダ城主らの証言によれば、その最中に「貴殿〔＝アルコス伯〕の子息ロドリーゴ殿がこの地へ遠征を行なうための準備を行ない、騎士を派兵して我等のこの地から一名のモーロ人を連れ去っ」ていた(10)。越境騒擾裁定人や、これと同等の役割を果たす有力軍事貴族らの命令が一向に遵守されないばかりか、時には彼ら自身によって「境域」の平穏が危険に晒される。

不法侵入の証拠固めを行なう足跡調査人には、足跡を辿る特殊技能を備え、地の利に詳しい戦士が任命されていた。一三八五年の一月二四日、カスティーリャ王ファン一世は「山岳弓兵（vallesteros de monte）を除き、余の王国内へ侵入して害悪と損害をなすモーロ人の地から来る略奪兵の足跡を追跡できる人材がいない」と述べて、都市ムルシアへ「余への貢租を免除される六名の山岳弓兵を配属するよう」命令した。これが後の足跡調査人の起源とされる(11)。「境域」の地の利を知悉する彼らの多くは、改宗者で組織されていたと推測される。一四八〇年一二月一日、「境域」中央部の中心都市ハエン当局は、足跡に関する情報についてのカンビル宛の書簡を、わざわざ「足跡調査書記」に命じて作成させていた。この書簡は、アラビア語で記されていた可能性が高い(12)。そればかりか、同都市議事録の記述では、足跡調査人が和平の侵犯者の足跡を辿っていき、足跡とそれに付随する情報を境の向こう側のグラナダ臣民と直接面談して伝達している(13)。このためには、アラビア語による意思の疎通が不可欠となったであろう。足跡調査人も、騎兵長や歩兵長、あるいはアルモガバルと類似の出自を持つ「境域」民で占められていたと考えて、何の不思議もない。

しかし足跡調査人も、時に和平維持という自身の職務から逸脱してしまう。都市ハエン議事録は一四七九年一〇月二五日の箇所で、ハエンとコロメラとの間に勃発した騒擾の解決のために赴いた足跡調査人ミゲル・デ・ドゥエニャスとその同僚ファン・デ・アルカサルらの証言を載せている。グラナダ側のコロメラ当局が述べるところによれば、確かにコロメラの者がキリスト教徒フアン・デ・リビージャを殺害したことは事実であるが、これは都市アルカラ・ラ・レアル市民アロンソ・デ・エステパと足跡調査人フアン・サンチェスの息子が、一名のムスリムを殺害したことに対する報復であると抗弁していた(14)。

捕虜返還交渉人も、その仲介任務の特殊性から、改宗者が大半を占めていたことは確実といえる。彼らは捕虜返還の交渉を行なうために捕囚地の言語、すなわちアラビア語を巧みに運用できねばならなかった。この言語能力を生かして頻繁にナスル朝領域へと赴く彼らは、事実、すでにみたように地域的な「外交」使節を頻繁に務めている。しかし「敵地」へ頻繁に赴くということは、かの地の内部情勢を最も早く掌握できるということでもある。何らかの「不穏」を察知した場合、捕虜返還交渉人はこの情報を自身が所属する都市拠点に持ち帰る。この結果として突発的に小規模な紛争が生じることになる可能性もある(15)。

一例を挙げたい。一四六三年、都市アルカラ・ラ・レアルの南方に位置する、グラナダ側の最前線拠点モンテフリオで捕えられているキリスト教徒の捕虜が反乱を企てていることを聞き知った大元帥ミゲル・ルーカスは、都市ハエンの捕虜返還交渉人に密命を与えて派遣し、捕虜返還交渉を装わせる形で内通計画を練る。その後、内通を期待し包囲を試みるものの事前に発覚し、また大元帥も糧食を数日分しか持参しておらず、結果的に退却するに至った。この事件が起きたのは、王国間休戦が履行されている時期であった。捕虜返還交渉人は、和平関係を保つためにこそ自由な移動が許されていた。しかしこの場合、それが仇となって反乱計画を醸成させるためのスパイのごとき役割を果たすことになった(16)。

(3) 戦争と平和の混在 —— 改宗者

カスティーリャ＝グラナダ「境域」は言語と文化の境界でもあったため、越境「外交」を担う者には、改宗者が多かったと推測される。事実として「平和維持型社会」であった当該「境域」では、「信仰選択の自由 (libre determinación religiosa)」があり、信仰を転換することを望む者は、双方向的に境を越えて改宗することが許されていた。後述するように境界領域では、境の両側で認められた一種の「改宗儀礼」すら存在していた(17)。

しかし「信仰選択の自由」が、宗教的寛容をもたらして、異宗教間の牧歌的な共存に直結するわけではない。とりわけ改宗者が優遇される役職は、戦争と平和双方の局面で重要な役割を果たした。改宗が容易であったことは事実としても、「境域」で何よりもまず懸念されたのは、信仰自体の相違ではなく、改宗した者が将来的にもたらしうる利益あるいは損害であった。なぜなら、改宗希望者を受け入れた側が、相手方の情報を得る一方で、逃亡された側にとってこれは、内情を知らせてしまうことを意味し、後に重大な損害をもたらす可能性が高いからである。改宗者の置かれた状況は、「境域」における和戦の曖昧さとその逆転を、最も端的に示している。改宗行為は一定の宗教的寛容を象徴している。これと同時に、最も凄惨なる暴力にも繋がった。

「境域」由来の史料の端々から、確かに改宗者が恒常的に生みだされていたことがうかがえる。しかし『オリウエラ編年史』に収録されている多くの証言には、キリスト教徒からムスリムへと転向した、史料の表現を用いれば「背教者（renegado）」達への恐怖がにじみ出ている。一四〇〇年八月一五日、ムルシアとオリウエラとの間で略奪行為の足跡に関する情報が授受されているが、この中で背教者に関する情報も共有された。

> 間違いなくそれらの足跡は、背教者チンチーリャと彼の義兄弟のものであった。［オリウエラ］当局は、これらの背教者らが逃亡しないように配慮した。彼らはこの行政管区に多大なる損害をもたらしてきており、迎撃のために多大なる出費をなしてきた。［中略］そしてムルシアにも同様の措置を採るようにと返答した(18)。

一四〇九年においても、同様に背教者への警戒措置が綴られている。

多くの襲撃が［アラゴン王］マルティンの治世期に行なわれたが、［一］四〇九年、戦争時以上に和平時に更なる損害がもたらされた。原因は、オリウエラにかつて暮らしていた幾人かの背教者達にあった。とりわけN・ロレンソは、N・タランコンとの間に生じた諍いの故にグラナダへ逃亡して棄教した。彼と他の背教者らは間諜として他の［モーロ］人等の役に立つため、絶え間なく夜警を実施し、毎日迎撃警備を召集せねばならなかった(19)。

かつてキリスト教徒であった背教者は、オリウエラ都市当局にとって、「敵」であるグラナダ臣民以上に警戒すべき存在となった。このため、もし捕縛した際の扱いは過酷なものとなる。一四一二年、歩兵長ガルシアらが三名のグラナダからの侵入者を捕縛し、そのうちの一名が背教者と判明した。そこで当局はこの背教者のみを火刑に処した上で、ガルシアと彼の随伴者らに報奨金を供出した(20)。このように過酷な措置を採る理由は、翌年の記述で吐露されている。

オリウエラへ首級が持ち寄られた。［それらの首級が］誰であるかを伝達して、これらの情報を二名の生存捕虜が目視して確認した。というのも、背教者や騎兵長、歩兵長やアルモガバルを捕囚するか殺害することと、一般の随伴者を殺害することとの間には大きな違いがある。侵入口、畦道や経路を知悉する者達は非常に危険であるからである(21)。

これとは逆に、グラナダ側から来訪するキリスト教への改宗希望者は厚遇された。一四〇七年にカスティーリャ摂政フェルナンド・デ・アンテケラが対グラナダ戦争を実施していた当時、前線に駐屯していたサンティアゴ騎士団長のもとへ、ロンダの北方約三〇キロに位置するグラナダの最前線城砦プルナから一名のムスリムが来訪した。彼はキリスト教に改宗することを望み、もし洗礼をほどこしてくれるのであれば、如何にしてプルナを奪取できるかを示すと騎士団長に述べた。騎士団長はこのことにいたく喜び、彼をキリスト教へ改宗させた後、同年六月に騎士団長はプルナの奪取に成功している(22)。

なお改宗は、一度のみとは限らない。一四六三年一一月、キリスト教からイスラームへと改宗した過去を持つ「モーロ人騎士」は、都市アルカラ・ラ・レアル南東に位置する城砦モクリンに滞在し、その城主でグラナダ貴族カウサーニー（El Cabçani）の家臣となっていた。しかし、グラナダ王国内で勃発した王位継承争いの最中、再びキリスト教徒へと復帰するために都市ハエンを訪れた。彼は当時ハエンを統治していた大元帥ミゲル・ルーカスと会談した際、やはり「手土産」として城砦モクリンを奪取する方策を伝達した(23)。

再改宗を望む者の来訪は、オリウエラでも多かった。一四二二年、イスラームへと一度は改宗したファン・デ・ボルデウスは、「真の信仰（la verdadera fe）」に回帰することを決意し、都市グラナダで七名のキリスト教徒の捕虜を救出して、逃亡の途上で遭遇した四名のモーロ人を殺害した上でオリウエラに到着した。彼の望みは、この都市に居を構えて生活することであったため、当局は彼に二五フローリンを供出して、この殊勲に報いた(24)。グラナダ臣民であれ、再改宗を望む元キリスト教徒であれ、改宗希望者らは手厚く迎えられ、「手土産」に応じて、新たな生活を始める資金すら得ている(25)。しかしこの「手土産」は、グラナダ側からみれば深刻な裏切りである。改宗者であることが捕えられた際に判明した場合、その者には凄惨な運命が待ち構えていた。これは、カスティーリャ側、グラナダ側を問わず、同様であったと考えて不思議はない。

ここで強調しておきたいのは、多くの「ならず者」も改宗者に含まれている点である。アロンソ・デ・パレンシアは一四六二年前後の出来事として、背教者バルトロメ・デ・マルモルの逸話を伝えている。もともと重罪人であったこの者は、棄教してムスリムとなった後、改宗者らとともにアンダルシーア域へと休戦時に侵入を繰り返し、数多くのかつての同胞を凄惨な方法で殺害した。しかしムスリムにも受け入れられず、再度キリスト教へと改宗しようとするものの、このような「悪魔」を援助する者は王を除いていなかったという。この逸話では、信仰の鞍替えの問題以上に、彼個人の残虐な振舞が強調されている。このような「ならず者」は、管理の行き届かない「境域」に数多く闊歩していたのであろう(26)。

「境域」民は、否応なく和戦の境ばかりか、信仰の境すら往復していた。しかしこのような状況が、牧歌的な共存共栄をもたらすことはない。「境域」住民のそれぞれが、自身の生き残りのためにみせる振舞の結果、凄惨な戦争や暴力行為をもたらし、しかし宗教すら超える一種の「寛容」も生み出していった。彼らの行動基準は、自らと自身の属する共同体の存続にあった。このためには暴力も辞さない。戦争と平和は民個人の心の内ですら、分かちがたく同居していたといえる。

第二節　統制される暴力、限定的な和平 ——「報復権（derecho de represalia）」

（1）「報復権」の内実

「報復権（derecho de represalia）」は、境の両側で共有されていた法慣習であり、これは「境域」における戦争と平和の不可分さを明白に示すものである。日々繰り返される略奪・誘拐は、確かに多くの場合、小規模なものにとどまっていた。王国間休戦協定、あるいは相互に略奪を禁ずる地域間休戦協定が締結された場合、このような行為は、明白な規約違反に該当した。こうして獲得された人間や物品は、史料がいうところの「よき平和に属している（de buena paz）」ため、たとえ強奪や誘拐に成功したとしても、奴隷市場で競りにかけること自体が厳しく禁止された。損害を被った者、あるいは誘拐された者の親族は、自身が属する都市や拠点の当局に訴え出て、この訴えを受理した当局を通じて返還要求がなされる。しかし返還交渉が順調に推移しない場合、相手方への実力行使に訴えることも多かった。この場合、相手方の領域に侵入して、報復を実施することは、一定の手続きを経た上であれば、慣習上容認されていた。これが双方の境で共有されていた「報復権」である。

たとえば、一四〇五年一二月一〇日付で越境騒擾裁定人アルフォンソ・フェルナンデス・デ・コルドバが都市ケサダ当局に宛てた書状を読むと、その四年前から国境を跨いで、カスティーリャ側の前線拠点ケサダ、カソーラ、バエサ、そしてナスル朝側の拠点アリクン、ウエサとの間で、誘拐が繰り返されていたことが分かる。ここで拠点の各々は、管轄域内で誘拐された自市民の救出のため、相手領域への報復行為を繰り返した。平穏を求める「境域」民が、むしろ事態を複雑化させるという矛盾した結果を招いたのである。しかしここで注目すべきは、誘拐行為自体は合法化されており、「非合法な誘拐行為」とは明確に区別されて論じられている点である(27)。

合法的に報復がなされて、さらにこれに対する報復が実施されて、越境暴力がさらなる負の連鎖を引き起こすことも頻繁であった。とはいえ「報復権」とは本来、暴力行使を介した平穏の追及手段として慣習化したものであった可能性が高い。それは、損害を被った者が、損害を与えた相手から、被った損害に相当する額あるいは量の人間や物品を強奪することを正式に許可する権利である。こうすることで、理論上は損害量が双方で均等となる。その後、「外交」という平和的な手段で、損害回復交渉が円滑になされる可能性が生まれる。

「報復権」が、どの時期から双方の境で認知されて共有され始めたのかは分からない。しかし一四世紀に入ると、王国間休戦協定の条項として登場してくる。この条項は、越境騒擾裁定人や足跡調査人の活動に関する条項と近いところに挿入されることが多かった。このことからも、休戦の破棄から戦争状態の復帰へと至ることを抑止する、もうひとつの手段とみなされていたことは間違いない。たとえば一三三一年の王国間休戦協定の条項では、越境騒擾裁定人の前身にあたる「〔騒擾〕案件のために余が配置する者ども（aquel o aquellos que nos pornemos 〔sic.〕 para esto）」について規定した後、二か月間で損害が補塡されない場合の実力行使の権利に言及する。しかしこの実力行使には、以下のように限定が付されている。「損害が生じたところの領域において、強奪された量にしたがって」報復が行使されねばならず、「この権利のために、男あるいは女という人間が強奪されてはならない」と明記する(28)。

第一に「報復権」を許可できるのは、当然ながら王権であった。一四七九年一一月一三日、イサベル一世からの書状をマルティン・デ・エスピノサが携えて、都市ハエンへ帰還した。その文面を見るに、これ以前にフェルナンデス・デ・コルドバ家門のアギラール家当主、アロンソ・デ・アギラールがナスル朝領域に対して略奪を実施していたと推測される。一年半前から王国間休戦協定が履行されていたため、これは明白な協定違反といえる。対するグラナダ側は、アロンソの略奪行為に実力で応酬し、まったく無関係なハエン領域に報復した。この「不条理」の解決のために、都市ハエン当局が王権に訴え出ていた。

この事態を重くみたイサベルは、この解決のために、初めに不法な略奪を実施したアロンソ・デ・アギラールの領地へ都市ハエンが報復することを許可した。

余は貴方がたに以下のことを命じる。すなわち、同アロンソ・デ・アギラールの領地へ人員を派遣し、その領地と家臣、居住民に対して、モーロ人の地から彼らが強奪したのと同等の報復を行なわせよ。そして強奪品を公書記の面前にて登記した上で、都市ハエンに引き渡すように。和平期間における境域の慣習に従って、モーロ人らへの義務を果たすべし。これを行ない果たすために、この私の書状によって、貴方がたへ［それを実施する］十全なる権限を授与する(29)。

これと同時に王権は、グラナダ王国域へ不法な略奪を繰り返していたカラトラバ騎士団領への報復も許可し、「騎士団長の臣下の地において、彼らが誘拐したモーロ人を返還するまで報復を続けるよう命じ」た(30)。

理論上は、王権に代わって裁定を行なう越境騒擾裁定人も「報復権」を許可することができた。一四七九年二月六日、都市ハエンに逗留し、越境騒擾裁定人長職と他の要職を兼任するルイス・デ・トーレスの代理フェルナンド・トーレスが、報復許可状を発行している。これは、ファアナ・グティエレスと彼女の息子ペドロ・デ・ハエンに宛てられているが、その経緯は次の通りであった。

一年前頃、ムラダール渓谷へと至る街道を通過する際、訴人ファアナ・グティエレスのもうひとりの息子ルイス・デ・カソーラは、休戦が履行されていたにもかかわらず、グラナダ臣民と遭遇して殺害され、さらに四〇〇〇マラベディ相当の物品を強奪された。王国間休戦協定の約定に従い、殺害に対する四〇ドブラに、強奪物品の相当額を加えて要求するべく、訴人が所属する都市バエサ当局に陳情した。この訴えを受理した都市バエサ当局は、都市ハエンの越境騒擾裁定人へと案件を移管する。そして裁定人代理のフェルナンド・トーレスは、以下のように裁定を下した。

そして私［＝フェルナンド・トーレス］に裁きの実施を請い、情報収集がなされて上述の都市バエサ当局の書状によって正当になすべきことを果たすべく、私は要求状をグラナダ王の大宰相アブー・アル＝カーシム・バンニガシュに送付して、彼に要求を提出した。正当なることをなし、上記の四〇ドブラを上述の死人ルイスの母と兄弟に支払い、また彼から奪った物品の補償を行なわせるよう命令することを求めたのである。しかし彼は、書状にて私に次のように返答してきた。「その義務はない。なぜなら侵入を実施したモーロ人らは既に亡くなっているから」。そこで私は彼［＝大宰相］に、さらに次のことを請願した。グラナダ王領域のモーロ人らが上述の和平を侵犯し、あらゆる善と契約に反してキリスト教徒の地へ侵入するという罪を犯したのであり、彼らは受取った罰を受けるに相応しかったといえる。しかし上記の損害を償う義務が残っており、和平の条件を守って、キリスト教徒の地で起こした損害の償いをなすよう命じてほしい。その額は上記の四〇ドブラに加えて、上記の窃盗［の相当額］となる。この私の書状に彼は、「既に返答すべきことは果たした」といって応じるつもりがない。私は、書状を持参した使節がもたらした情報を、上記のルイス・デ・カソーラの相続人たる母と兄弟に伝達したが、彼らは私に裁定を懇願してきた。そこで私は、正しきことをなすべく、この命令状を授与する。貴方、すなわち上述のルイスの母と、貴方、すなわち兄弟ペドロ・デ・ハエンに、以下の許可を命じ、そして授与した。すなわち、貴方がた自身あるいは騎兵長、もしくはこの私の命令状でもって要求された者達が、グラナダ王領域のモーロ人の地へと侵入し、上述の領域のモーロ人の身体もしくは財産から、上記の四〇ドブラと上記の窃盗［相当額］の四〇〇〇マラベディの補償のための実力行使を行なうことを許可する。なぜならそれは、殺害された上記のルイスと、彼になされた窃盗に相応しい額といえるからである。しかしこの実力行使をなす際、殺害はせず、また王の道において実行し、モーロ人の行商人や捕虜返還交渉人、先導人らの身体や、彼らの財に手を出してはならない。なぜなら彼らの安全は保障されているからである。相当する上記の額の担保がとられたならば、それらを持参して、足跡を他のキリスト教徒の都市や町、あるいは拠点にではなく、係争の生じた場である上記の都市バエサの境に残すよう命じる。この担保を管理して正当なることを行なうため、また上記の死人ルイスの母と兄弟に支払いがなされるように、私の面前に［強奪品を］持参すべし。これらを以後三か月以内に行ない、成就させるように(31)。

上記の経緯をまとめるならば、次のようになろう。殺害と略奪の訴えがなされたため、越境騒擾裁定人代理とグラナダ宮廷（大宰相）との間で、まずは平和裏に損害回復の交渉がなされた。しかし交渉が決裂したため、裁定人代理の名において、訴人に「報復権」の行使を許可した。ここで興味深いのは、「報復権」が、限定的な暴力行使のみを許可している点である。この報復は殺害に及んではならず、商人や捕虜返還交渉人らに損害を与えることも禁止される。さらに報復実行の後で帰還する際には、訴人が所属する都市バエサ領域へ足跡を残すように定める。この報復が正当なものである以上、グラナダ側からの報復が別の都市や拠点に行使されて、暴力の連鎖が引き起こされることは避けねばならない。強奪された財は厳重に管理されて、それが訴人に正当に譲渡される必要があった。よって「報復権」は、暴力で暴力に応酬する単なる同害復讐とみなされるべきではなく、むしろ和平を維持するために一定の暴力行使を容認する方策であったことが分かる(32)。

（2）カソーラ前線管区の事例

「報復権」の行使が「境域」民の間で繰り返されることで、双方で共有される慣習となり、さらに各拠点単位で個別に許可されるようになった。これまでみてきたように「境域」は、分断されて、各々が自身の利害に則って和戦を行使していく場となった。事実、これから分析する民会決議録では、「境域」住民の対グラナダ域への「報復権」行使の是非をめぐっての議論がなされており、最前線に居住する民の本音を例外的な形で知ることができる(33)。

この議論をおさめた証文は、一四二八年四月二八日付で作成されている。民会決議には、「境域」中央部の一角を構成する、トレード大司教領カソーラ前線管区の主たる都市拠点カソーラ、イルエラ、イスナトラフ、そしてビリャヌエバ・デル・アルソビスポが参加した。それぞれの拠点から、法官（alcalde）、執吏（alguacil）、そして書記と民の代表らが一堂に会するべく、都市カソーラ（la villa de Caçeres 原文ママ）の領域内、同都市の北へ約一八キロの地点に位置するサント・トメ教会に参集した。同教会に集合した前線管区民の代表は、「カソーラ前線管区域の諸都市村落の市民や居留民に対し、信仰の敵グラナダ王支配域のモーロ人がなした、そして日々なしている害悪、損害、殺害そして捕囚に関し［中略］過去に被った損害、害悪そして窃盗が補塡され修復されて、状況が可能な限り改善され、また我等が主君たる王が、グラナダ王と締結したよき和平が守られるために」、採るべき方策を議論した(34)。

まず、ナスル朝域から常日頃試みられる侵入への対処をめぐって、次の三つの意見が提起された。

第一に、幾人かの出席者は次のようにいい、主張した。呪うべきモーロ人らから受けた、そして受けている害悪、損害、窃盗、殺害そして捕囚に応じて、代償と復讐を彼らに与えるのが相応しい、と。

これに関して上述の前線管区内の都市や拠点の市民と居留民の間で様々な意見が出され、ある者たちは次のようにいった。上述の前線管区民の騎兵と歩兵の全員が、モーロ人の地へと侵入して、上述の被った害悪と損害のための補償を得るべく、報復を大規模に行なうのが適切である、と。

またある者達は次のようにいった。大規模に、また全ての民でもってではなくて、二〇から五〇名で事足りる。この人数でモーロ人の地へと侵入して代償を獲得し報復をなすべきである、と。

そして他の者達は次のようにいった。上述の損害に関して聞くところによれば、被った損害とは、モーロ人のアルモガバル騎兵と歩兵によるものにすぎない。ゆえに、大規模な反撃を行なうことはできない。上述のモーロ人達がなし、またなしているところの手順、方法、手段に則って、［こちら側も］アルモガバルに［命令を出すことに］よって補償と報復を実施することにしか正当性はない。またとりわけ、上述の都市や拠点の名において、上記の者達皆による助言と熟慮の上で実施されるべきである、と(35)。

三つの提出意見を受け、討議の上で以下の結論が提示された。

第一の、つまりは、被った損害に対しての償いと報復をなすべく、前線管区内の出来うる限りの総員でもってモーロ人の地へと侵入するのが適切であるとの意見に関して。これに対し、以下のように決定し布告した。すなわち、もし大規模に［報復が］行なわれたならば、この前線管区内の都市や領域には、はるかに多くの損害が予測されうる。とりわけ、来たるべき時期、そして現在は、小麦の収穫時期であり、また家畜［放牧］を行なっているがゆえに、同様にモーロ人たちが同前線管区領域内に侵入して害悪と損害を与えたならば、それは甚大なものになろう。また、我等が主たる王の勅令と和平に反することにもなる。ゆえに進言のある通りに事がなされるべきではない。

第二の、つまりは、二〇名から五〇名の騎馬兵でもって償いを得るため、モーロ人の地へと侵入するのが適切であるという意見に関して。これに対し、以下のように一致した。すなわち、モーロ人の地がさらに損害を被ったならば、彼らモーロ人らは、より多くを望んで損害を与え、より大々的にこの前線管区域へと侵入を試みて、このことによってより大きな損害が生じる。ゆえにこのようになされるべきではない。

第三の、つまりは、アルモガバル騎兵と歩兵らによって損害がもたらされたのであるから、この前線管区の市民と居留民により、同じ方策でもって報復と償いがなされるべきであるとの意見に関して。これに対し、以下のように一致し、そして決定した。すなわち、上述のモーロ人らから損害を被ったと申し出た者達が損害を受けたままとならないように、損害と害悪を被った、そして今後被るであろう手順、方法、手段を用いて、つまりは同じ手順と手段によって、上述の損害を申し出た者らが、モーロ人らから［殺害］、窃盗、損害に対する償いを受け取るのが適切である。この前線管区の古来よりの実践と慣習に従い、まずはそれを実施するための布告が発布された上で実行されるべし(36)。

グラナダ側から被った損害や殺害は実のところ、数人規模のアルモガバルが引き起こしたものにすぎなかった。全面的あるいは中規模な報復攻撃は、相手方に損害を与えすぎるため、更なる報復を引き起こし休戦協定の全面的な破棄をもたらす可能性がある。さらに時節を考慮すれば、現在は小麦収穫の時期のため、報復の応酬は甚大な被害をもたらす。ゆえに、相手方と同じ規模の人数で報復を実施し、同じ規模の略奪を行なうとともに、戦利品を訴人に提供して解決することに彼らは同意した。ここでも報復の実施には、やはり厳密な留保が付されている。「報復権」の行使は、事前に当局の許可を得た上でなされねばならないとされ、次の制限条項を書き加えている。

これに関して、以下のように一致し熟慮した。すなわち訴人らは、被った損害に対する補償を得るための上述の布告を受けとった上で、上述の損害を被った、そして被っているところの地域、領域、管轄地に対して報復を実施すべきであって、他の地域や領域に対して実施してはならない。また、訴人らに損害の補償が正当になされるべく、彼ら［＝モーロ人］から奪った略奪物品は、布告が与えられた都市に提示して登記されねばならない。

そしてもし、この布告が効力を保持し［ているにもかかわらず］、訴人らやその代理、あるいはこの前線管区の都市領域の代理が、被った損害の補償のための略奪物品を盗んだり、他の地域へと持ち去ったりして、既に述べたように提示と申告をなさなかったならば、その者らの財産は主君たる［トレード］大司教庫のために没収されるべし(37)。

このカソーラ前線管区の事例でも、報復行為は損害をもたらした領域のみに実施されるべきとしている。さらに強奪した物品が、損害を受けた訴人に正当に譲渡されねばならない原則を確認する。このために、厳重に略奪物品は都市当局の管理下に置かれなければならない。もし報復のために雇われたアルモガバルがヒトを誘拐した場合、その捕虜は訴人へと譲渡されて管理されねばならない。誘拐を成功させた者には、ひとり当たり一〇〇〇マラベディを上限とする報奨金を支給する。そして最後に、報復措置は必ず布告が発布された場合、すなわち当局が承認した場合にのみ許可されるべきことを再度確認した。この決議証文が、カソーラ、イルエラ、イスナトラフ、ビリャヌエバ全ての書記が臨席する場で作成されていることを考えれば、カソーラ前線管区の全域に、決議結果が速やかに伝達されたものと推測される。

「報復権」は、実力行使も辞さない「境域」社会の暴力的な特質を最も象徴している慣習である。しかしこの実力行使は、常に厳しい当局の統制下に置かれていなければならなかった。この意味で「報復権」は、被った不当な暴力に対する、正当なる反撃として認可されて、「境域」で頻繁に生じた報復連鎖を抑止するための法慣習としてみなされていたのではないか。報復は、損害が直接にもたらされた領域のみに許可されており、なおかつ被ったものと同程度の損害を相手側に与えることで一致しているからである。上記のカソーラの民会決議によれば、同じ規模の人員で、侵入と報復が実施されねばならなかった。

越境暴力の負の連鎖拡大は、下手人の位置が特定されず、闇雲に報復が相手側になされた結果生じていた。あるいは、互いの損害の規模が一致しないがゆえに、一方が再度応酬し返し、さらにこの応酬で生じた損害が再び一致しない時に、他方が報復を行使することで生じた。しかし、もし完全に同程度の損害を互いに被った場合、これをもって双方の略奪品は同価値となり、さらに報復を実施する動機自体が消滅してしまう。もし誘拐であれば、同程度の人数の誘拐を、下手人が逃亡したと思しき領域のみに的確に実施することで、その後の捕虜交換の交渉が円滑かつ平和裏に推移する可能性が高まる。限定的な暴力、つまりは一時的な「戦争」行使で、限定的な平穏を維持すること、これこそが「報復権」の果たしていた役割であった。

第十六章　生存を旨とする「境域」

「境域」では、「中心」間の力関係で決定される戦争あるいは平和とは次元を異にする、ミクロなレヴェルでの局地的紛争と地域間休戦が繰り返されていたことが明らかとなった。このミクロな和戦の交渉とは、要約すれば、休戦協定の違反となりうる不法な略奪行為と、損害回復のための越境「外交」を繰り返すことであった。この結果、「境域」住民は、常に戦争と平和を同時に考慮していかねばならなかった。越境してなされる和戦は、カスティーリャ側、グラナダ側双方の「境域」民の間で二五〇年近くにわたって繰り返された。この過程で必然的に政治、文化そして宗教の境を超えて共有される慣習が「境域」で生み出されていったのである(1)。

このような慣習の存在は、「中心」由来の史料からも間接的に把握できる。たとえば一四四三年三月二六日付で三年間の王国間休戦協定が締結されて、この情報を各都市に伝達する際に、カスティーリャ王フアン二世は、「この［王国間］休戦は、上述のグラナダ王、余、そしてグラナダ臣民によって、このような休戦で一般化している形式によって授与された」とのみ述べ、具体的な協定条項の記述を省略している(2)。同じく最後の両王国間休戦協定（一四八一年）でも、「過去の和平時において慣習化していたところに従って」休戦の遵守を命ずるのみである(3)。

この簡略化傾向は、休戦時において採るべき手順、あるいは休戦が脅かされた時に実施すべき方策を、双方の「境域」社会が既に知悉していたことを明白に示す。前章で検討した「報復権」も、暴力を一定程度容認する和平維持の手段として、双方で共有されていた慣習のひとつであった。このことは、前述のカソーラ前線管区の民会決議証文の表現でも示されていた。報復を行なうにあたって必要となる許可は「この前線管区の古来よりの実践と慣習（uso e costumbre antigua del dicho Adelantamiento）」に則ったものであったのである。また、一四七九年の一一月一三日付で、イサベル一世が都市ハエンに宛てた報復許可状では、「自身の領域内を通過して連れ去られたものを、同モーロ人達に返還し事態を回復させることは境域の実践と慣習（vso e costumbre de la frontera dar e tornar a rrestituir a los dichos moros lo que por sus términos fue sacado）」であるため、「和平期間における境域の慣習に従い（segund costunbre de la frontera en tienpo de paces）」報復を実行に移すように命じるに止めていた[4]。

しかし慣習とは、主に記憶と口頭で継承されていくものである。よって、それに直接に言及する史料は、希少とならざるをえない。本章では、共有された「境域」の和戦に関連する諸慣習を分類した上で、できうる限り個々に分析していきたい。

第一節　「境域」の戦争と略奪行為をめぐる慣習

ナスル朝グラナダ王国がカスティーリャ王国と境を接した約二五〇年間は、その大半が休戦期間で占められていた。しかし公的に開戦に訴えずとも、つまりは王国間休戦協定の履行期間であっても、「境域」では拠点を攻撃し奪取することが、一定の条件を満たせば容認されていた。この拠点奪取に関する慣習は、アロンソ・デ・パレンシアの『グラナダ戦争記』に登場する。最後の「グラナダ戦争」へと突入する契機となったグラナダ側による拠点サアラの奪取（一四八一年）に関してアロンソは次のように述べる。

モーロ人らは古来よりの戦争の法に従って、休戦期間中に、町や砦を強襲によって獲得する際、「サアラ奪取と」類似の出来事を、これまで隠蔽してきた。というのも、三日以内で容易に奪取が可能と考える拠点を互いに攻撃することは、アンダルシーアとグラナダとの間で遵守されていた古来よりの取り決めであって、また双方の王により承認されていたからである(5)。

さらにアロンソは、「境域」における小競り合いに関して興味深い記述を残している。「古来の戦争の法により、かの地のモーロ人とキリスト教徒らは、騎兵長たちが軍旗を掲げず、また笛のもとに召集されず、あるいは天幕を用いずに、全てが無秩序にかつ突発的になされる限りにおいては、相手により行使されたいかなる暴力に対しても報復することが許されている」と述べる(6)。つまりは大規模ではなく、当局の全面的な許可を得た侵入であることを示す軍旗を掲げず、なおかつ遠征が長期化することを意味する天幕を用いないのであれば、休戦協定の違反とはならなかったと考えられる。

大規模でない限りにおいて、戦争の実施が一定程度許可されていた「境域」社会は、さらに略奪や誘拐の実施に関する慣習を発展させていった。「戦争遂行型社会」としての「境域」は、略奪に関する法規を、既に中世盛期から細かく規定して発展させてきていた。境を越えて実施される略奪遠征で獲得された戦利品には、税が付与されるのが一般的であったが、これは通常「五分の一税（el quinto real）」と呼ばれており、獲得した戦利品の価値の五分の一に相当する額が徴収された。この慣習はアンダルス（イスラーム世界）から流入したものとされ、文化・文明間に成立する「境域」ならではの、ひとつの「文化変容」の証拠といえる。略奪が頻繁に実施され、なおかつそれによる立身出世も容易である「境域」の最前線拠点や都市へは、「境域特権」として、略奪戦利品に課される税額の減免あるいは免除が授与される場合も多かった(7)。

一三五八年、『オリウエラ編年史』によれば、「同日内に詰所まで帰還した場合、略奪品にかけられる貢租は支払う必要がないという『皇帝法規』が守られるように」と述べる(8)。そして誘拐が横行する「境域」では、捕虜の相互返還交渉を通じてかろうじて平穏が維持されていたため、逆説的ながらも、むしろ誘拐が奨励された。一三八〇年の九月二二日付でカスティーリャ王フアン一世は、報復行為が、休戦時に誘拐されたキリスト教徒の解放を目的としてなされる場合、誘拐されたムスリム捕虜に税を課さないようにと命ずる。なぜなら税を課すことは「モーロ人の地に捕囚されているキリスト教徒捕虜にとって、甚大な害となりうる」からであった。逆説的にも誘拐という暴力行為を奨励することで、和平の維持を図ろうと試みているといえよう(9)。

略奪遠征をどのように組織し、遠征中に生じた係争をどうやって解決して、戦利品をいかに分配するかといった手続きも、また慣習化していった。これが、上記の引用史料に登場した『皇帝法規』である。これはアラゴン連合王国、カスティーリャ王国を問わず、「境域」における略奪行為の慣習を成文化した法典として、しばしば登場する。この法規は『略奪遠征法規（El Fuero sobre el fecho de las cavalgadas）』とも呼ばれ、一三世紀末のアルカラス都市法（Fuero de Alcaraz）を母体としつつ、シャルルマーニュ帝が全キリスト教世界の王（todos los Reyes de la Xristiandad）に対して発した命令という形式をとり、全九七条で構成される(10)。

遠征の準備、遠征時に手薄となる拠点の守備体制、遠征中の振舞における義務と違反時の罰則、食事、そして成功した場合の「戦後処理」に至るまで、この法規で規定された。ここでは、騎兵長が遠征時の係争の裁定者として、また戦利品の差配人として登場する。遠征時に損害を被った者に対する補償に関して、矢による生命に関わらない負傷では三〇マラベディ、重傷では六〇マラベディ、身体欠損の場合三〇〇から五〇〇マラベディを受け取る。もし死亡した場合、その彼の取り分が親族に授与されるべきことが規定された。ここで興味深いのは、略奪遠征の途上で、同じく侵入を試みた敵遠征軍と偶然遭遇した場合の規定である。迎撃に成功し、その敵が保持していた略奪品、すなわち、同胞から強奪されていた物品を取り返した場合、その三十分の一を報奨として接収できる。もし境界石、すなわち国境線を越えて敵地まで追撃して奪還した場合、その十分の一を受けとる。敵地まで追撃の上で一夜が経過した場合、取り返した物品の全てを受け取ることができた。

この法規が慣習化されて「境域」住民の間で共有されていたことは間違いない。一三三四年の五月二日付で、アルフォンソ一一世が都市ムルシア当局に宛てた命令書によれば、騎兵長ベルナルド・ソルシナ（Bernat Solzina）とムルシア都市民兵が騎馬襲撃のために出撃した際、グラナダ側の拠点ベレスへ退却の途上にあったグラナダ略奪遠征軍と遭遇し、彼らが強奪していた家畜を見事奪還することに成功した。しかしこの略奪された家畜は、都市ムルシアから約四〇キロの西方最前線に位置する拠点プリエゴの動産であった。当然ながらプリエゴ城主ペドロ・ロペス・ファハルドは、家畜の返還を要求する。その理由は「敵地にて夜を明かしていないから（non auian trasnochado en la tierra de la guerra）」であった。一方で奪還に成功したムルシア騎兵長の側は、プリエゴ城主の返還要求が正当ではあるものの、遠征参加者に対する損害補償（erechas）をせねばならないため、奪い返した家畜はムルシアのものであると主張する。この訴えを聞いた国王は、上記の命令書にて、『皇帝法規』あるいは『略奪遠征法規』の記述に従って裁きをなすべきであって、それによれば騎兵長の裁定は上訴不能となっているため、まずムルシア遠征軍への損害補償を実施した上で、残りをプリエゴに返還すべきであると返答した(11)。損害補償の経緯は、一三九二年の七月二五日付、都市ムルシア文書で細かく記載されている。略奪が成功して帰還した場合、まず二名の分配人（quadrilleros）が任命されて、彼らが略奪品を売却して金銭に変える。それとは別に二名の見積人（estimadores）が任命されて、遠征で被った損失を算定し、それを公証人（notario）が文書として記述する。この文書をもとに、まずは遠征参加者の損害の補償が実施されて、その後に遠征参加者の身分に応じ戦利金が分配されたものと考えられる(12)。

第二節　捕囚者をめぐる慣習

度重なる略奪遠征の結果生じた誘拐は「戦争遂行型社会」の特徴として、越境暴力の最たるものであった。しかし誘拐と捕囚の実態分析には、より多角的な視野が必要となる。「平和維持型社会」でもあった「境域」は、「報復権」をとりあげた際にも論じたように、たとえ合法的であろうとも、ヒトやモノの略奪行為に厳しく制限をかけようと試みる。この結果、やはり逆説的ながらも、捕虜の扱いをめぐる「人道的」ともいえる慣習が生じた。

まず誘拐されて囚われた者は、誘拐の経緯が正当なものであるか否かが厳しく審査された。王国間休戦協定では、当然ながら相互のヒトの誘拐は禁止されていた。逆にいえば、これは休戦が履行されていない場合、捕囚や誘拐行為が正当化されてしまうことを意味する。これは本書で扱っているカスティーリャ王とグラナダ王との間の取り決めに限定されない一般的な傾向といえる。一三一六年一二月二八日、グラナダ王イスマーイール一世（在位一三一四～一三二五）が、ムルシア総督ペドロ・ロペス・デ・アヤラに宛てた書状では、アラゴン連合王国領オリウエラに対して実施された略奪について言及されている。この略奪が実施された時は、アラゴン王とグラナダ王との間に休戦関係が成立していなかったため「これは正当に獲得された略奪品である」と返答している(13)。

「敵地」での誘拐に成功して捕虜を連行した場合、持ち込まれた都市当局で捕虜の出自と誘拐先を述べさせ、その上で正当な獲得か否かがまず審査された。王国間休戦協定が履行されておらず、なおかつ地域間休戦も締結されていない場合にのみ、誘拐の正当性が宣言された。たとえば一四二三年、バルトロメ・モネラは、随伴者とともにナスル朝域へと侵入して、六名のグラナダ臣民を捕らえて都市オリウエラへ帰還しているが、彼は、この六名の捕虜を行政官に提示して「彼らはよき戦争に属する（eran de buena guerra）」誘拐であることを誓約した。この告白がなされて

「よき捕虜」であることが確認された上で、バルトロメに件の捕虜六名が引き渡された(14)。カスティーリャ＝グラナダ「境域」においても状況は同様であったと考えられる。

たとえ休戦関係にあったとしても、不法な侵入行為を実施して捕らえられた者は「よき戦争に属する」とみなされた。一四八〇年九月二七日の都市ハエン議事録によれば、「ひとりの白人モーロ人」の捕縛が次のように正当化された。「我々はかの王国［＝グラナダ王国］の一名の白人モーロ人を捕えるよう命じたことを告白する。彼と彼の随伴者三〇名ほどの者たち――浮浪者と犯罪者であるが――は、かの都市［＝ハエン？］の近郊に損害と害悪をもたらした。ゆえに盗人として扱うに相応しいと思われ、件のモーロ人は和平の条件と条項に従い、自由を喪失すべきであった」(15)。

休戦に対する違反が明白であり、したがって不法であるとみなされた場合、捕虜は当局に収容されて、返還が無償で実施されねばならない。そもそも休戦協定の存在を当然ながら知っている「境域」住民は、様々な不利益を被る可能性の高い、不法に獲得された人間や物品を購入しようとはしない(16)。これらの不法な捕虜、あるいは「報復権」で正当に獲得された捕虜は、当局がまず管理した後、捕虜交換に用いられるか、あるいは「報復権」の受益者に引き渡されたと考えられる。一四一九年の五月一五日、ムルシアの騎兵長マルティン・プレシオソは、かつて誘拐された二名のムルシア市民のための「報復権」を実行に移し、捕囚された二名のグラナダ臣民の若人を当局に引き渡した。ムルシア都市当局は、この二名のモーロ人を引き取って、上述の騎兵長に報奨を支払った上で、まずは「彼らが被っている傷を癒すように（que cure de las feridas que ellos tienen）」と命じる。その後、通訳（truxamán）のフアン・ロドリゲスを交えて、個別に尋問を行ない、氏名と出自、家族構成、誘拐場所、そして件の二名のキリスト教徒の所在情報を聞き出す。氏名と出自、家族構成に関する情報は、捕虜の交換を行なうために必要不可欠となる。誘拐場所の特定は、二名のキリスト教徒捕虜が拘束されている拠点へ、捕虜交換を打診するために欠かせない。このような尋問の後、捕虜交換の交渉が開始されたものと思われる。逆説的にも「境域」では、捕虜は奴隷として売却されることは少なく、将来的に捕虜交換を通じて解放される可能性がむしろ高かった(17)。

捕囚が正当であると認められた場合、その身柄は捕らえた者に引き渡される。競売で売買された彼らには、それでもなお、捕虜返還交渉人を仲立ちとして身代金を所有者に支払うか、あるいは最後の手段として、逃亡することによって自由を獲得できる可能性も残されていた。史料に散発的に登場する以上に、逃亡を試みる捕虜は多数存在していたと推測される(18)。

逃亡が頻発していたことは、王国間休戦協定の条項からも傍証できる。残存する多くの協定文書では、逃亡捕虜の扱いについての定型条項が挿入されており、たとえば一三三一年では次の通りとなっている。

余［＝グラナダ王］は以下のことを請合う。もし、あるキリスト教徒の捕虜が、モーロ人の地から貴殿［＝カスティーリャ王］の地へと逃亡した場合、その者が正当なる解放の手続きを経ておらずとも、［旧主人の下へ］送還されるべきではない。しかしもし財を持参していた場合、その財は返還されなければならない。キリスト教徒の地からモーロ人の地へと逃亡するモーロ人の捕虜についても同様の扱いとする(19)。

一四三九年の休戦協定でも、捕虜が逃亡する際の、窃盗あるいは獲得した財の返還手続きが詳細になるのみで、大枠の規定にはまったく変更が加えられていない(20)。両王国間では、捕虜の自由回復の最終手段としての逃亡が、常に容認されて慣習化されていたと考えられる。

逃亡によって自由の回復を図る者を手助けするため、さらに独自の措置が講じられた。「境域」最前線の各拠点に、逃亡の道しるべとなる灯火台が設置されたのである。一三九二年七月一〇日付で、カスティーリャ王エンリケ三世は次の命令を伝達している。彼の父フアン一世の代から、都市アルカラ・ラ・レアルに設置されていた灯火台（un faron de lumbre）は、「グラナダから逃亡を図るキリスト教徒の捕虜が、その灯へと誘導されるべく、同都市［＝アルカラ」の見張り台に夜通しで灯されていた」。しかし強風により損害を受け、ここ二年間にわたって機能しておらず、修理技師もみつけられずに放置されていた。よって早急なる修復のために、一万二〇〇〇マラベディをバエサの技師ディエゴ・アルフォンソへ供出するように命じた(21)。この三年後の一三九五年五月二四日、再びエンリケ三世は都市アルカラ・ラ・レアルに「かつてそうであったがごとくに、できうる限り彼方まで照らせるように」灯火台の修復を命じる。同年の六月三日には、灯火台の油と灯心の費用、それを維持する人材への給金として、毎年同都市へ王庫から三六〇〇マラベディを供出するよう命令を発した(22)。

戦争期間と休戦期間を問わず「境域」では、多くの誘拐行為が発生した。彼らの一部は、都市や拠点の当局、あるいは当該地域を統べる大貴族の主導による、捕虜交換交渉を通じて解放された。しかし誘拐される者の数は多く、それで全てが解決されるわけでもない。逃亡は、「中心」同士の交渉としての王国間休戦協定のレヴェルで容認されており、さらに実際に逃亡を援助する枠組みが「境域」自体で維持されていた。最後に、先に挙げた『シーロスの聖ドミンゴの奇跡譚』に収録されているサンチョ・デ・ウベダの事例を紹介したい。彼は「境域」中央部のナスル朝都市グアディクスで、一年半にわたって捕えられていたが、一二八七年五月の半ば、強制労働作業の終了後に主人アリーの馬を奪って逃亡に成功し、国境線に程近いアリクン見張り台に到達した。見張り台への到着をもって彼は自由を回復することに成功し、アリクンを統治するケサダ代官（adelantado de Quesada）ペドロ・トマスが彼の鉄鎖を除去した。しかし「和平時であるため、馬を彼から没収して、彼の［元］主人へと返還した」。この逸話からも分かる通り、一三世紀後半にカスティーリャ＝グラナダ「境域」が成立して間もない時期から、逃亡捕虜の扱いは、最前線の民の間で既に慣習として定着していた可能性が高い(23)。

第三節　境域「外交」をめぐる慣習

各拠点単位で展開される局地的な「外交」では、バイリンガルであることを義務づけられ、各拠点単位で任命された捕虜返還交渉人が多く登場してくる。これに限らず、足跡調査人が小競り合いの証拠を収集して、最前線拠点同士の情報交換を担っていた。改宗者で占められていたと思しき騎兵長なども、時に使節として史料に登場する。「境域」間の局地的な「外交」は、「中心」間のそれ以上に、言語や文化、さらには宗教の境を乗り超えて実施されなければならない。

「境域」で往復される書簡に特徴的なのは、双方の言語が混在している点である。一四五一年の一月一八日、グラナダ東方部の最前線拠点ベラから、境を接する都市ロルカ当局へ書簡が送付されたが、アラビア語で記されていたため、これを「自身の言語へアラビア語書記であるサファド・ディアスに命じて翻訳させた」上で、都市ムルシアと情報の共有を行なっていた(24)。一四七四年、同じくベラと、ロルカ、そしてオリウエラという三者の間で生じた騒擾の解決のために、ベラ城主は「使節として従者をオリウエラへ派遣した。この彼はベラの長と当局のアラビア語で記された書簡を携えてオリウエラへ到達した。この書簡はそのままの形で〔議事録の〕註に載せられているが、このようなことをモーロ人らは滅多に行なわなかった」という。なぜなら「彼らはスペイン語（en español）で記述できる者を確保しているからであり、そうしない場合とは、非常に立腹している時なのであった」(25)。この記述は、グラナダ側領域にも、中世カスティーリャ語で書簡を作成できる人材が揃っていたことをうかがわせてくれる。

類似の証言は、「境域」西方部の重要拠点都市ヘレスでもみられる。一四五〇年四月二三日の水曜日、「反乱者」イスマーイール三世と、彼の宰相イブラーヒーム・アブド・アル゠バッルから、アラビア語の二通の書状が到着した。

「境域」の西方部の最有力者メディナ・シドニア公は、上記のアラビア語書簡を「ラテン文字に翻訳させ、それらを送付するように要請してきた」。そこで都市ヘレス当局は、以下の対応をとった。

［都市参事会員らは］アラビア語を読むことのできるディエゴ・ロアケの［所有する？］モーロ人と、アラビア語を理解する鍛冶親方フェルナンドに出頭を命じた。そして上述のモーロ人が述べたことを、上述の親方フェルナンドが訳すように命じた。上述のモーロ人と親方フェルナンドが来訪し、上述のアラビア語書状を読み、翻訳して書き記すことに同意して、［事実、］彼らによって書き記された(26)。

越境してなされる局地的な「外交」で、いずれの言語で書簡を作成して送付したとしても、互いの意思疎通にさしたる問題は生じなかった。なぜなら、双方の領域には、改宗者をはじめとするバイリンガルな言語仲介者が居住していたからである。同じく一四八〇年の一二月一日、「境域」中央部の中心都市ハエン当局は、足跡に関する状況について境の「対岸」カンビル宛の書簡を足跡調査書記に命じて記述させているが、これもまた、受け取り手側が使用するアラビア語で記述されていたとして、何の不思議もない(27)。

第四節　境界画定をめぐる交渉

言語的な障壁をものともしない境域「外交」は、休戦の維持や略奪行為で生じた損害の回復、あるいは捕虜の交換に関する折衝のみにとどまることはなかった。その一例が境界領域の確定交渉である。休戦期間においては、当然ながら相手領域への侵入行為は不法となる。ゆえに、それぞれが自らの管轄域を正確に把握しておくとともに、なおかつその情報を、境の両側に位置する双方が共有しておく必要がある。足跡調査人が侵入や略奪の証拠を「境」で授受し合っていることから考えても、正確な境界線の情報共有は明らかであろう。

この点に関して、残存する史料は多くを語ってくれないものの、間接的な証言がある。征服の過程で新たに獲得された拠点に入植がなされ、都市共同体が新たに組織される際、征服前の状況を記憶している者、すなわち残留を決意したムデハルが臨席する場で、境界の確定が綿密になされている。たとえば一二五四年の四月二三日、カスティーリャ王アルフォンソ一〇世は、父フェルナンド三世によって発布された一二五二年二月一九日付の境界確定文書を追認している。これはカスティーリャ王国へと編入された「境域」中央部の都市拠点バエナ、ポルクナ、アルベンディン、アルカウデテの四者間で境界が確定された経緯を記したものであった。フェルナンド三世は「かつての境界を知悉している忠実で有力なる者（omnes buenos et fieles que fuesen sabidores de los términos por ó eran）」すなわちムデハル共同体の支配層をそれぞれの都市で選定し、彼らに宣誓させた上で臨席させ、領域を分割して境界石（moión）を正確に設置していくことを命じた。この命令を果たした上でバエナのムデハル共同体は、皆の同意の上で証言された場に境界石を配置したことを誓約する証文を、フェルナンド三世に送付している(28)。

カスティーリャ王国とナスル朝グラナダ王国とを分かつ境界線も、何らかの類似の経緯を経て定められ、境界石が配置され、あるいは自然国境線が示されて、市井の民が目にできる形で画定され、この記憶が代々継承されていったのではなかろうか。同じく間接的な証言ながらも、一五世紀の半ばにグラナダ大宰相から都市アルカラ・ラ・レアルに送付された書簡で、アルカラの民が「モーロ人の地の境界石の場に集結し、モーロ人の地に略奪遠征を行なっている」ことを非難している(29)。

定められて記憶にとどめられた境界をめぐって、議論が紛糾することもあった。これは双方が保管、あるいは継承してきた情報に食い違いが生じたことを示すのであろう。この結果、どちらに属するのかが明確に規定されないままの中間領域も存在した。その一例を、一六世紀になって執筆された『アンダルシーア貴族史』が逸話として次のように伝えている。

ウベダの境界とモーロ人の境域のそれとの間には、カブラ（Cabra）という領域があり、休戦においてウベダに属するのか、あるいはグラナダ王に属するのかが明確に宣言されていなかった。疑念のなか一四一七年、モーロ人の家畜と牧人らがこの領域に入ったため、ウベダの者等はこれらを強奪した。カスティーリャ王の越境騒擾裁定人アルフォンソ・フェルナンデス・デ・コルドバ殿と、グラナダ王のモーロ人の大カーディー、ムハンマド・サアド（Mahomad Cabdon）の両名は、この強奪品を「よき収奪である（bien tomados）」とみなし、かの地にてキリスト教徒あるいはモーロ人の双方が家畜に草を食ませないように命じるとともに、次なる処置が決せられるまで、荒れ地にとどめておくようにと厳命した(30)。

しかし越境騒擾裁定人による判断は守られることなく、これ以後、家畜放牧のために双方からの侵入行為が頻発した。根本的な解決のためには、越境騒擾裁定人という「上から」の命令ではなく、境を接し合う当事者同士の議論が必要となった。双方が納得する形での最終的な領域画定は、記憶を共有するべく両側の民の代表者が出席する面会によってなされたのではなかろうか。

このような境界再画定の会合の例として、一四七一年七月一六日火曜日の午前、「境域」西方部のグラナダ側最前線に位置するビリャルエンガ渓谷の城砦カルデラ近郊で開催された面会を挙げたい。この面会には、都市ヘレス当局の代表者と、渓谷の村々（alcarias）のムスリム代表者の総勢二五名が臨席した。まず都市ヘレス側は、和平時に被った損害の回復を要求した。次に、ヘレスの管轄域であることが確実な領域で狩猟などを行なった場合、その者の捕縛が正当化されるべきと主張する。これに対してビリャルエンガ側は、ロンダに保管されていた古文書を盾に、実際に両者の境界を検分すべきであると抗弁した。この境界をめぐる意見の食い違いの結果、都市ヘレス側は、ビリャルエンガ渓谷からの参加者に対して、次のように述べる。返答に満足していないのであれば、双方の境界を確認するため、明日水曜日に再び集合して、必要であれば、境界の位置を修正すべきであると。そこで翌日、再び集合した彼らは、次の「儀式」を執り行なった。

> 都市［ヘレス］の名において、この都市の境界であるガルシアゴと呼ばれている岩山へと赴き、そこで下馬し、同地にて、そして同地から、この都市が境界として保持しているところの所有権を修正し、もし必要であれば、この都市の権利に最善なように、そして特権に含まれるところに従って［その領域を］再度確保し、修正と所有の標として手にする鉄剣でもって、上述の岩山に生えている樹と草を刈り取った。そして同地から騎乗して、書記たる私の臨席のもとでコルク樫の自生している畝を、同都市の境界たるベナウ（Benahú）へと流れこむ水域へと進んだ。そしてまた同様に、上記の所有権を修正し、特権に含まれているところに従って新たに確保し、騎乗して、コルク樫と上述の畝の草を剣でもって切り取った。この後、上述の都市に属するムレラ川に辿り着いた(31)。

境界を確認あるいは修正する場合、双方の当事者が参加する面前で、境界に位置する「草を刈り取る」という象徴的な行為を実践することで、双方の記憶にとどめおく「儀式」を挙行しているのである。また当時の境界が、岩山や河川といった自然国境線で構成されていたことも興味深い。しかしさらに興味深いのは、境界を越えて狩猟を行なうためにこそ和平が必要であるとのビリャルエンガ渓谷側の別の抗弁であろう。彼らは次のように述べる。「もし都市［ヘレス］の境界にて狩猟を行なってはならなかったのであれば、このための和平は必要なかったのである。何のための和平であったのか」(32)。

「境域」経済が、緊急時に避難させることができる信頼性の高い動産として、家畜放牧に重点を置いていたことは既に述べた。各々の境界線は厳密に定められて、境界石や岩山・河川などの自然の目印によって可視化され、この記憶が受け継がれた。しかし後述するように、双方の民が家畜に草を食ませるために、境界地帯に形成される「無住地」あるいは「禁止区域」を貸与しあう慣習は、かつてから存在していたのであろう。これを前提として、ビリャルエンガ渓谷の代表者らが先の抗弁をしたと考えられる。

第五節　交易を慣習化する「境域」

(1) 交易関係の保障

カスティーリャとグラナダが対峙した約二五〇年間にわたって、休戦協定が頻繁に締結されていたことを、繰り返し本書でも述べてきた。この休戦協定の条項で交易が許可された場合、当然ながら行商人たちは往来することができた。「境域」東方部の最前線都市ロルカでは、一四〇一年の三月一四日付の史料によれば、七名のムスリム行商人（al-mayares moros）が九台の荷車とともに、ロルカで購入したオリーブ油を積載して、先導人（exea）に導かれてロルカからベラへと帰還しようとしていた。また同年の五月七日には、二名のバーサ商人が、ロルカからベレスへと、やはり先導人とともに帰還しようとしていた。ちょうどロルカと境を接するグラナダ側の最前線に位置するベラはもとより、より内陸に位置する重要拠点バーサからもロルカへ行商人が頻繁に来訪していたことが分かる(33)。

「境域」西方部で、最も古い議事録が残存している前線都市モロンでは、極めて断片的ながらも、ナスル朝領域との交易が実施されていたことを示す間接的証言がみられる。交易品としてナスル朝側の行商人から取得したと思しきサフラン、生姜、シナモン、キャラウェイ、クミンなどの香辛料に加えて、砂糖、乾燥果実といった甘味料、そして絹が現れる。また一四一三年の二月二一日、モロンの教会財産として「モーロ風で絹縁取りのカーテン二セット」、「モーロ風の縁取られた毛布」「二着のモーロ風帽子」が登録されている。さらに議事録によれば、一四〇六年一月一五日付の議決と一四〇七年一月二〇日付のそれとの間に、一三八七年三月一七日付の関税徴収規定が挿入されており、ここで「モーロ人」にモロン都市内で家畜を売却する際、あるいは家畜を「モーロ人の地」へと持ち出す際の関税額が規定されている(34)。

王国間休戦協定で、交易を許可される拠点（陸上交易拠点）が一五世紀になると限定されていくことは先に述べた。しかし管見の限りでモロンは、休戦協定において、一度たりとも正式な陸上交易拠点としては認められていない。この事実は、王権の思惑とは無関係に、「境域」の最前線では一種の非合法な交易が継続していたことを示唆している。そしてもうひとつ指摘しておくべきは、上記のような交易が継続していた証拠が散見される一方で、略奪案件が豊富に議論されている事実である。つまりは、王国間で休戦関係が保障されていたにもかかわらず、小競り合いが頻発し、しかし同時に交易が継続していたということになる。

同様のことは、「境域」中央部の最有力都市ハエンにも当てはまる。一四七二年一月一八日、三年間にわたる王国間休戦協定が締結された。「この休戦において、港と友好地（axeas）は、双方の領域から来るキリスト教徒、モーロ人、ユダヤ人の商人や行商人に開放されて、自身の家畜と品物を持参して往来が可能」となった。これがカスティーリャ王エンリケ四世の死去をもって失効したため再度協定は更新され、さらにこれを継続したと思しき協定の写しが一四七六年一月一一日付（四年間の休戦）で残存していた(35)。

一四七六年の同都市議事録では、早くも一月二四日の議題において、交易の実施状況が語られ、ハエンとグラナダとの間での行商人の往来情報が確認された。しかし先に検討したように、二月一八日にはカスティーリャ側の最前線城砦ウエルマが急襲を受けた。そこでハエン当局は、都市内に滞在していたグラナダ行商人の身柄を拘束したが、三日後の二一日、拘留していた行商人に自身の商品を持参して、適切な時にグラナダへ帰還するように命じた。ウエルマへなされていた攻撃が停止されたことをいち早く確認したからであった。さらに二日後の二三日、当局はウエルマ城主ディエゴ・デ・ビエドマへ命令書を送付することを決議し、都市ハエンへ来訪する行商人には決して報復をなさないよう厳命した。「外交」を通じた情報収集の結果、ウエルマの城主と民が、ナスル朝域への略奪と誘拐を繰り返しており、先の急襲は、このことに業を煮やした「対岸」の前線拠点民による報復であったことが判明した。これ以後、グラナダ王宮廷と都市ハエン当局との間で損害回復交渉が実施された。一触即発となった事態は平穏を取り戻し、同年の一〇月一一日、グラナダからハエンへ来訪し帰還する全ての行商人に対して、通行と来訪の自由を保障する書状を発布している。グラナダ宮廷側もまた、グラナダ王の名において同様の保障状を発布して商人の往来を許可していたからであった(36)。

類似の状況は一四七九年にも生じる。やはり係争が絶えない状況下で、都市ハエン当局とグラナダ大宰相は、粘り強く損害の回復交渉を実施していた。略奪と報復の応酬が未だ継続し続ける中、グラナダ大宰相宛の書簡の末尾に以下の内容を付言した。

よって高貴なる騎士［＝グラナダ大宰相］よ。自身の交易品を携えて、そちらの王国からこの都市へ来訪し、滞在して、帰還する全ての行商人と商人の安全は保障されている。また、この都市から交易品を携えて、そちらの王国へ向かう商人らも、同様に貴殿の保障のもとに置かれるべきである。全てにおいて、和平が守られるように。我等が主よ、貴殿の有徳の人格を保全し給え。ハエンより、［一四］七六年一〇月一六日(37)。

この翌年も状況は変わらない。一四八〇年の一二月四日、未だ略奪の応酬が生じている最中、グラナダ側の最前線城砦カンビルの城主から書簡がハエンに到着した。休戦協定が有効であるにもかかわらず繰り返されている略奪・誘拐の実態に対して大いなる不満を述べるものの、「ところで、貴方がたが伝達してきたところの行商人の件に関して、来訪する彼ら全員の身体と商品の安全は保障されている」(38)と最後に付け加えている。

頻発する略奪や誘拐の最中、双方の当局は、境を越えて往来する行商人の活動をできる限り保障しようと苦闘した。

たとえ「報復権」が行使される場合でも、先にみた一四七九年二月六日付の報復許可状は、「モーロ人の行商人（almayares moros）」への報復を固く禁じていた。双方の当局から手厚い保護を受けた彼らは、「境域」の流動的な情勢にそれほど左右されることなく、活動を維持していたのであろう。

確かに略奪や誘拐行為は日常茶飯事であった。しかしカスティーリャ側の「境域」の在地貴族や諸都市拠点、グラナダ側の最前線に位置する諸拠点は、この小競り合いを解決しようと個別に動いた。そして交易関係の継続と保障は、彼ら「境域」為政者の共通の望みでもあった。なぜなら、「境域」、とりわけグラナダ側のそれでは、必要物資が常に不足していたからである。

（2）非合法交易

本書の第一部で既に検討したように、対グラナダ交易を休戦協定の条項内で認可するカスティーリャ王権は、ほぼ常に「禁止品目」を定めようとした。「レコンキスタ」の完遂を目論む王権にとって、グラナダに輸出されることで次回の戦争の際に不利になる可能性のある品目の売却は決して容認できるものではなかった。

このように、常に戦争の将来的な再開を念頭に置いていたように思われるカスティーリャ王権の意図に反して、しかしながら「境域」民は、グラナダ王国に対して上記の「禁止品目」に属する品々を日常的に売却していた。カスティーリャ王フアン二世と次王エンリケ四世が「境域」西方部の都市ヘレス、「境域」東方部の都市ムルシアに送った交易禁止命令の発布状況から、このことを論じてみたい(39)。

さて、一四〇九年から六五年までの期間において、「禁止品目」の輸出禁令が繰り返し出されていることが分かる。全ての禁令が対グラナダ王国への輸出禁止を明示しているわけではないものの、「境域」に送られている書状であることから考えて、その蓋然性は高い。逆にいえば、カスティーリャ王権からしてみれば非合法な、武器、小麦、馬といった「禁止品目」の輸出は、恒常的になされていたことが推測できる。

まず一四〇九年であるが、短期間の休戦協定が結ばれていたとはいえ、交易関係は許可されていなかったはずであり、「多くの商品をモーロ人の地へと輸送して、家畜その他を輸出する」ことは完全に非合法であった。さらに興味深いのは、この禁令が、両国間で公的な戦争状態に置かれている時期にも出されている点である。一四三三年には小麦の輸出を禁じ、一四三五年から三八年という戦争期間に、たとえ交易が許可されていたとしても厳しく禁止されていた武器や小麦、そして馬が、繰り返し持ち出されていたことが分かる。

より具体的に史料をみてみたい。対グラナダ戦争を継続中であった一四三五年三月一二日、ファン二世は「境域」の全域に宛てて、非合法交易を取り締まるようにと厳命する。禁令の徹底のためであろうか、国王は一四三三年五月八日付、教皇エウゲニウス四世（在位一四三一～一四四七）の教勅にも言及している。

幾人かの邪悪なキリスト教徒らは、自らの魂と肉体、そして財産の甚大なる危険に直面して神と余の裁きを恐れず、またこのために、境域において告示された我等が聖なる父［＝教皇］の教勅により、そして正義によって課されてきて、また課されているところの破門を恐れることなく、上述の余の書簡に示されているところの罰則を軽視して、上述のモーロ人の地へと麦、家畜、馬、武器その他の補給物資を、神と余に対する甚大なる不実のもとで、敢えて輸送してきたし、今現在も輸送し続けている(40)。

一四三六年九月一五日付の王の書簡によれば、最前線城砦ヒメナとカステリャールへの配給物資を購入するにあたって、麦価格が高騰しているため確保が難しいとして、都市ヘレスに対して善処を求めている。これは、戦争の継続による食糧の慢性的な不足に加えて、敵であるグラナダ側へも非合法に輸出され続けていたこととも関連しているのではないか。また一四三八年八月二三日付の書状からは、最前線城砦群の補給業務を担当するペドロ・サンチェス・デ・メーナが、「境域」の西方部で麦の購入を試みたものの、農民たちが価格を意図的につり上げて売却しよう

「禁止品目」の輸出禁令関連の命令（1409～1465）

年	書状送付場所	和　戦	内　容	対グラナダ
1409-09-31	「境域」全域？	休戦状態	法学博士フォルトゥン・ベラスケスに非合法交易の実態を調査させる	○
1412-01-05	都市ムルシア	休戦状態	ムルシア都市外へ麦を輸出しないように命令する	
1412-04-15	ムルシア域	休戦状態	都市カルタヘーナと多くの拠点民が穀類，肉を輸出していることを非難する	
1426-07-11	「境域」西方部	休戦状態	「日々，小麦・穀類を輸出している」として非難する	○
1433-04-22	海洋諸都市	戦争状態	王国外へ小麦を輸出している者の処罰を命ずる	○
1435-03-12	「境域」全域	戦争状態	麦，家畜，馬，武器その他の補給物資を「モーロ人」に売却することを禁止する	
1435-05-20	「境域」西方部	戦争状態	グラナダ王国へ小麦，家畜，武器，馬その他の輸出実態の調査を命ずる	○
1436-10-20	王国全土	戦争状態	国外への小麦の輸出を禁ずる	
1437-05-30	「境域」西方部	戦争状態	グラナダ王国へ小麦，家畜，武器，馬その他の輸出実態の調査と処罰を命ずる	○
1437-10-22	王国全土	戦争状態	同上	○
1438-06-30	「境域」西方部	戦争状態	「日々，小麦，馬，武器を国外へ輸出している」として非難し，処罰を命ずる	
1442-02-10	「境域」西・中央部	休戦状態	「禁止品目」のグラナダへの輸出が続いているとしてペドロ・デ・バカに調査を命ずる	○
1447-02-06	「境域」西方部	休戦状態	小麦の域外への持ち出しを禁止する	
1450-01-08	「境域」西方部	休戦状態？	同上	
1454-01-20	王国全土	休戦状態	休戦協定で規定された拠点で関税支払いの上での交易を命ずる	○
1454-09-16	都市ヘレス	休戦状態	「モーロ人の地」への小麦の持ち出しを禁止する	○
1457-10-20	「境域」西方部	戦争状態	次年度の対グラナダ戦争のため，小麦の持ち出しを禁止する	
1460-06-04	「境域」全域	休戦状態	「家畜，武器，商品その他」をグラナダ王国へ輸出している者の処罰を命ずる	○
1464-03-14	「境域」西方部	休戦状態	休戦協定の布告と同時に，小麦の輸出禁令を再確認する	○？
1465-01-??	都市ヘレス	休戦状態	市民ガブリエル・ミサリャに，100カーフィズの小麦をモーロ人の地に売らない条件で持ち出しを許可する	○？

としていたことが分かる。

次に、一四六〇年六月四日付で、エンリケ四世が「境域」の全域に対して送付した書状を検討したい。これに先立つ時期、すなわち戦争期間を含む一四五五年から一四六〇年四月一五日までの間、全面的に対グラナダ交易は禁止されていた。しかし実際にはこの期間中にも「小麦、家畜、武器、その他の物品」が輸出されていた。交易が許可されていたとしても、「禁止品目」が含まれていないかが厳しく検査された後、持ち出す品の価値の一五パーセントに相当する「モーロ人との交易税（diezmo e medio diezmo de lo morisco）」を支払わねばならなかった。しかし「境域」民の多くは、「禁止品目」の輸出に手を染めるばかりか、この貢租すら支払わないことがままあった。一四六三年三月三一日付の国王書簡からは、「モーロ人との交易税」と「禁止品目」を監督する書記であったコルドバ市民ペロ・ムーニスの活動に「境域」民が非協力的であったことが分かる(41)。

「境域」東方部の中心都市ムルシアでも、非合法な交易に数多くの都市民が関与していたことが判明している。とりわけ最前線都市ロルカでは、非合法な交易が常態化していた可能性が極めて高い。一三七五年にロルカからムルシアに送られた書状に、非常に興味深い記述が登場する。「今や、他王国への輸出が禁止されている品目の監督官が、上述のこの地［ロルカ］で査察を行なうべく、ここに来訪しようとしているらしい」ことを知ったロルカ当局は、「このために多く［のロルカ民］が退去している」として、監督官の査察を何とか回避するように懇願しているのである(42)。

このように対ナスル朝交易の実態は、王権の意図する建前とは大きく乖離していたと考えるべきである。ナスル朝の漸進的な衰退を目論みながら休戦協定を締結し、事実、隙があれば軍事介入を頻繁に行なっているカスティーリャ王権からの禁令が発布され続けていることから考えて、これは明らかである。

では、なぜ「境域」の都市と民は、たとえ非合法の誹りを受け、重罰を科される可能性があろうとも、「冷戦」状態に置かれ続けた「敵」としてのグラナダ領域との交易を維持しようとしたのか。ここで考慮すべきは、対グラナダ交易が小規模なものにとどまり、かつ食料品に代表される日用必需品の売買が大勢を占めていた事実である。「境域」では、休戦協定の破棄に至るまでの大事件ではないにせよ、日常的に小競り合いが続いていた。このような状況下で、合法、非合法を問わず交易関係を「対岸」と継続しようとした背景には、カスティーリャ、グラナダ双方の「境域」を存続させるための生活物資が、常に不足していた状況があったのではないか。とすれば、この双方の間に、「中心」とは関わりないレヴェルで、経済的な相互依存関係が確立していたとしても、何ら不思議ではない。

第六節　家畜放牧契約慣行の共有

家畜は、中世の盛期と後期を問わず、常に生成され続けたイベリア半島の「境域」において重要な交易品となった。このことはよく知られている。「境域」では、戦争時、和平時を問わず、互いに略奪や焼き討ちが実施されたため、開戦や侵入の情報がもたらされた際、即座に市壁内へと避難させることのできる財、すなわち家畜の経営に特化せざるをえなかったからである(43)。

既に一二世紀の時点で、当時の「境域」であったクエンカをはじめとする都市法の規定から、いわゆる政治的・宗教的な「国境線」をものともしない移動性牧畜業が展開されていたことが分かる。中世後期に入った一三〇五年、カスティーリャ王フェルナンド四世は、開戦の可能性があるため、それまで境界を越えてナスル朝域内でなされていた家畜放牧を禁止する措置をとった。逆にいえば、休戦が締結されている期間であれば、互いに「国境線」を越えての放牧が可能であったことを、この命令は示唆している(44)。

一三八〇年の九月八日にフアン一世は、「境域」東方部ムルシア地域に対して命令を発した。彼の父エンリケ二世は一三七七年一一月に、対アラゴン国境、対グラナダ国境の各々から一二レグア（1 legua≒4.19km）に居住し、雄馬、駄馬、雌馬、仔馬を保有する者に対して家畜財産の登録を義務づけていた。これは明らかに軍馬として用いられうる馬種の「敵国」への流失を懸念してのことであった。しかし乗用や輸送に用いる雌雄の騾馬と仔騾馬は登録する義務がないため、これを逆手にとった「境域」民は、これらを頻繁に持ち出すようになった。そのため、騾馬の登録をも義務づけたのである(45)。

これを受けて一三八二年二月一二日、同じくフアン一世は「雌牛、羊、山羊、雌馬、仔馬、騾馬を所有している者の内の幾人かが、これらの家畜の全て、あるいは一部を、草を食ませるという名目でアラゴン、グラナダ王国へと持ち出し」たり、「これらの家畜の一部を売却譲渡」することを完全に禁止した(46)。

既に本書で詳細に検討したが、一四三九年に締結された三年間の休戦協定をめぐる双方の「全権大使」による交渉において、ナスル朝君主の側は全面的な交易の自由を主張したのに対して、カスティーリャ側はこれを拒否して、最終的に年間七〇〇〇頭の羊、一〇〇〇頭の雌牛の売買が許可される形で合意に至った。互いの主張の齟齬から考えて、またよく指摘されるように、その狭隘な面積に比して人口密度が高かったナスル朝グラナダ王国では、常に生活の維持に欠かせない食料としての家畜の不足に苦しんでいたことが推察される。

しかし国境線を間に挟んで対峙しあう両者の「境域」の間には、これまで考えられてきた以上に、王国間の互いに腹を探り合う「外交」とはまったく異なる次元の接触が常態化していた。それは、双方の王国領域の境界上に位置する「無住地」で実施される牧草地貸与契約である。この貸与契約は、互いの領域の間に広がる耕作不可能な土地利用を一時的に可能にするものであった。とはいえ中世後期の「境域」の両側の諸拠点では、証文を取り交わすことなく慣習的にこれらの取り決めを口頭で行なっていたと思われ、直接的な史料は極めて少ない(47)。

「境域」の西方部では、現在のところ、より多くの直接的な証言が残されている。一四五五年三月一四日の都市へレス参事会では、境を接するナスル朝側の最前線諸拠点（ロンダ、ヒメナ、ビリャルエンガ渓谷村落）との「外交」交渉が討議されていた。グラナダ側拠点が送付した書状によれば、和平を遵守するつもりであるとのことであった。さらに続けて、非合法に誘拐されていた捕虜交換の日時を定めるよう求める。そして最後に「家畜を持つ者には、捕虜返還交渉人にその費用、すなわちそれぞれの群れあたり一〇マラベディを支払わせるように」と伝達した。ヘレス都市民の保有する家畜を、グラナダ側の領域で放牧する際の「賃貸料」を求めていることは明らかである。しかしこれは、ちょうどエンリケ四世による親征が実施されようとしている時期にあたる。王権による戦争計画とは別のミクロな次元で「境域」同士では、このような経済上の「蜜月関係」が維持されていた(48)。

一四七一年七月二四日付で作成された地域間休戦の証文にて、牧草地貸与契約はより直接的に言及されている。同契約は、「境域」西方部に属するカスティーリャ側（ヒメナ、ジブラルタル）と、グラナダ側（マルベーリャ、ロンダ、カサレス、ガウシン）の長と有力者同士が実施した会見の場で締結された。地域間休戦に関する議論が終わった後で、「マリナ・デ・ビリャロボスの知人アンドレス・マルティン・デ・レレナが来訪し、〔中略〕上述の城主ムハンマド・アル゠グマーリー、上述の都市カサレス当局、執吏、古老、若人らと面談して、もし雌牛の群れを放牧するための土地を提供してくれるのであれば、それに望みの支払いをなす用意があると述べた」。続く交渉の結果、「群れの中から選別された一頭の子雌牛の提供」を貸借料とすることで決着をみている(49)。

このように牧草地の貸与契約は、互いの「境域」間でのミクロな「外交」場面で締結されていることが分かる。双方の「境域」の間で生じた交易関係は、カスティーリャ王権とナスル朝君主という「中心」同士で展開された和戦をめぐる思惑とは全く異なる次元で、常に維持されていたわけである。

経済的な相互依存関係の継続は、「境域」同士の地域的な「外交」を土台とするものであった。小競り合いを繰り返していた双方の「境域」同士は、損害回復と休戦の維持のために奔走した。この結果、「中心」としての王権とは異なる認識を「対岸」に抱くようになった。たとえば一四五五年、上述の都市ヘレスへ送られたグラナダ側の拠点からの返答では、「グラナダ王もキリスト教徒の地に損害を与えるために人員を集結させてはおらず、もしこの件で何かを知ったならばそれを知らせるつもりである」と本音を吐露していた。いわゆる「レコンキスタ」を完遂しようとするカスティーリャ王権という「中心」の思惑は、「境域」社会の現実とは大きく乖離していたのである。

第七節　「中心」の命令に対する不服従

カスティーリャ王権という「中心」は、回数は限られていたものの、大規模な対グラナダ戦争を立案し、実行に移した。当然ながらこの戦争で最も重い負担を強いられたのは、戦地となる「境域」であった。摂政フェルナンド・デ・アンテケラが一四一〇年に遂行した戦争に関して、史料によれば、「この戦争に貢献しなかった者は、境域においては少数であった」。「王国民全員が奉仕したといえども、遠方の者は、戦争に従軍した者達のみが苦しんだのであって、とどまった者らではなかった。アンダルシーアの者達に関しては、その［グラナダ王国への］近さのゆえに、また更なる奉仕を強要され、参戦した者ととどまった者双方の皆が、遠方の者達以上に苦労した」のである(50)。

エンリケ三世の死後、戦争準備を着々と整えていた一四〇七年の二月四日、早くも摂政フェルナンドは、「境域」の東方部の最重要都市ムルシアに書状を宛てて、対グラナダ戦争で自身の乗る軍馬の提供を要求した。同年の一一月一五日にも類似の要求を行ない、ムルシア当局はこれに七三五〇マラベディを供出することでもって軍馬の提供に代えた。しかし摂政への対応は、翌年の四月八日になってのものであった。一四〇七年の四月一一日、フェルナンドとともに摂政を担っていた王母カタリーナは、ムルシアからの戦時供出金負担に関する陳情に返答して、戦時供出金の免除は不可能であるが、減額ができないかどうかを協議すると回答する。事実、同時期のムルシア都市財政を分析した研究によれば、一四〇七年と〇八年の財政支出の費目において、王に対する貢租の項目の中で突出して大きいのは、戦時供出金（一二万五五一六マラベディ）であった。このように、「中心」の主導する戦争への貢献は、「境域」都市の財政を圧迫していた(51)。

「中心」からの命令は、財政負担を強いるばかりではない。一四三〇年代の公的な対グラナダ戦争において、「境域」西方部ではヒメナ、カステリャールの征服に成功、東方部ではヒケナの征服を行ない、一時的とはいえ、ベレスやアルボクスなどの最前線拠点群の獲得に成功した。しかし、これらの新たな前線拠点は、防衛網に確たる位置を占めて初めてうまく機能するといえる。これを知悉している王権は、この防備網の組織化を「境域」に担当させた(52)。

例として、「境域」西方部の都市ヘレスが担った補給義務の実態をみてみたい。一四三一年五月二四日、ちょうどグラナダ沃野への親征が実施されようとしている最中、本来であれば「同都市［ヘレス］の五〇歳以下で二〇歳以上の男子全員が、余とともにグラナダ王国へと侵入すべく準備するべき」であるとしながらも、フアン二世は、「もし同都市と近隣の全ての男子が、余に対して奉仕すべくこの戦争に参戦した場合、土地が人手不足になり、これによって、この戦争継続の計画に対して大いなる損失が続いて生じるであろう」と考え、その代わりに獲得されたばかりの都市ヒメナの防衛に必要な人員と資材を供給する任務を都市ヘレスに命じた。人的貢献に関して具体的な人数が示され、軽騎兵三〇名、一〇〇名の槍兵、一〇〇名の弓兵を、三か月交代で防衛任務に派遣するようにと指示した(53)。

しかし、王権の命令通りに防衛が実施されることはなかった。一四三三年一月二二日と二三日付の二通の書状を読むと、都市ヘレスは実際には一〇〇名の歩兵しか派遣しておらず、これを知ったフアン二世は厳しく非難しつつ、おそらく罰として、この一〇〇名分の給金を二か月分のみ支払うことを、財務書記ディエゴ・フェルナンデス・デ・モリーナに命じた(54)。

ヒメナ南方のナスル朝最前線拠点カステリャールは一四三四年頃に征服され、同じく都市ヘレスに補給と防衛任務が割り当てられたが、ヘレス当局はこの任務を拒否しようとした。これに一四三五年一月八日に返答したフアン二世は、「この補給［任務］が終了するのは至近のことであろうから、それまでの辛抱を願っている」と書状を送る。しかし一転して、同年の一月二四日付書簡では語気を強めて、補給任務を遂行しようとしないヘレスを、激しく非難する。本来であれば罰を与えるべきであるが、これまでの貢献に免じて赦免するので、何とか補給を担当するようにと厳命した(55)。

このような戦時中の補給任務は、新たな城砦が征服されるたびに、近隣の都市に割り当てられた。「境域」東方部では、アルボクスが一四三六年の末に征服された。この最前線拠点の防備と補給を担当させられた都市ムルシアは、征服の成功後すぐに発せられた王命によって、年間で荷車二〇〇台分の麦と食糧の輸送を担当することとなった。しかし一四三七年には一三〇台を、一四三八年には一八〇台を輸送するにとどまり、一四三九年と、この翌年には一〇〇台分しか送っていない。この輸送を割り当てられた都市には、確かに王庫から給金が支払われた。しかし一四四〇年の事例では、担当者に対する給金を含む総輸送費のうち、王庫からの支払いは四一七六マラベディにとどまり、残りの六七八六マラベディ分を、結局は都市当局の自腹で支出せねばならなかった(56)。

このように、ヘレスとムルシアの補給実態は、王の命令から乖離していたといわざるをえない。結局は自らの懐から多大な出費を迫られることを、身に染みて理解している「境域」の都市当局による、このような振舞は当然であった。ゆえに、一四三〇年代の対グラナダ戦争で数多くの拠点が征服されたにもかかわらず、上記の例でとりあげたヒメナは、一四五一年には奪取され、カステリャールも正確な日時は不明ながら、再征服の憂き目に会っている。アルボクスもまた、一四四五年に早くも失われた。

なお従軍兵に支払われる給金に関連する財政的な負担は、休戦期間に該当する一四四〇年代にもみられる。一四四八年三月二九日付でファン二世は、「境域」で局地的な防衛戦に参加している兵に給金を支払わねばならず、多額の金銭が必要であるとして、都市ヘレスと近郊の重要都市カルモナに、それぞれ一五万マラベディの供出を命じた。この支払いは王庫の負担のはずであったため、この供出はあくまで貸与であった。しかし王からの支払いは滞り続けている(57)。

戦争時、あるいは休戦の最中の小規模な紛争でも、「境域」は常に人的・財政的な負担を強いられた。常に疲弊していたのは、おそらくグラナダ側の前線拠点も同様であったであろう。等しく戦争と平和に自ら対処せねばならない境の両側の「境域」は、一種の「運命共同体」となり、ともに「中心」に対して距離を置いた。既にみたように、一四一七年に「境域」東方部のオリウエラとベラは、「もし王達が開戦を命じたならば、事を起す一五日前には、そのことを伝達せねばならない」という条件でもって、地域間休戦を締結していた。一四五〇年、あるいは五五年に都市ヘレスは、「対岸」のビリャルエンガ渓谷村落やロンダと「中心」の動向に関する情報を共有しながら、事態に備えていた。互いに疲弊する「境域」が、生き残りをかけて経済的な関係すら強めていった背景には、このような「中心」に対して共通に抱く不信感もあったのではなかろうか。

第八節　明確かつ曖昧な境界線――越境する人々の慣習

(1) 対異教徒認識

和戦を独自に展開していく「境域」では、戦争と平和の境が極度に曖昧になり、言語や文化の垣根すら超えて交渉が繰り返されていき、この過程で慣習が生み出されていった。この結果「境域」社会は、イスラームあるいはムスリムに対して、中世西欧世界の一般とは異なる認識を抱くようになった。

「境域」社会の頂点に君臨する軍事大貴族層の振舞は、この点で示唆的といえる。一四世紀の後半以降、「境域」の統治を王権に代わって担っていく彼らは、王国からの独立を意図しないまでも、自立性を次第に強めていった。一五世紀後半に生じたエンリケ四世治世期の政治的混乱の際、「中心」から「解放」された彼らは、自領と自身の権益の維持と拡大のために個別に動き出す。この王国レヴェルの政治的混乱状態と時期をあわせて、コルドバの最有力貴族フェルナンデス・デ・コルドバ家門内で、内輪もめが生じたことは既に述べた。この家門を構成する二家系の当主、すなわちカブラ−バエナ家当主ディエゴ・フェルナンデス・デ・コルドバ二世とアギラール家当主アロンソ・デ・アギラールとの間の対立は、深刻な地域内抗争にまで達した。さらには党派の双方が、グラナダ王宮廷と、マラガに居を構えるグラナダ王族サッラージュ家門とそれぞれ結託することで、政治と宗教の境を超えた奇妙な合従連衡が展開された。

フェルナンデス・デ・コルドバ家門は、混乱を極めるカスティーリャ王国の北部に引き籠もるカスティーリャ宮廷ではなく、常日頃、和戦を繰り返すことで繋がりを維持して、地理的にも隣接するナスル朝グラナダ宮廷を、決闘の裁定者として選択した。グラナダ王は、たとえ異教徒ではあっても、カスティーリャ＝グラナダ「境域」内で、一定の権威ある存在として認められていたことが、この事例から明らかとなる。この決闘を実施するべく、ディエゴ・フェルナンデスの息子ディエゴは、ナスル朝君主と彼の妻、宮廷の高官への贈り物を携えてグラナダへ赴いた。さらにグラナダ王へは、馬を贈答している。もちろんのこと、馬は「禁止品目」に該当するのであろうが、カスティーリャ王権の思惑を意に介することはなかった(58)。

「境域」を構成するカスティーリャのアンダルシーア・ムルシア地域では、残留を決意したムスリムすなわちムデハルを取り巻く状況や、キリスト教徒の彼らへの眼差しも、後背地とは少々異なっていた。一三世紀の征服と続く入植に伴って、当初は多数残留していたムデハルらが、ムデハル反乱の鎮圧を境に、グラナダ側、あるいは渡海して北アフリカ側へ大量に流出していったことは否定できない。越境暴力が頻発する状況下、敵と内通する危険を孕むムデハルらが、強制的あるいは自発的に流出していったのは、必然であったともいえよう。事実、征服時点に多数派を構成していた「境域」のムデハル自治共同体は、少なくとも残存している史料をみるかぎり、一三世紀末の時点で、既に圧倒的な少数派へと転落していた(59)。

しかし「境域」でムデハルが少数派となったことは、逆説的に、彼らを守ることにも繋がった。たとえば一三九一年六月六日の都市セビーリャでの騒擾を皮切りに、イベリア半島の全域に飛び火していった大規模な反ユダヤ人ポグロムは、これまで中世後期スペインにおける反異教徒感情の高まりの現れとして、幾度も指摘されてきた。しかし

『エンリケ三世年代記』は、以下の興味深い記述を残している。

> また、領民達は王国の都市に居住していたモーロ人に対して、［ユダヤ人に対してと］同様のこと［＝迫害］をなそうと望んだが、敢えてそれを行ないはしなかった。というのも、グラナダや海の向こう側で捕囚の憂き目に遭っているキリスト教徒らが［報復として］殺害されることを恐れたからである(60)。

「境域」は、アンダルスと直接境を接するがゆえに、常に境の「対岸」の動静を見守らねばならない。また、アンダルシーアに居住するムデハル達は、ユダヤ人とは異なり、社会経済的にも圧倒的な弱者であったため、逆説的に保護されていた可能性すらある。

「境域」民は、それがキリスト教徒であれ、残留を決意したムデハルであれ、頻発する略奪や誘拐の犠牲者となることへの恐怖を、共通に抱いていた。とはいえ、キリスト教徒は、ムデハルが侵入してくるグラナダの兵と内通するのではないかと危惧する。逆に前線に居住するムデハルは、キリスト教徒に疑われることを危惧する。この結果、興味深い慣習が登場した。ムデハル共同体が近隣に多く残存しているものの、「境域」からの影響を色濃く受けていたアラゴン連合王国の最南端都市オリウエラでは、キリスト教徒とムデハル共同体との間で一種の「相互扶助契約」が成立したのである(61)。一三九九年の一一月三日、オリウエラ行政管区内の諸拠点と、自治権を保有するムデハル共同体の代表者らは、グラナダ側から繰り返される略奪行為に関して議論した後、その場で、ある契約を行なった。その経緯は次の通りであった。

> 一致をみた条項は多岐にわたっているが、最も重要であったのは次のものである。もし、かの［オリウエラ］行政管区においてモーロ人［＝ムデハル］が誘拐、捕囚あるいは殺害を被った場合、キリスト教徒らはそのモー

ロ人を探し出して、自らの出費で救出せねばならない。もし殺害された場合には、その者の縁者へ、いない場合には［ムデハル］共同体へ二〇〇フローリンを供出すべし。もしキリスト教徒が同じ目に遭った場合、モーロ人が同様の義務を負う。このような協定からキリスト教徒にもたらされる利益は大きかった。というのも、同行政管区内のモーロ人らは、グラナダのモーロ人がなしてきたところの損害を補償せねばならなくなったため、［侵入を試みるグラナダ臣民は、］彼ら［＝行政管区内のムデハル］をスパイや密告者として使役できず、また彼らもグラナダの者達が与えるであろう損害の補償を支払わないですむよう、招集警備に従事したからであった(62)。

「境域」で皆が共通に抱いていた略奪や誘拐に対する恐怖感から、当事者同士の信仰を超えた一定の「共存」意識が芽生えていった。生存への欲求は、宗教的な差異を超えるほどの強さを発揮したのである。

ムデハルに対してと同様、境の「対岸」の異教徒たるグラナダ臣民に対する眼差しも、「境域」ならではの条件に左右されていた。「対岸」からの略奪や誘拐に日々悩まされ続ける「境域」民であったが、だからといってムスリム全般に対する憎悪に染まっていたわけではない。先に検討した都市ヘレスの小貴族オルバネハ家の「業績録」の第四七条は、次のように追撃の模様を述べる。

この都市［ヘレス］の幾人かの騎士らが、教区代表フランシスコ・デ・ベラの雌牛が連れ去られたとのことで追撃に出向いた際、私、上述のガルシア・デ・オルバネハは、上記の我が父の代理として［出撃し］、渓谷入口にまで到達した。そこで我々は一名の疲労したムスリム騎兵を発見し、そこから退却して川で休息した。というのもモーロ人らは何も強奪していなかったからである(63)。

グラナダの騎兵を発見したものの、牛を強奪した下手人ではなかったため、彼に危害を加えることなく退却したのであろう。無実の者に手を出すことは、結局はめぐりめぐって自身の共同体への報復として跳ね返ってくるため、それを回避する。これが「境域」の現実であった。

（2）改宗行為

西欧中世世界すなわちラテン・キリスト教世界であれ、イスラーム世界であれ、宗教が社会に深く浸透している世界においては、支配宗教を奉じる者が、被支配宗教へと鞍替えすることに厳しい罰則が設けられた。一一世紀以後、対立を深めていくとされる、ヨーロッパ＝イスラーム関係を背景として、我々は、改宗行為が厳しく禁じられていたと考えてしまう。しかし「境域」住民は、改宗行為に関しても独自の認識を共有していた。

ここでもまたハエンの都市議事録が、改宗をめぐる慣習を証言してくれている。一四七九年一一月八日、ハエン都市参事会では、かつてウエルマ城主の下僕であったが、イスラームへの改宗を望んで逃亡を図り、現在はグラナダ側の最前線拠点カンビルに滞在しているフアン・バルエロの処遇が議論された。もし再びキリスト教徒になることを望むのであれば、彼に保障状を発布して、使節としてカンビルに赴く予定の収入役アロンソ・ディアスとともに、安全に境界を越えられるよう善処を講じることで一致した(64)。このように、改宗を希望する者の存在が判明した場合、事前にその者へ保障状を発布することにより、身体の安全を確保した上での越境を促している。

捕囚された者にとって、捕虜の相互交換が期待できず、身請けのための財産も保持していない場合、境遇に絶望して改宗することは、自由を回復するための最終手段のひとつであった。しかしこのように強いられた改宗ではなく、自発的になされる事例も散見される。休戦期間内に不当に誘拐された捕虜の場合、当然ながらその者の解放は無償でなされるべきであるため、双方の当局同士で交渉がなされた。とはいえ、捕囚されている間に自ら改宗の意志を示した者へは、次の対応をすることで慣習化していたと考えられる。

都市ハエン議事録によれば一四七九年八月二八日、グラナダ側の拠点コロメラから書簡が届き、読み上げられた。

二名のグラナダ臣民と三名のカスティーリャ臣民の捕虜交換が問題なく実施されたことを伝達した上で、コロメラ当局は、ある別の問題が生じたことを吐露する。すなわち、もう一名の若人、牧人ペドロがイスラームへと改宗してしまい、コロメラ当局が同胞とともに退去するよう許可したにもかかわらず、それを望まなかったとし、このことに対する憂慮を述べる。そこでコロメラは、次の方策をハエンに提案した。

彼［＝牧人ペドロ］の母と親族に、ここコロメラへと来訪し、［彼が］ともに退去するよう尽力してほしい。我等は退去を許可するし、来訪する親族の安全も保障する。誉れある騎士達よ、あらゆる事柄に関して貴方がたの命令を実行する用意はできている(65)。

この説得行為の最終的な結果は、同年一〇月一五日の都市議事録で判明する。グラナダ大宰相からハエン宛の書簡の抜粋で、次のようにこの出来事についての言及がなされている。

コロメラと［の案件］。湿地を通過していた若人で、［捕囚の後］モーロ人へと改宗したといわれている人物に関して。

返答。この若人は教区代表マルティン・デ・エスピノサ、若人の父親、そして他の多くのキリスト教徒らに引き渡され、彼らは別室に彼を移送した上でモーロ人のいない部屋で説得したものの、未だに自身をモーロ人であるといっていた。彼は既に一人前の男である(66)。

つまりは、改宗を決意した人物の知人や親族に、一度は説得の機会を与える慣習が「境域」では存在していたのである。同じくグラナダ大宰相は、捕虜身分からイスラームへの改宗を決意した女性に関する、別の案件にも言及している。件の女性は、都市グラナダに滞在してムスリムとなった後、捕虜返還交渉人マルティン・デ・ララが訪れて、やはり彼女と別室にて話したものの、彼女はムスリムとして留まることを選択したという(67)。

説得の慣習は、逆にイスラームからキリスト教へと改宗を希望する者にも適用された。同じく都市ハエンの議事録によれば一四八〇年九月一日、ヤフヤーという名のムスリム捕虜が移送されてきたが、この者が告白することには、自身はキリスト教徒であるとのことであった。そこで当局は、彼と話すべく一名のムスリムを派遣するようにとグラナダ側に伝達した。グラナダ大宰相は、この案件に対する返答を同月の二〇日によこして、次のように述べる。「キリスト教徒といっているとのことであるが、彼をこれまで通りの境界地へと連れてきてほしい」(68)。このように、境界上に位置する場で説得を試みる慣習が、双方の拠点民の間で定着していたことが分かる。

事実、このような説得の慣習は、「境域」中央部のもうひとつの拠点都市アルカラ・ラ・レアルでも登場する。一四五五年から六二年の間に、グラナダ大宰相がアルカラ・ラ・レアル都市当局宛に送付した書簡では、キリスト教への改宗を希望する三名のムスリムの案件について、次のように述べられている。

> また、モーロ人二名の若人と一名の男がそちらへ赴き、貴方がたは到着した次の日に、彼らに出立の許可を与えた。しかし和平の慣習によれば、彼らを一〇日の間とどめおくべきであった。アルカラにて面談を持つべく、彼らを都市へと連れ返すよう命じてほしい。というのも、軍司令ユースフ・イブン・サッラージュが誓約していることには、もしそうでないならば、彼らの身柄の担保として、報復を実施すると述べている。面談の後、もし彼らが改宗してそちら側へ行きたいと願うのであれば、それでよい(69)。

この大宰相の言から、少なくとも改宗希望者は一〇日間逗留させ、その間に説得の機会を設けるべきであったことが分かる。

双方向的な改宗をめぐる慣習の証言は、「境域」の東方部でも存在する。カスティーリャ側の最前線都市ロルカと、グラナダ側のベラとの間では、一種の「改宗儀礼」とでも呼ぶべき慣習の存在が確認されている。「レコンキスタ」が終結してから約六〇年後の一五五一年から五八年にかけて、ロルカとベラとの間で都市管轄領域の画定をめぐる行政紛争が生じた。この紛争の解決のため、既に洗礼を受けてモリスコとなっていた、ベラの旧ナスル朝臣民から同王朝支配時代の記憶が収集されて、記録された(70)。

彼らモリスコの生き生きとした証言から、境を接するロルカとベラの間で、数多くの和戦交渉がなされていたことが分かる。両者は「フエンテ・デ・ラ・イゲーラ（Fuente de la Higuera イチジクの泉の意）」と呼ばれる場を境界地として設定し、双方の使節や、捕虜返還交渉人による「外交」交渉が、同地で日常的に行なわれていたという。その名称が示す通り、水場として双方の牧人が利用する一種の「入会地」として機能していたと考えられ、ここでも経済的な相互依存関係が推測されうる。

ナスル朝時代を生きのびたモリスコの老人は、双方向的な改宗が、この水場にて展開されるのを目撃したと証言する。この経緯は、既にみたハエンのそれに酷似している。イスラームへの改宗を決意した者は、親族らと面会して説得をうけた後、改宗しグラナダ臣民となるか、あるいは親族とともにかつての信仰すなわちキリスト教にとどまって、故郷へ帰還するかのどちらかを選択する権利が与えられた。しかしロルカ－ベラの事例では、成人男子の場合には個人の改宗への意志が尊重されるのに対して、子供（mochacho）や未婚女性（doncella）の場合にのみ、上記の選択機会が設けられている点が少々異なるようである。後者の場合、実施される「儀式」は以下のように推移した。

子供、あるいは未婚女性で、改宗を決意した者が境界を越えて越境するか、あるいは返還請求が相手方の親族から提示された場合、事前にロルカとベラの当局同士で折衝が持たれた上で、双方の民が先に指摘した水場に集結する。双方は白旗、証言では「安全旗（bandera de seguro）」と呼称されている旗を立てる。これは戦闘を行なう意思のないことを表明するのであろう。次に、水場のまさに境界線上に一本の線を引き、そこに改宗希望者を配する。この線の両側に双方の民が整列し、当事者にどちらかを選択させる。拒否する側を手で軽蔑する仕草を示す（dar una higa）ことで、自身の希望を表明した。双方はこの選択に不服をとなえることはできなかった。

ロルカのモリスコであるフランシスコ・デ・トゥファが証言するには、同都市民の女性がかつて誘拐された後、改宗してベラの騎兵長イブン・シャウエル（Aven Xahuar）と結婚した。彼女の母が返還要求を提出したため、ロルカ当局はその旨をベラ当局へと伝達した。ベラの法官アフマド（Hamete de Vera）がグラナダ王の命を受けて、彼女を境界地フエンテ・デ・ラ・イゲーラへと連れていき、キリスト教徒の母親か、あるいはムスリムの夫かを選択させた。彼女は「母親を知らない（no conocer a su madre）」といい、ムスリムの夫とともにベラへと帰還したという(71)。

「境域」における改宗行為は、史料に残されている以上に頻繁であったと考えられる。極端な例ではあるが、既に「グラナダ戦争」が開始されていた一四八三年の一〇月九日付で、ナスル朝グラナダ王国が息を引き取ろうとしている最中に作成された文書をみてみたい。この文書は、誘拐と改宗、そして生き残りへの意志の間で翻弄された「境域」民の姿をこの上なく示している。二二から二三歳であったクリストバル・デ・チリョンは、ムスリムとして生まれた（moro de naturaleza）ものの、乳飲み子の頃に誘拐されて、チリョンを領有するフェルナンデス・デ・コルドバ家門に属するマルティンの捕虜となった。キリスト教徒として洗礼を受けたものの、マルティンの後継者ディエゴに、奴隷のごとく扱われたため、王の遠征に随伴した主人の留守中に、グラナダへと逃亡を図った。グラナダでイスラームへと改宗するものの、ベシール（Bexir）という名の同じくキリスト教からイスラームへと改宗していた者と出会って、両名で再びキリスト教へと再改宗することを決意した。ちょうどその頃、支払いの担保のための人質として、都市グラナダでジェノヴァ商人のもとに拘留されていたロドリーゴ・デ・ベナビデスの子息を救出し、都市アルカラ・ラ・レアルへと逃亡することに成功した。そしてこの文書が起草された日時に、再改宗の洗礼儀式を受けたのである(72)。

「境域」は、居住する者に過酷な人生を強いる場であった。過酷な生活を前にして、信仰の差異などは、二義的な意味しか持ちえなかった。戦争と平和の最中、彼らは自身の生存への欲求のために動いていく。彼らは暴力を許容し、かつ平和を希求する振舞をみせていたのである。

＊　　＊

中世後期のカスティーリャ王国とグラナダ王国との間に成立した「境域」社会をめぐる研究上の議論は、暴力を主軸とする「戦争遂行型社会」か、あるいは平和と共存を目的とする「平和維持型社会」か、という二者択一の図式でこれまで推移してきた。当時の史料を総合的に用い、分析しなおすことでこの対立軸を解消することにより、「境域」社会の、一見して相反する振舞を整合性をもって把握することが、本書の第三部の目的であった。

確かに、「境域」では不法な暴力行為が頻発していた。しかし「境域」住民は、王国間休戦協定を維持させながら、頻発する越境暴力が負の連鎖を引き起こすことを阻止しようとした。ゆえにこれらの諸特質は常に同時に存在し、かつ連関していたのではないかとの仮説をまず提示した。「境域」における生活は、必然的に巻き込まれざるをえない危険によって、生き残りのため、必然的に「共存」を志向し、「寛容」とならざるをえないものであったのではないか。

事実、「境域」社会は、王国間休戦の履行にもかかわらず、そしてこの休戦状態が長期間にわたって維持されたにもかかわらず、日常的に越境暴力が繰り返される場となった。社会の隅々に至るまでが、王国国境域の防備を目的として形成されていった当該地域では、当然ながら常なる防備を担い、必要な際に略奪遠征を実施できる者が支配層を形成していった。

しかし、この越境暴力の担い手は、同時にその管理者となった。カスティーリャのトラスタマラ系の諸王が「レコンキスタ」に関与しなくなる一四世紀の後半以後、既に日々境の向こう側との駆け引きを経験していた「境域」の大貴族層が、王国間休戦協定の実際の交渉で主導権を発揮していくようになったのも、当然の流れといえる。セビーリャをはじめとする大都市、より前線に位置する中小都市の寡頭層を形成する中小貴族層もまた、大貴族の代理として、もしくは自らの主導権を発揮して、王国間休戦の維持に尽力する。王国間休戦をより確固なものとすべく、あるいは協定の不在時の和平関係を保障するために、「境域」は局地的で小規模な地域間休戦協定を取り交わす。彼らは戦争の主役であり、また和平の維持者としても活躍する両義的な存在であった。

本書の第一部で分析したように、カスティーリャ王権は、徹頭徹尾、ナスル朝グラナダ王国の漸進的な衰退と最終的な併合を目論んでいたようにみえる。九世紀から連綿と継承されてきた「レコンキスタ」の完遂をこそ、自身の権威の源泉とするカスティーリャ王権にとって、イベリア半島の一部を不当に領有するナスル朝の永続は、決して容認できるものではなかった。しかし一四世紀の後半にトラスタマラ王朝へと王権が交代した後、「境域」社会は、「中心」たる王権からの管理を受けにくくなった。「中心」同士の折衝で成立する王国間休戦協定、あるいは散発的になされる公的な戦争とは異なる次元で、成熟をみせていくカスティーリャ＝グラナダ「境域」は、軍事を専らの生業として台頭してきた貴族層の主導のもとで、独自の和戦をグラナダ側と展開していった。

確かに、「境域」社会が展開するミクロな「外交」とは、休戦にもかかわらず、頻発する不法な暴力を解決するために維持せざるをえないものであり、決して恒久的な平和を構築することを意図するものではなかった。また、境を越えて往復された書簡の文言は、しばしば友好を強調するものの、報復をちらつかせる脅迫めいたものであったことも確かである。しかし彼らは共通して、休戦関係の全面的な破棄と、続く戦争状態から生じてくる危険を極度に恐れた。そして、略奪の応酬が繰り返されることで被る多大な損害を回避しようとした。彼らは日々繰り返される和戦の交渉の中で、地域単位で互いに容認しうる諸慣習を共有し、和平を各々の地域的利害を軸に維持しようとしていった。カスティーリャ「境域」民にとって境を接するグラナダ領域とは、「中心」が考えるような征服すべき領土というよりもむしろ、日々の和戦を通じて互いに動的平衡状態を維持していくべき相手であった。ゆえに「境域」にとっての対グラナダ関係とは、局地的な暴力の応酬を行ない、かつ、この暴力の不必要な連鎖を食い止めることに尽きる。

まとめるならばカスティーリャ＝グラナダ「境域」社会とは、頻繁に越境して暴力を行使しつつも、これを統制し抑止するための枠組みを備えるため、必然的に政治と宗教の境を超えた対話が必要不可欠となる場であった。このような社会では、戦争と平和が分かちがたく結びつき、暴力の優勢と生存への希求が並存していく。これらの諸要素が同等の強さで作用を及ぼすために、水面下において大きなダイナミズムを含みつつも、約二五〇年にわたる間、さほど大きな動乱に見舞われることもなく、「敵」との関係を維持することができたのであろう。

終章 「レコンキスタ」の完遂へ向けて

――対異教徒認識の変遷と「中心」の決断

本書の第一部では、「中心」すなわちカスティーリャ王権にとって、休戦関係が戦争から連続するしたたかな「外交」であったことを明らかにした。続く第二部と第三部において、実際にナスル朝グラナダ王国領域と接する「境域」社会が、「中心」の意図する和戦を、自らの論理に従って認識しながら、時に「中心」から逸脱して行動していたことを明らかにした。「境域」に居住する者は、自身の生き残りを図るという固有の基準に則って、和戦を行使していたのである。彼らは相手領域への侵犯を繰り返しつつ、しかしその抑止と損害回復をも繰り返すことで、一定の動的平衡状態を生み出していた。境の向こう側を、憎悪と友情の入り混じった眼差しで眺める「境域」民らは、「中心」の考える「レコンキスタ」の完遂を目指していたのであろうか。

上記の問いに、即答することは、おそらく誰にもできない。とはいえ、「ではなぜナスル朝グラナダ王国は、一五世紀の末に滅亡するに至ったのか？」という、未だ触れていない最大の疑問が残ったままである。本書で明らかにしてきたように、平衡状態を保っていた「境域」が、一四八二年から九二年にかけての精力的な「グラナダ戦争」で、なぜ突如として大変動を被ったのか。またカスティーリャ王国では、政治的かつ宗教的な「境域」が、中世を通じて再生産され続けていたにもかかわらず、なぜグラナダの陥落と同年にユダヤ人に一斉追放を迫り、その一〇年後には、ムデハルのキリスト教への強制改宗措置を断行したのか。本章で、この疑問に少しだけ迫ってみたい。

第一節　「中心」における対異教徒認識の変遷

一三世紀の前半期、イベリア半島のカスティーリャ王国による「大レコンキスタ」の達成によって、アンダルスの領域は劇的に縮小した。他方のアラゴン連合王国では、バレアレス諸島とバレンシアの征服を達成することで、地中海への拡大が準備された。ちょうどこの頃は、教皇権が絶頂を迎える時でもあり、歴代のローマ教皇は次第にラテン・キリスト教世界内に取り込まれてくる異教徒に対する措置を考慮し始めた。一二一五年、インノケンティウス三世（在位一一九八～一二一六）が主催した第四回ラテラーノ公会議決議は、異教徒に対する差別条項の法的な適用の始まりとされる。この公会議の第六八条と第六九条では、それぞれ衣服の差別化、ユダヤ人と異教徒の公職からの追放が規定された(1)。

中世西欧世界あるいはラテン・キリスト教世界が、拡大と成熟の頂点を経験する「希望に満ちた時期」(2)としての一三世紀の後半には、カスティーリャ王国でも異教徒に対する法規が登場した。ローマ法の継承を意図し、全西欧世界に通用する法典の作成を意図していた神聖ローマ皇帝の候補者、カスティーリャ王アルフォンソ一〇世が編纂させた『七部法典』にも、異教徒に対する差別条項が当然ながら盛り込まれた。同法典の第七部二四章と二五章は、それぞれユダヤ人に関する規定とムデハルに対する規定である。おそらくこれは先の第四回ラテラーノ公会議の決議を参考にしているものと思われる。なぜならここには、ユダヤ人の公職追放規定と、衣服の規制が同様に挿入されているからである。しかしこの一方でムデハル関連規定では、このような規制はなされていない。むしろ改宗希望者の処遇に関する規定と、王国外から来訪するムスリム使節の問題を扱っている。対イスラーム問題とは、カスティーリャ王権にとっては、対外的な問題であると同時に、国内固有の問題でもあったことを示している(3)。

一三世紀の後半には、内なるムスリム、すなわちムデハルの処遇をめぐって、イベリア半島内の政治情勢も変化したようにみえる。既に論じたように、一二六四年から翌年にかけてカスティーリャ王国の「境域」では、大規模なムデハル反乱が勃発した。アルフォンソ一〇世はこれを鎮圧して、ムデハルらは強制的、自発的に退去していったとされる。ちょうど同時期にはアラゴン連合王国側でも、征服されて間もないバレンシア域で、度重なるムデハル反乱が起きていた。しかし、これらの反乱と続く鎮圧によって、キリスト教徒の為政者側がムスリムに対する宗教的な憎悪を強めたと考えるのは早計であろう。確かにカスティーリャ王国では、一二六八年にへレスで開催された身分制議会で、ムデハルの着用する衣服に対する規制が採択された。しかし大枠でこれらの反乱は、主君に対する背信行為、あるいはかつての降伏協定に対する違反行為と認識されていた(4)。とりわけムデハルが圧倒的な少数派となったカスティーリャ王国では、「内なる他者」に恐怖する必要が相対的に少ないため、逆説的ではあるがイスラームに対する宗教的な敵愾心の高まりはみられなかったようである。

しかしラテン・キリスト教世界全体としてみた場合、異教徒に対する差別と規制は次第に強まっていった。クレメンス五世（在位一三〇五〜一三一四）の開催した一三一一年から翌年にかけてのヴィエンヌ公会議では、キリスト教諸国内に居住するムスリムの信仰実践に制限がかけられた。モスクで祈りの開始を告げるアザーン（掛け声）が禁止されたのである。しかし、やはり異教徒に対する不寛容が、これによってイベリア半島で大きく広がり始めたと考えることはできない。研究の蓄積が多いアラゴン連合王国内のムデハルに対する王の政策は、一四世紀から一五世紀を通じて、優柔不断なままとなった。異教徒に対する断固たる処置を期待する一部の聖職者と、「王の直臣」でもあるユダヤ人、ムデハル共同体との間で板挟みになるアラゴン王権は、規制の制定と破棄を繰り返した。未だ研究が進展していないカスティーリャ王国でも、王権によるムデハル政策はさほど変わらなかったと考えられる(5)。ローマ教皇による規定は、イベリア半島には直接的な影響を及ぼさなかったのである。

一四世紀前半に精力的に「レコンキスタ」を推進した、カスティーリャ王アルフォンソ一一世の治世期以降の叙述史料は、これ以前と比べて、確かに「敵」であるアンダルスのムスリムに対して厳しい目を向け始めた。「レコンキスタ」は十字軍と同一視され、初めて殉教という概念が定着しようとした。しかしこの「聖戦化」への動きは一時的なものにすぎず、次代のペドロ一世は「レコンキスタ」の完遂に関心を寄せず、むしろ王国内戦で勝ち残るためにグラナダ王ムハンマド五世と軍事同盟関係を築いた。内戦に勝利したトラスタマラ王朝の初代君主エンリケ二世も、先代ペドロ一世の「モーロ人愛好（maurofilia）」を痛烈に批判するためのプロパガンダを展開しつつ、しかしユダヤ人とムデハルの処遇は以前からのものを踏襲した。グラナダ王国との関係も、結局は休戦を更新するという伝統的なものであった(6)。一三九一年から各地に飛び火した半島全域規模の反ユダヤ人ポグロムも、ムデハルに対する大規模な迫害と結びつくことはなかった。

しかし状況は一五世紀の半ば頃から少しずつ変化の兆しをみせる。カスティーリャ王ファン二世とエンリケ四世は、「モーロ人護衛（guardia morisca）」を自身の子飼いの部隊として維持していたことが知られている。これはグラナダ王国からの政治的な亡命者、あるいは自発的な改宗者で占められていた可能性が高い。しかしこの部隊の存続の是非をめぐって、身分制議会では度々議論がなされ、最終的にエンリケ四世の治世期に解体を余儀なくされた。これは異教徒の兵を用いることに対する反発が、社会全体で強まっていたことの証左ではなかろうか(7)。

このように、エンリケ四世の治世期に当たる一五世紀の第三四半世紀に、少しずつではあるが、「中心」における異教徒認識に変化が生じつつあった。この傾向は、カトリック両王期でさらに表面化する。エンリケの妹イサベル一世の治世開始まもない一四七六年、マドリガルで開催された身分制議会では、早くもムデハルとユダヤ人の統治方針に関する議論が登場している。同地で開催された議会の決議録の第一一条では、ムデハルとユダヤ人の債務に関する特権の削除が決議された。ムデハルやユダヤ人はキリスト教徒に負っている債務を理由として身体を拘束されないという特権が、アルフォンソ一一世の開催した於セゴビア議会と、エンリケ二世の於トロ議会で採択されて、それまで履行されてきた。しかしイサベル一世は、「時代と経験によって、今やふさわしいと思われるものに従って（segun los tienpos e lo que agora paresçe por expiriençia）」、この特権を破棄すべきとの意見に同意する。第二五条では、ムデハルとユダヤ人による自治の削減に同意する。それまで認められてきた刑事案件に関して彼らが維持していた自治権を、「それが全ての正義と理性に反している（lo qual es contra toda justiçia e rrazon）」として、剝奪することで一致した。そして、既に『七部法典』で規定されていたものの、ほとんど適用されることのなかった衣服の差別条項を第三四条で再度採択した。異教徒を視認できるように衣服に印を着けるべきという法規が存在しているにもかかわらず、これが全く遵守されていないばかりか、さらに彼ら異教徒が金銀を身に着け、騎乗して帯剣している。この状況は、「神に対する侮辱（la ofensa que Dios desto rresçibe）」である。ゆえに「モーロ人男性は、各々が着用する全ての衣服の上に緑の外套を身に纏い、少なくとも習慣化されている半月型の髪飾りをすべきである（los moros traya cada vno su capellar verde sobre toda la rropa, o a lo menos vna luneta como se acostunbra）」との訴えに同意した(8)。

対異教徒政策のさらなる転機は、この四年後の一四八〇年に訪れた。同年にトレードで開催された身分制議会は、カスティーリャ王国制度の「中央集権的」諸改革が断行されたことでも有名である。この議会で初めて、それまで強制されていなかったユダヤ人とムデハル共同体の「ゲットー化」が次のように実施された。

ユダヤ人とモーロ人がキリスト教徒と継続して交わり、混在して居住していることによって、大きな損害と不利益が生み出されている。上述の都市代表らは、我々にこの件に関する処置を命じるよう請願した。ゆえに我々は以下のように命じ、そして要求した。すなわち、それが王領であれ、あるいは所領であれ自治都市であれ、騎士団領であれ修道院領であれ、我々の王国のあらゆる都市、町や拠点に居住する全てのユダヤ人とモーロ人は、分け隔てられたユダヤ人街区とモーロ人街区をそれぞれ形成すべし。彼らはキリスト教徒の近隣に居住してはならず、キリスト教徒と街区を共有してもならない。この措置が、我々の議会でこれらの法規が発布されて公示される日から数えて二年間のうちに、実施されて達成されるよう命ずる。これを実施して達成するために、我々は忠実なる者達を任命して、この隔離を実施させるつもりである。この者らは、［モーロ人やユダヤ人が］十全に生活でき、自身の職務に従事できるような土地と家屋と場所を選定することとなる(9)。

それまでキリスト教徒と混住してきた異教徒は、ここで初めて隔離されるべき存在として認識された。そしてこの翌年の末、グラナダ側から休戦協定を違反する形で「境域」西方部の最前線城砦サアラが不法に奪取された。王位継承問題を解決し、夫であるアラゴン王フェルナンド二世との共同統治を開始し、他の西欧キリスト教諸国との対外関係も安定化させたイサベル一世は、これを好機と考えて最後の「レコンキスタ」を開始したのである。

第二節　大局的な政治情勢の変化とグラナダ王国の滅亡

当たり前のことではあるが、中世イベリア半島のキリスト教諸国は、独自性を含みつつもラテン・キリスト教世界の一員であった。しかしイベリア半島は、地中海世界の一角を構成してもいた。前節で素描した対異教徒認識の変遷は、半島内の政治・社会情勢の変化ばかりか、より大きな国際的情勢の変化によっても左右されていた可能性が高い。これらの要因が複合的に絡み合い、「レコンキスタ」の完遂と、対異教徒認識の激変が引き起こされたとは考えられないか。

地中海世界をめぐる大局的な政治情勢の変化によって、異教徒に対する措置が急転向することは、一三世紀の末にも引き起こされていた。東地中海域では一二九一年のアッコン陥落をもって十字軍国家が滅亡し、かたやマムルーク朝が当該域の覇権を確立させて、それまで教皇、フランス王国と「外交」を維持していたイル・ハン国がイスラームへと改宗した。これと中世後期の社会・経済的な危機状況とが連動して「希望に満ちた時期」は終わりを告げ、一二九〇年にはイングランドから、一三〇六年にはフランスからユダヤ人が追放されようとした。

中世後期イベリア半島のキリスト教諸国、とりわけカスティーリャ王国は、もはや聖地十字軍国家の消滅した時代で唯一、陸路を介してイスラーム世界と直接に接する場となった。教皇から十字軍を遂行するため教会財を接収できる特権（「十字軍税〈tercias reales〉」）を認められた王権は、異教徒世界からキリスト教世界を守護する者と自認しており、これは年代記の記述でも確認できる。たとえば一三五九年にカスティーリャ王国を訪れた教皇特使は、次のように述べて王を称揚する。「教皇はカスティーリャ王をキリスト教世界の盾、守護としてみておられる。というのも、海峡両岸のモーロ人と戦っているからであり、ゆえに彼の祖先は、常にキリスト教世界の王の中でも、特に敬意を集めていた」(10)。

さて、グラナダとの和戦が「境域」で個別に展開されて、長らく「中心」が関与しない時期を経た一四五三年、地中海の反対側で激変が生じた。コンスタンティノープルの陥落と、ビザンツ帝国の滅亡である。西欧へ矛先を向けるオスマン朝に対して、再び権威を取り戻しつつあったローマ教皇は、国際的な十字軍を計画する。このような地中海情勢の変化が、イベリア半島社会へも影響を与えた可能性がある。

エチェバリアは、教皇主導の十字軍教説が活発化する一四五〇年代から六〇年代の初頭にかけて、イベリア半島の学識者レヴェルで対異教徒認識の大きな転機が生じていることを論じた。そしてこれは、ちょうど先にみたエンリケ四世に仕える「モーロ人護衛」の存在が、疑問視され始める時期とも一致する(11)。

イベリア半島の後背地の民衆レヴェルへも、このような影響が及ぼされた可能性は否定できない。カスティーリャの「境域」を構成したアンダルシーアとムルシアでは、本書で論じたように、ムデハルが圧倒的な少数派に転落したため逆説的に反ムデハル暴動が起きなかった。かたやアラゴン連合王国のバレンシアでは、対グラナダ戦争、あるいはグラナダ側からの侵入計画の噂が流布する際に、度々反ムデハル暴動が発生していた。実際の「境域」からは遠く離れた後背地に位置しつつも、グラナダからの直接攻撃に晒される可能性も完全に否定できず、かつ多くのムデハル臣民を抱えこむバレンシア社会は、「第五列」になりかねない彼らムデハルに対して、常に恐怖感を抱いていた。一四五五年、このバレンシアで大規模な反ムデハル騒擾が発生した。この直接的な原因として考えられるのは、日照りによる凶作、経済的な危機、黒死病に対する恐怖の蔓延である。そしてこれらと、二年前のビザンツ帝国の滅亡、そしてグラナダ王国からの進撃の噂とが複合的に絡み合って頂点に達した不安感こそが、暴動の引き金となった(12)。

対異教徒認識が変容を被り始める中で一四八一年一二月二七日、「境域」西方部の要衝サアラが征服された。この征服行為は、以前にカスティーリャ側が行なったビリャルエンガ渓谷の焼き討ちに対して、グラナダ側のロンダが実施した報復行為による、偶然の産物にすぎなかった。このような休戦協定を違反して実施される征服は、至近では一四七七年四月初頭に「境域」東方部のシエサでも生じており、決して目新しい事件とはいえない。後者の事件でカトリック両王は、休戦協定の維持のための損害回復交渉を粘り強く続けていた。

サアラが征服されたことで、当初は「境域」特有の報復の応酬という形で事態が推移した。一四八二年二月末、都市グラナダ近郊の拠点アルアマへ奇襲がかけられ、征服に成功する。これに対してグラナダ王アブー・アル＝ハサンは、報復のためにアルアマを攻囲する。この攻囲に対してカトリック両王は、至急に救援を送るよう「境域」の全土に命令を発した。しかし戦争状態はアルアマばかりか「境域」の各地に飛び火し、局地的な小競り合いが繰り返された。この事態を重くみたカトリック両王が自ら南下して、一〇年間に及ぶ「グラナダ戦争」が開始された(13)。

本書の第一部で検討したように、この「グラナダ戦争」もまた、「外交」を展開してグラナダ側の内紛と分断を誘いつつ、孤立した都市や拠点を順次降伏させることで推移した。この意味でこれは、中世の伝統的な戦争形態でなされたものといえる。しかし今回の戦争の大きな違いは、戦争を自ら率いるカトリック両王の決断力にあった。戦時財政が敷かれ、兵站は綿密に組織化されて、数年にわたる「境域」の三方向からの全面戦争が計画された。軍事貴族の統べる「境域」社会は、この王権の決断に報いる形で、戦いの主力を担った。

対異教徒認識の面で中世イベリア半島は、西欧世界一般のそれから大きく乖離し続けていた。しかし一五世紀の半ば頃から変化の兆しがみられた。「レコンキスタ」の完遂を常に意図していたカスティーリャ王権は、この変化に呼応する形で、最後の「グラナダ戦争」を決断した。ちょうど国王による「中央集権化」志向が強化されて、近世への幕開けにもあたる時期に、国内外の状況の変化に敏感に反応した「中心」の意図が、王国内で軍事に最も特化した「境域」社会を動かすことで、ナスル朝の滅亡がもたらされたのである。

結論

中世スペイン史は、当然ながらどの側面に力点を置くかで大きな相違があるものの、キリスト教社会とアンダルス社会との間の闘争を軸とする歴史、すなわち「レコンキスタ」の歴史として描かれてきたといっても過言ではない。この歴史は、異なる二つの一神教を奉じる社会同士の接触を意味する。これまでの研究は、伝統的に想像されてきたところの宗教的不寛容を主旋律として歴史を描き出すか、あるいは近年の傾向として、不寛容を否定しないまでも、逆に宗教的寛容をその中に見出して強調するかに二分されてきた。本書の主題に合致させるならば、「戦争か？あるいは平和か？」という二者択一の議論に終始してきたと言い換えることもできよう。

「レコンキスタ」の最終局面にあたる、中世後期カスティーリャ王国とナスル朝グラナダ王国との約二五〇年間の関係交渉史もまた、このような二分法を軸に論じられてきた。このような傾向は、カスティーリャ王権、あるいはナスル朝君主という「中心」同士のマクロな政治交渉ばかりか、関係交渉の真の当事者たる「境域」住民のミクロなやりとりを分析する際にも根強かった。

本書の結論と展望は、次の通りとなる。

（一）

「中心」としてのカスティーリャ王権の意図する対グラナダ戦争と平和を扱うに際して、まず前提として考えねばならないのは、大規模な戦争を長期間にわたって遂行することが、中世という時代においては不可能であったという事実である。不確定要素の多い会戦に訴えることは極力避けられ、略奪を繰り返す消耗戦と、重要な前線拠点を攻囲する拠点奪取戦という、この二つを軸とした漸進的な征服が常に目指された。この二つの戦争形態の延長上に、休戦協定をめぐる「外交」が位置していた。休戦協定とは単純な戦争の停止、まして恒久的平和を意図するものではなく、互いの力関係が「外交」交渉の場にて衝突した結果の妥協の産物といえる。この意味で、一四八二年から一〇年間にわたって精力的かつ計画的に実施された最後の「グラナダ戦争」は、中世の戦争の一般的性質からは逸脱した点がみられ、まさに中世的な戦争から近世的な戦争への転換点とみなすことができるのではないか。またそれは、中世的な「寛容」を内包する「レコンキスタ」理念の終わりをも意味した。

カスティーリャ王権は、休戦協定の条項でナスル朝君主から最大限の軍事貢納金、いわゆるパーリアの供出を義務づけようとする。ナスル朝君主は、逆にこれをできうる限り回避しようとする。前者は後者に臣従を強制して従属下におき、後者の支配する王国内政への干渉を試みる。漸進的なナスル朝の崩壊を引き起こして、最終的に直接征服へと至るために王国間休戦協定の締結が模索されたといえ、この意味で平和は、カスティーリャ王権にとって戦争の別形態とみなすことができる。両王国間の関係において圧倒的な優位を示すとこれまで考えられてきた休戦関係は、異なる宗教勢力間の牧歌的な共存共栄を意味するわけではなく、むしろ水面下での熾烈な策謀と腹の探り合いであったといえよう。

カスティーリャ王権とその宮廷という政治的「中心」は、最後のアンダルス、すなわちナスル朝グラナダ王国を、九世紀に誕生をみて、連綿と継承・発展させられてきた「レコンキスタ」理念に基づいて認識していた。アンダルスは正当なる領域支配権をイベリア半島に保持していない以上、遅かれ早かれ「西ゴート王の後継者」を自認するカスティーリャ王権の下に併合されねばならない存在であった。

しかしながら王国間の休戦協定が締結されることで、あるいは逆に開戦が宣言されることによって最も直接的な影響を被るのは、「境域」社会であった。「境域」住民の振舞を分析することは、両王国間で展開された戦争と平和を総合して分析するために必要不可欠であるといえる。とはいえ「境域」を分析する際にも、戦争か平和かという二者択一の議論が頭をもたげてくる。このいわばミクロな次元においては、越境暴力が日常的に行使されるという状況を基調とし、暴力を通じた社会的流動性の高い社会か、あるいは逆に対岸との和平関係を希求する社会か、という相対立する議論がアンダルシーア・ムルシア地域史研究者の間で展開されてきた。

（二）

「境域」の考える対グラナダ戦争と平和の意義をまとめると、次の通りとなる。「境域」住民は、両王国間で実施される戦争と平和を、「中心」たるカスティーリャ王権の意図とは異なる形で把握していた。当該域の社会が苦慮し続けたのは、ごく短期間にすぎない全王国規模で宣言される公的な戦争状態への対処ではなく、むしろ休戦期間中にもかかわらず繰り返される略奪、誘拐、侵入行為を抑止することであった。カスティーリャ＝グラナダ「境域」は、確かに『七部法典』のいうところの、そしてガルシア・フィッツのいうところの「熱き辺境」であったことは間違いない。途絶えることのない略奪や侵入の応酬が、カスティーリャ側、グラナダ側の双方の民の心性に与えた影響は計り知れない。「境域」では、フアン・マヌエルが言う「不熱心なる戦争（guerra tivia）」が実施され、「和平をもたらすことなく、それをなす者に栄誉を与えることもなく、熱意をもって果たされることもない」状態に陥っていた(1)。

しかし彼らは、双方向的に越境して行使される暴力の横行を、ただ放置していたわけではない。つまりは、「戦争遂行型社会」であるため越境暴力が絶えない状況を統制するべく、「平和維持型社会」としての特質が形成されざるをえないのである。どちらの側面も無視することはできず、むしろ表裏一体となって相互に深く結びついていたと考えるべきであろう。「中心」たる王権が戦争を公的に宣言した場合、カスティーリャ、グラナダ双方の「境域」の当事者間で事前にその情報を共有することで、被害を最小限に抑えることすら試みられた。日々、局地的で「中心」からみれば不法な略奪に明け暮れて疲弊する「境域」の住民らは、両王国間の全面戦争こそ、最も回避すべきものとみなしていた。この点で「中心」と「境域」の隔たりは、最も大きかった。

上記の両社会論で個別に論じられてきた諸特質の連関は、実際に両王国の「境域」同士が繰り広げていたミクロな交渉を分析することで、より明白となった。カスティーリャ＝グラナダ「境域」は、大きく分けて三つの地域単位で、自律的に和戦を実施していたのである。「境域」の各々が略奪行為を個別に実施し、あるいは相手方の略奪への報復を行なって、損害回復の交渉を局地的に展開していた。境の「対岸」と直接に顔をつき合わせた交渉が、個別の拠点単位で繰り返される中で、「境域」社会は王国間休戦協定に依らない局地的な地域間休戦を模索し、この枠内で相互の捕囚や略奪の禁止を策定していった。王国間休戦協定の実効性が疑問視される「境域」情勢に鑑みるならば、そして暴力の統制を希求する「境域」社会の民の願いを考慮するならば、これも自然な帰結であった。そして「境域」は、ミクロな諸交渉を繰り返すことで、境を跨いで双方が共有する独自の慣習すら生み出していった。

（三）

ここであらためて思い起こすべきは、本書の序論で指摘した、中世盛期と中世後期との間に横たわる研究解釈上の断絶である。中世イベリア半島における対ムスリム認識の変遷を分析したバルカイの研究に端的に示されているように、先行研究は中世盛期における異教徒間の「共存（convivencia）」あるいは近年の用語を用いれば「並存（coexistence）」を好んで強調してきた。しかしこれらの研究の多くは、中世後期の異教徒間関係の詳細な分析を視野に入れてこなかった。あるいは、一四世紀の末に生じた半島規模のユダヤ人ポグロム、一四九二年のナスル朝の滅亡、近世スペインで猛威を振るう「不寛容」から遡及的に、中世後期の歴史を解釈してきた。

しかし、本書で扱ってきた中世後期カスティーリャ王国における「中心」と「境域」という二つの分析視角を統合することで、異なる見通しが導きだされる。なぜなら「中心」と「境域」とが関連を持ちつつも、前者と後者との間では、対異教徒認識の点で大きな差異が生じていたと考えられるからである。つまりカスティーリャ＝グラナダ「境域」社会は、一般に主張されている全西欧的な異教徒間関係の「悪化」とは別の次元で動いていたといえる。

カスティーリャ王国における「中心」と「境域」との乖離は、一四世紀半ばから後半にかけて生じている。「中心」という次元において、「海峡戦争」で勝利を収めたカスティーリャ王ではあったが、英仏百年戦争に巻き込まれる形で、国内外の状況への対処に忙殺されるようになった。その一方でナスル朝君主は、「海峡戦争」での敗北によって制海権を喪失し、一一世紀から維持されてきたマグリブとの接触を大幅に制限されて、イスラーム世界からの孤立を余儀なくされた。しかし、このような大局的な歴史の動向は、「境域」で別の局面を準備することとなった。国内の政治的再編と西欧諸王国との「外交」に忙殺されるカスティーリャ王権は、「境域」情勢へ直接的な関与をしなくなり、ナスル朝君主と休戦協定を更新することで満足した。「海峡戦争」時には、カスティーリャ王国とともに複雑を極める合従連衡の主役を務めたアラゴン連合王国、ポルトガル王国、都市国家ジェノヴァや、マグリブ・イフリーキヤのイスラーム諸王朝も、カスティーリャ＝グラナダ「境域」への関与に消極的となる。「国際社会」からまさに忘却されてしまったこの「境域」は、自らの力でもって、なんとか和戦を維持しようとする。グラナダは国際的な孤立を深めるばかりか、ナスル朝君主は自らの「中心」としての求心力を自国内ですら喪失し、地域単位でもってカスティーリャ側の「境域」とのミクロな交渉を個別に繰り返していかざるをえなくなった。いうなれば、孤立し分断され、忘却された場同士が、局地的に交渉を積み重ねていく中で、「境域」の住民は、「中心」からは逸脱した固有のダイナミズムを内包する社会を形成していったのである。

こうして「境域」に成立した特異な社会は、和戦の動的平衡状態をこそ、互いの生存のための必要条件とした。彼らは互いに境の「対岸」を、宗教と文化の相違から生じてくる敵意や憎悪の対象とはみなさなかった。暴力を応酬しつつも、しかし暴力の全面的な連鎖と拡大を互いに食い止めていくべき交渉相手とみなしていた。なぜなら、どちらも孤立した「境域」として政治的「中心」から忘却されてしまった以上、相手方を圧倒しうる宗教的、あるいは世俗的な征服動機も、それを実行に移す軍事力も、持ち合わせていなかったからである(2)。

「境域」社会は、一五世紀の末までこの平衡状態を維持しようとしていた。しかし唯一残っていた「中心」たるカスティーリャ王権は、女王イサベル一世のもとで夫のアラゴン王フェルナンド二世との共同統治を開始し、最後の懸念であったポルトガル王国との軋轢を解決して、国内外の問題を一掃した時、その牙を「境域」に突如として向けた。カスティーリャ王権は「レコンキスタ」の完遂を「国是」として保持し続けていたものの、内外の諸情勢がその全面的な遂行を不可能としていたにすぎない。コンスタンティノープルが陥落し、西欧世界全体の対異教徒認識が徐々に変化していた一五世紀後半の潮流が、イベリア半島を取り巻く情勢の変化と複合的に絡み合って、最後の「グラナダ戦争」が開始された。一四八一年の末に生じたグラナダ側からの休戦協定違反による領域侵犯を好機と捉えたカトリック両王は、開戦を決断し、「境域」も否応なくこれに巻き込まれていった。「孤立した境域」で長きにわたって個別に繰り返されてきた和戦と、これから生じていた動的平衡状態は、「中心」からの突然の大規模な政治的介入により、その展開の余地を喪失してしまった。

(四)

中世後期のイベリア半島の歴史をより大きな視野から再度眺めてみるならば、興味深い事実が浮かび上がってくる。中世後期のラテン・キリスト教世界とは、教皇権、皇帝権の失墜が誰の目にも明らかとなった時代である。楕円的で有機的、かつ緩やかな連合体として中世盛期に確立したラテン・キリスト教世界は、宗教的、世俗的な求心力を失っていった。時期的に差があるとはいえ、この世界を構成する諸王朝とその支配領域は、これらの権威を失った結果、個別の対応を迫られていく。それは英仏百年戦争として、またアヴィニョン教皇権の「失墜」と、続く教会大分裂という形で表面化している。聖俗の両権威の失墜から再編までには、ちょうど中世後期全体を費やす必要があった。諸王国の再度の安定と教会権威の再興を経た一五世紀の後半、再び西欧世界は活気を取り戻し、全西欧的なダイナミズムが始動し始める。この巨視的な動向と、中世イベリア半島の歴史は深く関連していると考えるべきである。西欧中世世界は宗教的な権威、世俗的な権力の双方を再編させ、これと軌を一にする形で、スペインでも新たな「中心」が誕生した。同時にこれは近世の幕開けを意味した。しかし逆の視点からみるならば、中世後期に「中心」が再編に力を注いでいた時期、「境域」には独自の展開を遂げる余地が大きく残されていたとみなすこともできよう。

一四世紀から一五世紀にかけてのイベリア半島ばかりか西欧全体、ひいては地中海のイスラーム世界やビザンツ世界をも包摂した大きなうねりが浮かび上がってくる。各々の世界で権威が喪失し、分断された各諸勢力が自衛し、その中からは時に宗教や文明を跨いだ合従連衡が生じて激しくぶつかり合った。その一方で、「近世的世界」への再編が水面下で着実に進行していたのである(3)。

(五)

最後に、本書での分析を踏まえて、カスティーリャ＝グラナダ「境域」の特徴をあらためて整理し、今後の展望を示しておきたい。

第一に、「境域」では「戦争遂行型社会」と「平和維持型社会」という二つの相反する特質が同程度に作用を及ぼし連関し合って、双方の特質の間でダイナミックな均衡がもたらされている社会が形成された。第二に、「境域」は「中心」から逸脱し、自律的な傾向を示す場であった。この結果、半島内部で「レコンキスタ」の完遂、あるいは実利的な思惑でもって、「臣民」たるムデハルやユダヤ人を眺めようとするカスティーリャ王権と、本書で分析してきたカスティーリャ＝グラナダ「境域」社会とは、たとえ表面上で双方とも宗教的に「寛容」にみえようとも、その意味するところが大きく異なっていた。「境域」民は、十字軍精神のみに突き動かされていたわけでもなく、逆に「寛容」精神に則っていたわけでもなかった。宗教的、政治的に分断されながら、カスティーリャ側の「境域」民も、グラナダ側の民も、したたかに生き抜こうとしていたにすぎないのである。

この点で示唆的なのは、一四世紀の前半に生きた王族フアン・マヌエルの生き様であろう。彼は教育書『諸身分の書』の中で、世俗的で伝統的な「レコンキスタ」理念を披露しつつも、殉教への思いを吐露していた。とはいえ、長らく「境域」で活躍した彼の実際の振舞は、グラナダ側の領域と個別に同盟関係を締結するという、著作での主張とは矛盾するものであった。このような矛盾を抱えた者を生み出す土壌が、「境域」であったともいえる。中世イベリア半島の「境域」の民の一見矛盾しながらも懸命に生きた姿を、我々は、寛容、あるいは不寛容といった、いわばレッテルを貼ることによってではなく、そのありのままに理解することが必要である。

では中世後期のカスティーリャ＝グラナダ「境域」でみられた、これらの特徴は、他の時代や地域における諸辺境においても、同様にみられるのであろうか。序論で指摘したように、「フロンティア」に一定程度共通している特質、すなわち軍事と防衛の優先、人口の過疎状態、社会的流動性の高さ、戦争と平和を内包した越境行為の頻発などは、本書が分析してきたカスティーリャ＝グラナダ「境域」にも当てはまることが、明らかとなった。ではこれらの特質は、八〇〇年にわたる中世イベリア半島におけるアンダルスとキリスト教諸国との間の境界域で、常にみられたと判断すべきなのであろうか。もしそうであるのならば、「中心」における理念と現実、そして「境域」における現実、これらが複合的に連関しあってアンダルスとの関係がその都度取り結ばれていったはずであろう。「中心」と「境域」の各々における、戦争と平和に対する認識は、一致しつつも大きな差異が存在していた。このような重層性と連関性を前提として、中世スペインにおけるキリスト教社会、アンダルス社会との間の統合的な関係交渉史が描かれなければならない。このためには、カスティーリャ王国の対アンダルス国境ばかりか、アラゴン連合王国や、ポルトガル王国のそれらをも、分析の対象としていかねばならないのであろう。

イスラーム世界は、東西の地中海圏において常にラテン・キリスト教世界、ビザンツ世界と境を接し続けてきた。イベリア半島においても「サグル」と総称される、境界地帯を生み出した。この特質も見極める必要がある。それに限らず、南イタリア・シチリア地域や、とりわけビザンツとイスラーム諸国家との間に長らく維持された辺境域との比較も必要となろう。

上記で指摘した他の地域でも、和戦が国家間という「中心」同士で展開される一方で、辺境域では独自の社会が形成されていったのではないか。たとえば捕虜が改宗した場合、やはり彼らには故地への帰還かあるいは残留かを選択する権利があったとされる東地中海圏においても、本書で分析したのと同様の慣習が普及していた可能性が高い(4)。

またキリスト教徒にとっての異教徒はムスリム・ユダヤ人とは限らない。ラテン・キリスト教世界はその拡大にしたがって多くの諸「民族」と接触していった。たとえばスラヴ域への東方植民で開拓された場もまた、「フロンティア」としての特質をそなえていたことは明らかであろう。

辺境への眼差しは、さらに近世へも向けることができる。対オスマン国境域としてハプスブルク家は「軍政国境地帯」を設置して防衛を試みるが、この地帯でも、本書で明らかにしてきたような特質がうかがえるのではないか。近世スペインにおいても、イベリア半島の地中海沿岸部が新たに「海の境域」として再編され、オスマン朝からの侵略に備えようとした。さらにアメリカ大陸の征服と植民活動は、中世における「レコンキスタ」の直接的な延長線上で考察されなければならない。既に指摘されてきているように、アメリカにおけるスペイン人のインディオに対する他者認識は、中世イベリア半島における「モーロ人」のそれと酷似しているばかりか、入植形態と統治政策も中世からの連続性が顕著であるようにみえる(5)。

一五〇二年のムデハル強制改宗の結果、誕生した新キリスト教徒、すなわちモリスコは、一六世紀を通して「内なる他者」として、祖国で拒絶と和合を経験していった。カスティーリャ＝グラナダ「境域」における記憶と経験が、近世に突如として失われるわけではない。モリスコの歴史は、中世の「レコンキスタ」の問題、本書で分析してきた「境域」の問題の延長線上で再考察されていかねばならない。

歴史上の「境域」は「中心」から逸脱することで、再生産され続けていったのではないか。上記の他の地域や時代においても、本書と同様の結論が導かれるのであれば、これまで「中心」からのみ描かれてきた歴史像は、大きく修正されるはずである。「文明間」「宗教間」の対立を前にして、共生が声高に叫ばれているいま現在、本書で描いてきた中世イベリア半島の「境域」民のしたたかな振舞は、我々に「他者」と接するとはどういうことなのかを、あらためて考えさせてくれるのではないだろうか。

あとがき

本書は、二〇一三年に早稲田大学に提出した博士学位請求論文を基としている。全体の論の流れは博士論文とほぼ変わらないが、これまで私が提出してきた諸論稿をもう一度読み直しながら、論文提出後の研究状況を反映させた。さらに、ここ二年にわたって実施しているかつての「境域」の中核都市、ヘレス・デ・ラ・フロンテーラの古文書館調査の成果を要所要所で組み込み、全面的な修正をほどこした。政治と宗教によって分断されたかに見える二つの文明の狭間、すなわちフロンティアで生きた人々が、どのように「敵」と相対峙していたのかを、地域と時代を限定した歴史学の観点から論じたひとつの事例研究として、本書は構想された。

今、本文の校正をほぼ終えて、本書の完成に至るまでの道のりを思い返している。高校時代、イスラーム世界の絢爛さと、西欧中世の「ファンタジー」に魅了されて歴史学を志した。大学では西洋史学専修に進級したものの、かねてより関心を抱いていた西欧キリスト教圏とイスラーム圏とが激しく接触を繰り返した中世地中海世界への想いを結局断ち切ることはできなかった。大学院に入学後、これら二つの宗教文明圏が最も長きにわたって、また最も濃密に混じりあった中世イベリア半島を研究対象として選んだ。この意味で本書は、私が興味を抱き続けてきたテーマに対する、約二〇年越しの改めての「告白」ということになるのであろうか。

大学院に入学したのは、ちょうど九・一一同時多発テロからイラク戦争にかけて、「文明の衝突」が現実化するのではないかと世界中が真剣に思い始めた時期であった。テロの「犠牲者」アメリカをはじめとする先進諸国では、「多文化共生」や「宗教的寛容」が声高に叫ばれ、歴史的な先例として中世イベリア半島の歴史がにわかに注目されだした時期でもあった。「寛容なアンダルス」が「不寛容なキリスト教スペイン＝西欧世界」と「衝突」して、一四九二年に滅亡するまでを描く中世スペイン史は、我々に何を語りかけてくれているのか。この歴史的意義を研究することこそが、将来ますます重要となる。このように発奮して、研究に没頭した。

しかし今告白すると、当初、主たる研究となるはずの、西洋史に属する「キリスト教的なスペイン」の歴史は、どうにも好きにはなれなかった。中世においていわゆる「レコンキスタ」という大義の下に、繁栄を極めた先進的なイスラーム文明の過去を自ら抹消した「スペイン」。近世から近代にかけてスペイン帝国の栄光の名の下に、やはりアメリカ大陸で残虐の限りを尽くした「スペイン」。研究者を志すはずの私自身、「黒い伝説（Leyenda negra）」に囚われていたのかもしれない。

実際の史料を少しずつ読みこみながら修士論文を仕上げ、さらに博士課程では現地に留学して生の多種多様な史料に触れることができた。後述する多くの方々に導かれて、またスペイン各地を旅していくうちに、当然ながら、上記のごとき図式によって歴史を語ることで、こぼれ落ちてしまう要素がいかに多いのかを痛感させられた。不倶戴天の敵同士であるかのように見なされるキリスト教圏とイスラーム圏。対概念であるかのように見なされる戦争、聖戦、ジハード、宗教的不寛容と、平和、休戦関係、宗教的寛容。そして、これらのどの側面を強調するかで、議論をたたかわせる研究者たち。そもそも、これら全ては、ほんとうに二者択一でなければならないのであろうか。

このような疑問は、とりわけ「レコンキスタ」運動の最前線である「境域」に実際に生きた人々の生々しい証言に触れるうちに、さらに強く抱くようになっていった。具体例を挙げてみたい。

一四世紀前半の「境域」で長らく経験を積んだカスティーリャの王族フアン・マヌエルは、自身の執筆した君主鑑『諸身分の書』のなかで、「レコンキスタ」とは信仰や宗派の相違に起因する戦争ではないと断言した。研究者はこの主張を「利用」して、「レコンキスタ」が残虐な宗教紛争とは全く異なるものであった点を強調する。事実、「境域」を実際に統治するにあたってフアン・マヌエルは、ナスル朝グラナダ王国の拠点と同盟を結びながら、世俗の権力闘争を生き抜いたしたたかな人物であった。しかし先の主張のすぐ後で、矛盾したことにも、彼は「レコンキスタ」で亡くなった者は殉教として扱われるべきだと論じる。世俗的な実利に従って生きたファン・マヌエルも殉教を讃美し教唆する狂信者であったのだろうか。

「レコンキスタ」は対異教徒戦争である以上、これは聖戦であり十字軍であった。では戦いに参加した者たちは、神のために自ら命を捨てることを望んでいたのだろうか。一五世紀初頭、「レコンキスタ」の再開を目論んだカスティーリャ王フアン二世の摂政、フェルナンド・デ・アンテケラの開始した対グラナダ戦争のセテニル攻防戦（一四〇七年）で、境域大総督ペル・アファン・デ・リベーラの長子ロドリーゴが戦死した。ペル・アファンは息子の戦死の報せを受け取った場面で、次のように摂政に吐露する。「ロドリーゴが戦死したのであれば、それはよき死である。というのも神に、主君たる王に、そして貴殿に尽くして亡くなったのであるから（Rodrigo, si murió, murió bien, en seruiçio de Dios e del Rey mi señor e vuestro）」。確かに中世後期の「境域」に生きていた人々は、十字軍運動に情熱を傾けて戦ったのであろう。しかしその前に彼らは普通の人間であった。突然の息子の死に際して必死に堪え、生き残るためとあれば、異教徒と折り合うことにもためらいはなかった。私はペル・アファンのことばに、この上なく人間らしい声を感じてしまう。

彼らの声を余すところなく聞き取ろうと思い、セビーリャ大学への留学中に中世後期の「境域」社会史に特化して研究を進めた。できる限りの地域郷土史研究を総覧して知見をまとめ、細々と刊行されていた史料にも目を通した。脳内が「境域」情報であふれかえり、混沌としたままの状態で帰国して、少しずつ情報を整理していった。その上で完成した本書の結論を凝縮させると、次のようになる。

戦争での武勲に重きを置き、しかし平穏を希求する。同じ場に生きる同胞として「騎士道的な」鷹揚さを互いに見せ合う。平穏を乱す者が常に生み出され、不寛容な暴力が生じてしまう「境域」では、互いに略奪や報復という暴力が繰り返されながらも、和平の維持が強く望まれていた。「境域」の民は、気まぐれに生きたのではない。ましてや、残虐で好戦的なだけでもなければ、異教徒との牧歌的な共存のみを望んでいたのでもない。「境域」という場に適応するために、彼らはそうせざるを得なかったのではないか。

その都度の最前線に居住する人々が、「境域」を生み出し続ける。征服活動がさらに進展することで、「後背地」も生成され続けて拡大する。「後背地」を統べる「中心」と、これとは異なる潜在力を秘める「境域」との絶えざる相互の駆け引きこそが、八〇〇年間に及ぶ「レコンキスタ」の実像であった。これが本書の主題に対する、現時点での答えである。

＊　＊

とはいえ、本書は、私一人の成果では決してない。ご縁のあった多くの先生方、先輩方のご指導から、同期・後輩との飲み会の席での「戯言」に至るまで、種々雑多な議論と語らいの中で形作られ、熟していったものである。まさに、時宜にかなった縁に常に導かれながら、私はここまで来ることができた。その方々を全て紹介するとなると、おそらく詳細な註を付けた専門論文になってしまう。以下、特にお世話になった方々の紹介をしながら、私の謝辞とさせていただくことをお許しいただきたい。

学部から大学院修士一年の間、野口洋二先生の薫陶を受けることができた。退職を間近にひかえられた先生をまさに独り占めして、何度も個人面談をお願いした記憶がある。人を知的に奮い立たせることに長じた先生に「騙されて」、私は中世スペイン史への転向を「余儀なくされた」。同じく修士時代の指導をお引き受けくださった小倉欣一先生のドイツ中近世史ゼミでの貴重な経験は、今も忘れることができない。ドイツ語の飛び交う真剣な議論の中、専門の異なる若輩者の意見にも耳を傾けてくださる自由闊達な雰囲気は、まさにゼミナールと呼ぶにふさわしいものであった。

そして野口先生退職記念講演会後の懇親会で、大学院指導の後任として甚野尚志先生と初めてお会いした。さらに小倉先生の仲立ちによって、既にスペイン史を志していた私は、同じ懇親会の場で、関哲行先生に引き合わせていただいた。そしてなぜか懇親会が終了した後、甚野・関両先生とタクシーで移動し、高田馬場の場末の居酒屋のカウンターで杯を傾けたのを憶えている。以後、甚野先生には、大学院での指導を通してのみならず、様々な研究会への参加の機会をいただきながら、西欧中世史の研究者としての「稽古」をつけていただいた。関先生はすぐにスペイン史学会での報告の機会を設けてくださり、複雑で豊饒なるスペイン史・地中海史の魅力を、身をもって教えてくださった。両先生との公私にわたる付き合いは以後も継続し、私の博士論文の主査と副査をお引き受けいただいた。拙いながらも完成させることができた本書に、研究において必要不可欠な精緻さと問題設定の適切さ、そして、スペインを含む地中海世界という複数の信仰が並存する「境域」に生きた人々に対する愛が少しでも感じられたとするならば、まさに両先生によるご指導の賜物であると思う。

長期留学先として選択したセビーリャ大学で指導を仰いだマヌエル・ゴンサレス・ヒメネス（Manuel González Jiménez）先生にも深い感謝を申し上げねばならない。アンダルシーア中世史研究のまさに権威であるにもかかわらず、日本から電子メールで指導をお願いしたところ、時差もあるものの、わずか三〇分で承諾を得られたことにまず驚いた。退職間際であったにもかかわらず、一次史料のデータベース化を行なっておられた。まさに生き字引と呼ぶにふさわしくデータベースなど必要ないかのような方ではあるが、生粋のアンダルシーア人らしいお人柄で、常に最新の研究動向を惜しみなく披露して下さった。今後、一生の付き合いになるアンダルシーア「境域」史との出会いは、まさに「ドン・マヌエル（大学での通称）」との出会いそのものでもある。同じく、ヘナロ・チック・ガルシア（Genaro Chic García）先生にも感謝申し上げたい。先生の専門は古代ローマ・バエティカ属州史であったが、その研究手法には驚嘆させられた。文献史学と考古学との連携は当然として、宗教学（信仰体系）から生理学（思考メカニズム）といった研究を横断しながら古代ローマ社会経済史を語る様は圧巻であった。演習の時に言われた言葉「スペイン人にはできないスペイン史を描きなさい」は、座右の銘にさせていただいている。

もうひとつの大切な縁は、イスラーム史研究との出会いである。ちょうど修士二年の時、故佐藤次高先生が早稲田に移籍された。高校時代からイスラームに対する関心が強かった私は、すぐさま先生の演習を受講した。本当に縁とは不思議なもので、ちょうどこの頃を境に、イスラーム史研究者の方々との糸が繋がり始めた。問題関心を共有しているマグリブ・アンダルス史の佐藤健太郎先生は、まだ若手院生であった頃から気にかけて下さり、次高先生のもと、早稲田を中心拠点として組織化されつつあったイスラーム地域研究機構の研究協力者にも推挙していただいた。本書を執筆するにあたっても、アラビア語とアンダルス研究に関する知見を数多く頂戴し、ひとかたならぬお世話になった。そしてバルセローナで開催された国際学会で、健太郎先生とともに同じセッションを組ませていただいたのが私市正年先生であった。私市先生は、その後、学術振興会特別研究員となった私の受け入れ教員を快くお引き受けくださるばかりか、その気さくなお人柄そのままに、様々な局面で鋭くも朗らかなアドヴァイスをくださった。お二人には、「キリスト教スペイン」の側からの、私のひとまずの見解をここに提示して、今後の更なる共同研究の足がかりとさせていただきたい。

これまで挙げさせていただいた方々から、さらに繋がっていく縁で、私は数多くの人とめぐりあい、多岐にわたるご助言をいただくことができた。年齢と分野を超えた刺激を受け続けている早稲田大学の先生方、先輩後輩の研究者の方々に御礼を申し上げねばならない。中・近世の地中海世界を共通のフィールドとするイスラーム史と西欧史双方の研究者で構成された拡大地中海史研究会では、博士論文の構想段階から何度も報告をさせていただいた。亀長洋子先生をはじめとする同研究会メンバーの方々にも、この場で深く感謝申し上げたい。本書の第三部の立論において用いている都市ヘレス古文書館（Archivo Municipal de Jerez de la Frontera）所蔵文書を閲覧する際、司書のホセ・ルイス（José Luis Jiménez García）氏には大変お世話になった。ここに謝意を表したい。彼の助力がなければ、本書の史料的裏付けが、かなり脆弱なものとなっていたはずである。現在の勤務先である信州大学人文学部の事務と同僚の方々、そして講義で細かい地名や人名が乱立する本書の概略を聞かされて、毎回コメントを求められた学部生諸君にも、大変お世話になった。

中世スペイン史研究を生涯にわたって推進された故林邦夫先生とは、生前に面識を得ることがかなわなかったものの、ご逝去後にご自宅に伺う機会があった。先生の遺された蔵書を拝見させていただき、本書の主題である中世後期アンダルシーア史の地域研究がまとまって揃っていることに気付いた。無礼ながらも、先生の関心と私の関心は、実は非常に近しいものであったのではないかと思えた。林和代氏には、「林文庫」の傍若無人な「略奪」を快く許していただいた。この場を借りて深く感謝申し上げたい。

なお本書の刊行にあたっては、平成二七年度科学研究費助成事業（科学研究費補助金）（研究成果公開促進費 15HP5096）の助成を受けた。出版事情がますます厳しくなっていく昨今、まさにマージナルな内容を扱う本書の刊行を快くお引き受けくださった刀水書房の方々、特に刊行までの全ての過程で叱咤激励くださった中村文江氏に、心より御礼申し上げる。

全くの私事ながら、心配をかけ続けた家族、特に母の真由美、妻の倫代に、恥ずかしくて普段なかなか言えない「ありがとう」を伝えたい。そして本書の刊行をみることなく昨年旅立った父吉彦の墓前で、これまでの成果報告を行なうつもりである。

二〇一六年二月

黒田祐我

付録地図

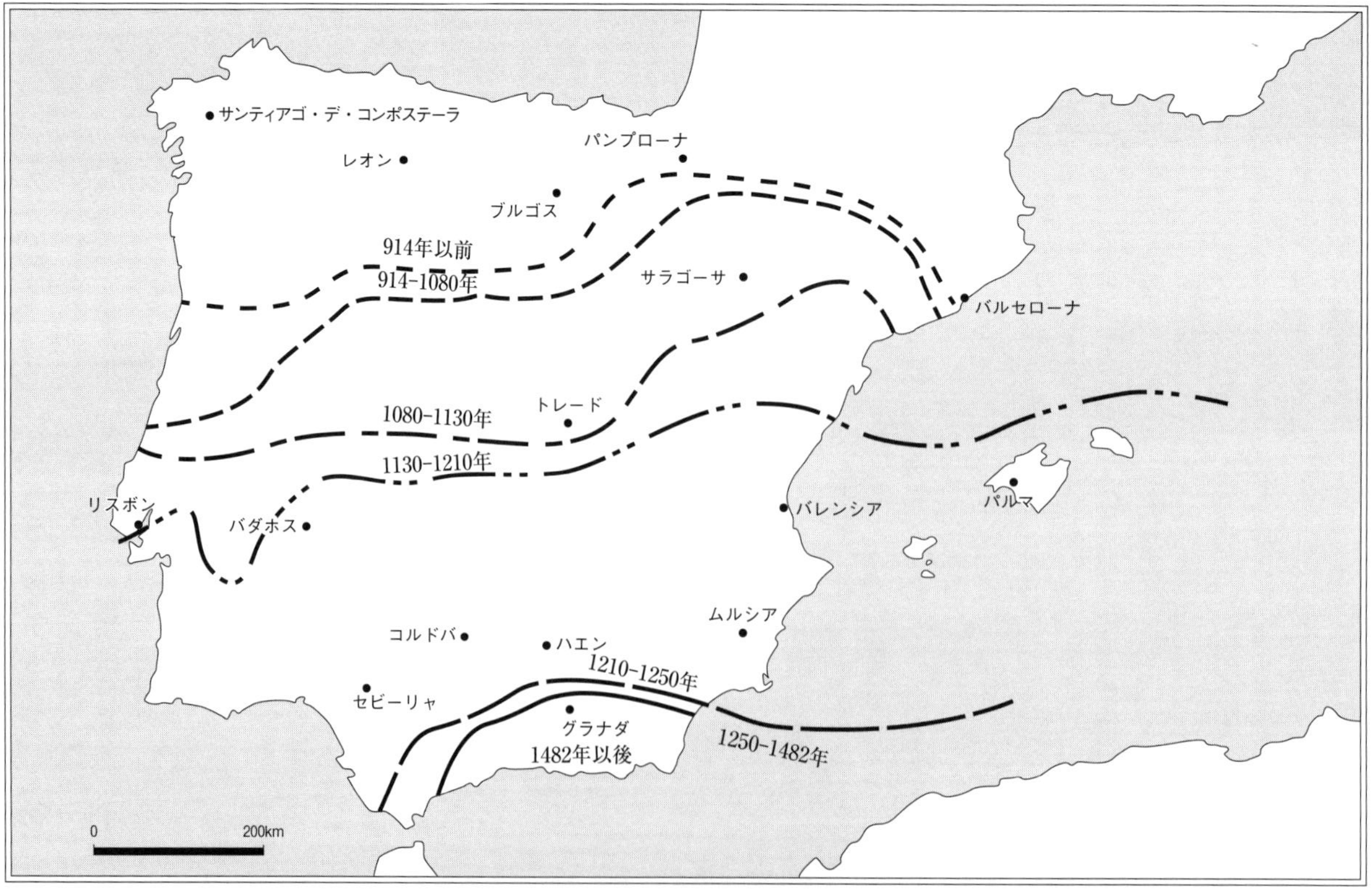

地図１　「レコンキスタ」の進展状況

出典：D. W. ローマックス（林邦夫訳）『レコンキスタ――中世スペインの国土回復運動』（刀水書房，1996年）巻末図３をもとに作成

地図２　中世後期イベリア半島の勢力地図

出典：J. M. Monsalvo Antón, *Atlas histórico de la España medieval*, Madrid, 2010, p. 237をもとに作成

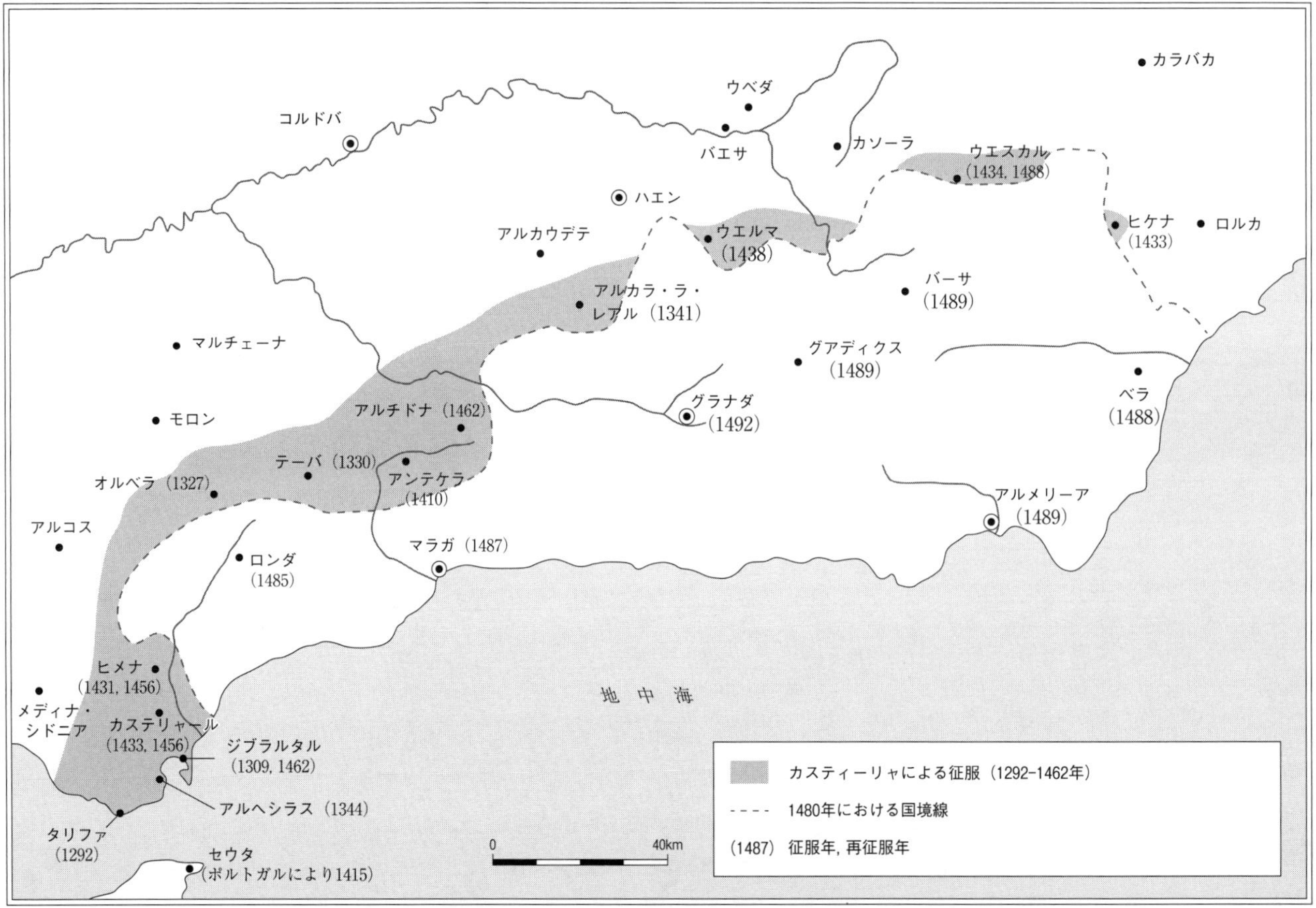

地図3　カスティーリャ=グラナダ「境域」

出典：J. M. Monsalvo Antón, *Atlas histórico de la España medieval*, Madrid, 2010, p. 273をもとに作成

地図4　カスティーリャ＝グラナダ「境域」西方部（1450年頃）

出典：*Los milagros romanzados de Santo Domingo de Silos de Pero Marín*, M. González Jiménez and A. Molina Molina eds., Murcia, 2008に付録の地図をもとに作成

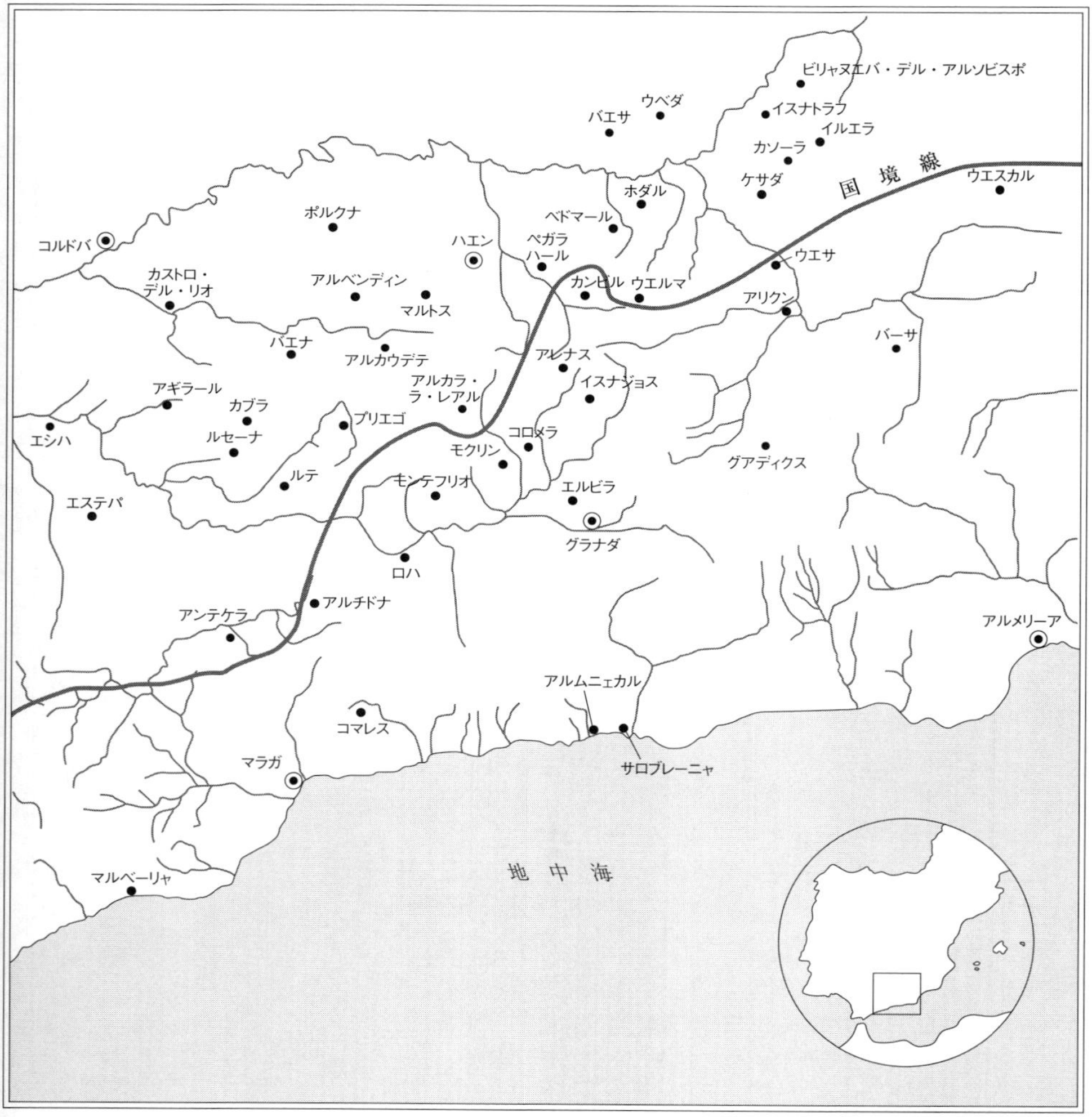

地図５　カスティーリャ＝グラナダ「境域」中央部（1450年頃）

出典：*Los milagros romanzados de Santo Domingo de Silos de Pero Marín*, M. González Jiménez and A. Molina Molina eds., Murcia, 2008に付録の地図をもとに作成

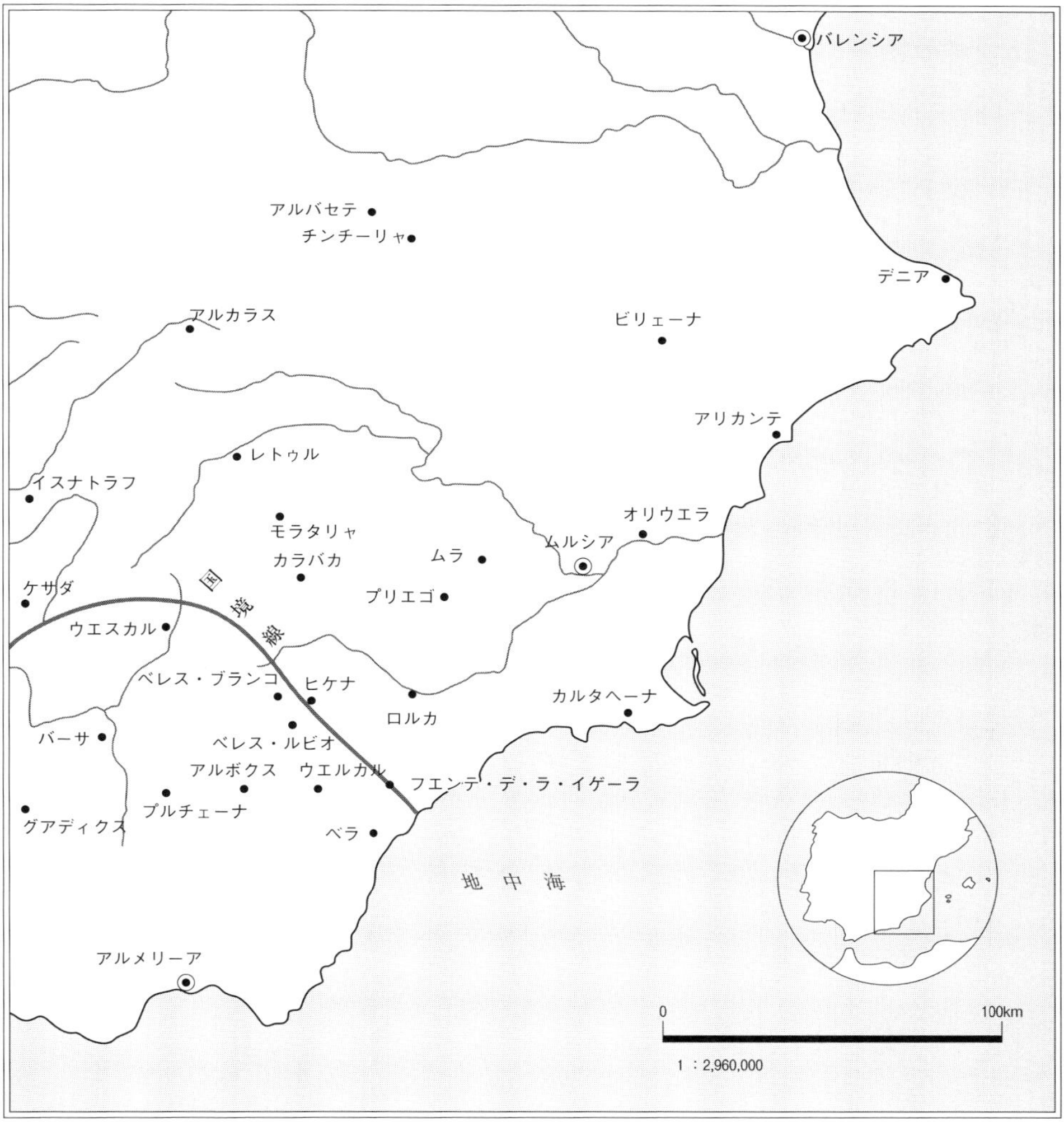

地図6　カスティーリャ＝グラナダ「境域」東方部（1450年頃）

出典：D. W. ローマックス（林邦夫訳）『レコンキスタ——中世スペインの国土回復運動』（刀水書房，1996年）巻末図5をもとに作成

索　引

Ⅰ．人名索引

ア　行

アウグスティヌス　Augustinus(教父)…… 18
アグスティン・デ・スピノラ　Agustín de Spinola(エステポナ城主)…………… 195
アブー・アル＝ハサン　Abū al-Ḥasan(ナスル朝君主，在位1464–82, 1483–85)……80, 86, 101, 102, 207, 212, 213, 295
アブー・イナーン・ファーリス　Abū ʻInān Fāris(マリーン朝君主，在位1348–58)…………………………………………… 76
アブド・アッラー　ʻAbd Allāh(ジール朝君主，在位1073–90)…………………… 17, 75
アブド・アル＝アジーズ　ʻAbd al-Azīz(イフリーキヤ総督の息子)……………… 68
アブド・アル＝バッル　Abdilbar (ʻAbd al-Barr)(ナスル朝側近)………… 187, 257
アフマド　Hamete de Vera(あるいはハミード？　ベラ法官)……………………… 283
アフマド・カリーリー　Hamete Carili(あるいはハミード？　ベルメス城主)…………………………………………… 158
アブー・ユースフ　Abū Yūsuf(マリーン朝君主，在位1259–86)………………… 139
アラベス　Alhabes Aben Humayt(アル＝アッバース？ ベラ城主)……… 216, 218, 220, 226
アリー・アル＝アッタール　ʻAlī al-ʻAttār(マラガ城主)………………………… 194
アルゴテ・デ・モリーナ　Argote de Molina(『オリウエラ編年史』作者)………… 40
アルバロ・デ・ルーナ　Alvaro de Luna(カスティーリャ大元帥)………… 83, 86, 87
アルフォンソ２世　Alfonso II(アラゴン王，在位1164–96)…………………………… 69
アルフォンソ３世　Alfonso III(アストゥリアス王，在位866–910)……… 7, 16, 17
アルフォンソ５世　Alfonso V(アラゴン王，在位1416–58)……………………… 91, 94
アルフォンソ６世　Alfonso VI(カスティーリャ・レオン王，在位1065–1109)…… 9, 17, 21
アルフォンソ７世　Alfonso VII(カスティーリャ・レオン王，在位1126–57)…… 10, 21, 69
アルフォンソ８世　Alfonso VIII(カスティーリャ王，在位1158–1214)…………… 70
アルフォンソ10世　Alfonso X(カスティーリャ王，在位1252–84)…… 11, 17, 19, 22, 23, 38, 54, 81, 85, 125, 259, 289
アルフォンソ11世　Alfonso XI(カスティーリャ王，在位1312–50)… 23, 48, 55〜57, 76, 79, 82〜84, 95, 126, 127, 133, 140, 142, 149, 216, 252, 290, 291
アルフォンソ・フェルナンデス・デ・コルドバ１世　Alfonso Fernández de Córdoba I(コルドバ大貴族)…………………… 140
アルフォンソ・フェルナンデス・デ・コルドバ２世　Alfonso Fernández de Córdoba II(コルドバ大貴族)………… 97, 99, 100, 158, 239, 260
アルフォンソ・ヤーニェス・ファハルド　Alfonso Yáñez Fajardo(ムルシア大貴族)…………………………………………… 159
アル＝ムクタディル　al-Muqtadir(フード朝君主，在位1046–81)………………… 68

アロンソ・ガルシア　Alonso García（ヘレス捕虜返還交渉人）……… 186, 187, 194
アロンソ・デ・アギラール　Alonso de Aguilar（コルドバ大貴族）…… 212, 213, 240, 276
アロンソ・デ・エステパ　Alonso de Estepa（アルカラ・ラ・レアル市民）‥ 209, 234
アロンソ・デ・パレンシア　Alonso de Palencia（年代記作者）……… 39, 88, 237, 249, 250
アロンソ・ファハルド　Alonso Fajardo（ロルカ城主，ムルシア大貴族）……… 149, 216～221
アロンソ・ペレス・デ・グスマン　Alonso Pérez de Guzmán（セビーリャ大貴族）………………………………… 95, 97, 139
アロンソ・ヤーニェス・ファハルド　Alonso Yáñez Fajardo（ムルシア大貴族）…… 141, 180, 181
イサベル1世　Isabel I（カスティーリャ王，在位1474–1504）……… 25, 38, 39, 49, 59, 79, 80, 101, 142, 207, 240, 249, 291, 292, 302
イスマーイール1世　Ismāʿīl I（ナスル朝君主，在位1314–25）……………… 81, 253
イスマーイール3世　Ismāʿīl III（ナスル朝君主，在位1446–47, 1450？）……… 188～190, 192, 193, 257
イニゴ・アリスタ　Iñigo Arista（ナバーラ王，在位820?–852)………………… 7, 68
イニゴ・ロペス・デ・メンドーサ　Iñigo López de Mendoza（カスティーリャ軍団総長）………………… 86, 87, 93, 96, 98
イブン・サッラージュ　Ibn Sarrāj（ナスル朝大貴族家門）…… 191, 192, 203, 276, 281
イブン・ハーシム　Benahaxin（ビリャルエンガ渓谷「宰相」）…………… 190, 192
イブン・マルダニーシュ　Ibn Mardanīsh（第2次ターイファ君主，在位1147–72）…………………………………… 21, 69
インノケンティウス3世　Innocentius III（教皇，在位1198–1216）…………… 289
ウスマーン　ʿUthmān（マリーン朝将軍）…………………………………… 55, 83
エウゲニウス4世　Eugenius IV（教皇，在位1431–47）…………………………… 266
エチェバリア　Ana Echevarría Arsuaga（スペイン史研究者）……………… 128, 294
エンリケ2世　Enrique II（カスティーリャ王，在位1367–79）…………… 48, 95, 120, 142, 143, 159, 160, 164, 179, 180, 269, 290, 291
エンリケ3世　Enrique III（カスティーリャ王，在位1390–1406）…………… 158, 255, 256, 272, 277
エンリケ4世　Enrique IV（カスティーリャ王，在位1454–74）…………… 25, 49, 62, 79, 83～85, 88, 98, 101, 127, 134, 135, 142, 155, 156, 194, 212, 221, 263, 265, 268, 271, 275, 291, 294

カ　行

カウサーニー　Cabçani (Qausānī ?)（ナスル朝貴族）……………………………… 237
カリアソ　Juan de Mata Carriazo（スペイン史研究者）……………… 46, 51, 106, 109, 115, 157, 178, 205
カリクストゥス2世　Kallixtus II（教皇，在位1119–24）………………………… 19
ガルシア1世　García I（レオン王，在位910–914）……………………………… 7
ガルシア・デ・オルバネハ　García de Orbaneja（ヘレス貴族）…… 145～147, 278
ガルシア・フィッツ　Francisco García Fitz（スペイン史研究者）…… 53, 84, 119, 300
ガルシア・フェルナンデス　Manuel García Fernández（スペイン史研究者）……… 71, 74, 126, 127
ガルシア・マルティネス・デ・ガリェーゴス　García Martínez de Gallegos（カスティーリャ使節）………………… 95, 97
キンタニーリャ・ラソ　Carmen Quintanilla Raso（スペイン史研究者）…………… 120
グラティアヌス　Gratianus（教会法学者）……………………………………… 18
クリストバル・デ・チリョン　Cristobal de

Chillón(改宗者) ……………………… 283
クレメンス5世　Clemens V(教皇，在位1305–14) …………………………… 290
ゴンサーロ・ガルシア・デ・ガリェーゴス　Gonzalo García de Gallegos(カスティーリャ使節) ………………………… 95, 97
ゴンサーロ・デ・コルドバ　Gonzalo de Córdoba(改宗者) …………………… 208
ゴンサーロ・デ・フェス　Gonzalo de Fez(足跡調査書記) …………………… 163
ゴンサレス・ヒメネス　Manuel González Jiménez(スペイン史研究者) ………… 49, 112, 114

サ　行

サアド　Sa'd(ナスル朝君主，在位1454–55, 1455–62, 1462–64) ……… 63, 80, 84, 194
サアド・アル＝アミーン　Sa'd al-Amīn(ナスル朝側近) …………………… 168, 217
サイード・アブド・アッラー　Çidi Abdalla Borriqueque(ナスル朝側近) ……… 208
サファド・ディアス　Çafad Dias(アラビア語書記) ……………………… 217, 257
サファドラ　Zafadola (Sayf al-Dawla)(サイフ・アッ＝ダウラ, 第2次ターイファ・フード朝君主) ……………………… 21
サンチェス・アルボルノス　Claudio Sánchez Albornoz(スペイン史研究者) …… 14, 111
サンチョ4世　Sancho IV(カスティーリャ王，在位1284–95) ……………… 139, 142
サンチョ4世　Sancho IV(ナバーラ王，在位1054–76) …………………………… 68
サンチョ6世　Sancho VI(ナバーラ王，在位1150–94) …………………………… 69
サンチョ7世　Sancho VII(ナバーラ王，在位1194–1234) ……………………… 70
芝修身(スペイン史研究者) ……… 27, 29〜31
シャルルマーニュ　Charlemagne(カロリング朝君主) ………………………… 251
聖ヤコブ　Santiago(聖人) ……………… 20

タ　行

ターナー　Frederick Jackson Turner(アメリカ史研究者) ………………………… 113
ディエゴ・デ・ラ・グアルディア　Diego de la Guardia(ハエン修道士) ………… 85
ディエゴ・フェルナンデス・デ・コルドバ1世　Diego Fernández de Córdoba I(コルドバ大貴族) … 96, 97, 100, 158, 164
ディエゴ・フェルナンデス・デ・コルドバ2世　Diego Fernández de Córdoba II(コルドバ大貴族) …… 96, 101, 102, 195, 207, 209, 212, 213, 275, 276
ディエゴ・ロペス・デ・パチェコ　Diego López de Pacheco(カスティーリャ大貴族) ……………………………… 222
テオドミルス　Teodomirus (Tudmir)(旧西ゴート貴族) ……………………………… 68
トマス・アクィナス　Thomas Aquinas(神学者) ……………………………………… 18
トーレス・フォンテス　Juan Torres Fontes(スペイン史研究者) … 119, 131, 136, 159

ハ　行

ハイリーン　Hayren(ナスル朝使節) … 91, 92
パスカリス2世　Paschalis II(教皇，在位1099–1118) …………………………… 19
バルトロメ・デ・マルモル　Bartolomé de Marmol(改宗者) …………………… 237
パワーズ　James F. Powers(スペイン史研究者) ………………………… 49, 117, 120
ヒメネス・デ・ラーダ　Rodrido Jiménez de Rada(トレード大司教，年代記作者) ……………………………………… 17, 29
フアナ・グティエレス　Juana Gutiérrez(バエサ市民) …………………… 240, 241
フアン1世　Juan I(カスティーリャ王，在位1379–90) …… 81, 95, 159, 160, 179, 180, 233, 251, 255, 269, 270
フアン2世　Juan II(カスティーリャ王，在位1406–54) ……… 24, 49, 58, 82〜86, 93, 98, 100, 130, 135, 144, 149,

168, 170, 171, 180, 182, 188, 194, 203, 248, 265, 266, 273, 274, 291
フアン・ガラン Juan Galán（アルカラ・ラ・レアル使節）……………… 203, 204
フアン・サンチェス Juan Sánchez（アルカラ・ラ・レアル足跡調査人）…… 209, 234
フアン・サンチェス・マヌエル Juan Sánchez Manuel（カリオン伯，ムルシア総督）……………………………… 121
フアン・デ・オルバネハ Juan de Orbaneja（ヘレス貴族）……………… 146, 147, 197
フアン・デ・グスマン Juan de Guzmán（セビーリャ大貴族）…………… 62, 187, 193
フアン・デ・ラ・ペーニャ Juan de la Peña（カスティーリャ使節）……………… 168
フアン・パチェコ Juan Pacheco（カスティーリャ大貴族）………………… 96, 98, 134
フアン・ポンセ・デ・レオン Juan Ponce de León（セビーリャ大貴族）……… 186, 187, 193, 233
フアン・マヌエル Juan Manuel（カスティーリャ王族）……… 23, 24, 40, 53〜55, 60, 64, 65, 167, 216, 300, 304
フアン・メルカデル Juan Mercader（バレンシア総バイイ）………………… 91, 93
フェルナンド1世 Fernando I（カスティーリャ・レオン王，在位1035–65）…… 20
フェルナンド2世 Fernando II（アラゴン王，在位1479–1516）…… 49, 59, 80, 101, 102, 142, 207, 292, 302
フェルナンド2世 Fernando II（レオン王，在位1157–88）………………………… 70
フェルナンド3世 Fernando III（カスティーリャ王，在位1217–52）…… 10, 22, 29, 33, 45, 47, 53, 70, 124, 259
フェルナンド4世 Fernando IV（カスティーリャ王，在位1295–1312）……… 76, 79, 132, 142, 269
フェルナンド・デ・アンテケラ Fernando de Antequera（カスティーリャ摂政，後にアラゴン王フェルナンド1世（在位1412–16））……… 24, 49, 58, 80, 82, 84, 98, 142, 149, 164, 236, 272
フェルナンド・デ・オルバネハ Fernando de Orbaneja（ヘレス貴族）…… 145〜147
フェルナンド・デ・ラ・セルダ Fernando de la Çerda（アルフォンソ10世の長子）………………………………………… 54
フェルナンド・トーレス Fernando Torres（越境騒擾裁定人代理）………… 240, 241
フェルナン・ペレス・ポンセ Fernán Pérez Ponce（セビーリャ大貴族）……… 97, 140
ペドロ1世 Pedro I（カスティーリャ王，在位1350–69）………………… 48, 49, 85, 95, 144, 231, 290
ペドロ・デ・ハエン Pedro de Jaén（バエサ市民）……………………… 240, 241
ペドロ・デ・バリオヌエボ Pedro de Barrionuevo（カスティーリャ使節）………………………………… 101, 102
ペドロ・トマス Pedro Tomás（オリウエラ捕虜返還交渉人）……………… 223, 224
ペドロ・トマス Pedro Tomás（ケサダ代官）………………………………… 256
ペドロ・ヒロン Pedro Girón（カスティーリャ大貴族）……………………… 96, 98
ペドロ・ファハルド Pedro Fajardo（ムルシア大貴族）…………… 183, 218〜222
ペドロ・フェルナンデス・デ・コルドバ Pedro Fernández de Córdoba（コルドバ大貴族）……… 96, 100, 182, 183, 220
ペドロ・ポンセ・デ・レオン Pedro Ponce de León（セビーリャ大貴族）…… 140, 142
ペドロ・ムーニス・デ・ゴドイ Pedro Múñiz de Godoy（カラトラバ騎士団長）………………… 95, 97, 98, 160, 179, 181
ペドロ・ロペス・デ・アヤラ Pedro López de Ayala（ムルシア総督）……… 159, 253
ペドロ・ロペス・ファハルド Pedro López Fajardo（プリエゴ城主）…………… 252
ペラーヨ Pelayo（アストゥリアス王，在位718–737）…………………… 6, 7, 16, 26
ペル・アファン1世 Per Afán de Ribera I el Viejo（境域大総督，セビーリャ貴族）

…… 142, 144
ペル・アファン２世　Per Afán de Ribera II(境域大総督，セビーリャ貴族) …… 96, 144, 188, 189, 191, 193
ベレンゲール・サラニャーナ　Berenguer Sarañana(ムルシア捕虜返還交渉人) …… 121, 122
ベレンゲール・メルカデル　Berenguer Mercader(バレンシア使節) …… 91, 92

マ　行

マッケイ　Angus MacKay(スペイン史研究者) …… 28, 49
マヌエル・ポンセ・デ・レオン　Manuel Ponce de León(セビーリャ大貴族) …… 64
マリナ・デ・ビリャロボス　Marina de Villalobos(ヘレス市民) …… 271
マルティン・デ・エスピノサ　Martín de Espinosa(ハエン使節) …… 206, 209, 240, 280
マンサノ・モレノ　Eduardo Manzano Moreno(スペイン史研究者) …… 34
マンスール　al-Manṣūr(後ウマイヤ朝侍従) …… 7, 8
ミゲル・ルーカス・デ・イランソ　Miguel Lucas de Iranzo(カスティーリャ大元帥) …… 38, 85, 159, 167, 234, 237
ムーサー・イブン・ヌサイル　Mūsā ibn Nuṣayr(ウマイヤ朝イフリーキヤ総督) …… 68
ムハンマド１世　Muḥammad I(ナスル朝君主，在位1232–73) …… 22, 23, 45, 47, 125
ムハンマド５世　Muḥammad V(ナスル朝君主，在位1354–59, 1362–91) …… 48, 76, 104, 129, 150, 231, 290
ムハンマド８世　Muḥammad VIII(ナスル朝君主，在位1417–19, 1427–30) …… 83, 91
ムハンマド９世　Muḥammad IX(ナスル朝君主，在位1419–27, 1430–31, 1432–45, 1447–53) …… 83, 188, 190, 191, 217
ムハンマド10世　Muḥammad X(ナスル朝君主，在位1453–55) …… 80, 84, 190
ムハンマド11世　Muḥammad XI(ナスル朝君主，在位1482–83, 1487–92) …… 60, 104
ムハンマド・アル＝グマーリー　Mahoma el Gomerí (Muḥammad al-Gumari ?)(カサレス城主) …… 271
ムハンマド・サアド　Mahomad Cabdon (Muḥammad Sa'ad ?)(ナスル朝大カーディー) …… 260
ムハンマド・サマル　Mahomad Çamar(アレナス城主) …… 210
メネンデス・ピダール　Ramón Menéndez Pidal(スペイン史研究者) …… 28
モクソ　Salvador de Moxó(スペイン史研究者) …… 141

ヤ行・ラ行

ヤコブ・イスラエル　Yacob Israel(ナスル朝使節，ユダヤ人？) …… 94
ユースフ４世　Yūsuf IV(ナスル朝君主，在位1431–32) …… 83
ラデロ・ケサダ　Miguel Ángel Ladero Quesada(スペイン史研究者) …… 35, 46, 120, 170
ラミーロ１世　Ramiro I(アストゥリアス王，在位842–850) …… 20
ラモン・ベレンゲール４世　Ramón Berenguer IV(バルセローナ伯，在位1131–62) …… 21, 69
リオス・サロマ　Martín Federico Ríos Saloma(スペイン史研究者) …… 26
ルイス・ゴンサレス・デ・ルナ　Luis González de Luna(カスティーリャ使節) …… 96, 98, 168
ルイス・デ・カソーラ　Luis de Cazorla(バエサ市民) …… 241
ルイス・デ・トーレス　Luis de Torres(越境騒擾裁定人長) …… 159, 205, 240
ルイ・ロペス・ダバロス　Ruy López Davalos(カスティーリャ大貴族) …… 159
ロドリゲス・モリーナ　José Rodríguez Molina(スペイン史研究者) …… 49, 50,

114, 115, 154, 158, 166, 169, 173, 177
ロドリーゴ・セペト Rodrigo Zepeto（ハエン騎士）…… 143
ロドリーゴ・ポンセ・デ・レオン Rodrigo Ponce de León（セビーリャ大貴族）…… 62, 63, 196, 233
ロハス・ガブリエル Manuel Rojas Gabriel（スペイン史研究者）…… 49, 64, 114, 119, 120
ローマックス Derek W. Romax（スペイン史研究者）…… 27, 29～31
ローリー Elena Lourie（スペイン史研究者）…… 117, 120, 135

Ⅱ．地名索引

ア 行

アストゥリアス Asturias …… 6, 7, 10, 14, 16, 18, 20, 26, 68
アッコン Acre …… 293
アヤモンテ Ayamonte …… 25, 55
アリカンテ Alicante …… 68
アリクン Alicún …… 239, 256
アルアマ Alhama …… 146, 295
アルカウデテ Alcaudete …… 127, 133, 202, 210, 211, 214, 259
アルカラス Alcaraz …… 251
アルカラ・デ・エナレス Alcalá de Henares …… 143
アルカラ・デ・ロス・ガスーレス Alcalá de los Gazules …… 144, 172, 185, 196
アルカラ・ラ・レアル Alcalá la Real …… 36, 87, 96, 99, 100, 101, 127, 140, 162, 172, 184, 192, 202～205, 209～211, 214, 234, 237, 255, 256, 259, 281, 283
アルコス Arcos de la Frontera …… 96, 127, 128, 140, 146, 185, 190, 192, 196, 201
アルチドナ Archidona …… 62, 63, 135
アラバール Alhabar …… 146, 210, 211
アルヘシラス Algeciras …… 48, 56, 57, 60, 75, 76, 81, 84, 87, 127, 128, 133, 140, 185
アルベンディン Albendín …… 259
アルボクス Albox …… 216, 218, 273, 274
アルメリーア Almería …… 129, 222
アレナス Arenas …… 208, 210, 211
アンダルシーア Andalucía …… 7, 22, 35～37, 39, 41, 46～48, 56, 62, 73, 76, 81, 84, 91, 95, 101, 105, 110～112, 114, 115, 125, 126, 130, 139, 142～144, 149, 167, 178, 181, 211, 237, 250, 272, 276, 277, 294, 299
アンテケラ Antequera …… 49, 58, 60, 73, 83, 84, 98, 100, 127, 133, 172, 184, 185, 189, 191, 202
イスナトラフ Iznatoraf …… 243, 246
イタリア Italia …… 31, 305
イフリーキヤ Ifrīqiya …… 12, 68, 91, 302
イルエラ Iruela …… 243, 246
イングランド England …… 31, 293
ウエサ Huesa …… 239
ウエスカル Huéscar …… 222
ウエルカル Huércal-Overa …… 215, 221
ウエルマ Huelma …… 87, 158, 166, 172, 205～207, 210, 211, 263, 264, 279
ウトレーラ Utrera …… 191, 192
ウブリケ Ubrique …… 189, 190, 193
ウベダ Úbeda …… 158, 181, 202, 260
エシハ Écija …… 127
エステポナ Estepona …… 134, 147, 192, 195
エストレマドゥーラ Extremadura …… 33, 119
エブロ川 río Ebro …… 7, 29
オスーナ Osuna …… 196
オリウエラ Orihuela …… 68, 129, 145, 152, 178, 223～227, 231, 232, 235～237, 253, 257, 275, 277

オルテヒカル　Ortegícar …… 56, 146
オルベラ　Olvera …… 55〜57, 60, 127, 133, 185, 196

カ　行

ガウシン　Gaucín …… 197, 200, 201, 271
カサレス　Casares …… 197, 200, 201, 271
カステリャール　Castellar de la Frontera …… 144, 266, 273, 274
カソーラ　Cazorla …… 127, 135, 158, 202, 239, 243, 246
カディス　Cádiz …… 63, 64, 144
カニェーテ　Cañete …… 56, 144
カラバカ　Caravaca …… 215, 223, 224, 226
カルタヘーナ　Cartagena …… 122, 161, 215, 219, 220, 222, 267
カルデラ　Cardela …… 63, 64, 145〜147, 197〜200, 260
カルモナ　Carmona …… 127, 274
カンビル　Cambil …… 87, 146, 163, 166〜168, 205, 207, 208, 210, 211, 233, 258, 264, 279
グアディアロ川　río Guadiaro …… 200, 201
グアディクス　Guadix …… 202, 205, 206, 221, 256
クエバス　Cuevas …… 56
クエンカ　Cuenca …… 269
グラナダ　Granada …… 17, 54, 58, 79, 83, 85, 99, 168, 179, 190, 202, 203, 209, 211, 212, 223, 224, 226, 237, 281, 283, 295
ケサダ　Quesada …… 133, 158, 172, 202, 239, 256
コインブラ　Coimbra …… 20
コテ　Cote …… 62, 123
コルドバ　Córdoba …… 10, 55, 69, 70, 96〜98, 100, 101, 127, 164, 183, 187, 191, 203, 268, 275
コロメラ　Colomera …… 162, 203, 204, 208, 209, 211, 233, 234, 279, 280

サ　行

サアラ　Zahara …… 87, 123, 142, 144, 146, 147, 172, 197, 249, 250, 292, 294, 295
サラゴーサ　Zaragoza …… 9, 32, 68, 92
サロブレーニャ　Salobreña …… 133
サンルーカル　Sanlúcar de Barrameda …… 97, 127, 139
シエサ　Cieza …… 101, 207, 295
ジェノヴァ　Genova …… 12, 48, 56, 283, 302
シチリア　Sicilia …… 12, 305
ジブラルタル　Gibraltar …… 9, 23, 45, 48, 58, 62, 63, 76, 84, 132, 139, 147, 185, 192, 194, 195, 197, 200, 201, 271
セテニル　Setenil …… 148, 153, 154, 186, 201
セビーリャ　Sevilla …… 10, 35, 40, 57, 95, 97, 99, 102, 117, 125, 127, 140, 141, 144, 153, 171, 185, 186, 276, 284
ソルバス　Sorbas …… 222, 223

タ　行

タホ川　río Tajo …… 119, 125
タリファ　Tarifa …… 48, 63, 127, 133, 134, 139, 145, 170, 181, 184, 185, 187, 189, 191
地中海 …… 4, 5, 9, 12, 25, 41, 69, 90, 91, 94, 133, 134, 165, 172, 185, 186, 215, 288, 293, 294, 303, 305, 306
テーバ　Teba …… 55〜57, 60, 76, 127, 185
ドゥエロ川　río Duero …… 32, 119, 125, 132
トーレ・デ・アルアキメ　Torre de Alháquime …… 55, 144
トレード　Toledo …… 9, 17, 21, 29, 69, 75, 104, 117, 246, 292
トロ　Toro …… 164, 291

ハ　行

バエサ　Baeza …… 172, 202, 239, 241, 242, 256

バエナ Baena ……………………………… 259
ハエン Jaén …… 22, 38, 39, 45, 47, 74, 85, 87, 94, 96, 99, 127, 143, 154, 162, 163, 166～168, 171, 172, 184, 202, 203, 205～211, 233, 234, 237, 240, 241, 249, 254, 258, 263, 264, 279～282
ハカ Jaca ………………………………………… 13
バーサ Baza …………………… 39, 128, 181, 202, 205, 221, 222, 262
バレンシア Valencia ……… 10, 39, 69, 90～93, 148, 288, 289, 294
パレンスエラ Palenzuela ……………… 130
ヒケナ Xiquena ………… 128, 133, 215, 273
ピサ Pisa ……………………………… 69, 70
ヒメナ Jimena ……… 133, 144, 147, 190～192, 194, 200, 201, 266, 270～274
ビリャヌエバ・デル・アルソビスポ Villanueva del Arzobispo ……… 243, 246
ビリャルエンガ渓谷 Sierra de Villaluenga …………………………… 63, 146, 169, 186, 190, 194, 196～201, 230, 260～262, 270, 275, 294
フェス Fez ………………………… 76, 81, 95
フエンテ・デ・ラ・イゲーラ Fuente de la Higuera ………………………… 282, 283
フランス France ……… 31, 46, 57, 98, 293
プリエゴ Priego ………………………… 252
ブルゴス Burgos ………………………… 70
プルチェーナ Purchena ……………… 222
プルナ Pruna …………… 55, 123, 236, 237
ペガラハール Pegalajar ……………… 127
ベヘル Vejer de la Frontera …………… 63, 139, 153, 195
ベラ Vera ……………… 121, 129, 215～227, 257, 262, 275, 282, 283
ベルデ川 río Verde …………………… 144
ヘレス Jerez de la Frontera …… 39, 84, 96, 99, 127, 134, 140, 143, 145, 156, 159, 169, 185～201, 230, 257, 258, 260, 261, 265, 267, 270, 271, 273～275, 278, 289
ベレス Vélez (Blanco, Rubio) …… 121, 180, 215, 221～223, 226, 252, 262, 273
ホダル Jódar ……………………… 172, 202
ポルクナ Porcuna ……………………… 259

マ 行

マグリブ Maghrib ……… 6, 9, 10, 12, 34, 48, 76, 91, 95, 104, 141, 301, 302
マラガ Málaga ……………… 49, 58, 63, 128, 144, 146, 147, 167, 186, 188, 190, 193～195, 201, 212, 276
マルチェーナ Marchena ……………… 140, 153, 196, 201
マルベーリャ Marbella …………… 144, 190, 192, 200, 201, 271
ムラダール渓谷 Puerto del Muradal …· 241
ムルシア Murcia ………………………… 22, 35～37, 39, 41, 46, 68, 69, 73, 83, 91, 105, 110～112, 114, 119～123, 125, 127, 130, 135, 139, 142, 145, 149, 161, 170, 171, 178～180, 182, 184, 207, 215～221, 230, 231, 233, 235, 252, 254, 257, 265, 267～269, 272, 274, 276, 294, 299
ムレラ川 río Mulera …………………… 261
メディナ・シドニア Medina Sidonia …………………… 139, 185, 193, 195, 196
モクリン Moclín …………………… 146, 237
モラタリャ Moratalla ………………… 215
モロン Morón de la Frontera …………… 39, 55, 62, 123, 124, 127, 153, 154, 172, 185, 196, 262, 263
モンテフリオ Montefrío …… 146, 203, 234

ラ 行

リスボン Lisbon ………………………… 10
ルセーナ Lucena ……………………… 172
レオン León ……… 7, 9, 10, 14, 17, 18, 20, 21, 26, 32, 33, 68～70, 119, 183
レトゥル Letur ………………………… 222
ロクビン Locubín ……………………… 127
ロルカ Lorca …… 68, 94, 121, 128, 133, 149, 170～172, 180, 181, 184, 215～

Ⅲ. 事項索引

ア　行

カ　行

サ　行

タ　行

ナ　行

ハ　行

マ 行

ヤ行・ラ行

参考文献

【未刊行史料】

Archivo Municipal de Jerez de la Frontera (AMJF)
Actas Capitulares (AACC) 1450
Archivo Municipal de Murcia (AMMU)
Cartulario Real 1314–1344.
Actas Capitulares No.3 (1374–06–26/1375–06–22).
Actas Capitulares No.6 (1379–06–24/1380–06–23).
Actas Capitulares No.9 (1382–06–24/1383–06–02).
Libro registro de cartas reales de 1411–1429.
Actas Capitulares. No.70 (1450–06–23/1451–06–22).
Actas Capitulares. No.75 (1456–06–23/1457–06–22).
LEG. 4277.
LEG. 4292.
Archivo Municipal de Lorca (AMLO)
Cartulario real, Libro registro de cartas de la escribanía del concejo de Lorca, 1463/1464.
Real Academia de la Historia (RAH)
Colección Salazar y Castro.

【叙述史料(対象とする時代,作成順)】

Die Chronik Alfons' III. Untersuchung und kritische Edition der vier Redaktionen, J. Prelog ed., Frankfurt am Main, 1980.

Historia Silense, J. Peréz de Urbel and A. González Ruiz-Zorrilla eds., Madrid, 1959.

The Tibyān: memoirs of 'Abd Allāh b.Buluggīn,last Zīrid amīr of Granada, A. T. Tibi trans., Leiden, 1986.

Anales Toledanos I, II, III, in España sagrada, theatro geographico-histórico de la Iglesia de España. Tomo XXIII, E. Florez ed., Madrid, 1767, pp. 381–423.

Chronica Adefonsi Imperatoris, Chronica hispana saeculi XII parsI, A. Maya Sánchez ed., Turnhout, 1990.

Cronica Naierensis. Chronica Hispana saeculi XII. pars II, J. A. Estévez Sola ed., Turnhout,

1995.

Chronicon Mundi, E. Falque Rey ed., Turnhout, 2003.

Chronica latina regum Castellae, Chronica Hispana Saeculi XIII, L. Charlo Brea ed., Turnhout, 1997.

Historia de rebus hispanie sive historia gothica, J. Fernández Valverde ed., Turnhout, 1987.

Primera Crónica General de España que mandó componer Alfonso el Sabio y se continuaba bajo Sancho IV en 1289, R. Menéndez Pidal ed., Madrid, 1955.

Crónica de Alfonso X, M. González Jiménez ed., Murcia, 1999.

Los milagros romanzados de Santo Domingo de Silos de Pero Marín, M. González Jiménez and A. Molina Molina eds., Murcia, 2008.

Crónica del Rey Don Sancho el Bravo, in *Crónicas de los Reyes de Castilla, colección ordenada por Cayetano Rosell, Biblioteca de Autores Españoles*, 3vols, Madrid, 1953.

Crónica del Rey Don Fernando IV（Fernán Sánchez de Valladolid）, in *Crónicas de los Reyes de Castilla, colección ordenada por Cayetano Rosell, Biblioteca de Autores Españoles*, 3vols, Madrid, 1953.

Crónica del Rey Alonso el Onceno, in *Crónicas de los Reyes de Castilla, colección ordenada por Cayetano Rosell, Biblioteca de Autores Españoles*, 3vols, Madrid, 1953.

Gran crónica de Alfonso XI, de Fernán Sánchez de Valladolid, D. Catalán ed., 2vols, Madrid, 1977.

El libro de los estados, de Don Juan Manuel, in *Obras completas. Don Juan Manuel*, C. Alvar and S. Finci eds., Madrid, 2007.

Crónica del Rey Don Pedro I（P. López de Ayala）, in *Crónicas de los Reyes de Castilla, colección ordenada por Cayetano Rosell, Biblioteca de Autores Españoles*, 3vols, Madrid, 1953.

Crónica del Rey Don Enrique II de Castilla（P. López de Ayala）, in *Crónicas de los Reyes de Castilla, colección ordenada por Cayetano Rosell, Biblioteca de Autores Españoles*, 3vols, Madrid, 1953.

Crónica del Rey Don Juan I de Castilla e de León（P. López de Ayala）, in *Crónicas de los Reyes de Castilla, colección ordenada por Cayetano Rosell, Biblioteca de Autores Españoles*, 3vols, Madrid, 1953.

Crónica de Enrique III, in *Crónicas de los Reyes de Castilla, colección ordenada por Cayetano Rosell, Biblioteca de Autores Españoles*, 3vols, Madrid, 1953.

Crónica de Juan II de Castilla por Alvar García de Santa María, J. de M. Carriazo y Arroquia ed., Madrid, 1982.

Crónica de Don Juan II（Fernán Pérez de Guzmán）, in *Crónicas de los Reyes de Castilla, colección ordenada por Cayetano Rosell, Biblioteca de Autores Españoles*, 3vols, Madrid, 1953.

Crónica del Halconero de Juan II por Pedro Carrillo de Huete, J. de Mata Carriazo y Arroquia ed., Madrid, 1946.

Crónica de Enrique IV, de Alfonso de Palencia, A. Paz y Melia ed., 3vols, Madrid, 1975.

Relación de los hechos del muy magnífico e más virtuoso señor, el señor don Miguel Lucas, muy digno condestable de Castilla, J. Carlos Mata et alii eds., Jaén, 2001.

Historia de los hechos del Marqués de Cádiz, J. L. Carriazo Rubio, ed., Granada, 2003.

Anales de Orihuela de Mosén Pedro Bellot (*siglos XIV–XVI*), J. Torres Fontes ed., 2vols, Murcia, 2001.

Alonso de Palencia, *Guerra de Granada, Electronic resource* [Biblioteca Virtual Miguel de Cervantes] (http://www.cervantesvirtual.com/obra-visor/guerra-de-granada--0/html/).

G. Argote de Molina, *Nobleza de Andalucía, Sevilla, 1588*, reed. by E. Toral Peñaranda, Jaén, 1991.

F. de Rades y Andrada, *Crónica de las tres Órdenes y Cavallerías, de Santiago, Calatrava y Alcántara, 1572, ed. facsímil*, Valladolid, 2009.

【文書史料 (対象とする時代順)】

I diplomi arabi del R. Archivio Fiorentino; testo originale con la traduzione letterale e illustrazioni di Michele Amari, 2vols, Firenze, 1863–1867.

Diplomatario Andaluz de Alfonso X, M. González Jiménez ed., Sevilla, 1991.

Documentos de Alfonso XI, F. de A. Veas Arteseros ed., Murcia, 1997.

Colección diplomática de Quesada, J. de M. Carriazo y Arroquia ed., Jaén, 1975.

Los documentos árabes diplomáticos del Archivo de la Corona de Aragón, M. A. Alarcón y Santón and R. García de Linares eds., Madrid, 1940.

Documentos de Enrique II, L. Pascual Martínez ed., Murcia, 1983.

Documentos de Juan I, J. M. Díez Martínez et alii eds, Murcia, 2001.

Coleccion documental del Archivo Municipal de Úbeda vol. I, J. Rodríguez Molina ed., Granada, 1990.

Colección documental del Archivo Minicipal de Úbeda vol. II (*siglo XIV*), J. Rodríguez Molina ed., Granada, 1994.

Documentos de la minoría de Juan II. La regencia de Don Fernando de Antequera, M. V. J. Vilaplana Gisbert ed., Murcia, 1993.

Documentos de Juan II, J. Abellán Pérez ed., Murcia, 1984.

Diplomatario del reino de Granada: documentos de Juan II de Castilla (*1407–1454*) *del Archivo Municipal de Jerez de la Frontera*, J. Abellán Pérez ed., Granada, 2011.

Actas Capitulares de Morón de la Frontera（*1402–1426*）, M. González Jiménez and M. García Fernández eds., Sevilla, 1992.

Documents per a la història de Granada del regnat d'Alfons el Magnànim（*1416–1458*）, R. Salicrú i Lluch ed., Barcelona, 1999.

Memoria histórico-critica sobre las treguas celebradas entre los reyes de Castilla y Granada, J. Amador de los Ríos ed., Madrid, 1879.

Colección diplomática medieval de Alcalá la Real, F. Toro Ceballos ed., 2vols, Alcalá la Real, 1988.

Documentos de Enrique IV, M. C. Molina Grande ed., Murcia, 1988.

Documentos de Enrique IV de Castilla（*1454–1474*）*: Fuentes Históricas Jerezanas*, J. Abellán Pérez ed., Sevilla, 2010.

Memorias de Don Enrique IV de Castilla, tomo II: Colección diplomática, Madrid, 1913.

Treguas, guerra y capitulaciones de Granada（*1457–1491*）*. Documentos de los Duques de Frías*, J. A. García Luján ed., Granada, 1998.

【法典史料その他】

Christians and Moors in Spain, volumeIII Arabic Sources（*711–1501*）, Ch. Melville and A. Ubaydli eds., Warminster, 1992.

Medieval Iberia. Readings from Christian, Muslim, and Jewish Sources, O. R. Constable ed., Philadelphia, 1997.

Las Siete Partidas del sabio rey don Alonso el Nono, nuevamente glosadas por el licenciado Gregorio López, 3vols, Madrid, 1974.

Cortes de los antiguos reinos de León y de Castilla. Publicadas por la Real Academia de la Historia, 5vols, Madrid, 1861–1903.

【「境域」研究報告集】

La Reconquista española y la Repoblación del país: conferencias del curso celebrado en Jaca en Agosto de 1947, Zaragoza, 1951.

Actas del I Congreso de Historia de Andalucía, diciembre de 1976, Córdoba, 1978.

Actas del I Coloquio de Historia Medieval Andaluza, Córdoba, noviembre de 1979, Córdoba, 1982.

Actas del II Coloquio de Historia Medieval Andaluza: hacienda y comercio, Sevilla, 1982.

Actas del III Coloquio de Historia Medieval Andaluza: la sociedad medieval andaluza, grupos no privilegiados, Jaén, 1984.

Actas del IV Coloquio de Historia Medieval Andaluza: relaciones exteriores del Reino de Granada, Almería, 1988.

Andalucía entre Oriente y Occidente (1236–1492): actas del V Coloquio Internacional de Historia Medieval de Andalucía, Córdoba, 1988.

Estudios sobre Málaga y el reino de Granada en el V centenario de la conquista, Málaga, 1988.

Las ciudades andaluzas (siglos XIII–XVI): actas del VI Coloquio Internacional de Historia Medieval de Andalucía, Málaga, 1991.

La incorporación de Granada a la Corona de Castilla, Granada, 1993.

I Estudios de Frontera. Alcalá la Real y el Arcipreste de Hita, Jaén, 1996.

Actas del Congreso: La Frontera Oriental Nazarí como Sujeto Histórico (ss. XIII–XIV), Almería, 1997.

II Estudios de Frontera. Actividad y vida en la frontera, Jaén, 1998.

I Encuentro de Historia Medieval de Andalucía, Sevilla, 1999.

III Estudios de frontera. Convivencia, defensa y comunicación en la frontera, Jaén, 2000.

IV Estudios de Frontera. Historia, tradiciones y leyendas en la frontera, Jaén, 2002.

V Estudios de Frontera. Funciones de la red castral fronteriza, Jaén, 2004.

VI Estudios de Frontera. Población y poblamiento, Alcalá la Real, 2006.

VII Coloquio de Historia Medieval de Andalucía: ¿Qué es Andalucía? Una revisión histórica desde el medievalismo, Granada, 2010.

【欧文研究文献】

Abad Merino, M., “Exeas y alfaqueques: aproximación a la figura del intérprete de árabe en el periodo fronterizo (ss. XIII–XV),” in *Homenaje al profesor Estanislao Ramón Tvires*, 2vols, Murcia, 2004, vol. 1, pp. 35–50.

Abellán Pérez, J., “Jerez de la Frontera en la última tala del adelantado Diego Gómez de Ribera (1434),” *Anuario de Estudios Medievales*, 18 (1988), pp. 487–494.

Abellán Pérez, J., “Notas documentales sobre el abastecimiento de Albox (1436–1445),” *Murcia, la Guerra de Granada y otros estudios (siglos XIV–XVI)*, Cádiz, 2001, pp. 63–72.

Abellán Pérez, J., “Jerez, las treguas de 1450 y la guerra civil granadina,” in *La ciudad de Jerez de la Frontera y el reino de Granada*, Helsinki, 2006, pp. 77–93.

Abellán Pérez, J., “Relaciones castellano-nazaríes. Jerez en los inicios del reinado de Enrique IV (1454–1457),” in *La ciudad de Jerez de la Frontera y el reino de Granada*, Helsinki, 2006, pp. 94–143.

Abellán Pérez, J., “Dos cartas musulmanas sobre las relaciones de frontera,” in *Castilla y el*

mundo feudal. Homenaje al profesor Julio Valdeón, 3vols, Valladolid, 2009, vol. 2, pp. 127–135.

Acién Almansa, M., "Dos textos mudéjares de la Serranía de Ronda (1491)," *Cuadernos de Estudios Medievales*, 2–3 (1974–1975), pp. 245–257.

Acién Almansa, M., *Ronda y su serranía en tiempo de los Reyes Católicos*, 3vols, Málaga, 1979.

Acién Almansa, M., "El quinto de las cabalgadas. Un impuesto fronterizo," in *Actas del II Coloquio de Historia Medieval Andaluza: hacienda y comercio*, Sevilla, 1981, pp. 39–51.

Agrait, N., "The Reconquest during the Reign of Alfonso XI (1312–1350)," in *On the Social Origins of Medieval Institutions. Essays in Honor of Joseph. F. O'Callaghan*, Leiden, 1998, pp. 149–165.

Aguado González, F. J., "Repoblación de las fortalezas en el Reino de Granada: Archidona, Olvera y Ortejícar (1460–1550)," in *Homenaje al Profesor Juan Torres Fontes*, 2vols, Murcia, 1987, vol. 1, pp. 25–39.

Agustí, D., *Los almogávares: la expansión mediterránea de la Corona de Aragón*, Madrid, 2004.

Alemany, J., "Milicias cristianas al servicio de los sultanes del AlMagreb," in *Homenaje a F. Codera*, Zaragoza, 1904, pp. 133–169.

Alijo Hidalgo, F., "Antequera en el siglo XV: el privilegio de homicianos," *Baetica*, 1 (1978), pp. 279–292.

Alijo Hidalgo, F., "Mercedes y privilegios a una plaza fronteriza del siglo XV: Antequera," in *Andalucía Medieval: I Coloquio de Historia de Andalucía*, Córdoba, 1982, pp. 407–419.

Alijo Hidalgo, F., "Privilegios a las plazas fronterizas con el reino de Granada," in *Estudios sobre Málaga y el reino de Granada en el V centenario de su conquista*, Málaga, 1987, pp. 19–35.

Apostolov, M., *The Christian-Muslim Frontier. A Zone of Contact, Conflict or Cooperation*, London, 2004.

Argente del Castillo Ocaña, C., "Los cautivos en la frontera entre Jaén y Granada," in *Actas del IV Coloquio de Historia Medieval Andaluza: relaciones exteriores del Reino de Granada*, Almería, 1988, pp. 211–225.

Argente del Castillo Ocaña, C., "Los aprovechamientos pastoriles en la frontera granadina," in *Andalucía entre Oriente y Occidente (1236–1492): actas del V coloquio internacional de Historia Medieval de Andalucía*, Córdoba, 1988, pp. 271–280.

Argente del Castillo Ocaña, C., "La utilización pecuaria de los baldíos andaluces. Siglos XIII–XIV," *Anuario de Estudios Medievales*, 20 (1990), pp. 437–466.

Argente del Castillo Ocaña, C., *La ganadería medieval andaluza: siglos XIII–XVI. Reinos de*

Jaén y Córdoba, Jaén, 1991.

Argente del Castillo Ocaña, C., "Las actividades agropecuarias en la frontera," in *II Estudios de Frontera. Actividad y vida en la frontera*, Jaén, 1998, pp. 73–99.

Argente del Castillo Ocaña, C., "Cautiverio y martirio de doncellas en la frontera," in *IV Estudios de Frontera. Historia, tradiciones y leyendas en la frontera*, Jaén, 2002, pp. 36–57.

Argente del Castillo Ocaña, C., "Factores condicionantes del sistema defensivo fronterizo en el Reino de Jaén," in *V Estudios de Frontera. Funciones de la red castral fronteriza*, Jaén, 2004, pp. 37–55.

Arribas Palau, M., *Las treguas entre Castilla y Granada firmadas por Fernando I de Aragón*, Tetuán, 1956.

Ayala Martínez, C. de, "Las órdenes militares castellano-leonesas y la acción de frontera en el siglo XIII," in *Identidad y representación de la frontera en la España medieval* (*siglos XI–XIV*), Madrid, 2001, pp. 123–157.

Ayala Martínez, C. de, "Presencia y protagonismo de las Órdenes Militares castellano-leonesas en la frontera (ss. XIII–XIV)," in *Hacedores de Frontera. Estudios sobre el contexto social de la Frontera en la España medieval*, Madrid, 2009, pp. 161–178.

Barbero, A., and M. Vigil, *Sobre los orígenes sociales de la Reconquista*, Barcelona, 1974.

Barkai, R., *Cristianos y musulmanes en la España medieval: el enemigo en el espejo*, Madrid, 1984.

Barrio Barrio, J. A., "Las élites políticas urbanas en la Gobernación de Orihuela. Los sistemas de creación, acceso y reproducción del grupo dirigente en un territorio fronterizo," *Anuario de Estudios Medievales*, 32–2 (2002), pp. 777–808.

Bartlett, R., and A. MacKay eds., *Medieval Frontier Societies*, Oxford, 1989.

Barton, S., "From Mercenary to Crusader: the Career of Álvar Pérez de Castro (D.1239) Re-examined," in *Church, State, Vellum, and Stone. Essays on Medieval Spain in Honor of John Williams*, Leiden, 2005, pp. 111–129.

Barton, S., "Islam and the West: A View from Twelfth-Century León," in *Cross, Crescent and Conversion. Studies on Medieval Spain and Christendom in Memory of Richard Fletcher*, Leiden, 2008, pp. 153–174.

Bazzana, A., "El concepto de frontera en el mediterráneo occidental en la Edad Media," in *Actas del Congreso: La Frontera Oriental Nazarí como sujeto histórico* (*s. XIII–XIV*), Almería, 1997, pp. 25–46.

Benavides, A., *Memorias de D. Fernando IV de Castilla*, 2vols, Madrid, 1860.

Benito Ruano, E., "Granada o Constantinopla," *Hispania*, 20/79 (1960), pp. 267–314.

Bishko, Ch. J., *Studies in Medieval Spanish Frontier History*, London, 1980.

Bliese, J. R. E., "The Just War as Concept and Motive in the Central Middle Ages," *Medie-*

valia et Humanistica, 17 (1991), pp. 1–26.

Bonilla y Mir, J. A., and E. Toral Peñaranda, *El tratado de Paz de 1481 entre Castilla y Granada*, Jaén, 1982.

Bonnassie, P., *La Catalogne du milieu du Xe á la fin du XIe siècle: croissance et mutations d'une société*, 2vols, Toulouse, 1975–1976.

Bonnassie, P., "Du Rhône à la Galice, genèse et modalités du régime féodal," in *Structures féodales et féodalisme dans l'occident méditerranéen (Xe–XIIe siècles): bilan et perspectives de recherches (école française de Rome, 10–13 octobre 1978)*, Paris, 1980, pp. 17–56.

Boswell, J., *The Royal Treasure: Muslim Communities under the Crown of Aragon in the Fourteenth Century*, New Haven, 1977.

Brodman, J. W., "Community, Identity and the Redemption of Captives: Comparative Perspectives across the Mediterranean," *Anuario de Estudios Medievales*, 36/1 (2006), pp. 241–252.

Bronisch, A. P., *Reconquista y guerra santa: la concepción de la guerra en la España cristiana desde los visigodos hasta comienzos del siglo XII*, Granada, 2006.

Buresi, P., "Nommer, penser les frontières en Espagne aux XIe–XIIIe siècles," in *Identidad y representación de la frontera en la España medieval (siglos XI–XIV)*, Madrid, 2001, pp. 51–74.

Buresi, P., *La frontière entre chrétienté et Islam dans la péninsule Ibérique, du Tage à la Sierra Morena (fin XIe – milieu XIIIe siècle)*, Paris, 2004.

Burns, R. I., "How to End a Crusade: Techniques for Making Peace in the Thirteenth-Century Kingdom of Valencia," *Military Affairs*, 35 (1971), pp. 142–148.

Burns, R. I., "Le royaume chrétien de Valence et ses vassaux musulmans (1240–1280)," *Annales E.S.C.*, 28 (1973), pp. 199–225.

Burns, R. I., and P. E. Chevedden, *Negotiating Cultures: Bilingual Surrender Treaties in Muslim-Crusader Spain under James the Conqueror*, Leiden, 1999.

Cabezuelo Pliego, J. V., "El negocio del rapto en la frontera de Orihuela a principios del siglo IV," *Miscelánea Medieval Murciana*, 21–22 (1997–1998), pp. 43–58.

Cabrera Muñoz, E., "The Medieval Origins of the Great Landed Estates of the Guadalquivir Valley," *The Economic History Review*, 42–4 (1989), pp. 465–483.

Cabrera Muñoz, E., "De nuevo sobre cautivos cristianos en el Reino de Granada," *Meridies*, 3 (1996), pp. 137–160.

Cabrera Muñoz, E., "La señorialización de Andalucía en el siglo XIII y los orígenes de la primera casa de Aguilar," *Historia, Instituciones, Documentos*, 31 (2004), pp. 69–96.

Cabrera Muñoz, E., "La extinción de un linaje señorial en el siglo XIV. La primitiva Casa de

Aguilar," *Meridies*, 7 (2005), pp. 139–200.

Cagigas, I. de las, "Problemas de minoría y el caso de nuestro medievo," *Hispania*, 40 (1950), pp. 506–538.

Canellas, A., "Aragón y la empresa del Estrecho en el siglo XIV. Nuevos documentos del Archivo Municipal de Zaragoza," *Estudios de Edad Media de la Corona de Aragón*, 2 (1946), pp. 7–73.

Carmona Ruiz, M. A., *La ganadería en el reino de Sevilla durante la Baja Edad Media*, Sevilla, 1998.

Carmona Ruiz, M. A., "Ganadería y frontera: los aprovechamientos pastoriles en la frontera entre los reinos de Sevilla y Granada. Siglos XIII al XV," *En la España Medieval*, 32 (2009), pp. 249–272.

Carriazo Rubio, J. L., "Imagen y realidad de la frontera en la Historia de los Hechos del Marqués de Cádiz," in *II Estudios de Frontera. Actividad y vida en la frontera*, Jaén, 1998, pp. 179–190.

Carriazo Rubio, J. L., "Los Ponce de León, señores de moros," in *III Estudios de Frontera. Convivencia, defensa y comunicación en la frontera*, Jaén, 2000, pp. 185–201.

Carriazo Rubio, J. L., "Dos siglos de estudios sobre los Ponce de León. Historiografía de un linaje medieval," *Historia, Instituciones, Documentos*, 29 (2002), pp. 9–30.

Carriazo Rubio, J. L., *La Casa de Arcos entre Sevilla y la frontera de Granada (1374–1474)*, Sevilla, 2003.

Carriazo y Arroquia, J. de M., "Las treguas con Granada de 1475 y 1478," *Al-Andalus*, 19 (1954), pp. 317–367.

Carriazo y Arroquia, J. de M., "Un alcalde entre los cristianos y los moros en la frontera de Granada," in *En la frontera de Granada: Edición facsímil*, Granada, 2002, pp. 85–142.

Carriazo y Arroquia, J. de M., "Relaciones fronterizas entre Jaén y Granada: el año 1479," in *En la frontera de Granada: Edición facsímil*, Granada, 2002, pp. 237–264.

Carriazo y Arroquia, J. de M., "Los moros de Granada en las Actas del concejo de Jaén de 1479," in *En la frontera de Granada: Edición facsímil*, Granada, 2002, pp. 265–310.

Castrillo, R., "Una carta granadina en el monasterio de Guadalupe," *Al-Andalus*, 26–2 (1961), pp. 389–396.

Catlos, B. A., " 'Mahomet Abenadalill': a Muslim Mercenary in the Service of the Kings of Aragon (1290–1291)", in *Jews, Muslims and Christians in and around the Crown of Aragon: Essays in Honour of Professor Elena Lourie*, J. H. Harvey ed., Leiden, 2004, pp. 257–302.

Catlos, B. A., *The Victors and the Vanquished, Christian and Muslims of Catalonia and Aragon, 1050–1300*, Cambridge, 2004.

Chalmeta, P., "El concepto de tagr," in *La Marche supérieure d'al-Andalus et l'occident chrétien*, Madrid, 1991, pp. 15–28.

Christys, A., "Crossing the Frontier of Ninth-Century Hispania," in *Medieval Frontiers: Concepts and Practices*, Burlington, 2002, pp. 35–53.

Cipollone, G., "Esclavitud y liberación en la frontera," in *I Estudios de Frontera. Alcalá la Real y el Arcipreste de Hita*, Jaén, 1996, pp. 59–97.

Cipollone, G., "La frontera entre los creyentes y el 'pasaporte' por servicio humanitario de los 'Trinitarios' redentores (1199)," in *Actas del Congreso: La Frontera Oriental Nazarí como sujeto histórico (ss. XIII–XIV)*, Almería, 1997, pp. 117–136.

Cipollone, G., ed., *La liberazione 'captivi' tra cristianità e islam oltre la cruciata e il gihad: toleranza e servizio umanitario*, Città del Vaticano, 2000.

Collantes de Terán Sánchez, A., "Los señoríos andaluces. Análisis de su evolución territorial en la Edad Media," *Historia, Instituciones, Documentos*, 6 (1979), pp. 89–112.

Collantes de Terán Sánchez, A., "Evolución demográfica de la Andalucía bética (siglos XIII–XV)," in *Andalucía Medieval. Actas del I Coloquio de Historia Medieval de Andalucía*, Córdoba, 1982, pp. 21–33.

Constable, O. R., *Comercio y Comerciantes en la España musulmana: la reordenación comercial de la Península Ibérica del 900 al 1500*, Barcelona, 1997.

Constable, O. R., "Regulating Religious Noise: The Council of Vienne, the Mosque Call and Muslim Pilgrimage in the Late Medieval Mediterranean World," *Medieval Encounters*, 16 (2010), pp. 64–95.

Córdoba de la Llave, R., "El sistema castral fronterizo en la provincia de Córdoba," in *V Estudios de Frontera. Funciones de la red castral fronteriza*, Jaén, 2004, pp. 109–124.

Cruces Blanco, E., "Catálogo de documentos sobre Andalucía en el Archivo de la Casa Ducal de Alba (1335–1521)," *Historia, Instituciones, Documentos*, 23 (1996), pp. 255–282.

Dufourcq, Ch. E., "Chrétiens et musulmans durant les derniers siècles du Moyen Âge," *Anuario de Estudios Medievales*, 10 (1980), pp. 207–225.

Echevarría Arsuaga, A., *The Fortress of Faith: the Attitude towards Muslims in Fifteenth Century Spain*, Leiden, 1999.

Echevarría Arsuaga, A., "Los mudéjares de los reinos de Castilla y Portugal," *Revista d'Història Medieval*, 12 (2001–2002), pp. 31–46.

Echevarría Arsuaga, A., *La minoría islámica de los reinos cristianos medievales*, Málaga, 2004.

Echevarría Arsuaga, A., "Enrique IV de Castilla, un rey cruzado," *Espacio, Tiempo y For-*

ma, Serie III, Historia Medieval, 17 (2004), pp. 143–156.

Echevarría Arsuaga, A., "Abencerrajes, nazaríes y las fortalezas de la frontera granadina," in *V Estudios de Frontera. Funciones de la red castral fronteriza*, Jaén, 2004, pp. 147–160.

Echevarría Arsuaga, A., *Caballeros en la frontera: la guardia morisca de los reyes de Castilla (1410–1467)*, Madrid, 2006.

Echevarría Arsuaga, A., "La 'mayoría' mudéjar en León y Castilla: legitimación real y distribución de la población (siglos XI–XIII)," *En la España Medieval*, 29 (2006), pp. 7–30.

Escalona, R., *Historia del real monasterio de Sahagún: sacada de la que dexó escrita el Padre Mártir Fr. Joseph Pérez*, Madrid, 1782 (Edición facsímil: León, 1982).

Estow, C., "War and peace in medieval Iberia: Castilian-Granadan relations in the mid-fourteenth century," in *The Hundred Years War. A Wider Focus*, Leiden, 2005, pp. 151–175.

Fernández-Armesto, F., "The Survival of a Notion of Reconquista in Late Tenth and Eleventh-Century León," in *Warriors and Churchmen in the High Middle Ages. Essays presented to Karl Leyser*, London, 1992, pp. 123–143.

Fernández Arriba, E. A., "Un aspecto de las relaciones comerciales entre Castilla y Granada: 'el diezmo y medio diezmo de lo morisco' en la segunda mitad del siglo XV," *Historia, Instituciones, Documentos*, 13 (1986), pp. 41–62.

Fernández Gallardo, L., "Guerra santa y cruzada en el ciclo cronístico de Alfonso XI," *En la España Medieval*, 33 (2010), pp. 43–74.

Fernández y González, F., *Estado social y político de los mudéjares de Castilla, considerados en sí mismos y respecto de la civilización española*, Madrid, 1866.

Ferreiro, A., "The Siege of Barbastro 1064–65: A Reassessment," *Journal of Medieval History*, 9–2 (1983), pp. 129–144.

Flannery, J., "The Trinitarian Order and the Ransom of Christian Captives," *Al-Masaq*, 23–2 (2011), pp. 135–144.

Fletcher, R., "Reconquest and Crusade in Spain, c.1050–1150," *Transactions of the Royal Historical Society*, 5th series 37 (1987), pp. 31–48.

Flori, J., *Guerre sainte, jihad, croisade: violence et religion dans le christianisme et l'islam*, Paris, 2002.

France, J., "Siege Conventions in Western Europe and the Latin East," in *War and Peace in Ancient and Medieval History*, Cambridge, 2008, pp. 158–172.

Galán Sánchez, A., "Cristianos y musulmanes en el reino de Granada: las prácticas de negociación a través de un reexamen de las capitulaciones de la rendición y de la

conversión," in *Negociar en la Edad Media*, Barcelona, 2005, pp. 441–472.

Galán Tendero, V. M., "Incidencia de una incursión nazarí en el sur del reino de Valencia a finales del siglo XIV," in *Actas del Congreso: La Frontera Oriental Nazarí como sujeto histórico (siglos XIII–XVI)*, Almería, 1997, pp. 145–154.

García Antón, J., "La tolerancia religiosa en la frontera de Murcia y Granada en los tiempos últimos del reino Nazarí," *Murgetana*, 57 (1980), pp. 133–143.

García Antón, J., "Cautiverios, canjes y rescates en la frontera entre Lorca y Vera en los últimos tiempos nazaríes," in *Homenaje al Profesor Juan Torres Fontes*, 2vols, Murcia, 1987, vol. 1, pp. 547–559.

García Arias, L., "El concepto de guerra y la denominada 'guerra fría'," in *La guerra moderna y la organización internacional*, Madrid, 1962, pp. 91–136.

García de Cortázar, J. A., "De una sociedad de frontera (el valle del Duero en el siglo X) a una frontera entre sociedades (el valle del Tajo en el s. XII)," in *Las sociedades de frontera en la España medieval. Aragón en la Edad Media: sesiones de trabajo / II Seminario de Historia Medieval*, Zaragoza, 1993, pp. 51–68.

García Diaz, I., "La política caballeresca de Alfonso XI," *Miscelánea Medieval Murciana*, 11 (1984), pp. 117–133.

García Díaz, I., "La frontera murciano-granadina a fines del siglo XIV," *Murgetana*, 79 (1989), pp. 23–35.

García Fernández, M., "La carta puebla del castillo de Cote: estudio y edición," *Archivo Hispalense*, 214 (1987), pp. 57–67.

García Fernández, M., "La alfaquequería mayor de Castilla en Andalucía a fines de la Edad Media," in *Estudios sobre Málaga y el reino de Granada en el V centenario de su conquista*, Málaga, 1987, pp. 37–54.

García Fernández, M., "Regesto documental andaluz de Alfonso XI (1312–1350)," *Historia, Instituciones, Documentos*, 15 (1988), pp. 1–125.

García Fernández, M., *El reino de Sevilla en tiempos de Alfonso XI (1312–1350)*, Sevilla, 1989.

García Fernández, M., *Andalucía: guerra y frontera. 1312–1350*, Sevilla, 1990.

García Fernández, M., "Población y poblamiento en la Banda Morisca (siglos XIII–XV)," in *La Campiña sevillana y la frontera de Granada (Siglos XIII–XV): estudios sobre poblaciones de la Banda Morisca*, Sevilla, 2005, pp. 49–65.

García Fernández, M., "La organización social del espacio en la frontera. Écija en tiempos de AlfonsoXI (1312–1350)," in *La Campiña sevillana y la frontera de Granada (siglos XIII–XV): estudios sobre poblaciones de la Banda Morisca*, Sevilla, 2005, pp. 303–313.

García Fitz, F., "Los acontecimientos político-militares de la frontera en el último cuartodel

siglo XIII," *Revista de Historia Militar*, 64 (1988), pp. 7–91.

García Fitz, F., "La conquista de Andalucía en la cronística castellana del siglo XIII: las mentalidades historiográficas en los relatos de la conquista," in *Andalucía entre Oriente y Occidente (1236–1492): Actas del V Coloquio Internacional de Historia Medieval de Andalucía*, Córdoba, 1988, pp. 51–61.

García Fitz, F., "Alfonso X, el reino de Granada y los Banū Ašqīlūla. Estrategias políticas de disolución durante la segunda mitad del siglo XIII," *Anuario de Estudios Medievales*, 27/1 (1997), pp. 215–237.

García Fitz, F., *Castilla y León frente al Islam. Estrategias de expansión y tácticas militares (siglos XI–XIII)*, Sevilla, 1998.

García Fitz, F., "Una frontera caliente. La guerra en las fronteras castellano-musulmanas (siglos XI–XIII)," in *Identidad y representación de la frontera en la España medieval (siglos XI–XIV)*, Madrid, 2001, pp. 159–179.

García Fitz, F., *Relaciones políticas y guerra. La experiencia castellano-leonesa frente al Islam. Siglos XI–XIII*, Sevilla, 2002.

García Fitz, F., *La Edad Media. Guerra e ideología. Justificaciones religiosas y jurídicas*, Madrid, 2003.

García Fitz, F., "Guerra y fortificaciones en la Plena Edad Media peninsular: una reflexión en torno a la existencia y funcionalidad bélica de los 'sistemas defensivos'," in *V Estudios de Frontera. Funciones de la red castral fronteriza*, Jaén, 2004, pp. 223–242.

García Guzmán, M. del M., "Un cuadernillo de cuentas del concejo de Cazorla (1427–1428)," *Anales de la Universidad de Cádiz*, 2 (1985), pp. 159–174.

García Pardo, M., "La redención de cautivos: una muestra de la religiosidad popular medieval en Úbeda," in *V Estudios de Frontera. Funciones de la red castral fronteriza*, Jaén, 2004, pp. 275–287.

García Sanjuán, A., "Del pacto de Jaén a la sublevación mudéjar (1246–1264): nuevos puntos de vista," in *Historia de Andalucía*, Barcelona, 2006, pp. 220–227.

Garrido Aguilera, J. C., "Relaciones fronterizas con el reino de Granada en las Capitulares del Archivo Histórico Municipal de Jaén," in *Actas del IV Coloquio de Historia Medieval Andaluza: relaciones exteriores del Reino de Granada*, Almería, 1988, pp. 161–172.

Gaspar y Remiro, M., "Correspondencia diplomática entre Granada y Fez (siglo XIV)," *Revista del Centro de Estudios Históricos de Granada y su Reino*, 1ª serie- 4 (1914), pp. 285–365.

Giménez Soler, A., *La Corona de Aragón y Granada: historia de relaciones entre ambos reinos*, Barcelona, 1908.

Glick, T. F., and O. Pi-Sunyer, "Acculturation as an Explanatory Concept in Spanish

History," *Comparative Studies in Society and History*, 11 (1969), pp. 136–154.

González Arce, J. D., "El almojarifazgo como derecho de frontera," in *II Estudios de Frontera. Actividad y vida en la frontera*, Jaén, 1998, pp. 323–332.

González Cavero, I., "Una revisión de la figura de Ibn Mardanish. Su alianza con el reino de Castilla y la oposición frente a los almohades," *Miscelánea Medieval Murciana*, 31 (2007), pp. 95–110.

González González, J., "Las conquistas de Fernando III en Andalucía," *Hispania*, 25 (1946), pp. 515–631.

González González, J., *El reino de Castilla en la época de Alfonso VIII*, 3vols, Madrid, 1960.

González González, J., *Repoblación de Castilla la Nueva*, 2vols, Madrid, 1975–1976.

González González, J., *Repartimiento de Sevilla, introducción por M. González Jiménez*, 2vols, Sevilla, 1998.

González Jiménez, M., "Guzmán el Bueno y su tiempo," *Annales de la Faculté de Lettres et Sciences Humaines de Nice*, 46 (1983), pp. 237–245.

González Jiménez, M., "Privilegios de los maestres de Alcántara a Morón de la Frontera," *Archivo Hispalense*, 214 (1987), pp. 3–46.

González Jiménez, M., *En torno a los orígenes de Andalucía*, Sevilla, 2ed., 1988.

González Jiménez, M., "Relaciones de las Órdenes Militares castellanas con la Corona (siglos XIII–XV)," *Historia, Instituciones, Documentos*, 18 (1991), pp. 209–222.

González Jiménez, M., "De la expansión a la crisis: la sociedad andaluza entre 1225 y 1350," in *I Estudios de Frontera, Alcalá la Real y el Arcipreste de Hita*, Jaén, 1996, pp. 211–238.

González Jiménez, M., "Relación general: la frontera oriental nazarí," in *Actas del Congreso: La Frontera Oriental Nazarí como sujeto histórico (siglos XIII–XVI)*, Almería, 1997, pp. 673–678.

González Jiménez, M., "Andalucía a debate," in *Andalucía a debate*, Sevilla, 2ed., 1998, pp. 13–67.

González Jiménez, M., *La repoblación de la zona de Sevilla durante el siglo XIV*, Sevilla, 3ed., 2001.

González Jiménez, M., "Peace and War on the Frontier of Granada. Jaén and the Truce of 1476," in *Medieval Spain: Culture, Conflict and Coexistence, Studies in honor of Angus Mackay*, New-York, 2002, pp. 160–175.

González Jiménez, M., *Alfonso X el Sabio*, Barcelona, 2004.

González Jiménez, M., *Fernando III el Santo*, Sevilla, 2006.

González Jiménez, M., *La repoblación del reino de Sevilla en el siglo XIII*, Granada, 2008.

Goñi Gaztambide, J., *Historia de la bula de Cruzada en España*, Vitoria, 1958.

Gozalbes Busto, G., "Redenciones mercedarias en la frontera granadina en el siglo XV," in *I Estudios de Frontera. Alcalá la Real y el Arcipreste de Hita*, Jaén, 1996, pp. 239–247.

Granja Santamaría, F. de la, "Un arabismo inédito: Almayar/almayal," *Al-Andalus*, 38 (1973), pp. 483–490.

Grassotti, H., "Para la historia del botín y de las parias en León y Castilla," *Cuadernos de historia de España*, 39–40 (1964), pp. 43–132.

Gual Camarena, M., "Los mudéjares valencianos en la época del Magnánimo," in *IV Congreso de Historia de la Corona de Aragón*, Palma de Mallorca, 1959, vol. 1, pp. 467–494

Guichard, P., *Al-Andalus frente a la conquista cristiana: los musulmanes de Valencia (siglos XI–XIII)*, Valencia, 2001.

Halperin, Ch. J., "The Ideology of Silence: Prejudice and Pragmatism on the Medieval Religious Frontier," *Comparative Studies in Society and History*, 26 (1984), pp. 442–466.

Hinojosa Montalvo, J., "Cristianos, mudéjares y granadinos en la gobernación de Orihuela," in *Actas del IV Coloquio de Historia Medieval Andaluza: relaciones exteriores del Reino de Granada*, Almería, 1988, pp. 323–342.

Holmes, C., "Treaties between Byzantium and the Islamic World," in *War and Peace in Ancient and Medieval History*, Cambridge, 2008, pp. 141–157.

Huici Miranda, A., *Las grandes batallas de la Reconquista durante las invasiones africanas, Ed. facsímil*, Granada, 2000.

Jiménez Alcázar, J. F., "Control y poder territorial: las ambiciones fronterizas en el reino de Murcia de D. Juan Pacheco, marqués de Villena," in *V Estudios de Frontera. Funciones de la red castral fronteriza*, Jaén, 2004, pp. 363–372.

Juan Lovera, C., "Alcalá la Real: puerta a Granada de Castilla," *Boletín del Instituto de Estudios Giennenses*, 91, (1977), pp. 9–45.

Juan Lovera, C., "Alcalá la Real: la mejor puerta de Granada a Castilla," in *Actas del I Congreso de Historia de Andalucía, diciembre de 1976, Córdoba, 1978, Andalucía medieval*, vol. 1, pp. 325–332.

Kehr, P., "Cómo y cuándo se hizo Aragón feudatario de la Santa Sede?," *Estudios de la Edad Media de la Corona de Aragón*, 1 (1945), pp. 285–326.

Kehr, P., "El papado y los reinos de Navarra y Aragón hasta mediados del siglo XII," *Estudios de la Edad Media de la Corona de Aragón*, 2 (1946), pp. 74–186.

Kennedy, H., *Muslim Spain and Portugal: a Political History of al-Andalus*, London,1996.

Kennedy, H., "Byzantine-Arab Diplomacy in the Near East from the Islamic Conquests to the Mid Eleventh Century," in *Arab-Byzantine Relations in Early Islamic Times*, Aldershot, 2004, pp. 81–91.

Koningsveld, P. S. van, and G. A. Wiegers, "An Appeal of the Moriscos to The Mamluk Sultan," *Al-Qantara: Revista de Estudios Árabes*, 20–1 (1999), pp. 161–189.

Labarta, A., "Cartas árabes malagueñas," *Anuario de Estudios Medievales*, 19 (1989), pp. 611–625.

Lacarra, J. M., "Dos tratados de paz y alianza entre Sancho el de Peñalén y Moctádir de Zaragoza (1069 y 1073)," in *Colonización, parias, repoblación y otros estudios*, Zaragoza, 1981, pp. 79–94.

Ladero Quesada, M. A., "La esclavitud por guerras a fines del siglo XV. El caso de Málaga," *Hispania*, 27/105 (1967), pp. 63–88.

Ladero Quesada, M. A., "Almojarifazgo sevillano y comercio exterior de Andalucía en el siglo XV," *Anuario de Historia Económica y Social*, 2 (1969), pp. 69–116.

Ladero Quesada, M. A., *Andalucía en el siglo XV. Estudios de historia política*, Madrid, 1973.

Ladero Quesada, M. A., and M. González Jiménez, "La población en la frontera de Gibraltar y el repartimiento de Vejer (siglos XIII y XIV)," *Historia, Instituciones, Documentos*, 4 (1977), pp. 199–316.

Ladero Quesada, M. A., "La investigación histórica sobre la Andalucía medieval en los últimos veinticinco años (1951–1976)," in *Actas del I Congreso de Historia de Andalucía, diciembre de 1976, Córdoba, 1978, Andalucía Medieval*, vol. 1, pp. 217–250.

Ladero Quesada, M. A., "De Per Afán a Catalina de Ribera. Siglo y medio en la historia de un linaje sevillano (1371–1514)," *En la España Medieval*, 4 (1984), pp. 447–497.

Ladero Quesada, M. A., *Granada. Historia de un país islámico (1232–1571). Tercera edición revisada*, Madrid, 1989.

Ladero Quesada, M. A., "Sociedad feudal y señoríos en Andalucía," in *En torno al feudalismo hispánico*, Ávila, 1989, pp. 435–460.

Ladero Quesada, M. A., *Castilla y la conquista del reino de Granada*, Granada, 1993.

Ladero Quesada, M. A., *Los señores de Andalucía: investigaciones sobre nobles y señoríos en los siglos XIII a XV*, Cádiz, 1998.

Ladero Quesada, M. A., "Una biografía caballeresca del siglo XV. La Coronica del yllustre y muy magnifico cauallero don Alonso Perez de Guzman el Bueno," *En la España Medieval*, 22 (1999), pp. 247–283.

Ladero Quesada, M. A., "La guerra del Estrecho," in *XXXI Semana de Estudios Medievales. Guerra y Diplomacia en la Europa Occidental 1280–1480*, Pamplona, 2005, pp. 255–293.

Lafuente, E., *Relaciones de algunos sucesos de los últimos tiempos del reino de Granada*, Madrid, 1868.

Lambton, A. K. S., *State and Government in Medieval Islam*, Oxford, 1981.

Lewis, A. R., "The Closing of the Medieval Frontier, 1250–1350," *Speculum*, 33 (1958), pp. 475–483.

Linehan, P., *History and the Historians of Medieval Spain*, Oxford, 1993.

López Dapena, A., "Cautiverio y rescate de don Juan Manrique, capitán de la frontera castellana (1456–1457)," *Cuadernos de Estudios Medievales*, 12–13 (1984), pp. 243–253.

López de Coca Castañer, J. E., "De nuevo sobre el romance 'Río Verde, Río Verde' y su historicidad," in *Andalucía Medieval: I Coloquio de Historia de Andalucía*, Córdoba, 1982, pp. 11–19.

López de Coca Castañer, J. E., "Los mudéjares valencianos y el reino nazarí de Granada. Propuestas para una investigación," *En la España Medieval*, 2 (1982), pp. 643–666.

López de Coca Castañer, J. E., "Acerca de las relaciones diplomáticas castellano-granadinas en la primera mitad del siglo XV," *Revista del Centro de Estudios Históricos de Granada y su Reino*, 12 (1998), pp. 11–32.

López de Coca Castañer, J. E., "Sobre las relaciones de Portugal con el Reino de Granada (1369–1415)," *Meridies*, 5–6 (2002), pp. 205–210.

López de Coca Castañer, J. E., "Fernando Álvarez de Toledo, capitán de la frontera de Jaén (1434–1437)," *Anuario de Estudios Medievales*, 33–2 (2003), pp. 643–666.

López de Coca Castañer, J. E., "El reino de Granada. ¿un vasallo musulmán?," in *Fundamentos medievales de los particularismos hispánicos*, Ávila, 2005, pp. 313–346.

López de Coca Castañer, J. E., "Mamelucos, otomanos y caída del reino de Granada," *En la España Medieval*, 28 (2005), 229–258.

López de Coca Castañer, J. E., "La pérdida de Algeciras y su posterior abandono," in *Castilla y el mundo feudal. Homenaje al profesor Julio Valdeón*, 3vols, Valladolid, 2009, vol. 2, pp. 87–100.

López de Coca Castañer, J. E., "La frontera de Granada (siglos XIII–XV): el comercio con los infieles," in *Cristianos y musulmanes en la Península Ibérica: la guerra, la frontera y la convivencia*, Ávila, 2009, pp. 367–392.

Lourie, E., "A Society Organized for War: Medieval Spain," *Past and Present*, 35 (1966), pp. 54–76.

MacKay, A., "The Ballad and the Frontier in Late Mediaeval Spain," *Bulletin of Hispanic Studies*, 53 (1976), pp. 15–33.

MacKay, A., *Spain in the Middle Ages: From Frontier to Empire, 1000–1500*, London, 1977.

MacKay, A., and M. Benaboud, "Alfonso VI of León and Castile, 'al-Imbratūr dhū-l-Millatayn'," *Bulletin of Hispanic Studies*, 56 (1979), pp. 95–102.

MacKay, A., and M. Benaboud, "Yet again Alfonso VI, 'the Emperor, Lord of [the Adherents of] the Two Faiths, the Most Excellent Ruler': A Rejoinder to Norman Roth," *Bulletin of Hispanic Studies*, 61 (1984), pp. 171–181.

Maíllo Salgado, F., "La guerra santa según el derecho mâliki. Su preceptiva. Su influencia en el derecho de las comunidades cristianas del medievo hispano," *Studia Histórica. Historia Medieval*, 1 (1983), pp. 29–66.

Maíllo Salgado, F., "Función y cometido de los adalides a la luz de textos árabes y romances: contricución al estudio del medioevo español y al de su léxico," in *Actas del IV Congreso Internacional Encuentro de las Tres Culturas*, Toledo, 1988, pp. 112–128.

Maíllo Salgado, F., *¿Por qué desapareció al-Andalus ?*, Buenos Aires, 1997.

Manzano Moreno, E., *La frontera de al-Andalus en época de los Omeyas*, Madrid, 1991.

Manzano Moreno, E., "The Creation of a Medieval Frontier, Islam and Christianity in the Iberian Peninsula, Eighth to Eleventh Centuries," in *Frontiers in Question, Eurasian Borderlands 700–1700*, New-York, 1999, pp. 32–54.

Manzano Rodríguez, M. A., *La intervención de los benimerines en la Península Ibérica*, Madrid, 1992.

Marín Ramírez, J. A., and M. Marcos Aldón, "La embajada de Diego Fernández de Zurita al sultán Muhammad IX de Granada," *Al-Andalus Magreb: Estudios árabes e islámicos*, 5 (1997), pp. 61–74.

Martín Martín, J. L., "II Estudios de Frontera. Aportaciones," in *II Estudios de Frontera. Actividad y vida en la frontera*, Jaén, 1998, pp. 21–37.

Martínez Carrillo, M. L., *Manueles y Fajardos. La crisis bajomedieval en Murcia*, Murcia, 1985.

Martínez Carrillo, M. L., "Rescate de cautivos-comercio de esclavos (Murcia siglos XIV–XV)," *Estudios de Historia de España*, 2 (1989), pp. 35–64.

Martínez Martínez, M., "La cabalgada: un medio de vida en la frontera murciano-granadina (siglo XIII)," *Miscelánea Medieval Murciana*, 13 (1986), pp. 49–62.

Martínez San Pedro, M. D., "El Fuero de las Cabalgadas," in *III Estudios de Frontera. Convivencia, defensa y comunicación en la frontera*, Jaén, 2000, pp. 461–474.

Martín Rodríguez, J. L., "Reconquista y cruzada," *Studia Zamorensia*, 8 (1996), pp. 215–241.

Menéndez Pidal, R., *La España del Cid*, 2vols, 7ed., Madrid, 1969.

Menjot, D., "Le poids de la guerre dans l'économie murcienne, l'exemple de la campagne de 1407–1408," *Miscelánea Medieval Murciana*, 2 (1976), pp. 36–69.

Menjot, D., "La contrabande dans la marche frontière murcienne au bas Moyen Âge," in *Homenaje al Profesor Juan Torres Fontes*, 2vols, Murcia, 1987, vol. 2, pp. 1073–1083.

Meyerson, M. D., *The Muslims of Valencia in the Age of Fernando and Isabel: Between Coexistence and Crusade*, Berkeley, 1991.

Mínguez Fernández, J. M., "Ruptura social e implantación del feudalismo en el noroeste peninsular (siglos VIII–X)," *Studia Histórica. Historia Medieval*, 3 (1985), pp. 7–32.

Mínguez Fernández, J. M., *La España de los siglos VI al XIII, guerra, expansión y transformaciones: en busca de una frágil unidad*, San Sebastián, 2ed., 2004.

Mínguez Fernández, J. M., *La Reconquista*, Madrid, 2005.

Mitre Fernández, E., "De la toma de Algeciras a la campaña de Antequera (un capítulo de los contactos diplomáticos y militares entre Castilla y Granada)," *Hispania*, 32 (1972), pp. 77–122.

Mitre Fernández, E., "La frontière de Grenade aux environs de 1400," *Le Moyen Âge*, 3–4 (1972), pp. 489–522.

Mitre Fernández, E., "Reflexiones sobre noción de frontera tras la conquista de Toledo (1085): fronteras reales y fronteras mentales," *Cuadernos de Historia de España*, 69 (1987), pp. 197–215.

Montes Romero-Camacho, I., "Un gran concejo andaluz ante la guerra de Granada: Sevilla en tiempos de Enrique IV (1454–1474)," *En la España Medieval*, 5 (1984), pp. 595–651.

Montes Romero-Camacho, I., "Algunos datos sobre las relaciones de Castilla con el Norte de África: Sevilla y Berbería durante el reinado de Enrique IV (1454–1474)," *Estudios de Historia y de Arqueología Medievales*, 5–6 (1985–1986), pp. 239–256.

Montes Romero-Camacho, I., "Las instituciones de la "saca" en la Sevilla del siglo XV. Aproximación al estudio de la organización institucional del comercio exterior de la Corona de Castilla al final de la Edad Media," *Historia, Instituciones, Documentos*, 31 (2004), pp. 417–436.

Mood, F., "Note on the History of the Word 'Frontier'," *Agricultural History*, 22 (1948), pp. 78–83.

Moore, R. I., *The Formation of a Persecuting Society: Power and Deviance in Western Europe 950–1250*, Oxford, 1987.

Moxó, S. de, "De la nobleza vieja a la nobleza nueva. La transformación nobiliaria castellana en la Baja Edad Media," *Cuadernos de Historia. Anexos de la revista "Hispania"* 3 (1969), pp. 1–210.

Nirenberg, D., *Communities of Violence: Persecution of Minorities in the Middle Ages*, Princeton, 1996.

Novicoff, A., "Between Tolerance and Intolerance in Medieval Spain: an Historiographic Enigma," *Medieval Encounters*, 11 (2005), pp. 7–36.

O'Callaghan, J. F., "Don Pedro Girón, Master of the Order of Calatrava, 1445–1466," *Hispania*, 21/83 (1961), pp. 342–390.

O'Callaghan, J. F., *Reconquest and Crusade in Medieval Spain*, Philadelphia, 2003.

Paniagua Lourtau, A. B., "Consideraciones sobre la imagen de los musulmanes en la Gran Crónica de Alfonso XI," in *IV Estudios de Frontera. Historia, tradiciones y leyendas en la frontera*, Jaen, 2002, pp. 417–429.

Pascua Echegaray, E., *Guerra y pacto en el siglo XII: la consolidación de un sistema de reinos en Europa occidental*, Madrid, 1996.

Pascua Echegaray, E., "Peace among Equals: Kings and Treaties in Twelfth-Century Europe," in *War and Peace in Ancient and Medieval History*, Cambridge, 2008, pp. 193–210.

Paula Cañas, F. de, *El itinerario de la corte de Juan II de Castilla (1418–1454)*, Madrid, 2007.

Peláez Rovira, A., *El reino nazarí de Granada en el siglo XV: dinámica política y fundamentos sociales de un estado andalusí*, Granada, 2009.

Perea Carpio, C., "La frontera concejo de Jaen - Reino de Granada en 1476," *Cuadernos de Estudios Medievales*, 10–11 (1982–1983), pp. 231–238.

Pick, L. K., *Conflict and Coexistence, Archbishop Rodrigo and the Muslims and Jews of Medieval Spain*, Ann Arbor, 2004.

Porras Arboledas, P. A., "El comercio fronterizo entre Andalucía y el reino de Granada a través de sus grávamenes fiscales," *Baetica*, 7 (1984), pp. 245–253.

Porras Arboledas, P. A., "El comercio entre Jaén y Granada en 1480," *Al-Qantara: Revista de Estudios Árabes*, 9:2 (1988), pp. 519–523.

Porras Arboledas, P. A., "El derecho de frontera durante la Baja Edad Media. La regulación de las relaciones fronterizas en tiempo de treguas y de guerra," in *Estudios dedicados a la memoria del Prof. L. M. Díez de Salazar Fernández*, Bilbao, vol. I, 1992, pp. 261–287.

Porras Arboledas, P. A., "Dos casos de erechamiento de cabalgadas (Murcia, 1334–1392)," in *Estudos em homenagem ao professor doutor José Marques*, Oporto, 2006, pp. 261–269.

Powers, J. F., *A Society Organized for War: the Iberian Municipal Militias in the Central Middle Ages, 1000–1284*, Berkeley, 1988.

Quesada Quesada, T., "Huelma 1438–1511. Datos para el estudio de un señorío laico andaluz," *Cuadernos de Estudios Medievales*, 6–7 (1978–1979), pp. 237–267.

Quesada Quesada, T., "Formas de poblamiento en un área rural de al-Andalus: el valle del río Jandulilla (Jaén)," *Arqueología y Territorio Medieval*, 2 (1995), pp. 5–23.

Quintanilla Raso, M. C., "La casa señorial de Benavides en Andalucía," *Historia, Institu-*

ciones, Documentos, 3 (1976), pp. 441–484.

Quintanilla Raso, M. C., *Nobleza y señoríos en el reino de Córdoba. La casa de Aguilar (siglos XIV–XV)*, Córdoba, 1979.

Quintanilla Raso, M. C., "Consideraciones sobre la vida en la frontera de Granada," in *Actas del III Coloquio de Historia Medieval Andaluza. La sociedad medieval andaluza: grupos no privilegiados*, Jaén, 1984, pp. 510–519.

Recuero Astray, M., *Alfonso VII, Emperador: el imperio hispánico en el siglo XII*, León, 1979.

Recuero Astray, M., *Alfonso VII 1126–1157*, Burgos, 2003.

Reilly, B. F., *The Contest of Christian Spain, 1031–1157*, Cambridge, 1992.

Remensnyder, A., "The Colonization of Sacred Architecture: The Virgin Mary, Mosques and Temples in Medieval Spain and Early Sixteenth-Century Mexico," in *Monks and Nuns, Saints and Outcasts: Religion in Medieval Society: Essays in honor of Lester K. Little*, Ithaca, 2000, pp. 189–219.

Remensnyder, A., *La Conquistadora: The Virgin Mary at War and Peace in the Old and New Worlds*, Oxford, 2014.

Richard, B., "L'Islam et les musulmans chez les chroniqueurs castillans du milieu du moyen âge," *Hesperis-Tamuda*, 12 (1971), pp. 107–132.

Ríos Saloma, M. F., "De la Restauración a la Reconquista: la construcción de un mito nacional (Una revisión historiográfica. Siglos XVI–XIX)," *En la España Medieval*, 28 (2005), pp. 379–414.

Ríos Saloma, M. F., *La Reconquista: Una construcción historiográfica (siglos XVI–XIX)*, Madrid, 2011.

Ríos Saloma, M. F., *La Reconquista en la historiografía española contemporánea*, Madrid, 2013.

Rodríguez, G., "La vida cotidiana de los cautivos cristianos en manos de los musulmanes. Península Ibérica-Norte de África, siglos XV y XVI," in *Castilla y el mundo feudal. Homenaje al profesor Julio Valdeón*, 3vols, Valladolid, 2009, vol. 2, pp. 101–114.

Rodríguez Molina, J., "La frontera entre Granada y Jaén: fuente de engrandecimiento para la nobleza (siglo XIV)," in *Actas del IV Coloquio de Historia Medieval Andaluza: relaciones exteriores del Reino de Granada*, Almería, 1988, pp. 237–250.

Rodríguez Molina, J., "Banda territorial común entre Granada y Jaén. Siglo XV," in *Estudios sobre Málaga y el reino de Granada en el V centenario de la conquista*, Málaga, 1988, pp. 113–130.

Rodríguez Molina, J., "Libre determinación religiosa en la frontera de Granada," in *II Estudios de Frontera. Actividad y vida en la frontera*, Jaén, 1998, pp. 693–708.

Rodríguez Molina, J., "Contactos pacíficos en la frontera de Granada," in *I Encuentro de Historia Medieval de Andalucía*, Sevilla, 1999, pp. 19–43.

Rodríguez Molina, J., "Reflexiones sobre el reino de Granada," *Revista d'Història Medieval*, 10 (1999), pp. 312–330.

Rodríguez Molina, J., "Luchas entre señores por la fortaleza de Alcalá la Real," in *V Estudios de Frontera. Funciones de la red castral fronteriza*, Jaén, 2004, pp. 645–664.

Rodríguez Molina, J., *La vida de moros y cristianos en la frontera*, Alcalá la Real, 2007.

Rodríguez Molina, J., "Contactos de nobles musulmanes y cristianos en la frontera de Granada," in *Homenaje a don Antonio Domínguez Ortiz*, 3vols, Granada, 2008, vol. 1, pp. 821–831.

Rojas Gabriel, M., "La señorialización de una marca fronteriza: Arcos, Medina Sidonia y Alcalá de los Gazules en la primera mitad del siglo XV," in *Estudios sobre Málaga y el reino de Granada en el V centenario de su conquista*, Málaga, 1987, pp. 131–152.

Rojas Gabriel, M., "En torno al liderazgo nobiliario en la frontera occidental granadina durante el siglo XV," *Historia, Instituciones, Documentos*, 20 (1993), pp. 499–522.

Rojas Gabriel, M., "La capacidad militar de la nobleza en la frontera con Granada: el ejemplo de don Juan Ponce de León, II conde de Arcos y señor de Marchena," *Historia, Instituciones, Documentos*, 22 (1995), pp. 497–532.

Rojas Gabriel, M., *La frontera entre los reinos de Sevilla y Granada en el siglo XV (1390–1481)*, Cádiz, 1995.

Rojas Gabriel, M., and D. M. Pérez Castañera, "Aproximación a almogávares y almogavarías en la frontera con Granada," in *I Estudios de Frontera, Alcalá la Real y el Arcipreste de Hita*, Jaén, 1996, pp. 569–582.

Rojas Gabriel, M., "Nuevas técnicas ¿viejas ideas? Revolución Militar, pirobalística y operaciones de expugnación castral castellanas en las guerras contra Granada (c.1325-c.1410)," *Meridies*, 4 (1997), pp. 31–56.

Rojas Gabriel, M., D. M. Pérez Castañera and F. García Fitz, "Operatividad castral granadina en la frontera occidental durante el siglo XV," in *I Congreso Internacional "Fortificaciones en al-Andalus"*, Algeciras, 1998, pp. 281–294.

Rojas Gabriel, M., "Funcionalidad bélica de las fortificaciones castellanas en la frontera occidental con Granada [c.1350-c.1481]," in *La fortaleza medieval. Realidad y símbolo*, Alicante, 1998, pp. 47–74.

Rojas Gabriel, M., "La frontera castellano-granadina. Entre el tópico historiográfico y las nuevas perspectivas de análisis," in *I Encuentro de Historia Medieval de Andalucía*, Sevilla, 1999, pp. 97–106.

Rojas Gabriel, M., "El valor bélico de la cabalgada en la frontera de Granada

(c.1350-c.1481)," *Anuario de Estudios Medievales*, 31–1 (2001), pp. 295–328.

Rojas Gabriel, M., "Estrategia y guerra de posición en la Edad Media. El concepto de la frontera occidental de Granada [c.1275-c.1481]," in *V Estudios de Frontera. Funciones de la red castral fronteriza*, Jaén, 2004, pp. 665–692.

Ruiz Gómez, F., "La guerra y los pactos. A propósito de la batalla de Alarcos," in *Alarcos 1195. Actas del Congreso Internacional Conmemorativo del VIII Centenario de la Batalla de Alarcos*, Cuenca, 1996, pp. 145–167.

Ruiz Povedano, J. M., "Poblamiento y frontera. La política repobladora de Alfonso XI en la villa de Alcaudete," *Boletín del Instituto de Estudios Giennenses*, 101 (1980), pp. 65–76.

Russell, F. H., *The Just War in the Middle Ages*, Cambridge, 1975.

Sáez Rivera, C., "El Derecho de Represalia en el Adelantamiento de Cazorla durante el siglo XV," in *Estudios sobre Málaga y el reino de Granada en el V centenario de la conquista*, Málaga, 1988, pp. 153–162.

Salas Organvídez, M. A., *La transición de Ronda a la modernidad. La región de Ronda tras su anexión a la Corona de Castilla*, Ronda, 2004.

Salicrú i Lluch, R., "La treva de 1418 amb Granada: la recuperació de la tradició catalanoaragonesa," *Anuario de Estudios Medievales*, 27 (1997), pp. 989–1019.

Salicrú i Lluch, R., "Más allá de la mediación de la palabra: negociación con los infieles y mediación cultural en la Baja Edad Media," in *Negociar en la Edad Media*, Barcelona, 2005, pp. 409–439.

Salicrú i Lluch, R., "Benedicto XIII y los musulmanes. Aspectos de una dualidad," in *Iglesias y Fronteras. V Jornadas de Historia en la Abadía*, Jaén, 2005, pp. 699–711.

Salicrú i Lluch, R., "La diplomacia y las embajadas como expresión de los contactos interculturales entre cristianos y musulmanes en el mediterráneo occidental durante la Baja Edad Media," *Estudios de Historia de España*, 9 (2007), pp. 77–106.

Salicrú i Lluch, R., "Translators, interpreters and cultural mediators in Late Medieval Eastern Iberia and Western Islamic diplomatic relationships," in *10th Mediterranean Research Meeting: Language and Cultural Mediation in the Mediterranean 1200–1800*, 2009. [http://digital.csic.es/bitstream/10261/12714/1/Translators%20interpreters%20and%20cultural%20mediators.pdf].

Sánchez Albornoz, C., *España, un enigma histórico*, 2vols, Barcelona, 3ed., 1971.

Sánchez Alonso, B., *Historia de la historiografía española. Segunda edición revisada y añadida*, 2vols, Madrid, 1947.

Sánchez Saus, R., "La frontera en la caracterización de la aristocracia andaluza. El memorial de servicios de los Orbaneja de Jerez (1488)," *Historia, Instituciones, Documentos*, 13 (1986), pp. 283–313.

Sánchez Saus, R., "Los Saavedra y la frontera con el reino de Granada," in *Estudios sobre Málaga y el reino de Granada en el V centenario de su conquista*, Málaga, 1987, pp. 163–182.

Sánchez Saus, R., "Poder urbano, política familiar y guerra fronteriza. La parentela de Alonso Fernández Melgarejo, veinticuatro de Sevilla y alcaide de Zahara," in *Andalucía entre Oriente y Occidente (1236–1492): actas del V coloquio internacional de Historia Medieval de Andalucía*, Córdoba, 1988, pp. 367–376.

Sánchez Saus, R., "Aristocracia y frontera en la Andalucía medieval," *Estudios de Historia y de Arqueología Medievales*, 11 (1996), pp. 191–215.

Sánchez Saus, R., "Los orígenes sociales de la aristocracia sevillana del siglo XV," in *La nobleza andaluza en la Edad Media*, Granada, 2005, pp. 17–43.

Sánchez Saus, R., "La nobleza sevillana: origen, evolución y carácter," in *La nobleza andaluza en la Edad Media*, Granada, 2005, pp. 45–68.

Sánchez Saus, R., "La singularidad de Jerez a la luz del proceso de formación de su nobleza (siglos XIII al XV)," in *La nobleza andaluza en la Edad Media*, Granada, 2005, pp. 69–92.

Sánchez Saus, R., "Nobleza y frontera en la Andalucía meddieval," in *Hacedores de Frontera. Estudios sobre el contexto social de la Frontera en la España medieval*, Madrid, 2009, pp. 121–128.

Sancho de Sopranis, H., "Jerez y el reino de Granada a mediados del siglo XV," *Tamuda*, 2–2 (1954), pp. 287–308.

Sancho de Sopranis, H., "Historia social de Jerez de la Frontera al fin de la Edad Media (III Anecdota)," in *Publicaciones del Centro de Estudios Históricos Jerezanos, 2ª serie-5*, Jerez de la Frontera, 1959.

Seco de Lucena Paredes, L., "El hāŷib Ridwān, la Madraza de Granada y las murallas del Albaicín," *Al-Andalus*, 21 (1956), pp. 285–296.

Seco de Lucena Paredes, L., "El juez de frontera y los fieles de rastro," *Miscelánea de Estudios Árabes y Hebraicos*, 7 (1958), pp. 137–140.

Seco de Lucena Paredes, L., "Más rectificaciones a la historia de los últimos nasríes," *Al-Andalus*, 24–2 (1959), pp. 275–295.

Seco de Lucena Paredes, L., "Sobre el juez de frontera," *Miscelánea de Estudios Árabes y Hebraicos*, 11–1 (1962), pp. 107–109.

Segura Graíño, C., "La tala como arma de guerra en la frontera," in *VI Estudios de Frontera. Población y poblamiento*, Alcalá la Real, 2006, pp. 717–724.

Sénac, Ph., "«Ad castros de fronteras de mauros qui sunt pro facere» Note sur le premier testament de Ramire Ier d'Aragon," in *Identidad y representación de la frontera en la*

España medieval (siglos XI–XIV), Madrid, 2001, pp. 205–221.

Serra Ruiz, R., *El derecho de asilo en los castillos fronterizos de la reconquista*, Murcia, 1965.

Simonet, F. J., *Historia de los mozárabes de España, deducida de los mejores y más auténticos testimonios de los escritores cristianos y árabes*, Madrid, 1897–1903.

Smail, R. C., *Crusading Warfare 1097–1193*, Cambridge, 1956.

Suárez Fernández, L., *Juan II y la frontera de Granada*, Valladolid, 1950.

Suárez Fernández, L., "Política internacional de Enrique II," *Hispania*, 16/62 (1956), pp. 16–129.

Suárez Fernández, L., "La frontière de Grenade aux environs de 1400," *Le Moyen Âge*, 3–4 (1972), pp. 489–522.

Torremocha Silva, A., *Fuentes para la historia del Campo de Gibraltar*, Algeciras, 2009.

Torremocha Silva, A., *Guzmán el Bueno. Una vida de leyenda*, Granada, 2013.

Torres Delgado, C., *El antiguo reino nazarí de Granada, 1232–1340*, Granada, 1974.

Torres Delgado, C., "Acerca del diezmo y medio diezmo de lo morisco," *En la España Medieval*, 1 (1980), pp. 521–534.

Torres Fontes, J., and E. Sáez, "Dos conversiones interesantes," *Al-Andalus*, 9–2 (1944), pp. 507–512.

Torres Fontes, J., *Estudio sobre la "Crónica de Enrique IV" del Dr. Galíndez de Carvajal*, Murcia, 1946.

Torres Fontes, J., *Itinerario de Enrique IV de Castilla*, Murcia, 1953.

Torres Fontes, J., *Don Pedro Fajardo, adelantado mayor del reino de Murcia*, Madrid, 1953.

Torres Fontes, J., *Xiquena, castillo de la Frontera*, Murcia, 1960.

Torres Fontes, J., "El alcalde entre moros y cristianos del reino de Murcia," *Hispania*, 20 (1960), pp. 55–80.

Torres Fontes, J., "Notas sobre los fieles de rastro y alfaqueques murcianos," *Miscelánea de Estudios Árabes y Hebraicos*, 10–1 (1961), pp. 84–105.

Torres Fontes, J., "Las relaciones castellano-granadinas desde 1475 a 1478," *Hispania*, 22/86 (1962), pp. 186–229.

Torres Fontes, J., "La intromisión granadina en la vida murciana (1448–1452)," *Al-Andalus*, 27–1 (1962), pp. 105–154.

Torres Fontes, J., "Las treguas con Granada de 1462 y 1463," *Hispania*, 23/90 (1963), pp. 163–199.

Torres Fontes, J., "Las treguas con Granada de 1469 y 1472," *Cuadernos de Estudios Medievales*, 4–5 (1976–7), pp. 211–236.

Torres Fontes, J., "Los Fajardo en los siglos XIV y XV," *Miscelánea Medieval Murciana*, 4 (1978), pp. 108–176.

Torres Fontes, J., "Las relaciones castellano-granadinas desde 1416 a 1432. Las treguas de 1417 a 1426," *Cuadernos de Estudios Medievales*, 6–7 (1978–1979), pp. 297–311.

Torres Fontes, J., "La hermandad de moros y cristianos para el rescate de cautivos," in *Actas del I Simposio Internacional de Mudejarismo*, Madrid, 1981, pp. 499–508.

Torres Fontes, J., "El adalid en la frontera de Granada," *Anuario de Estudios Medievales*, 15 (1985), pp. 345–366.

Torres Fontes, J., "Apellido y cabalgada en la frontera de Granada," *Estudios de Historia y de Arqueología Medievales*, 5–6 (1985–1986), pp. 177–190.

Torres Fontes, J., "Los fronterizos murcianos en la Edad Media," *Murgetana*, 100 (1999), pp. 11–19.

Torres Fontes, J., *Fajardo el Bravo*, Murcia, 2ed., 2001.

Torres Fontes, J., "La frontera murciano-granadina en el reinado de Enrique II," in *La frontera murciano-granadina*, Murcia, 2003, pp. 95–114.

Torres Fontes, J., "El Tratado de Tarazona y la campaña aragonesa en el reino de Granada (1328–1331)," in *La frontera murciano-granadina*, Murcia, 2003, pp. 67–93.

Torres Fontes, J., "Enrique IV y la frontera de Granada (las treguas de 1458, 1460 y 1461)," in *La frontera murciano-granadina*, Murcia, 2003, pp. 267–314.

Torres Fontes, J., "Los alfaqueques castellanos en la frontera de Granada," in *Instituciones y sociedad en la frontera murciano-granadina*, Murcia, 2004, pp. 267–294.

Turatti Guerrero, R., "La quema de los Archivos de Jaén en 1368, ¿moros de Granada o Pedro I ?," in *IV Estudios de Frontera. Historia, tradiciones y leyendas en la frontera*, Jaen, 2002, pp. 579–591.

Turner, F. J., *The Frontier in American History*, New York, 1921.

Urvoy, D., "Sur l'evolution de la notion de Gihad dans l'Espagne musulmane," *Mélanges de la Casa de Velázquez*, 9 (1973), pp. 335–371.

Valdeón Baruque, J., "El feudalismo ibérico. Interpretaciones y métodos," in *Estudios de Historia de España. Homenaje a Tuñón de Lara*, Guadalajara, 1981, vol. 1, pp. 79–96.

Valdeón Baruque, J., "El siglo XIV: la quiebra de la convivencia entre las tres religiones," in *Cristianos, musulmanes y judíos en la España medieval: de la aceptación al rechazo*, Valladolid, 2004, pp. 125–148.

Valdeón Baruque, J., *El feudalismo*, Madrid, 2005.

Valdeón Baruque, J., *La Reconquista. El concepto de España: unidad y diversidad*, Madrid, 2006.

VV. AA., *I Exposicion historico-militar: Casa de Pilatos, Sevilla, mayo-junio de 1971*, Sevilla, 1971.

Vázquez Campos, B., *Los adelantados mayores de la frontera o Andalucía* (*siglos XIII–ZIV*),

Sevilla, 2006.

Veas Arteseros, F., "Intervención de Lorca en la lucha entre Manueles y Fajardos en 1391 y 1395," *Miscelánea Medieval Murciana*, 7 (1981), pp. 148–156.

Verlinden, C., "Le probléme de la continuité en histoire coloniale: de la colonization médiévale à la colonization moderne," *Revista de Indias*, 11 (1951), pp. 219–236.

Vidal Beltrán, E., "Privilegios y franquicias de Tarifa," *Hispania*, 66 (1957), pp. 3–78.

Wasserstein, D., *The Rise and Fall of the Party-Kings: Politics and Society in Islamic Spain,1002–1086*, Princeton, 1985.

Weckmann, L., "The Middle Ages in the Conquest of America," *Speculum*, 26–1 (1951), pp. 130–141.

Weckmann, L., *La herencia medieval de México*, México: D. F. Colegio de México, 1984.

Weigert, G., "A Note on Hudna: Peacemaking in Islam," in *War and Society in the Eastern Mediterranean, 7th-15th Centuries*, Leiden, 1997, pp. 399–405.

【邦語研究文献】

安達かおり「後ウマイヤ朝期スペインにおける敵国人の保護―「アマーン」の理論と実際についての一試論―」『アジア文化研究（国際基督教大学アジア文化研究委員会)』11 (2002), 231～244頁。

足立孝「遍在する「辺境」―スペインからみた紀元千年（上）―」『弘前大学人文学部人文社会論叢』（人文社会編）21 (2009), 59～75頁。

井上浩一「ビザンツ帝国の戦争―戦術書と捕虜交換―」『関学西洋史論集』34 (2011), 23～37頁。

太田敬子「ルーム遠征とカリフ政権―コンスタンティノープル攻撃から捕虜交換式まで―」『歴史学研究』794 (2004), 163～173頁。

太田敬子『ジハードの町タルスース ―― イスラーム世界とキリスト教世界の狭間』刀水書房, 2009年。

黒田祐我「11世紀イベリア半島における政治状況―パーリア制を手がかりに―」『西洋史論叢』26 (2004), 1～13頁。

黒田祐我「11世紀スペインにおけるパーリア制再考」『西洋史学』216 (2004), 24～44頁。

黒田祐我「中世スペインにおける対ムスリム認識―12世紀前半期カスティーリャ・レオン王国を中心として―」『スペイン史研究』20 (2006), 15～29頁。

黒田祐我「アンダルス社会から封建社会へ―農村社会構造研究とレコンキスタの新解釈―」『史学雑誌』118–10 (2009), 62～86頁。

黒田祐我「中世後期スペインにおける対グラナダ戦争, そして平和―予備的考察―」『西洋史論叢』32 (2010), 47～58頁。

黒田祐我「両文明を越境する傭兵—中世西地中海世界におけるキリスト教徒—」『歴史学研究』881 (2011)，12～21，48頁。

黒田祐我「中世カスティーリャの「辺境」における「殺害犯特権（derecho de homicianos)」—その起源と展開—」『史観』165 (2011)，71～87頁。

黒田祐我「中世後期カスティーリャ王国における「戦争と平和」—王国間休戦協定の分析から—」『スペイン史研究』25 (2011)，1～16頁。

黒田祐我「文明間の「境域」における共生 —— 中世後期スペインにおけるキリスト教徒とムスリム」森原隆編『ヨーロッパ・「共生」の政治文化史』成文堂，2013年，298～314頁。

黒田祐我「中世西地中海域のダイナミズム—宗教を越えた合従連衡とヒトの移動—」三代川寛子編『東方キリスト教諸教会 —— 基礎データと研究案内（増補版)』上智大学アジア文化研究所イスラーム地域研究機構，2013年，266～273頁。

黒田祐我「文明間を往復する使節—中世後期カスティーリャ王国とナスル朝グラナダ王国間の事例を中心として—」『エクフラシス —— ヨーロッパ文化研究』3 (2013)，107～122頁。

黒田祐我「十字軍としての「レコンキスタ」？—中世カスティーリャ王国における対異教徒戦争—」甚野尚志，踊共二編『中近世ヨーロッパの政治と宗教』ミネルヴァ書房，2014年，323～344頁。

黒田祐我「中世カスティーリャ王国における「レコンキスタ」と「十字軍」—関連史料訳—」『エクフラシス別冊』1 (2014)，95～117頁。

黒田祐我「カスティーリャとグラナダとの狭間で揺れ動くひとびと—「境域」民の振る舞い—」『歴史学研究』924 (2014)，147～155頁。

黒田祐我「異教徒との交易の実態—カスティーリャ＝グラナダ「境域」をめぐって—」『スペイン史研究』28 (2014)，48～63頁。

佐藤健太郎「第三章　イスラーム期のスペイン」『スペイン史（世界歴史大系)』山川出版社，2008年，70～135頁。

芝修身『真説レコンキスタ＜イスラーム vs キリスト教＞史観をこえて』書肆心水，2007年。

中村妙子「一二世紀前半におけるシリア諸都市と初期十字軍の交渉—協定とジハードからみた政治—」『史学雑誌』109-12 (2000)，1～34頁。

林邦夫「グラナーダ王国の征服—降伏文書の検討を中心として—」『鹿児島大学教育学部研究紀要（人文・社会科学編)』35 (1984)，21～48頁。

林邦夫「アンダルシーア地方都市コルドバ（1236-1516）—最近の研究動向を中心とした覚書—」『鹿児島大学教育学部研究紀要（人文・社会科学編)』38 (1987)，1～24頁。

林邦夫「中世アンダルシーア地方都市カディスとヘレス＝デ＝ラ＝フロンテーラ—研究

の現状に関する覚書―」『鹿児島大学教育学部研究紀要（人文・社会科学編)』39 (1988)，1～26頁。

林邦夫「メスタの成立年代について」『史学雑誌』100–10 (1991)，41～61頁。

林邦夫「地方メスタとメスタ」『史学雑誌』102–2 (1993)，52～77頁。

林邦夫「中世アンダルシーアにおける土地所有」『歴史学研究』648 (1993)，45～54, 64頁。

林邦夫「中世アンダルシーアにおける大土地所有の形成」『歴史学研究』682 (1996)，1～17, 58頁。

林邦夫「アンダルスのなかのトレード―後ウマイヤ朝の辺境都市―」『東京学芸大学紀要（人文社会科学系）II』61 (2010)，109～125頁。

林邦夫「ターイファ国の都トレード」『東京学芸大学紀要（人文社会科学系）II』62 (2011)，133～156頁。

林邦夫「トレードの征服（1085年)」『東京学芸大学紀要（人文社会科学系）II』63 (2012)，141～167頁。

柳橋博之「イスラームにおける「戦争と平和の法」」歴史学研究会編『戦争と平和の中近世史』青木書店，2001年，273～298頁。

渡辺真治『フロンティア学説の総合的研究』近藤出版社，1980年。

R. W. サザーン（鈴木利章訳）『ヨーロッパとイスラム世界』岩波書店，1980年。

Ch, E. デュフルク（芝修身訳）『イスラーム治下のヨーロッパ ― 衝突と共存の歴史』藤原書店，1997年。

M. R. メノカル（足立孝訳）『寛容の文化 ― ムスリム，ユダヤ人，キリスト教徒の中世スペイン』名古屋大学出版会，2005年。

D.W. ローマックス（林邦夫訳）『レコンキスタ ― 中世スペインの国土回復運動』刀水書房，1996年。

註

序　論

第一章

（1）「レコンキスタ」の歴史解釈に関しては，現在メキシコ自治大学のリオス・サロマが精力的に研究している。M. F. Ríos Saloma, *La Reconquista: Una construcción historiográfica* (*siglos XVI–XIX*), Madrid, 2011; Id., *La Reconquista en la historiografía española contemporánea*, Madrid, 2013を参照。

（2）F. Fernández-Armesto, "The Survival of a Notion of Reconquista in Late Tenth and Eleventh-Century León," in *Warriors and Churchmen in the High Middle Ages. Essays presented to Karl Leyser*, London, 1992, pp. 123–143. 引用箇所は p. 124。「ムーア人」あるいは「モーロ人」は，本来は「マウリタニア（Mauritania）出自の者」を意味するラテン語 "maurus" が俗語化し，「サラセン人（sarracenus）」と同義，すなわちムスリムの総称として用いられた中世カスティーリャ語である。本書では「ムスリム」と「モーロ人」を同じ意味で用い，とりわけ史料を訳出する際には，原語に忠実な「モーロ人」を割り当てている。「寛容か？ あるいは不寛容か？」の間で揺れ動いてきた中世スペイン史の研究状況に関しては A. Novicoff, "Between Tolerance and Intolerance in Medieval Spain: an Historiographic Enigma," *Medieval Encounters*, 11 (2005), pp. 7–36が的確に整理している。

（3）「レコンキスタ」の全体像を把握するための概説として J. M. Mínguez Fernández, *La Reconquista*, Madrid, 2005を参照。D.W. ローマックス（林邦夫訳）『レコンキスタ ── 中世スペインの国土回復運動』刀水書房，1996年は，政治・軍事的な経緯を把握するのに優れている。しかし本書で中心的に扱う中世後期の「レコンキスタ」に関しては紙幅をほとんど割いていない。これは，これまでの「レコンキスタ」に関する概説書の多くに共通する特徴である。「文化変容（acculturation）」を摑むには，次の文献が必須となる。T. F. Glick and O. Pi-Sunyer, "Acculturation as an Explanatory Concept in Spanish History," *Comparative Studies in Society and History*, 11 (1969), pp. 136–154.

（4）マグリブは西方イスラーム世界，ほぼ現在のモロッコからアルジェリア，チュニジアを表す地域概念として，アンダルスはイベリア半島内のイスラームを奉ずる「国家」の領域範囲を指す語として本書では用いている。

（5）J. M. Mínguez Fernández, *La España de los siglos VI al XIII, guerra, expansión y trans-*

formaciones: en busca de una frágil unidad, San Sebastián, 2ed., 2004, pp. 177–182.

(6) ボナシーによる「封建革命」の提唱以後，イベリア半島のキリスト教諸国は，時期的な差異を大きく含みつつも南仏と同様の封建化過程を経ていくとされる。P. Bonnassie, *La Catalogne du milieu du Xe á la fin du XIe siècle: croissance et mutations d'une société*, 2vols., Toulouse, 1975–1976; Id., "Du Rhône à la Galice, genèse et modalités du régime féodal," in *Structures féodales et féodalisme dans l'occident méditerranéen (Xe–XIIe siècles): bilan et perspectives de recherches (école française de Rome, 10–13 octobre 1978)*, Paris, 1980, pp. 17–56. このような歴史解釈の孕む問題点に関しては，黒田祐我「アンダルス社会から封建社会へ―農村社会構造研究とレコンキスタの新解釈―」『史学雑誌』118–10 (2009)，62～86頁を参照。

(7) A. Ferreiro, "The Siege of Barbastro 1064–65: A Reassessment," *Journal of Medieval History*, 9–2 (1983), pp. 129–144.

(8) 11世紀の具体的な政治状況に関しては黒田祐我「11世紀イベリア半島における政治状況―パーリア制を手がかりに―」『西洋史論叢』26 (2004)，1～13頁；同「11世紀スペインにおけるパーリア制再考」『西洋史学』216 (2004)，24～44頁を参照。また B. F. Reilly, *The Contest of Christian Spain, 1031–1157*, Cambridge, 1992も有益である。

(9) アルフォンソ七世の治世期に関しては，M. Recuero Astray, *Alfonso VII, Emperador: el imperio hispánico en el siglo XII*, León, 1979; Id., *Alfonso VII 1126–1157*, Burgos, 2003。第二次ターイファ時代に関しては，黒田祐我「中世スペインにおける対ムスリム認識―12世紀前半期カスティーリャ・レオン王国を中心として―」『スペイン史研究』20 (2006)，15～29頁を参照。12世紀後半のカスティーリャ，レオン両王国に関する研究はJ. González González, *El reino de Castilla en la época de Alfonso VIII*, 3vols, Madrid, 1960; Id., *Repoblación de Castilla la Nueva*, 2vols, Madrid, 1975–1976が今でも有益である。

(10) カスティーリャ王国による「大レコンキスタ」の経緯は，現在でも J. González González, "Las conquistas de Fernando III en Andalucía," *Hispania*, 25 (1946), pp. 515–631が最も詳細である。フェルナンド3世治世の最新研究としては M. González Jiménez, *Fernando III el Santo*, Sevilla, 2006を参照。

(11) アルフォンソ10世治世に関する研究は膨大であるが，まず M. González Jiménez, *Alfonso X el Sabio*, Barcelona, 2004に目を通すべきである。中世後期の停滞と変容に関しては，A. R. Lewis, "The Closing of the Medieval Frontier, 1250–1350," *Speculum*, 33 (1958), pp. 475–483; J. Valdeón Baruque, "El feudalismo ibérico. Interpretaciones y métodos," in *Estudios de Historia de España. Homenaje a Tuñón de Lara*, Guadalajara, 1981, vol. 1, pp. 79–96を参照。

(12) イフリーキヤとは，ほぼ現チュニジア域を示すイスラーム地域概念である。

(13) F. Fernández y González, *Estado social y político de los mudéjares de Castilla, considera-*

dos en sí mismos y respecto de la civilización española, Madrid, 1866; F. J. Simonet, *Historia de los mozárabes de España, deducida de los mejores y más auténticos testimonios de los escritores cristianos y árabes*, Madrid,1897–1903.

(14) VV.AA., *La Reconquista española y la Repoblación del país: conferencias del curso celebrado en Jaca en Agosto de 1947*, Zaragoza, 1951; I. de las Cagigas, "Problemas de minoría y el caso de nuestro medievo," *Hispania*, 40（1950）, pp. 506–538. 中世スペイン史研究におけるアンダルス観の変遷については，黒田祐我「アンダルス社会から封建社会へ」を参照。

(15) A. Barbero and M. Vigil, *Sobre los orígenes sociales de la Reconquista*, Barcelona, 1974. この経緯についても黒田祐我「アンダルス社会から封建社会へ」を参照。

(16) たとえばJ. M. Mínguez Fernández, *La España de los siglos VI al XIII*... における記述が典型的である。

(17) たとえば，芝修身『真説レコンキスタ＜イスラーム vs キリスト教＞史観をこえて』書肆心水，2007年の結論を参照のこと。征服動機を物欲に求める主張は，本書第２部で詳しく取り扱うところの「戦争遂行型社会」論における傾向と非常に類似している。たとえば上記の芝も論拠としている F. Maíllo Salgado, *¿Por qué desapareció al-Andalus?*, Buenos Aires, 1997の意見が代表例といえる。

(18) 中世盛期と中世後期との「レコンキスタ」解釈をめぐる研究の隔絶に関しては，黒田祐我「アンダルス社会から封建社会へ」で既に論じた。

第二章

(1) "Confidimus enim in domini misericordia, quod ab isto modico monticulo, quem conspicis, sit Hispanie salus et Gotorum gentis exercitus reparatus（...）Igitur esti sententiam severitatis per meritum excepimus, eius misericordiam in recuperatione ecclesie seu gentis et regni venturam expectamus; unde hanc multitudinem paganorum spernimus et minime pertimescimus." *Die Chronik Alfons' III. Untersuchung und kritische Edition der vier Redaktionen*, J. Prelog ed., Frankfurt am Main, 1980, p. 24.

(2) F. Fernández-Armesto, "The Survival of a Notion of Reconquista...," pp. 130–137; *Historia Silense*, J. Peréz de Urbel and A. González Ruiz-Zorrilla eds., Madrid, 1959; *Cronica Naierensis. Chronica Hispana saeculi XII. pars II*, J. A. Estévez Sola ed., Turnhout, 1995; *Chronicon Mundi*, E. Falque Rey ed., Turnhout, 2003; *Historia de rebus hispanie sive historia gothica*, J. Fernández Valverde ed., Turnhout, 1987; *Primera Crónica General de España que mandó componer Alfonso el Sabio y se continuaba bajo Sancho IV en 1289*, R. Menéndez Pidal ed., Madrid, 1955.

(3) *The Tibyān: memoirs of 'Abd Allāh b.Buluggīn,last Zīrid amīr of Granada*, A. T. Tibi trans., Leiden, 1986, p. 90.

(4) 正戦概念に関しては F. H. Russell, *The Just War in the Middle Ages*, Cambridge, 1975; J. R. E. Bliese, "The Just War as Concept and Motive in the Central Middle Ages," *Medievalia et Humanistica*, 17 (1991), pp. 1–26; J. Flori, *Guerre sainte, jihad, croisade: violence et religion dans le christianisme et l'islam*, Paris, 2002; F. García Fitz, *La Edad Media. Guerra e ideología. Justificaciones religiosas y jurídicas*, Madrid, 2003を参照。

(5) *Las Siete Partidas del sabio rey don Alonso el Nono, nuevamente glosadas por el licenciado Gregorio López*, Madrid, 1974, Segunda Partida, Título XXIII, Ley I.

(6) 当然ながら聖戦は，十字軍以前から存在する。教皇自身が宣言する戦争は，「神の代理人による戦争」であるため，必然的に聖化される。この場合，戦争自体が神聖なるものとされるばかりか，参戦する者も聖化され，霊的な恩恵を受けることになる。F. García Fitz, *La Edad Media...*, pp. 89–90. 中世イベリア半島における戦争も，旧約聖書の記述に触発された聖戦として当初から認識されていた。この点で西ゴート王国時代の戦争解釈と連続性がある。西ゴート時代，神こそが戦の裁定者であり，時には神自身の戦いとすら認識されていた。この理解に従えば，異教徒に対する勝利は神意であり，敗北もまた神罰となる。これは中世における一般的な戦争理解であろうが，この点でイベリア半島も例外ではなかった。この点を詳細に論じた A. P. Bronisch, *Reconquista y guerra santa: la concepción de la guerra en la España cristiana desde los visigodos hasta comienzos del siglo XII*, Granada, 2006を参照のこと。

(7)「十字軍」と「レコンキスタ」の類似点と相違点に関しては，既に黒田祐我「十字軍としての「レコンキスタ」？―中世カスティーリャ王国における対異教徒戦争―」甚野尚志，踊共二編『中近世ヨーロッパの政治と宗教』ミネルヴァ書房，2014年，323～344頁で詳細に論じた。同じく関連する史料は同「中世カスティーリャ王国における「レコンキスタ」と「十字軍」―関連史料訳―」『エクフラシス別冊』1 (2014)，95～117頁で訳出した。ローマ教皇とカスティーリャ王権との折衝と十字軍特権に関しては，J. Goñi Gaztambide, *Historia de la bula de Cruzada en España*, Vitoria, 1958の先駆研究と，J. F. O'Callaghan, *Reconquest and Crusade in Medieval Spain*, Philadelphia, 2003を参照。12世紀のカスティーリャ・レオン王国をめぐる「十字軍」に関しては R. Fletcher, "Reconquest and Crusade in Spain, c.1050–1150," *Transactions of the Royal Historical Society*, 5th series 37 (1987), pp. 31–48; S. Barton, "Islam and the West: A View from Twelfth-Century León," in *Cross, Crescent and Conversion. Studies on Medieval Spain and Christendom in Memory of Richard Fletcher*, Leiden, 2008, pp. 153–174を参照。

(8) *Historia Silense*, pp. 191–192.

(9) "...qui diuino nutu Ramiro principi vbique de inimicis trihumphum dedit." *Ibid.*, p. 144.

(10) "In quo bello beatus Iacobus in equo albo uexillum album manu baiulans..." "Christianos animando ad pugnam et Sarracenos fortiter feriendo." *Historia de rebus hispanie...*, p. 133; *Chronicon Mundi*, pp. 238–239.

(11) "...la tierra perduda que nos tollieran los alaraues...et nos echaron della" "moros enemigos de la nuestra fe" *Primera Crónica General...*, p. 666.

(12) A. Echevarría, Arsuaga, "La 'mayoría' mudéjar en León y Castilla: legitimación real y distribución de la población（siglos XI–XIII）," *En la España Medieval*, 29（2006）, pp. 7–30; 黒田祐我「11世紀イベリア半島における政治状況」; 同「11世紀スペインにおけるパーリア制再考」。

(13) A. MacKay and M. Benaboud, "Alfonso VI of León and Castile, 'al-Imbratūr dhū-l-Millatayn'," *Bulletin of Hispanic Studies*, 56（1979）, pp. 95–102; Id., "Yet again Alfonso VI, 'the Emperor, Lord of [the Adherents of] the Two Faiths, the Most Excellent Ruler': A Rejoinder to Norman Roth," *Bulletin of Hispanic Studies*, 61（1984）, pp. 171–181; 黒田祐我「11世紀イベリア半島における政治状況」。

(14) "Tantam illi Dominus gratiam et gloriam contulit, ut omnes Yspaniarum reges et principes Christiani et barbari suo imperio subderentur. Etenim rex Garcias de Nauarra et Raymundus comes Barchilonensis, qui tunc Aragonense regebat regnum et reges Sarracenorum, scilicet Abephandil et Zaphadola et rex Lupus, uno et eodem tempore eius uasalli fuerunt." *Chronicon Mundi*, pp. 312–313. "Abephandil" が誰を指すのかは不明であるが，おそらく都市コルドバを一時的に支配していたイブン・ハムディーン（Ibn Hamdīn）ではなかろうか。「サファドラ」とは，第一次ターイファ王国のひとつ，フード朝サラゴーサ王の末裔のことであり，当時カスティーリャ王に臣従していた。「狼王」とは，レバント地方（バレンシア，ムルシア域）を支配していた将，イブン・マルダニーシュのラテン語の渾名である。

(15) 対異教徒認識は，「寛容」なやりとりの度重なる経験から，自ずと他の地域のキリスト教徒とは異なるものとなる。たとえば1212年のラス・ナバス前夜，十字軍特権を得るべくピレネー以北から参戦していたキリスト教徒らは，軍隊集結地点たる都市トレードでユダヤ人虐殺を試みたため，トレードの騎士らはユダヤ人を保護したとされる。*Anales Toledanos I, II, III*, in *España sagrada, theatro geographico-histórico de la Iglesia de España. Tomo XXIII*, E. Florez ed., Madrid, 1767, pp. 381–423. 該当箇所は pp. 395–396. 邦訳は黒田祐我「中世カスティーリャ王国における「レコンキスタ」と「十字軍」—関連史料訳—」102～107頁を参照。

(16) この文書は，クエンカ司教宛のものが既に刊行されている。*Diplomatario Andaluz de Alfonso X*, M. González Jiménez ed., Sevilla, 1991, n. 286, pp. 313–316. 邦訳は黒田祐我「中世カスティーリャ王国における「レコンキスタ」と「十字軍」—関連史料訳—」108～112頁。

(17) "Pero fiamos en Dios que esta trayción tan grande que él en tal guisa descubrió contra nos que todo se tornará a danno e a quebranto dél e de los suyos, e será a grant seruicio de Dios e a exalçamiento de christiandad e a onrra e a pro e a heredamiento de nos e de

los omnes de nuestros regnos, ca tenemos que esto por Dios uino en quebrantar él tan falsamente los pleytos que auíe connusco e agora auemos derecho de gelo demandar." *Diplomatario Andaluz...*, n. 286, pp. 313–316.

(18) L. Fernández Gallardo, "Guerra santa y cruzada en el ciclo cronístico de Alfonso XI," *En la España Medieval*, 33 (2010), pp. 43–74.

(19) "Otrosí, a muy grand tiempo después que Jesucristo fue puesto en la cruz, vino un falso omne que avía nombre Mahomad, et pedricó en Aravia, et fizo crer âlgunas gentes necias que era profeta enviado de Dios. (...) Et tantas fueron las gentes quel creyeron que se apoderaron de muchas tierras, et aun tomaron muchas, et tiénenlas oy en día, de las que eran de los cristianos que fueron convertidos por los apóstoles a la fe de Jesucristo. Et por esto, á guerra entre los cristianos et los moros, et abrá fasta que ayan cobrado los cristianos las tierras que los moros les tienen forçadas ; ca, cuanto por la ley nin por la seta que ellos tienen, non avrían guerra entre ellos. Ca Jesucristo nunca mandó que matasen nin apremiasen a ninguno porque tomasen la su ley, ca Él non quiere servicio forçado, sinon el que [se] faze de buen talante et de grado. Et tiene[n] los buenos cristianos que la razón por que Dios consintió que los cristianos oviesen recebido de los moros tanto mal, es porque ayan razón de aver con ellos guerra derechureramente, por que los que en ella murieren, aviendo complido los mandamientos de santa Eglesia, sean mártires, et sean las sus ánimas, por el martirio, quitas del pecado que fizieren." Don Juan Manuel, *El libro de los estados*, in *Obras completas. Don Juan Manuel*, C. Alvar and S. Finci eds., Madrid, 2007, Primera parte Capítulo XXX, pp. 491–492.

(20) "Lo primero que dixo que parando mientres cómo los enemigos de la Fee católica tenían la tierra de los cristianos e del Rey tan ynjustamente, con gran fuerça teniéndola ocupada no devidamente, e parando mientes a la pequeña hedad del Rey nuestro señor, e que agora hera tiempo de mostrar la lealtad que le deuemos. E reparemos todas nuestras caidas e venturas contrarias que ovimos en otras guerras de los moros, que tenían tan açerca, en tan gran denuesto de la Fee e desonrra de la su corona real." *Crónica de Juan II de Castilla por Alvar García de Santa María*, J. de M. Carriazo y Arroquia ed., Madrid, 1982, p. 73.

(21) *Ibid.*, pp. 8, 11.「アヤモンテ」とは，カスティーリャ王国最辺境の一城砦である。これをグラナダ側が休戦協定にもかかわらず「不法」に占拠したことが戦争の引き金となった。

(22) "...que, con mengua de reyes poderosísimos y de sus innumerables huestes, aguerridas por mar y tierra, poseyese lo mejor de España un puñado inerme de bárbaros infieles, procedentes de aquellas bandas africanas que por la desidia de los Godos, señores de estos reinos, los invadieron y ocuparon en otro tiempo casi por completo, y que aho-

ra, limitados por el estrecho del Mediterráneo, faltos de defensas y auxilios marítimos, no tenían más poder que el que nuestro descuido les dejaba...” *Crónica de Enrique IV, de Alfonso de Palencia*, A. Paz y Melia ed., 3vols, Madrid, 1975, vol. 1, p. 65.

(23) P. S. van Koningsveld and G. A. Wiegers, “An Appeal of the Moriscos to The Mamluk Sultan,” *Al-Qantara: Revista de Estudios Árabes*, 20–1（1999）, pp. 161–189, pp. 182–183.

(24) M. F. Ríos Saloma, “De la Restauración a la Reconquista: la construcción de un mito nacional（Una revisión historiográfica. Siglos XVI–XIX）,” *En la España Medieval*, 28（2005）, pp. 379–414.

(25) D.W. ローマックス『レコンキスタ ── 中世スペインの国土回復運動』。

(26) 芝修身『真説レコンキスタ』12，230頁。

(27) A. Christys, “Crossing the Frontier of Ninth-Century Hispania,” in *Medieval Frontiers: Concepts and Practices*, Burlington, 2002, pp. 35–53. R. Menéndez Pidal, *La España del Cid*, 2vols., 7ed., Madrid, 1969, pp. 76–77では，11世紀のアンダルスはかつてないほどに人種的な差別意識がなく，キリスト教徒との「共存」に好意的であったと述べられている。A. MacKay, *Spain in the Middle Ages: From Frontier to Empire,1000–1500*, London, 1977, pp. 15–17. ラテン・キリスト教世界は12世紀以後，いわゆる「迫害社会」として異質な存在を排除していくメンタリティを醸成していくとされるが，イベリア半島はこれに当てはまらないとされている。R. I. Moore, *The Formation of a Persecuting Society: Power and Deviance in Western Europe 950–1250*, Oxford, 1987.

(28) 十字軍思想の影響をとりわけ強調する研究としては R. Fletcher, “Reconquest and Crusade in Spain...” を参照。R. Barkai, *Cristianos y musulmanes en la España medieval: el enemigo en el espejo*, Madrid, 1984.

(29) L. K. Pick, *Conflict and Coexistence, Archbishop Rodrigo and the Muslims and Jews of Medieval Spain*, Ann Arbor, 2004, pp. 204–205; B. A. Catlos, *The Victors and the Vanquished, Christian and Muslims of Catalonia and Aragon, 1050–1300*, Cambridge, 2004, pp. 18, 406–407.

(30) たとえば，14世紀になり次第に対異教徒認識がイベリア半島でも悪化していくことを，O. R. Constable, “Regulating Religious Noise: The Council of Vienne, the Mosque Call and Muslim Pilgrimage in the Late Medieval Mediterranean World,” *Medieval Encounters*, 16（2010）, pp. 64–95では前提としている。同じく先駆研究である J. Boswell, *The Royal Treasure: Muslim Communities under the Crown of Aragon in the Fourteenth Century*, New Haven, 1977を参照。状況はカスティーリャでも同様である。A. Echevarría Arsuaga, *The Fortress of Faith: the Attitude towards Muslims in Fifteenth Century Spain*, Leiden, 1999の論調も，1492年のナスル朝滅亡を前提として論を組み立てているように感じる。

(31) D.W. ローマックス前掲書，237頁；芝修身前掲書，232～235頁。

(32) 本書において「境域」は，対アンダルスで成立したキリスト教諸国側の国境地帯を主として意味している。詳しくは次節を参照のこと。

(33) Ph. Sénac, "«Ad castros de fronteras de mauros qui sunt pro facere.» Note sur le premier testament de Ramire Ier d'Aragon," in *Identidad y representación de la frontera en la España medieval* (*siglos XI–XIV*), Madrid, 2001, pp. 205–221. 中世盛期カスティーリャ王国とアンダルスとの「境域」の状況に関して，P. Buresi, *La frontière entre chrétienté et Islam dans la péninsule Ibérique, du Tage à la Sierra Morena* (*fin XIe – milieu XIIIe siècle*), Paris, 2004が大いに参考となる。

(34) P. Buresi, "Nommer, penser les frontières en Espagne aux XIe–XIIIe siècles," in *Identidad y representación de la frontera...*, pp. 51–74. 12世紀半ばに記された『皇帝年代記(Chronica Adefonsi Imperatoris)』は以下のように記述する。「同様に，ドゥエロ川向こうに居住する全ての境域の者達は，将らの手によって帝権へと恭順した。(Similiter et omnis Extremitas, que trans flumen Dorii habebatur, imperio regis manibus ducum tradita est.)」「トレードの城主と全境域に居住する者たちへ ... 命じた（Iussitque alcaydis Toletanis et omnibus habitatoribus totius Extremi...)」*Chronica Adefonsi Imperatoris, Chronica hispana saeculi XII parsI*, A. Maya Sánchez ed., Turnhout, 1990, pp. 109–248. 引用箇所は pp. 152, 184。

(35)「サグル／スグール」の特質一般と，これをめぐる研究状況に関しては太田敬子『ジハードの町タルスース ―― イスラーム世界とキリスト教世界の狭間』刀水書房，2009年，121～145頁を参照。アンダルス側の境域「サグル」に関する研究は未だ途上であるものの，後ウマイヤ朝境域を扱ったマンサノ・モレノによる研究が興味深い。またチャルメタによる分析をみるに，本書で取り扱っていくカスティーリャ王国側の「境域」との類似性が顕著である。P. Chalmeta, "El concepto de tagr," in *La Marche supérieure d'al-Andalus et l'occident chrétien*, Madrid, 1991, pp. 15–28; E. Manzano Moreno, *La frontera de al-Andalus en época de los Omeyas*, Madrid, 1991; Id., "The Creation of a Medieval Frontier, Islam and Christianity in the Iberian Peninsula, Eighth to Eleventh Centuries," in *Frontiers in Question, Eurasian Borderlands 700–1700*, New-York, 1999, pp. 32–54.

(36) E. Manzano Moreno, *La frontera de al-Andalus...*, p. 387.

(37) たとえば11世紀アラゴンにおける双方の境界地帯の「和合」に関して，足立孝「遍在する「辺境」―スペインからみた紀元千年（上）―」『弘前大学人文学部人文社会論叢』（人文社会編）21（2009），59～75頁。とりわけ68～75頁を参照。中世初期から中世盛期初頭（1085年）まで，アンダルスと西欧との，まさに「フロンティア」であり続けた都市トレードのたどった歴史の概略に関して，林邦夫「アンダルスのなかのトレード―後ウマイヤ朝の辺境都市―」『東京学芸大学紀要（人文社会科学系）II』61（2010），109～125頁；同「ターイファ国の都トレード」『東京学芸大学紀要（人文

社会科学系）II』62（2011），133～156頁；同「トレードの征服（1085年）」『東京学芸大学紀要（人文社会科学系）II』63（2012），141～167頁が，最新の研究成果を踏まえつつ論じている。

(38) 19世紀まで英語の語彙「frontier」は，近世・近代国家間を分かつ明確な境界線を意味していた。しかし西漸運動の結果，既に合衆国内に組み込まれた最前線地域と，「文明の保持者」，すなわちアメリカ入植民によって将来的に組み込まれるべき地域とを包摂する曖昧な地域概念として新たな語義が登場している。このフロンティアは，我々が想像するところのアメリカ西部の開放的な社会像を生み出していった。F. Mood, “Note on the History of the Word ‘Frontier’,” *Agricultural History*, 22（1948), pp. 78–83; F. J. Turner, *The Frontier in American History*, New York, 1921; 渡辺真治『フロンティア学説の総合的研究』近藤出版社，1980年。

(39) 当初，中世イベリア半島の「境域」は，近世・近代にスペインが試みるラテン・アメリカの征服あるいはその入植形態や社会構造との近似性のため，遡及的な関心を惹起していた。この意味で，近代アメリカとの間を繋ぐ研究潮流といえよう。C. Verlinden, “Le problème de la continuité en histoire coloniale: de la colonization médiévale à la colonization moderne,” *Revista de Indias*, 11（1951), pp. 219–236; L. Weckmann, “The Middle Ages in the Conquest of America,” *Speculum*, 26–1（1951), pp. 130–141; Id., *La herencia medieval de México*, México: D. F. Colegio de México, 1984. より直接的に中世スペイン史との比較を行なったのは，アメリカの中世史学者による論文集 Ch. J. Bishko, *Studies in Medieval Spanish Frontier History*, London, 1980である。

(40) *Medieval Frontier Societies*, R. Bartlett and A. MacKay eds., Oxford, 1989には，中世西欧の様々な境界地帯の研究が収められているが，そこでカスティーリャ中世後期「境域」の事例を扱っている寄稿者は，編者のひとりであるエディンバラ大学教授マッケイに加えて，ゴンサレス・ヒメネス，ロペス・デ・コカの３名であり，彼らは全員，アンダルシーア地域史研究を当時第一線で牽引していた。

(41) M. A. Ladero Quesada, “La investigación histórica sobre la Andalucía medieval en los últimos veinticinco años（1951–1976),” in *Actas del I Congreso de Historia de Andalucía, diciembre de 1976*, Córdoba, 1978, *Andalucía Medieval*, vol. 1, pp. 217–250; *Andalucía Medieval: Actas del I Coloquio de Historia Medieval Andaluza, Córdoba, noviembre de 1979*, Córdoba, 1982.

(42) これまでのアンダルシーア・ムルシア中世史関連で重要な研究集会の報告集は時系列順に以下の通りとなる。*Actas del II Coloquio de Historia Medieval Andaluza: hacienda y comercio*, Sevilla, 1982; *Actas del III Coloquio de Historia Medieval Andaluza: la sociedad medieval andaluza, grupos no privilegiados*, Jaén, 1984; *Actas del IV Coloquio de Historia Medieval Andaluza: relaciones exteriores del Reino de Granada*, Almería, 1988; *Andalucía entre Oriente y Occidente（1236–1492): actas del V coloquio Internacional de*

Historia Medieval de Andalucía, Córdoba, 1988; *Estudios sobre Málaga y el reino de Granada en el V centenario de la conquista*, Málaga, 1988; *Las ciudades andaluzas (siglos XIII–XVI): actas del VI Coloquio Internacional de Historia Medieval de Andalucía*, Málaga, 1991; *La incorporación de Granada a la Corona de Castilla*, Granada, 1993; *Actas del Congreso La Frontera Oriental Nazarí como Sujeto Histórico (ss. XIII–XIV)*, Almería, 1997; *I Encuentro de Historia Medieval de Andalucía*, Sevilla, 1999; *VII Coloquio de Historia Medieval de Andalucía: ¿Qué es Andalucía? Una revisión histórica desde el medievalismo*, Granada, 2010.

(43) *I Estudios de Frontera. Alcalá la Real y el Arcipreste de Hita*, Jaén, 1996; *II Estudios de Frontera. Actividad y vida en la frontera*, Jaén, 1998; *III Estudios de frontera. Convivencia, defensa y comunicación en la frontera*, Jaén, 2000; *IV Estudios de Frontera. Historia, tradiciones y leyendas en la frontera*, Jaén, 2002; *V Estudios de Frontera. Funciones de la red castral fronteriza*, Jaén, 2004; *VI Estudios de Frontera.Población y poblamiento*, Alcalá la Real, 2006.

(44) 中世スペインにおける歴史叙述の諸問題に関しては，先駆研究である B. Sánchez Alonso, *Historia de la historiografía española. Segunda edición revisada y añadida*, 2vols, Madrid, 1947と，P. Linehan, *History and the Historians of Medieval Spain*, Oxford, 1993が詳しい。

第一部

第三章

(1) J. Valdeón Baruque, *La Reconquista. El concepto de España: unidad y diversidad*, Madrid, 2006, pp. 145–147.

(2) たとえば A. Huici Miranda, *Las grandes batallas de la Reconquista durante las invasiones africanas, Ed. facsímil*, Granada, 2000において，ラス・ナバスを代表とする中世盛期の会戦の分析に多くの紙幅を割くが，後期においては1340年のサラード会戦をとりあげるにとどめる。*Ibid.*, pp. 331–379.

(3) カリアソは「カスティーリャとグラナダとの間の外交関係史は未だなされておらず，幾らかの例外を除いて，[休戦の] 交渉の展開状況を説明してくれる文書は残されていない」と，1948年に学術雑誌『アル・アンダルス』への寄稿論文で述べている。J. de M. Carriazo y Arroquia, "Un alcalde entre los cristianos y los moros en la frontera de Granada," in *En la frontera de Granada: Edición facsímil*, Granada, 2002, pp. 85–142, p. 103. 後にスペイン中世史における重鎮となっていく３名の研究の代表作として以下を挙げる。L. Suárez Fernández, "Política internacional de Enrique II," *Hispania*, 16/62 (1956), pp. 16–129; M. A. Ladero Quesada, *Granada. Historia de un país islámico (1232*

–1571）. Tercera edición revisada, Madrid, 1989; E. Mitre Fernández, “De la toma de Algeciras a la campaña de Antequera（un capítulo de los contactos diplomáticos y militares entre Castilla y Granada),” *Hispania*, 32（1972）, pp. 77–122. とはいえラデロ・ケサダは，当初セビーリャ大学で教鞭を取っていたこともあって，アンダルシーア地域史の中での対グラナダ関係に関心を抱いていた。たとえば M. A. Ladero Quesada, *Andalucía en el siglo XV. Estudios de historia política*, Madrid, 1973は，15世紀アンダルシーア貴族史研究の分野では，未だ必須文献となっている。

（4）“...vinose meter derechamiente en su poder del rey don Fernando et en la su merçed, et besol la mano et tornose su uasallo en esta guisa, que feziese del et de su tierra lo que fazer quisiese; et entregol luego Jahen.（...）reçibiol muy bien et fizol mucha onrra, et non quiso del otra cosa saluo que fincase por su uasallo con toda su tierra, et se la touiese commo se la ante tenie con todo su sennorio, et quel diese della tributo çierto: cada anno çient et çinquenta mill morauedis, et le feziese della gerra et paz, et le veniese cada anno a cortes...” *Primera Crónica General...*, p. 746.

（5）A. García Sanjuán, “Del pacto de Jaén a la sublevación mudéjar（1246–1264）: nuevos puntos de vista,” in *Historia de Andalucía*, Barcelona, 2006, pp. 220–227. たとえば1260年７月27日付証書における証人欄に“Don Aboabdille Albenazar, rey de Granada, basallo del rey, conf.”と記されている。類似の証書は枚挙に暇がない。*Diplomatario Andaluz...*, n. 231, pp. 253–254. 1259年にトレードで開催された身分制議会に関し別の王発給証書は以下のように述べる。「トレードに於いて［神聖ローマ］帝国に関する事柄に関し身分制議会を開催した際，余はグラナダ王に信頼する臣下，友としてこの件に関しての助言を要求するべく使節を派遣した」。*Ibid.*, n. 286, pp. 313–316. 結局，グラナダ王本人は身分制議会に参加せず，書簡でもって助言を行なっている。

（6）「海峡戦争」に関しては，M. A. Ladero Quesada, “La guerra del Estrecho,” in *XXXI Semana de Estudios Medievales. Guerra y Diplomacia en la Europa Occidental 1280–1480*, Pamplona, 2005, pp. 255–293を，アルフォンソ11世期における「戦争と平和」に関しては M. García Fernández, *Andalucía: guerra y frontera. 1312–1350*, Sevilla, 1990を，マリーン朝の半島情勢への軍事介入に関しては F. García Fitz, “Los acontecimientos político-militares de la frontera en el último cuarto del siglo XIII,” *Revista de Historia Militar*, 64（1988）, pp. 7–91と M. A. Manzano Rodríguez, *La intervención de los benimerines en la Península Ibérica*, Madrid, 1992が，最も包括的な研究といえる。

（7）詳しくは本書の第２部を参照。

（8）「奇妙な平和」とはラデロ・ケサダの表現である。今でも彼のグラナダ王国に関する先駆的研究は必要不可欠である。M. A. Ladero Quesada, *Granada. Historia de un país...* その他，L. Suárez Fernández, “Política internacional...”; E. Mitre Fernández, “De la toma de Algeciras...”; Id., “La frontière de Grenade aux environs de 1400,” *Le Moyen*

Âge, 3–4 (1972), pp. 489–522を参照。J. Torres Fontes, “La frontera murciano-granadina en el reinado de Enrique II,” in *La frontera murciano-granadina*, Murcia, 2003, pp. 95–114は，都市ムルシアの議事録を用いつつ，ミクロな「境域」における交渉を明らかにしてくれている。同時期に関する史料は比較的豊富であるが，未刊行文書も多く，ことに「境域」情勢に関する研究は未だ少ない。

(9) 利用可能な史料の激増と相まって，15世紀の「戦争と平和」に関して多くの研究成果が提示されてきている。ムルシア地域史の泰斗トーレス・フォンテスは，休戦協定の動向に絶えず関心を抱き続けてきており，まずは彼の膨大な論文が研究の出発点となろう。上述の書籍 *La frontera murciano-granadina...* は，休戦協定に関し多くの既発表論考を纏めた論文集である。幸いなことに，他の多くの彼の論考も電子媒体での閲覧が可能となりつつある。

(10) A. MacKay, “The Ballad and the Frontier in Late Mediaeval Spain,” *Bulletin of Hispanic Studies*, 53 (1976), pp. 15–33; J. Rodríguez Molina, *La vida de moros y cristianos en la frontera*, Alcalá la Real, 2007; M. González Jiménez, “Introducción,” in *Los milagros romanzados de Santo Domingo de Silos de Pero Marín*, M. González Jiménez and A. Molina Molina eds., Murcia, 2008, pp. 11–41; M. Rojas Gabriel, *La frontera entre los reinos de Sevilla y Granada en el siglo XV (1390–1481)*, Cádiz, 1995.

(11) J. Rodríguez Molina, *La vida de moros y cristianos...*, p. 17; Id., “Reflexiones sobre el reino de Granada,” *Revista d'Història Medieval*, 10 (1999), pp. 312–327, p. 313.

(12) J. de M. Carriazo y Arroquia, “Un alcalde...,” p. 139.

第四章

(1) 会戦を軸として描写された，かつての中世軍事史学は大きく見直された。これとともに，戦争と「外交」との関連性も分析対象となり始めている。以下の必須文献を参照。F. García Fitz, *Castilla y León frente al Islam. Estrategias de expansión y tácticas militares (siglos XI-XIII)*, Sevilla, 1998; Id., *Relaciones políticas y guerra. La experiencia castellano-leonesa frente al Islam. Siglos XI-XIII*, Sevilla, 2002; M. Rojas Gabriel, *La frontera entre los reinos de Sevilla y Granada...*

(2) “Otrosí, deve guisar que non sea cercado en lugar que pueda ser encerrado, et dévese guardar cuanto pudiere de non lidiar con gente de aquel con quien á la guerra, porque más le empeçría a él perder la gente que al otro. Pero si Dios le troxiese a lugar que en aquel[la] lid se partiese toda la guerra, tal lid non la deve partir en ninguna manera, mas ayunta[r]la cuanto pudiere ayuntar. [Et] en otra manera siempre deve guardar la gente et fazer guerra guerriada.” Don Juan Manuel, *El libro de los estados*, p. 566. 異教徒との戦争における攻囲戦と降伏協定に関しては聖地十字軍史研究が大いに参考となる。J. France, “Siege Conventions in Western Europe and the Latin East,” in *War and Peace*

in Ancient and Medieval History, Cambridge, 2008, pp. 158–172. 同じくスメイル以降の聖地十字軍史研究より展開された「新しい軍事史」の潮流の把握のためには F. García Fitz, *Castilla y León frente...*, pp. 21–57が有益である。

（3）F. García Fitz, *Castilla y León frente...*, p. 51; Id., *Relaciones políticas y guerra...*; R. C. Smail, *Crusading Warfare 1097–1193*, Cambridge, 1956, p. 12, 39, 198を参照。

（4）"Otrosí, cuando los cristianos entraren en tierra de moros, la entrada que fizieren á de ser por una de cuatro maneras: cuando [entraren] en cavalgada, por tomar algo, como almogávares; o entraren manifiestamente por talar et quebrantar la tierra; o entrar[en] por cercar algún lugar; o entraren [por] buscar lid." Don Juan Manuel, *El libro de los estados*, pp. 582–583.「アルモガバレス（almogávares）」とは，小規模な侵入を行ない，地の利を知悉し略奪に特化した兵種を一般に指す。詳しくは本書の第２部，第３部を参照。

（5）"...fuésedes agora a la Vega de Granada mientra es el pan verde, e avnque otro mal non les fiziésedes synon en pisándolo, gelo tiraríades; e si ellos aquel poco de pan perdiesen, con el otro danno que reçibirían en las huertas e en las vinnas e con el danno que les han fecho los que están en Granada, tengo que muy poco duraría la guerra." *Crónica de Alfonso X*, M. González Jiménez ed., Murcia, 1999, p. 149.

（6）中世後期における「消耗戦」の意図に関しては以下の論考を参照。M. Rojas Gabriel, "El valor bélico de la cabalgada en la frontera de Granada (c.1350-c.1481)," *Anuario de Estudios Medievales*, 31–1 (2001), pp. 295–328; C. Segura Graíño, "La tala como arma de guerra en la frontera," in *VI Estudios de Frontera...*, pp. 717–724.

（7）"...por que era aquel castillo poblado en vna peña mucho fuerte, non lo pudo conbatir." *Gran crónica de Alfonso XI, de Fernán Sánchez de Valladolid*, D. Catalán ed., 2vols, Madrid, 1977, vol. 1, p. 413.

（8）*Ibid.*, pp. 413–414; C. Torres Delgado, *El antiguo reino nazarí de Granada, 1232–1340*, Granada, 1974, p. 274.

（9）"...por mostrar esfuerço, por que los moros de la villa de teba no desmayasen ni cuydasen que avia perdido el acorro..." 一連の流れは *Gran crónica de Alfonso XI...*, vol. 1, pp. 474–485. 引用箇所は p. 481。

（10）"...no quiso el rrey que los de la hueste conbatiesen la villa, como quier que los yngenios le tirauan cada dia. E esto era, por que si los moros viniesen a pelear con el, que las sus gentes no estuviesen feridas e que se pudiesen seruir e aprovechar dellos." *Ibid.*, p. 485.

（11）*Crónica del Rey Alonso el Onceno*, in *Crónicas de los Reyes de Castilla, colección ordenada por Cayetano Rosell, Biblioteca de Autores Españoles*, 3vols, Madrid, 1953, pp. 373–374.

(12) "...veyendo quantas gentes avia allí perdido, dellos que morieron de dolencia, et muchos dellos que morieron de feridas, dixo que tenia por bien de tomar la ciubdat, por desviar los peligros que podrían venir, et otrosí por non poner los sus naturales á peligro de morir mas que quantos avian muertos." *Ibid.*, pp. 388–390.

(13) "Et los Moros fueron todos so seguranza del rey con todo lo suyo, que non se les perdió ende ninguna cosa..." *Ibid.* アルヘシラスの占領は，広くキリスト教世界で認知された国際的な快挙であったといえる。1344年４月にはアラゴン連合王国内で，この勝利を祝うための感謝行列が実施されているからである。A. Torremocha Silva, *Fuentes para la historia del Campo de Gibraltar*, Algeciras, 2009, pp. 232–234.

(14) T. Quesada Quesada, "Formas de poblamiento en un área rural de al-Andalus: el valle del río Jandulilla (Jaén)," *Arqueología y Territorio Medieval*, 2 (1995), pp. 5–23.「ヒスン」と「カルヤ」を核とするアンダルス集住形態に関しては，黒田祐我「アンダルス社会から封建社会へ」66～76頁も参照。

(15) N. Agrait, "The Reconquest during the Reign of Alfonso XI (1312–1350)," in *On the Social Origins of Medieval Institutions. Essays in Honor of Joseph. F. O'Callaghan*, Leiden, 1998, pp. 149–165.

(16) M. Rojas Gabriel, "Nuevas técnicas ¿viejas ideas? Revolución Militar, pirobalística y operaciones de expugnación castral castellanas en las guerras contra Granada (c.1325-c.1410)," *Meridies*, 4 (1997), pp. 31–56. 包囲戦から降伏に至るまでの一連の流れは *Crónica de Juan II...*, pp. 304–390を参照。

(17)「新しい軍事史」に関しては，既に引用したガルシア・フィッツの研究に加えて，以下を参照。M. Rojas Gabriel, D. M. Pérez Castañera and F. García Fitz, "Operatividad castral granadina en la frontera occidental durante el siglo XV," in *I Congreso Internacional "Fortificaciones en al-Andalus"*, Algeciras, 1998, pp. 281–294; M. Rojas Gabriel, "Funcionalidad bélica de las fortificaciones castellanas en la frontera occidental con Granada [c. 1350- c. 1481]," in *La fortaleza medieval. Realidad y símbolo*, Alicante, 1998, pp. 47–74; Id., "Estrategia y guerra de posición en la Edad Media. El concepto de la frontera occidental de Granada [c.1275-c.1481]," in *V Estudios de Frontera...*, pp. 665–692.

(18)「グラナダ戦争」における征服過程に関しては M. A. Ladero Quesada, *Castilla y la conquista del reino de Granada*, Granada, 1993が最も包括的な研究である。グラナダ王国の最有力都市のひとつマラガは「寛大な降伏」で征服されておらず，立て籠もった都市住民の多くが捕囚されている。M. A. Ladero Quesada, "La esclavitud por guerras a fines del siglo XV. El caso de Málaga," *Hispania*, 27/105 (1967), pp. 63–88. グラナダの降伏協定においても，少なくとも表面上において信仰の自由は保障されていた。林邦夫「グラナーダ王国の征服―降伏文書の検討を中心として―」『鹿児島大学教育学部研究紀要（人文・社会科学編）』35（1984），21～48頁。

(19) "El rey e la reina. (Espacio en blanco). Por letras del marqués de Villena, nuestro capitán general, avemos sabido con la voluntad e gana que miráis y ponéis en obra las cosas de nuestro serviçio, lo qual vos gradesçemos mucho, y sed çierto que sirviéndonos, rescebiréis por ello de nos merçedes. Y porque sobre esto y sobre otras cosas el marqués de Villena vos escrivirá de nuestra parte, aved por çierto todo lo que de nuestra parte vos escriviere o dixiere. De Sevilla a tres días de abril de XC annos. Yo el rey. Yo la reina. Por mandado del rey e de la reina, Fernando de Zafra." *Treguas, guerra y capitulaciones de Granada (1457–1491). Documentos de los Duques de Frías*, J. A. García Luján ed., Granada, 1998, n. XVI, pp. 119–120.

(20) *Ibid.*, n. XVII, XVIII, XIX, XXIV, XXV, pp. 120–122, 130–132.

(21) A. Galán Sánchez, "Cristianos y musulmanes en el reino de Granada: las prácticas de negociación a través de un reexamen de las capitulaciones de la rendición y de la conversión," in *Negociar en la Edad Media*, Barcelona, 2005, pp. 441–472.

(22) 中世スペインの「宗教的寛容」が強調される傾向があることは周知の通りであろう。この根拠としてしばしば降伏協定にみる寛大さが指摘されてきた。確かに「レコンキスタ」による征服活動の多くは，「寛容」な協定を伴っている。たとえば1085年のトレード征服は，ムスリムに対して残留を許可しており，信仰の自由を保障している。13世紀においても，バレンシアの例に顕著にみられるごとく，とりわけ農村部ではムスリムがそのまま残存している。あるいは残留を許可しない場合でも，私財を伴っての安全な退去を認めている。バーンズは膨大な研究を残しているが，さしあたり R. I. Burns, "How to End a Crusade: Techniques for Making Peace in the Thirteenth-Century Kingdom of Valencia," *Military Affairs*, 35 (1971), pp. 142–148; Id., "Le royaume chrétien de Valence et ses vassaux musulmans (1240–1280)," *Annales E.S.C.*, 28 (1973), pp. 199–225などを参照。

(23) 1328年，「グラナダのムハンマド王は彼［＝アルフォンソ11世］に対抗しうる力がないと知るや，彼と休戦をなし，彼に臣従して，毎年パーリアとして一万二〇〇〇ドブラを提供し "…hizo treguas con él y se ofreció por su vasallo con doce mil doblas cada año de párias, las cuales aceptó el rey D. Alonso"」ている。グラナダ王側からの休戦の申し入れであったが，「王アルフォンソ殿は，親王マヌエル殿の子息たるフアン・マヌエル殿が，他の方面で王になしていたところの反乱の鎮圧に赴くために，これを受け入れることにした」と述べる。アルフォンソ11世の当時の最大の懸案事項は，王国内貴族の反乱鎮圧であった。G. Argote de Molina, *Nobleza de Andalucía, Sevilla, 1588*, reed. by E. Toral Peñaranda, Jaén, 1991, p. 392. 1331年1月2日のアラゴン王宛書状でアルフォンソ11世は，グラナダ王の提示した休戦を受け入れるつもりがないと述べる。しかし同年2月4日のムルシア都市当局宛の書状では，正式な休戦協定の交渉のために3月初旬までの一時的な戦争停止を命じている。早くも同月18日に協定内容

で同意がなされ，この翌日付で正式な休戦協定文書が取り交わされている。A. Giménez Soler, *La Corona de Aragón y Granada: historia de relaciones entre ambos reinos*, Barcelona, 1908, pp. 248–249; AMMU, Cartulario Real 1314–1344, fol. 55 v.; J. Torres Fontes, "El Tratado de Tarazona y la campaña aragonesa en el reino de Granada (1328–1331)," in *La frontera murciano-granadina*, pp. 67–93, Apéndice, pp. 87–93. 1344年の休戦協定証書の写しは A. Canellas, "Aragón y la empresa del Estrecho en el siglo XIV. Nuevos documentos del Archivo Municipal de Zaragoza," *Estudios de Edad Media de la Corona de Aragón*, 2 (1946), pp. 7–73, n. 17, pp. 68–70で刊行されている。1410年の休戦へと至る経緯は *Crónica de Juan II...*, pp. 310–311, 330–343, 401–407を参照。

(24) "Otrosí, empós esto, la cosa que más le cumplirá para sallir bien d'ella es que faga la guerra muy bien, cuerdamente et con grant esfuerço, et con muy grant crueza además. Ca la guer[r]a muy fuerte et muy caliente, aquella se acaba aína, o por muerte o por paz; mas la guer[r]a tivia nin trae paz nin da onra al que la faze, nin da a entender que ha en el vondat nin esfuerzo, así como cumplía. Otrosí, que aya grant entendimiento et grant sabiduría para pleitear bien et saber en el avenencia, cuál es más su onra et su pro, et fazerlo segund desuso es dicho. Et luego que Dios a tal lugar gelo troxiere, tomar la paz et el avenencia muy de grado." Don Juan Manuel, *El libro de los estados*, pp. 586–587.

(25) E. Benito Ruano, "Granada o Constantinopla," *Hispania*, 20/79 (1960), pp. 267–314, p. 270.

(26)「境域」の西方部（タリファ～アンテケラ）あるいは東方部（カソーラ～ロルカ）においては，城砦群の奪取あるいは再奪取が少ない傾向にある。しかしながら都市ハエンを中心拠点とする中央部域においては，ケサダ，ペガラハール，ウエルマ，カンビルといった中小拠点が，その主を頻繁に替えていたと考えられる。

(27) F. J. Aguado González, "Repoblación de las fortalezas en el Reino de Granada: Archidona, Olvera y Ortejícar (1460–1550)," in *Homenaje al Profesor Juan Torres Fontes*, 2vols, Murcia, 1987, vol. 1, pp. 25–39; M. García Fernández, "La carta puebla del castillo de Cote: estudio y edición," *Archivo Hispalense*, 214 (1987), pp. 57–67. 15世紀における人口の推移に関しては，A. Collantes de Terán Sánchez, "Evolución demográfica de la Andalucía bética (siglos XIII–XV)," in *Andalucía Medieval. Actas del I Coloquio de Historia Medieval de Andalucía*, Córdoba, 1982, pp. 21–33を参照。

(28) "En agosto del año de 1462 tuvieron aviso por un desertor los que guarnecían Tarifa y Veger de que toda la caballería de Gibraltar había salido a ejecutar una correría por tierras del rey de Granada, a causa de hallarse a la sazón este reino desgarrado por bandos turbulentos, y seguir Gibraltar la voz de los hijos del Abencerraje, enemigos del rey Cidiza: que tenía la fortaleza Mahomad Caba, contrario al partido de este Monarca, y que no pudiendo soportar los gastos de la guarnición, con poco esfuerzo podía ser rendido."

Crónica de Enrique IV..., vol. 1, p. 137.

(29) アロンソ・デ・パレンシアの『エンリケ4世年代記』は，1310年に征服されていたジブラルタルの喪失（1333年）の理由を以下のように述べている。「長きにわたる異教徒による支配の後，カスティーリャ王フェルナンド［4世］殿は全てのアンダルシーアの称揚，そしてキリスト教徒の航海者の安全とアフリカ沿岸の危険回避のため，［ジブラルタルの］回復に成功し，港と都市を保持することで息子アルフォンソ［11世］殿にアルヘシラス征服のために有利な状況を与えたのである。しかし，同都市の城主バスコ・デ・メイラの強欲さが重大な悲劇の原因となった。というのも彼はグラナダのモーロ人に騙されて麦を高額で異教徒に売却したために恥ずべき罰が招来し，都市と栄誉を失ったのであった」。*Ibid.*, vol. 1, p. 136.

(30) “Casi por aquellos mismos días el maestre de Calatrava se apoderó de Archidona, villa importante de los granadinos, que a pesar de su fortísima posición, encontró mal prevenida por el descuido de sus moradores y por la falta de agua.” *Ibid.*, vol. 1, p. 142.

(31) “Los once restantes que dentro aguardaban lograron no sin dificultad recogerse á la fortaleza con cuantos niños y mujeres pudieron llevar, y ya no temieron el sitio de la encumbrada defensa, porque sobre la dificultad de tomarla, tenían la experiencia de haber fracasado siempre otros Duques en la temeraria empresa.” *Ibid.*, vol. 2, pp. 60–61. カルデラ守備兵は1名が戦死したものの，残りは降伏し助命されている。なおこのカルデラは，本書の第3部で検討する双方の地域間和平の交渉場所として，1471年まで頻繁に登場してくる。

(32) M. Rojas Gabriel et alii, “Operatividad castral granadina...,” pp. 281–294. また以下も参照。Id., *La frontera entre los reinos de Sevilla y Granada...*, pp. 363–378; F. García Fitz, “Guerra y fortificaciones en la Plena Edad Media peninsular: una reflexión en torno a la existencia y funcionalidad bélica de los ‘sistemas defensivos’,” in *V Estudios de Frontera...*, pp. 223–242.

(33) M. González Jiménez, “Relación general: la frontera oriental nazarí,” in *Actas del Congreso: La Frontera Oriental Nazarí...*, pp. 673–678. グラナダ王国における人口過剰と，後で述べるように休戦協定でのグラナダ王国に対する物資供給の制限によって，恒常的な必要物資の不足が，グラナダ「境域」をして，より略奪経済への特化を惹起せしめたのではないか。

(34) “Ca la guerra guerr[i]ada fázenla ellos muy maestriamente, ca ellos andan mucho, et pasan con muy poca vianda, et nunca lievan consigo gente de pie, nin azémilas, sinon cada uno va con su cavallo, tan bien los señores como cualquier de las otras gentes, que non lievan otra vianda sinon muy poco pan et figos o pasas, o alguna fruta. Et non traen armadura ninguna [sinon] adáragas de cuero, et las sus armas son azagayas que lançan, [et] espadas con que fieren. Et porque se traen tan ligeramente, pueden andar mucho.

Et cuando entran en calvalgada, andan cuanto pueden de noche et de día, fasta que son lo más dentro que pueden entrar de la tierra que quieren correr. Et a la entrada, entran muy encubiertamente et muy apriesa, et deque comiençan a correr, corren et roban tanta tierra, [et] sábenlo tan bien fazer que es grant marabilla, que más tierra correrán et mayor daño farán et mayor cavalgada ayuntarán dozientos omnes de cavallo de moros que seicientos omnes de cavallo de cristianos." Don Juan Manuel, *El libro de los estados*, p. 576. 彼は，奇襲と偽装退却に熟達する「モーロ人」の戦術に関しても述べている。*Ibid.*, p. 585.

第五章

(1) R. I. Burns and P. E. Chevedden, *Negotiating Cultures: Bilingual Surrender Treaties in Muslim-Crusader Spain under James the Conqueror*, Leiden, 1999, pp. 195–212; G. Weigert, "A Note on Hudna: Peacemaking in Islam," in *War and Society in the Eastern Mediterranean, 7th-15th Centuries*, Leiden, 1997, pp. 399–405. イスラーム法概念における「アマーン（平和）」の授与と異教徒との休戦協定との関連性に関する概論は，A. K. S. Lambton, *State and Government in Medieval Islam*, Oxford, 1981, pp. 201–218; 安達かおり「後ウマイヤ朝期スペインにおける敵国人の保護―「アマーン」の理論と実際についての一試論―」『アジア文化研究（国際基督教大学アジア文化研究委員会）』11（2002）231～244頁が有益である。

(2) *Medieval Iberia. Readings from Christian, Muslim, and Jewish Sources*, O. R. Constable ed., Philadelphia, 1997, pp. 37–38.

(3) 黒田祐我「11世紀イベリア半島における政治状況」；同「11世紀スペインにおけるパーリア制再考」で既に詳しく論じた。

(4) *Christians and Moors in Spain, volumeIII Arabic sources*（*711–1501*）, Ch. Melville and A. Ubaydli eds., Warminster, 1992, pp. 124–127.

(5) "Iterunt siant ipsas uias quas inter eos sunt securas et bene saluas non eueniet ullum inpedimentum neque ullum nocimentum ad cunctos quos per eas ambulauerint, et si quis ullus malefactor in eas nocuerit, de una parte aut de alia, ut talem confusionem pateat super hoc, ut alius non audeat postea nocere in eas." 黒田祐我「11世紀スペインにおけるパーリア制再考」36頁。

(6) イブン・マルダニーシュに関する最新の研究として I. González Cavero, "Una revisión de la figura de Ibn Mardanish. Su alianza con el reino de Castilla y la oposición frente a los almohades," *Miscelánea Medieval Murciana*, 31（2007）, pp. 95–110を参照した。

(7) *I diplomi arabi del R. Archivio Fiorentino; testo originale con la traduzione letterale e illustrazioni di Michele Amari*, 2vols, Firenze, 1863–1867, vol. 1, pp. 239–240.

（8） F. Ruiz Gómez, “La guerra y los pactos. A propósito de la batalla de Alarcos,” in *Alarcos 1195. Actas del Congreso Internacional Conmemorativo del VIII Centenario de la Batalla de Alarcos*, Cuenca, 1996, pp. 145–167.

（9） *Los milagros romanzados...*, pp. 46–47. 騎兵長については，本書の第２部を参照。

（10） *Primera Crónica General...*, pp. 772–773.

（11） アラゴン王は，チュニジアのハフス朝との休戦協定を介して，アラゴン連合王国の者から構成される傭兵団を送り込んでいた。イスラーム世界で活躍するキリスト教徒傭兵に関しては，黒田祐我「両文明を越境する傭兵―中世西地中海世界におけるキリスト教徒―」『歴史学研究』881（2011），12～21，48頁で既に取り扱った。

（12） Ch. E. Dufourcq, “Chrétiens et musulmans durant les derniers siècles du Moyen Âge,” *Anuario de Estudios Medievales*, 10 (1980), pp. 207–225, pp. 209–210; M. García Fernández, *Andalucía: guerra y frontera...*, p. 197. この点において，同じく異なる宗教を奉ずる「国家」同士の交渉事例が参考となろう。東地中海では，ビザンツと初期イスラーム政権との間（７世紀から10世紀）でも「外交」交渉が頻繁に持たれていた。この目的は，恒久的な和平の構築ではなく，直接的な脅威に対処するための一時的な戦争停止の模索であった。十字軍国家とシリア諸都市との交渉も，期限付きの一時的な休戦を取り交わすことが多かった。C. Holmes, “Treaties between Byzantium and the Islamic World,” in *War and Peace...*, pp. 141–157; 中村妙子「一二世紀前半におけるシリア諸都市と初期十字軍の交渉―協定とジハードからみた政治―」『史学雑誌』109–12（2000），１～34頁。カスティーリャ＝グラナダ王国間休戦協定の基本的特質に関しては，黒田祐我「中世後期スペインにおける対グラナダ戦争，そして平和―予備的考察―」『西洋史論叢』32（2010），47～58頁で，既に論じた。

（13） *Las Siete Partidas...*, Setena Partida, Título XII, Leyes I, II. 他方で平和（paz）とは，「当該者らの間に存在した不和，不愛（desamor）の終わりもしくは終結（*Ibid.*, Ley IIII)」であり，より恒久的な和平状態とみなされていた。とはいえ，実際の休戦協定文書では，休戦と平和がほぼ同義で用いられている。

（14） アマーンとの類似性に関しては，安達かおり「後ウマイヤ朝期スペインにおける敵国人」を参照。

（15） E. Pascua Echegaray, “Peace among Equals: Kings and Treaties in Twelfth-Century Europe,” in *War and Peace...*, pp. 193–210. ビザンツ帝国とウマイヤ朝・アッバース朝との間の休戦交渉では，所与の政治・軍事状況に応じて「弱者」が「強者」へ貢納金を納入することにより，休戦が締結されている。十字軍国家をとりまく状況も同様であった。H. Kennedy, “Byzantine-Arab Diplomacy in the Near East from the Islamic Conquests to the Mid Eleventh Century,” in *Arab-Byzantine Relations in Early Islamic Times*, Aldershot, 2004, pp. 81–91, pp. 82–83; 中村妙子「一二世紀前半におけるシリア諸都市」を参照。

(16) *Crónica de Juan II...*, p. 401.

(17) アラゴンに関する研究は近年サリクルが精力的に取り組んでいる。R. Salicrú i Lluch, "La diplomacia y las embajadas como expresión de los contactos interculturales entre cristianos y musulmanes en el mediterráneo occidental durante la Baja Edad Media," *Estudios de Historia de España*, 9 (2007), pp. 77–106. しかしカスティーリャ史における外交使節に関しての個別研究は少ない。休戦協定をめぐる史料からは，捕虜返還交渉人（alfaqueque）や騎兵長（adalid）など，「境域」都市における役職者が使節を務めるか，あるいは随行する場合が多々みられる。彼らの多くは改宗者であり，ほぼ常にバイリンガルであったと考えられている。「境域」貴族は14世紀後半以降に台頭し始め，四大貴族（フェルナンデス・デ・コルドバ，グスマン，ポンセ・デ・レオン，ファハルド）を各地域の頂点として階層化されていった。

(18) M. García Fernández, *Andalucía: guerra y frontera...*, p. 197.

(19) 1460年の休戦協定は *Documentos de Enrique IV de Castilla (1454–1474): Fuentes Históricas Jerezanas*, J. Abellán Pérez ed., Sevilla, 2010, n. 95, pp. 184–187を参照。双方の誓約において，たとえば1331年の休戦協定でグラナダ王は「唯一で真実の神，我等の主人で預言者たるムハンマド，そしてコーランにかけて（por el Dios, vno et verdadero, et por nuestro sennor et nuestro profeta Mahomad et por el Alcoran)」誓約する。J. Torres Fontes, "El Tratado de Tarazona...," pp. 87–93. 他方でカスティーリャ王は「主たる神と三位一体にかけて」誓約する。1344年の休戦実施時における使節の往復に関しては，*Crónica del Rey Alonso el Onceno...*, p. 390を参照。

(20) グラナダ王国内でも状況は同様であった。たとえば1439年の休戦が締結された後，都市グラナダ内にて協定の締結を記念する祝祭が開催されていたことが，カスティーリャ使節フアン・デ・ラ・ペーニャとルイス・ゴンサレス両名による同年４月22日付の報告書から把握できる。*Memoria histórico-critica sobre las treguas celebradas entre los reyes de Castilla y Granada*, J. Amador de los Ríos ed., Madrid, 1879, n. LXXXI, pp. 137–140. この祝祭に関しては後述する。

(21)『回想録』の該当箇所全文は以下の通りである。「アルフォンソ［６世］によるトレード獲得は，述べたように，年々進行する衰退のせいであった。彼が他の地域の征服に用いた戦術も同じであった。彼の政策は，砦を包囲して，自兵に都市攻撃を命じることではなかった。なぜなら，それを成し遂げるのはあまりに困難であり，またこれらの地域には自身のそれとは異なる信仰の持ち主が住んでいたからである。彼の政策は，毎年，都市から貢納金を取り立てることであり，また様々な形の侵略をもって悩まし，最終的には，トレードがそうであったように，弱体化して屈服するまでこれは続いたのである」。*The Tibyān: memoirs of ʻAbd Allāh...*, p. 113. 当時の情勢に関しては，佐藤健太郎「第三章　イスラーム期のスペイン」『スペイン史（世界歴史大系）』山川出版社，2008年，104～105頁；黒田祐我「11世紀スペインにおけるパーリア制再

考」も参照。

(22) M. Gaspar y Remiro, "Correspondencia diplomática entre Granada y Fez (siglo XIV)," *Revista del Centro de Estudios Históricos de Granada y su Reino*, 1ª serie- 4 (1914), pp. 285–365, p. 292; L. García Arias, "El concepto de guerra y la denominada 'guerra fría'," in *La guerra moderna y la organización internacional*, Madrid, 1962, pp. 91–136.

(23) たとえばカスティーリャ王エンリケ４世は，休戦協定の締結と同時期，1457年10月20日付のヘレス宛書簡で「聖なる正統信仰の敵たるモーロ人に対して激烈に戦争を継続するため糧食が必要である」からとして麦類の流出を禁じる。*Documentos de Enrique IV de Castilla (1454–1474)*..., n. 62, pp. 110–112. 1410年の休戦協定では，交易自体が禁止される。*Crónica de Juan II*..., pp. 402–407. もちろんのこと，後述するように「境域」の当事者らが禁止令を遵守しているわけではなかった。D. Menjot, "La contrabande dans la marche frontière murcienne au bas Moyen Âge," in *Homenaje al Profesor Juan Torres Fontes*, vol. 2, pp. 1073–1083.

(24) 1310年の休戦協定文書は A. Giménez Soler, *La Corona de Aragón y Granada*..., pp. 167–169。1331年のそれは J. Torres Fontes, "El Tratado de Tarazona...," pp. 87–93を参照。1334年の協定文書自体は残存していないが *Gran crónica de Alfonso XI*..., vol. 2, pp. 78–79で締結に至るまでの状況が詳細に記述されている。

第六章

(1) 本章で扱う主題は，既に黒田祐我「中世後期カスティーリャ王国における「戦争と平和」—王国間休戦協定の分析から—」『スペイン史研究』25（2011），１～16頁で扱った。

(2) 休戦協定文書のオリジナルが現存していることはほとんどない。大抵の場合，「境域」各拠点へ締結された休戦に関する情報と，その遵守を命じるために，王権の側から送付された書簡の形で，各地域の古文書館に保管されている。他，年代記史料からの復元もある程度は可能である。いくらかの間違いがあるとはいえ，大枠は J. Rodríguez Molina, *La vida de moros y cristianos*... の「第11章　休戦に関する文書と証言」（pp. 345–416）で把握することができる。なお，表の作成にあたっては他の証書集や古文書所蔵史料原本の情報を加えた。以後は必要に応じて史料の典拠を挙げていく。

(3) AMMU, Cartulario Real 1314–1344, fol. 55 v. 15世紀においては，ほぼ１年から３年という休戦期間が多く登場するのに対し，それ以前においては相対的に長期間な休戦関係が頻出するように思う。

(4) 1409年３月の交渉において『フアン２世年代記』は，「グラナダ王がカスティーリャ王との休戦を望むのであれば，臣従礼を行ない，パーリアを供出せよ」と宮廷を訪れたグラナダ王の使節 "alcayde Zoher" へ条件を突きつける。しかし最終的な締結内容は不明である。*Crónica de Juan II*..., pp. 267–269. この逸話は，少なくともカスティー

リャ王宮廷において，休戦協定にはグラナダ王側の臣従とパーリア供出がつきものであるとみなされ続けていたことを示唆している。15世紀のカスティーリャ王権が過去の記憶を頼りに，臣従をグラナダ王に求め続けていることから考えても，「レコンキスタ」理念の存続は明らかである。しかし散発的かつ短期間の事例を除いて，臣従条項での合意は非常に困難であったと考えられる。

(5) 1439年の「彩色書状」と「支払証文」は *Memoria histórico-critica...*, n.LXXXII, pp. 140–142, LXXXIII, pp. 142–149を，また直接のアラビア語からの翻訳版はJ. A. Marín Ramírez and M. Marcos Aldón, "La embajada de Diego Fernández de Zurita al sultán Muhammad IX de Granada," *Al-Andalus Magreb: Estudios árabes e islámicos*, 5 (1997), pp. 61–74, n. 1, pp. 69–70を参照。1443年のそれらは，J. E. López de Coca Castañer, "Acerca de las relaciones diplomáticas castellano-granadinas en la primera mitad del siglo XV," *Revista del Centro de Estudios Históricos de Granada y su Reino*, 12 (1998), pp. 11–32, n. 1, pp. 24–30, n. 2, pp. 30–32を参照。

(6) アラゴン連合王国とグラナダ王国との関係に関しては，いくつかの休戦協定文書の分析にとどまっており，更なる研究が必要である。たとえば1321年の両王国間の休戦協定（5年間）と1377年のそれ（5年間）は，*Los documentos árabes diplomáticos del Archivo de la Corona de Aragón*, M. A. Alarcón y Santón and R. García de Linares eds., Madrid, 1940, n. 15, pp. 33–36と n. 161, pp. 409–415を参照。最終的に締結には至らなかった1418年の協定（2年間）は *Documents per a la història de Granada del regnat d'Alfons el Magnànim (1416–1458)*, R. Salicrú i Lluch ed., Barcelona, 1999, n. 42, pp. 65–71を参照。サリクルによれば，15世紀における両王国間（アラゴン—グラナダ）の関係交渉は，人的あるいは通商上の関係構築を保障することに力点が置かれ，休戦協定自体を必ずしも介する必要のないものへと変容していくとし，ドュフルクによる「敵対関係の一時的な停止」という定義では把握しえない友好関係であったと主張する。Id., "La treva de 1418 amb Granada: la recuperació de la tradició catalanoaragonesa," *Anuario de Estudios Medievales*, 27 (1997), pp. 989–1019. ここには「陸の境域」と「海の境域」の差異が現れているようにも思う。

(7) とはいえマリーン朝の軍事介入時期においても，カスティーリャ王国側はグラナダ王国を分断させるために，グラナダ王族のアシキールーラ家門を積極的に援助している。F. García Fitz, "Alfonso X, el reino de Granada y los Banū Ašqīlūla. Estrategias políticas de disolución durante la segunda mitad del siglo XIII," *Anuario de Estudios Medievales*, 27/1 (1997), pp. 215–237. 摂政フェルナンド・デ・アンテケラが主導したアンテケラ占領へと結実する戦争の契機はこれと異なり，エンリケ3世（在位1390～1406）の治世末期，ロンダ北方の小城砦アヤモンテをグラナダ側が不法に占拠したことに端を発すると考えられる。しかし4度の短期間の休戦協定を挟みつつ，実際の戦争状態は1407年と08年初旬，10年の春から秋までの短期間となる。1407年のコルテス

（於セゴビア）における開戦の正当性に関する議論は *Crónica de Juan II…*, pp. 69–79 を参照。

（8）“Vi vuestra carta que me enbiastes en que me faziades saber que ouierades nueuas de Granada, que Vzmen que cuydara entrar en el Alhanbra et alçarse con ella et con Granada contra el rey, et que se le non guisara asy commo el quisiera ... que agora abia logar para acabar contra ellos todo lo que quisiese en seruigio de Dios et mío.” *Documentos de Alfonso XI*, F. de A. Veas Arteseros ed., Murcia, 1997, n.LXXV, pp. 87–88. この背景には，ムハンマド４世（在位1325～1333）の宰相イブン・アル＝マフルークとマリーン朝将軍ウスマーンとの間の権勢争いがあった。L. Seco de Lucena Paredes, “El hāŷib Ridwan, la Madraza de Granada y las murallas del Albaicín,” *Al-Andalus*, 21（1956）, pp. 285–296.

（9）*Crónica del Halconero de Juan II por Pedro Carrillo de Huete*, J. de Mata Carriazo y Arroquia ed., Madrid, 1946, pp. 57–58, 70, 104–106. ユースフ４世とフアン２世との間で交わされた臣従協約文書は，L. Suárez Fernández, *Juan II y la frontera de Granada*, Valladolid, 1950, n. IV, pp. 39–42を参照。

（10）M. Rojas Gabriel, *La frontera entre los reinos de Sevilla y Granada…*, Anexo documental, n.VI, pp. 389–390.

（11）“Primeramente que ya saben los debates que son entre el rey don Çag e el rey don Mahomad, e porquel rey don Çag me a escripto çerca de sus fechos que enbia a mi un su fijo e otros cavalleros suyos, e agora es me dicho quel dicho rey don Mahomad viene açercar al dicho rey don Çag, e porque estando el asi en fabla comigo es razonable cosa que yo le mande dar algund favor e ayuda porquel no reçeba en este medio tienpo daño alguno...” *Documentos de Enrique IV de Castilla*（*1454–1474*）*…*, n. 19, p. 33.

（12）王の巡行軌跡は，主に *Documentos de Alfonso XI...* ; *Documentos de la minoría de Juan II. La regencia de Don Fernando de Antequera*, M. V. J. Vilaplana Gisbert ed., Murcia, 1993; F. de Paula Cañas, *El itinerario de la corte de Juan II de Castilla*（*1418–1454*）, Madrid, 2007; J. Torres Fontes, *Itinerario de Enrique IV de Castilla*, Murcia, 1953を用いて再構成した。

（13）“...depués dava fe que tan grande confusión e discordia entre los moros avía e tan quebrantados se syntían de la guerra que este señor les fazía, que todos los comunes, en espeçial los del Alcaçaba e Albaezín, eran de entençión que se diesen al rey, nuestro señor, e biviesen por mudéjares en aquella çibdad e su tierra. E al fin, pensando anpararse de tantos trabajos, deliberaron de tomar por su rey al infante Ismael...” *Relación de los hechos del muy magnífico e más virtuoso señor, el señor don Miguel Lucas, muy digno condestable de Castilla*, J. Carlos Mata et alii eds., Jaén, 2001, p. 77. この「親王イスマーイール」が誰を指すのかをめぐって，研究者間で相異なる主張がなされている。A. Eche-

varría Arsuaga, *Caballeros en la frontera: la guardia morisca de los reyes de Castilla* (*1410–1467*), Madrid, 2006, p. 47を参照。同著者の見解によれば，この人物はイスマーイール４世，すなわちアブー・アル＝ハサン（在位1464～1482）と考えている。なお彼は，カスティーリャ王の宮廷に長く滞在していたとされており，この点でも蓋然性の高い仮説であろう。*Relación de los hechos ...*, p. 77.

(14) *Memoria histórico-critica...* 所収の刊行文書を用い，交渉模様を復元した。

(15) E. Benito Ruano, “Granada o Constantinopla,” p. 274.

(16) エンリケ４世の評価に関する議論は，A. Echevarría Arsuaga, “Enrique IV de Castilla, un rey cruzado,” *Espacio, Tiempo y Forma, Serie III, Historia Medieval*, 17 (2004), pp. 143–156を参照。

第七章

(1) 本章の主題となる外交使節に関しては，既に黒田祐我「文明間を往復する使節―中世後期カスティーリャ王国とナスル朝グラナダ王国間の事例を中心として―」『エクフラシス ― ヨーロッパ文化研究』 3 (2013)，107～122頁で扱った。本章は上記の論文をもとにしている。

(2) “Mensageros vienen muchas vegadas de tierra de moros, e de otras partes a la corte del Rey: e maguer vengan de tierra de los enemigos por mandado dellos: tenemos por bien, e mandamos que todo mensajero que venga a nuestra tierra quier sea christiano, o moro, o judio que venga, e vaya seguro, e saluo por todo nuestro Sennorio, e defendemos que ninguno non sea osado de fazer fuerça, nin tuerto, nin mal a el, nin a sus cosas.” *Las Siete Partidas...*, vol. 3, p. 78.

(3) R. Salicrú i Lluch, “Más allá de la mediación de la palabra: negociación con los infieles y mediación cultural en la Baja Edad Media,” in *Negociar en la Edad Media*, Barcelona, 2005, pp. 409–439; Id., “La diplomacia y las embajadas...,” pp. 77–106; Id., “Translators, interpreters and cultural mediators in Late Medieval Eastern Iberia and Western Islamic diplomatic relationships,” in *10th Mediterranean Research Meeting: Language and Cultural Mediation in the Mediterranean 1200–1800*, 2009. [http://digital.csic.es/bitstream/10261/12714/1/Translators%20interpreters%20and%20cultural%20mediators.pdf（最終アクセス日時2015/12/30）]. 中世西地中海世界におけるヒトの移動の一事例としてのキリスト教徒傭兵に関しては，黒田祐我「両文明を越境する傭兵」で既に概観した。

(4) たとえば1408年の両王国間の休戦協定交渉において，グラナダ王宮廷から “alcayde Zoher” という名の人物が登場するが，彼は改宗者であった。*Crónica de Juan II...*, pp. 267–269. キリスト教徒傭兵が休戦交渉の仲介人を務める代表的なものとしては，13世紀後半から14世紀初頭における事例が挙げられる。黒田祐我「両文明を越境する

傭兵」を参照。1428年，ムハンマド8世の宰相ユースフ・イブン・サッラージュがカスティーリャへ亡命を行なった際，ロペ・アロンソ・デ・ロルカが同行してきている。彼は「騎士でありムルシアの参事会員（regidor）であって，アラビア語を知悉していた」。A. Peláez Rovira, *El reino nazarí de Granada en el siglo XV: dinámica política y fundamentos sociales de un estado andalusí*, Granada, 2009, p. 93. 15世紀前半の西地中海圏での「外交」にまつわるヒトの移動の具体事例として，黒田祐我「中世西地中海域のダイナミズム―宗教を越えた合従連衡とヒトの移動―」三代川寛子編『東方キリスト教諸教会 ── 基礎データと研究案内（増補版）』上智大学アジア文化研究所イスラーム地域研究機構，2013年，266〜273頁を参照。

（5）*Documents per a la història de Granada...*, n. 26, pp. 49–50, n. 30, pp. 51–52, n. 34, pp. 57–58, n. 39, pp. 62–63, n. 40, pp. 63–64, n. 41, pp. 64–65, n. 42, pp. 65–71, n. 46, pp. 74–75.

（6）"Fasémosvos saber que nos llegaron vuestras cartas, las que nos embiastes con vuestro mensajero Beringuer Mercader e con Hayrin, e entendemos todo lo contenido en ellas. E, a lo que nos embiastes desir que embiávades al dicho vuestro mensajero ante nós sobre los negoçios que allá avía tractado Hayrin, muy alto e muy ensalçado rey, nuestro hermano [e] amigo, sabed que ante nós fesieron rrelaçión, e ante los del nuestro consejo, el dicho vuestro mensajero e Hayrin, cada uno d'ellos por sy. E, seg[und] la rrelaçión a nós fecha por ellos, fallamos que non concordavan los capítolos que el dicho vuestro mensajero mostró con los [ca]pítolos que nós avíamos embiado con el dicho Hayrin. E, muy alto e muy ensalçado rey, nuestro hermano e amigo, nós mandamos paresçer ante los del nuestro consejo los dichos Beringuer Mercader, vuestro mensajero, e Hayrin, porque ante los del nuestro consejo determinasen ellos los negoçios e, segund que paresçe, que non concordavan las rasones e capítolos del uno con el otro. E nós, veyendo los tales negoçios e la descordia d'ellos, non podimos nós afirmar los tales negoçios, por quanto non heran de la manera e forma que lo nós avíamos mandado al dicho Hayrin que los fisiese." *Ibid.*, n. 51, pp. 78–79.

（7）"...por la presente vos damos é otorgamos conplido bastante poderio, para que podades por Nos é en nuestro nombre, tractar é concordar con el Rey é moros de Granada, trégua de la guerra que con ellos avemos, por el tiempo é segund é en la manera é forma é con las condiçiones que vos vieredes é entendieredes, é faser é otorgar sobre ello por Nos é en nuestro nombre é de nuestros regnos é tierras é partidas dellos, qualquier seguridad é conçierto é conçiertos, con qualesquier firmesas é juramentos é obligaçiones é penas, é lo resçebir del dicho Rey de Granada para sy é para su regno é tierra." *Memoria histórico-critica...*, n. XXXIV, pp. 94–95.

（8）*Documents per a la història de Granada...*, n. 179–180, pp. 220–222. 同様に，翌年3月

28日付において，同ヤコブに対し，アラゴン両国内における身体，財あるいは同行者の安全保障と王国内の通行の自由を許可している。*Ibid.*, n. 183–185, pp. 224–226.

（9）「外交」使節の特定に関して筆者が用いた文献は以下の通りとなる。年号は基本的に前章で提示した王国間休戦協定の成立年と符合させてあるが，協定違反行為の裁定と休戦状態への復帰を行なうための使節が判明している場合は，それも書き加えてある。（1276年: M. A. Manzano Rodríguez, *La intervención de los benimerines...*, p. 20.）（1277～1278年: M. A. Manzano Rodríguez, *La intervención de los benimerines...*, p. 56; J. Alemany, "Milicias cristianas al servicio de los sultanes del AlMagreb," in *Homenaje a F. Codera*, Zaragoza, 1904, p. 144.）（1281年: *Crónica de Alfonso X...*, p. 220.）（1291年: *Crónica del Rey Don Sancho el Bravo*, in *Crónicas de los Reyes de Castilla, colección ordenada por Cayetano Rosell, Biblioteca de Autores Españoles*, 3vols, Madrid, 1953, vol. 1, pp. 84–85.）（1300年: *Colección documental del Archivo Municipal de Úbeda vol. 1*, J. Rodríguez Molina ed., Granada, 1990, n. 76, pp. 122–124.）（1304年: *Crónica del Rey Don Fernando IV 〈Fernán Sánchez de Valladolid〉*, in *Crónicas de los Reyes de Castilla, colección ordenada por Cayetano Rosell, Biblioteca de Autores Españoles*, 3vols, Madrid, 1953 vol. 1, pp. 132–133.）（1312年: G. Argote de Molina, *Nobleza de Andalucía...*, p. 374.）（1316年: M. García Fernández, "Regesto documental andaluz de Alfonso XI（1312–1350）," *Historia, Instituciones, Documentos*, 15〈1988〉, n. 30, p. 9.）（1320年: A. Giménez Soler, *La Corona de Aragón y Granada...*, pp. 212–214.）（1331年: A. Giménez Soler, *La Corona de Aragón y Granada...*, pp. 248–249.）（1332年: *Documentos de Alfonso XI...*, n.CCVII, pp. 238–239.）（1334年: *Gran crónica de Alfonso XI...*, vol. 2, pp. 78–79; M. A. Manzano Rodríguez, *La intervención de los benimerines...*, pp. 231–232.）（1338年: M. A. Manzano Rodríguez, *La intervención de los benimerines...*, pp. 238–239.）（1344年: M. García Fernández, *Andalucía: guerra y frontera...*, pp. 205–209.）（1369～1370年: L. Suárez Fernández, "Política internacional de Enrique II," Apéndice documental n. 1, pp. 60–61.）（1379年: AMMU, Actas Capitulares No. 6, fol. 50 v.）（1382年: AMMU, Actas Capitulares No. 9, fol. 59 r-v.）（1403年: J. Torres Fontes, "El alcalde entre moros y cristianos del reino de Murcia," *Hispania*, 20〈1960〉, pp. 55–80, Apéndice documental n. 3. p. 77.）（1408年: *Crónica de Juan II...*, pp. 241–242, 257–258.）（1409年：*Crónica de Juan II ...*, pp. 267–269.）（1410年: *Crónica de Juan II ...*, pp. 310–311, 397–398, 402–407.）（1412年: Giménez Soler, *La Corona de Aragón y Granada...*, p. 334.）（1413年: AMMU, Libro registro de cartas reales de 1411–1429, fol. 6 v.）（1414年: M. Arribas Palau, *Las treguas entre Castilla y Granada firmadas por Fernando I de Aragón*, Tetuán, 1956, doc. 12.）（1416年: *Documents per a la història de Granada...*, n. 1, pp. 21–22.）（1417年: *Crónica de Don Juan II 〈Fernán Pérez de Guzmán〉*, in *Crónicas de los Reyes de Castilla, colección ordenada por Cayetano Rosell, Biblioteca de Autores Españoles*, 3vols, Madrid, 1953, vol. 2, p. 373.）

（1421年: *Crónica de Don Juan II 〈Fernán Pérez de Guzmán〉...*, p. 405.）（1424年: *Documentos de Juan II*, J. Abellán Pérez ed., Murcia, 1984, pp. 243–244.）（1430年: G. Argote de Molina, *Nobleza de Andalucía...*, pp. 674–675.）（1439年: *Memoria histórico-critica...*）（1442年: J. E. Lópéz de Coca Castañer, "Fernando Álvarez de Toledo, capitán de la frontera de Jaén 〈1434–1437〉," *Anuario de Estudios Medievales*, 33–2 〈2003〉, pp. 643–666; J. A. Marín Ramírez and M. Marcos Aldón, "La embajada de Diego Fernández de Zurita...," pp. 61–74.）（1443年: J. E. López de Coca Castañer, "Acerca de las relaciones diplomáticas...," Apéndice Documental, n. 2, pp. 30–32.）（1446年: VV.AA., *I Exposicion historico-militar: Casa de Pilatos, Sevilla, mayo-junio de 1971*, Sevilla, 1971.）（1448年: M. A. Ladero Quesada, *Andalucía en el siglo XV...*, p. 109.）（1450年: J. Abellán Pérez, "Jerez, las treguas de 1450 y la guerra civil granadina," in *La ciudad de Jerez de la Frontera y el reino de Granada*, Helsinki, 2006, pp. 77–93, Apéndice documental, n. 3, pp. 90–91.）（1452年: L. Seco de Lucena Paredes, "Más rectificaciones a la historia de los últimos nasríes," *Al-Andalus*, 24–2 〈1959〉, pp. 275–295; J. Torres Fontes, "La intromisión granadina en la vida murciana, 1448–1452," *Al-Andalus*, 27–1 〈1962〉, pp. 105–154.）（1454年: *Diplomatario del reino de Granada: documentos de Juan II de Castilla 〈1407–1454〉 del Archivo Municipal de Jerez de la Frontera*, J. Abellán Pérez ed., Granada, 2011, n. 329, p. 696.）（1455年: J. Torres Fontes, *Estudio sobre la "Crónica de Enrique IV" del Dr. Galíndez de Carvajal*, Murcia, 1946, Cap.XXI.）（1456年: J. Torres Fontes, "Enrique IV y la frontera de Granada 〈las treguas de 1458, 1460 y 1461〉," in *La frontera murciano-granadina*, pp. 267–314.）（1457年: *Treguas, guerra y capitulaciones de Granada...*, pp. 79–81.）（1458年: I. Montes Romero-Camacho, "Un gran concejo andaluz ante la guerra de Granada: Sevilla en tiempos de Enrique IV 〈1454–1474〉," *En la España Medieval*, 5 〈1984〉, pp. 595–651.）（1460年: J. Torres Fontes, "Enrique IV y la frontera de Granada...," Apéndice documental, n. 1.）（1461年: J. Torres Fontes, "Enrique IV y la frontera de Granada..."）（1462年: J. Torres Fontes, "Las treguas con Granada de 1462 y 1463," *Hispania*, 23/90 〈1963〉, pp. 163–199, Apéndice documental n. 3, pp. 194–195.）（1463年: J. Torres Fontes, "Las treguas con Granada de 1462 y 1463," n. 5, pp. 197–198.）（1465年: J. Torres Fontes, "Las treguas con Granada de 1469 y 1472," *Cuadernos de Estudios Medievales*, 4–5 〈1976–7〉, pp. 211–236.）（1472年: *Treguas, guerra y capitulaciones de Granada...*, n. VI, pp. 92–105.）（1475年: J. Torres Fontes, "Las relaciones castellano-granadinas desde 1475 a 1478," *Hispania*, 22/86 〈1962〉, pp. 186–229.）（1476年: C. Perea Carpio, "La frontera concejo de Jaen - Reino de Granada en 1476," *Cuadernos de Estudios Medievales*, 10–11 〈1982–1983〉, pp. 231–238, Apendice documental, pp. 237–238.）（1477年: J. A. de Bonilla y Mir and E. Toral Peñaranda, *El tratado de Paz de 1481 entre Castilla y Granada*, Jaén, 1982, pp. 44–48.）（1478年: J. A. de Bonilla y Mir and E. Toral Peñaranda, *El tratado*

de Paz de 1481..., pp. 36–43.)(1481年: J. A. de Bonilla y Mir and E. Toral Peñaranda, *El tratado de Paz de 1481...*, pp. 21–23, 29–32.)

(10) 1300年の使節グティエレ・ペレスは，カラトラバ騎士団代官を経て，ガルシ・ロペス・デ・パディーリャ団長のもとで後に総代官を務めている。後者は1316年の交渉を行なっている。1331年のバスコ・ロドリゲス・デ・コルナドはサンティアゴ騎士団長であり，1328年には短期間ではあるが境域大総督に就任している。F. de Rades y Andrada, *Crónica de las tres Órdenes y Cavallerías, de Santiago, Calatrava y Alcántara, 1572, ed. facsímil*, Valladolid, 2009: "Chronica de Calatraua," pp. 48–52; "Chronica de Sanctiago," pp. 41–42.

(11) J. E. López de Coca Castañer, "Sobre las relaciones de Portugal con el Reino de Granada (1369–1415)," *Meridies*, 5–6 (2002), pp. 205–210.

(12) F. de Rades y Andrada, *Crónica de las tres Órdenes...*: "Chronica de Calatraua," pp. 61–62; "Chronica de Sanctiago," pp. 53–54.

(13) ペドロ・ヒロンに関しては J. F. O'Callaghan, "Don Pedro Girón, Master of the Order of Calatrava, 1445–1466," *Hispania*, 21/83 (1961), pp. 342–390を，フアン・パチェコに関しては J. F. Jiménez Alcázar, "Control y poder territorial: las ambiciones fronterizas en el reino de Murcia de D. Juan Pacheco, marqués de Villena," in *V Estudios de Frontera...*, pp. 363–372を参照。

(14) 13世紀から14世紀にかけて進行する，「境域」における身分階層の分化と極度な軍事化傾向に関しては，M. González Jiménez, "De la expansión a la crisis: la sociedad andaluza entre 1225 y 1350," in *I Estudios de Frontera...*, pp. 211–238を参照。「戦争遂行型社会」の特質は，本書の後半で詳しく取り扱う。

(15) C. Juan Lovera, "Alcalá la Real: puerta a Granada de Castilla," *Boletín del Instituto de Estudios Giennenses*, 91, (1977), pp. 9–45; Id., "Alcalá la Real: la mejor puerta de Granada a Castilla," in *Actas del I Congreso de Historia de Andalucía...*, vol. 1, pp. 325–332; J. Rodríguez Molina, "Luchas entre señores por la fortaleza de Alcalá la Real," in *V Estudios de Frontera....*, pp. 645–664. たとえば1453年８月４日，フアン２世が都市アルカラ・ラ・レアルに宛てた書状では，グラナダ王ムハンマド９世が死去し，ムハンマド８世の子息がムハンマド10世として即位したとの情報，そして休戦協定の維持継続を新王が望んでいることを伝達したことに対して，感謝の意を表している。フアン２世は休戦の継続を命ずるとともに，グラナダ王国内の混乱を即座に知らせるようにと要請している。*Colección diplomática medieval de Alcalá la Real*, F. Toro Ceballos ed., 2vols, Alcalá la Real, 1988, vol. 1, n. 72, p. 145.

(16) "E de la muerte deste rey de Granada nunca supieron los cristianos, fasta veinte días de mayo que lo sopo don Alonso Fernández, alcayde de Alcalá la Real, estando en Alcalá ; por quanto este rey Yuçaf, rey de Granada, envió sus cartas al dicho don Alonso

Fernández, en que le envió a fazer saber cómo plogó a Dios de llevar deste mundo al rey Mahomad, su hermano, e él que quedó en su lugar por rey de los moros de Granada. Por ende, que escriuía al Rey de Castilla, su señor, con Avdalla Alamín, su mandadero, que a él enbiaua, sobre razón de la tregua quel Rey su hermano avía puesto con él. E quél que hera plazentero de la guardar, e ansí la entendía de la guardar. E en tanto que le venía mandado de su Rey, que enbiase mandar a los alcaides de la tierra de los cristianos, e a los que están en fronterías, que lo quisiesen ansí guardar. E don Alonso Fernández, ansí como vido las cartas del rey de Granada, luego escriuió a la Reyna e al Infante, a les fazer saber la muerte del rey de Granada, cómo yban a él mandaderos del rey nuevo de Granada. E escriuió a Seuilla e a Córdoua, e a todos los lugares de la frontera, enviándoles el traslado de la carta que el rey de Granada avía enbiado, e sus cartas : que estouiesen quedos e que gardasen las treguas como fasta entonçes avían seydo guardadas, fasta que los señores Reyna e Infante, tutores del Rey, enviasen mandar lo que sobre ello se fiziese." *Crónica de Juan II...*, pp. 241–242.「女王殿と親王殿」とは，フアン２世の母カタリーナ・デ・ランカスターとフェルナンド・デ・アンテケラである。２人とも王の幼少期であるため摂政位に就いていた。

(17) J. Torres Fontes, "El adalid en la frontera de Granada," *Anuario de Estudios Medievales*, 15 (1985), pp. 345–366. 先にみた1408年の逸話において，アルフォンソ・フェルナンデス・デ・コルドバ２世は「改宗者で捕虜返還交渉人であったマルティン・アロンソ」を王のもとに派遣されるグラナダ使節に同伴させている。*Crónica de Juan II...*, pp. 241–242.

(18) *Memorias de Don Enrique IV de Castilla, tomo II: Colección diplomática*, Madrid, 1913, n.CXC, pp. 659–660.

(19) 詳しい経緯は，J. Torres Fontes, "Las relaciones castellano-granadinas desde 1475 a 1478" を参照。

(20) "...con la embajada a Barrionuevo, que siguió la negociación con menos autoridad y astucia de lo necesario. Así nada definitivo se conseguía, y entre la guerra y las treguas, las fronteras andaluzas padecían las consecuencias de tanta indecisión, no sin grave peligro para muchos. La misma necesidad obligó a D. Fernando a tomar una resolución, pesaroso del anterior descuido, cuando a su llegada, la víspera de entrar en Sevilla, después de escuchar a Pedro de Barrionuevo las fábulas que de los granadinos le refirió, volvió a enviarle con segunda embajada al rey Albuhacén, sin acordarse de lo inútil de la primera, por su falta de habilidad y la ninguna ventaja obtenida para lo futuro. La triste experiencia le hizo abrir los ojos al fin, y llamando al conde de Cabra D. Diego de Córdoba, su pariente, sujeto de gran prudencia, de lealtad y afecto bien probados hacia los Reyes, y no mal quisto del de Granada, le confió aquel cargo, muy adecuado a sus

cualidades." *Crónica de Enrique IV...*, vol. 3, p. 58.

(21) 1264年の大規模ムデハル反乱の際，教皇から十字軍特権を得たアルフォンソ10世は，同反乱を煽動したグラナダ王への戦争を行なうべく十字軍説教の実施をクエンカ司教へ命じる。しかしその根拠は，「グラナダ王が余に対しもはや臣下ではない」と述べたことにあった。そして「彼がかかる行為において余に対して示した，かほどに甚大なる裏切り」にあり，「彼は神に誓って余となした協約を偽り破棄したのであるから，今や彼にその代償を要求する権利が余にある」と理由づけていた。*Diplomatario Andaluz...*, n. 286, pp. 313–316. また「レコンキスタ」理念は，カトリック両王期に至るまで，アンダルスへの軍事介入の最終的な大義名分となっていた。このことは，既に序論で論じた。J. E. López de Coca Castañer, "Mamelucos, otomanos y caída del reino de Granada," *En la España Medieval*, 28 (2005), pp. 229–258.

(22) J. de M. Carriazo y Arroquia, "Un alcalde...," p. 139.

第二部

第八章

(1) J. de M. Carriazo y Arroquia, "Un alcalde...," p. 139.

(2) A. Peláez Rovira, *El reino nazarí de Granada...*, p. 123.

(3) C. Sánchez Albornoz, *España, un enigma histórico*, 2vols, Barcelona, 3ed., 1971, vol. 2, p. 102.

(4) 「境域」における家畜放牧に関しては C. Argente del Castillo Ocaña, *La ganadería medieval andaluza: siglos XIII–XVI. Reinos de Jaén y Córdoba*, Jaén, 1991と M. A. Carmona Ruiz, *La ganadería en el reino de Sevilla durante la Baja Edad Media*, Sevilla, 1998; Id., "Ganadería y frontera: los aprovechamientos pastoriles en la frontera entre los reinos de Sevilla y Granada. Siglos XIII al XV," *En la España Medieval*, 32 (2009), pp. 249–272を参照。

(5) M. González Jiménez, "Andalucía a debate," in *Andalucía a debate*, Sevilla, 2ed., 1998, pp. 13–67. 引用箇所は pp. 52–53.

(6) A. Bazzana, "El concepto de frontera en el mediterráneo occidental en la Edad Media," in *Actas del Congreso: La Frontera Oriental Nazarí...*, pp. 25–46. 貢納社会と封建社会に関しては，黒田祐我「アンダルス社会から封建社会へ」で詳しく論じた。

(7) J. L. Martín Martín, "II Estudios de Frontera. Aportaciones," in *II Estudios de Frontera...*, pp. 21–37.

(8) M. González Jiménez and A. L. Molina Molina, "Introducción," in *Los milagros romanzados...*, p. 14.

(9) J. Rodríguez Molina, *La vida de moros y cristianos...*, pp. 418–419.

(10) この意味において，サリクル女史の指摘は的を射ているといえる。「一枚岩的あるいは一方向的にイスラームとの関係を考察することはできず，常にその二律背反性，二重性，そして恒常的かつ明白な矛盾を意識していく必要がある。つまりは，共存への意思表示，交渉，相互の文化変容あるいは和平的関係と，優勢であり続けた軋轢や敵意とは併存しているのである。というのも，双方の側面とは同じで分かちがたい現実を形成しているからである」。R. Salicrú i Lluch, "Benedicto XIII y los musulmanes. Aspectos de una dualidad," in *Iglesias y Fronteras. V Jornadas de Historia en la Abadía*, Jaén, 2005, pp. 699–711. 引用箇所は p. 701。

第九章

(1) E. Lourie, "A Society Organized for War: Medieval Spain," *Past and Present*, 35 (1966), pp. 54–76.

(2) J. F. Powers, *A Society Organized for War: the Iberian Municipal Militias in the Central Middle Ages, 1000–1284*, Berkeley, 1988.

(3) このような中世後期「境域」の特質は，M. Apostolov, *The Christian-Muslim Frontier. A Zone of Contact, Conflict or Cooperation*, London, 2004, pp. 6–39で論じられているように，地域と時代を問わずキリスト教世界とイスラーム世界との狭間に形成されていくフロンティアに概ね共通するものといえる。

(4) J. Torres Fontes, "Los fronterizos murcianos en la Edad Media," *Murgetana*, 100 (1999), pp. 11–12; F. García Fitz, "Una frontera caliente. La guerra en las fronteras castellano-musulmanas (siglos XI–XIII)," in *Identidad y representación de la frontera...*, pp. 159–179; M. Rojas Gabriel, *La frontera entre los reinos de Sevilla y Granada...*, 1995, pp. 153–204; Id., "El valor bélico de la cabalgada...," p. 297; Id., "La frontera castellano-granadina. Entre el tópico historiográfico y las nuevas perspectivas de análisis," in *I Encuentro de Historia Medieval...*, pp. 97–106.

(5) M. C. Quintanilla Raso, "Consideraciones sobre la vida en la frontera de Granada," in *Actas del III Coloquio de Historia Medieval Andaluza...*, pp. 510–519; M. D. Martínez San Pedro, "El Fuero de las Cabalgadas," in *III Estudios de Frontera...*, pp. 461–474; M. Martínez Martínez, "La cabalgada: un medio de vida en la frontera murciano-granadina (siglo XIII)," *Miscelánea Medieval Murciana*, 13 (1986), pp. 49–62.

(6) "La frontera de España, es de natura caliente e las cosas que nascen en ella, son mas gruessas, e de mas fuerte complision que las de la tierra vieja." *Las Siete Partidas...*, Segunda Partida, Título XXII, Ley VII.

(7) "Fazemos vos saber que viernes postrimero dia de mayo que agora paso se pregonaron las pazes entre nos e el rey de Benamarin e el rey de Granada por ocho annos..." *Documentos de Enrique II*, L. Pascual Martínez ed., Murcia, 1983, n. 55, pp. 85–86.「マ

リーン族の王」とは，マグリブのマリーン朝君主のことである。

(8) AMMU, Actas Capitulares No. 3, fol. 16 r.

(9) AMMU, Actas Capitulares No. 3, fol. 68 v.

(10) “Et por quanto paresçio enel dicho conçeio Berenguer Sarannana, vesino de la dicha çibdat e alfaqueque ques de los catiuos christianos que estan catiuos en tierra de moros. Et dixo que maguer el tenia carta de seguramiento de los alcaides e aljamas e viejos de Vera e de Belis por que pueda yr e venir a los dichos lugares saluo e seguro en fecho de los catiuos que por todo esto el non podia yr bien seguramente por tierra de moros sin carta de segurança del Rey de Granada para que pueda yr sano e seguro por toda su tierra. Et por esta razon los dichos omnes buenos e ofiçiales ordenaron e mandaron quel sea dada al dicho Berenguer Sarannana carta del conçeio para el rey de Granada para quel mande dar carta de segrança al dicho Berenguer Sarannana para que pueda yr saluo e seguro por toda la su tierra, la qual carta mandaron dar en la manera que se sigue. Sennor, nos el Conçeio e omnes buenos e ofiçiales de la noble çibdad de Murcia, vos besamos las manos (...) Por que nos pedimos por merçed que sea la vuestra merçed de mandar dar vna vuestra carta para que pueda yr e venir por todo el vuestro sennorio en fecho de los Catiuos, el e otro omne con el e con todo lo que lleuare e troxiere saluo e seguro de dia e de noche por Camyno e por las villas tan bien en guerra commo en pas segund vso de alfaqueques. Et es la vuestra merçed que nos demos otra carta de asegurança para qual quier de alfaqueque del vuestro sennorio, qual vos quisieredes somos prestos de lo faser. E sennor, mantenga vos Dios.” AMMU, Actas Capitulares No. 3, fols. 108 r.-109 v.

(11) AMMU, Actas Capitulares No. 3, fol. 115 r.-v.

(12) *Actas Capitulares de Morón de la Frontera (1402–1426)*, M. González Jiménez and M. García Fernández eds., Sevilla, 1992を用いて，添付の表を作成した。

(13) モロンと同様に，1425年にはメディナ・シドニアに対しても略奪を繰り返していた。「境域」の西方部全体が，同年には警戒態勢に置かれていたことが推察される。*Diplomatario del reino de Granada...*, n. 41, pp. 143–144.

(14) 征服過程に関しては先駆研究 J. González González, “Las conquistas de Fernando III en Andalucía” が，都市セビーリャの「土地再分配」に関しても彼の *Repartimiento de Sevilla, introducción por M. González Jiménez*, 2vols., Sevilla, 1998が必須文献となる。「土地再分配」で目指された都市への入植計画，ムスリムの残留を念頭に置いた農村構造に関しては，M. González Jiménez, *En torno a los orígenes de Andalucía*, Sevilla, 2ed., 1988が詳しい。

(15) ムデハル反乱後のアンダルシーア社会の変容に関しては，ゴンサレス・ヒメネスが数多くの論考でとりあげてきている。とりわけ M. González Jiménez, *La repoblación*

del reino de Sevilla en el siglo XIII, Granada, 2008に収められた諸論考が有益である。

(16) ムデハル反乱の後，14世紀前半にかけてのアンダルシーア社会の変容に関しては，前述のゴンサレス・ヒメネスの論文集に加えて，M. González Jiménez, *La repoblación de la zona de Sevilla durante el siglo XIV*, Sevilla, 3ed., 2001を参照。15世紀のアンダルシーア社会研究は今でも M. A. Ladero Quesada, *Andalucía en el siglo XV...* が必読である。また同著者の中世後期の貴族に関する諸論文の再録集として Id., *Los señores de Andalucía: investigaciones sobre nobles y señoríos en los siglos XIII a XV*, Cádiz, 1998も有益である。

(17) M. García Fernández, *El reino de Sevilla en tiempos de Alfonso XI* (*1312–1350*), Sevilla, 1989, pp. 41–75; Id., “Población y poblamiento en la Banda Morisca (siglos XIII-XV),” in *La Campiña sevillana y la frontera de Granada* (*Siglos XIII–XV*)*: estudios sobre poblaciones de la Banda Morisca*, Sevilla, 2005, pp. 49–65.

(18) M. García Fernández, *El reino de Sevilla…*, pp. 41–75; Id., *Andalucía: guerra y frontera...*, pp. 92–131; Id., “La organización social del espacio en la frontera. Écija en tiempos de AlfonsoXI (1312–1350),” in *Actas del III Congreso de Historia. Écija en la Edad Media y Renacimiento*, Sevilla, 1993. [reed. in *La Campiña sevillana y la frontera de Granada* (*siglos XIII–XV*)..., pp. 303–313.] ハエンは「拠点都市」でもあったが，グラナダからの侵入行為の目的地となる場合が多かったため，前線拠点としての性格も兼ね備えていた。たとえば，カスティーリャ王国の内戦時の1368年，都市ハエン自体がカスティーリャ王ペドロ１世と結託したグラナダ王国軍によって一時的に征服され略奪されている。R. Turatti Guerrero, “La quema de los Archivos de Jaén en 1368, ¿moros de Granada o Pedro I ?,” in *IV Estudios de Frontera...*, pp. 579–591.

(19) 歴史地理学を駆使した先駆研究 C. Torres Delgado, *El antiguo reino nazarí de Granada…*, pp. 305–360が，カスティーリャ＝グラナダ「境域」の防備網を分析している。2004年に刊行された『第五回境域研究集会（V Estudios de Frontera)』に収録されている３論考がカスティーリャ，グラナダ側双方で構築された防衛網の実態をさらに詳細に分析している。これら３つの論文それぞれが，ハエン王国，コルドバ王国，そしてナスル朝領域各々の防衛網の存在を指摘している。C. Argente del Castillo Ocaña, “Factores condicionantes del sistema defensivo fronterizo en el Reino de Jaén,” in *V Estudios de Frontera...*, pp. 37–55; R. Córdoba de la Llave, “El sistema castral fronterizo en la provincia de Córdoba,” in *V Estudios de Frontera...*, pp. 109–124; A. Echevarría Arsuaga, “Abencerrajes, nazaríes y las fortalezas de la frontera granadina,” in *V Estudios de Frontera...*, pp. 147–160.

(20) “Estaba ya en este tiempo Orihuela toda cercada porque los lugares circunvecinos estaban ocupados por el rey de Castilla, sólo el castillo de Callosa quedaba por Aragón, que era de algún provecho para los que trabajaban en la huerta, porque desde él, con

ahumadas de día y alimaras de noche, avisaban cuando venían enemigos." *Anales de Orihuela de Mosén Pedro Bellot* (*siglos XIV–XVI*), J. Torres Fontes ed., 2vols, Murcia, 2001, vol. 1, p. 137.

(21) "Cansaba mucho a los de Orihuela este modo de guerrear, porque habían de estar continuamente con las armas en la mano aguardando el apellido, y lo que peor era, que pocas veces alcanzaban a los enemigos siendo el término tan extendido, que cuando llegaba la nueva ya los moros se habían retirado…" *Ibid.*, vol. 1, pp. 185–186.

(22) "...por quanto segunt el grant prouecho que nascia e era enlos mis rregnos por estar los mis castillos e logares fronteros delos moros bien poblados, notorio era enlos dichos mis rregnos, e que considerando el tal prouecho, los rreyes donde yo venia e yo les dieran e diera franquezas e libertades de monedas e pedidos e alcaualas e de todo otro trebuto, e avn a algunos dellos pagas de pan e dineros e otras muchas mercedes, e avn que con todo esto, non podían estar bien poblados, segunt el mal e el danno que rrescebian cada dia delos moros asi en tienpo de treguas commo en tienpo de guerras..." *Cortes de los antiguos reinos de León y de Castilla. Publicadas por la Real Academia de la Historia*, 5vols, Madrid, 1861–1903, vol. 3, pp. 76–77.

(23) J. Torres Fontes, *Fajardo el Bravo*, 2ed., Murcia, 2001, p. 19.

(24)「殺害犯特権」に関しては，黒田祐我「中世カスティーリャの「辺境」における「殺害犯特権 (derecho de homicianos)」—その起源と展開—」『史観』165 (2011), 71～87頁で既に論じた。

(25) "Otrosí: Mandamos é defendemos firmemente que todos aquellos que se fueren para Gibraltar, é que sean y vecinos y moradores quier que sean golifanes ó ladrones, ó que hayan muerto homes, ó otros homes qualesquier malhechores que sean, ó muger casada que se fuya á su marido, ó en otra manera qualquier, que sean y defendidos y amparados de muerte, e que los que y estubieren é moraren en la villa ó en su termino que ninguno non sea osado de les faser mal ninguno, non seyendo ende ome trahidor que dió castillo contra su señor, quebrantó tregua ó paz de rey ó leva muger de su señor, que estos que non sean y amparados, mas que hayan aquella pena que merecen." A. Benavides, *Memorias de D. Fernando IV de Castilla*, 2vols, Madrid, 1860, vol. 2, doc.495, pp. 708–710.

(26) "Otrosí: Todo home qualquier malfechor que sea, salvo trahidor, segund dicho es de suso que en Gibraltar morare año y dia, quier que sea vecino quier no, que le sea perdonada la nuestra justicia, salvo faciendo el maleficio en la dicha Gibraltar." *Ibid.*

(27) この点で，13世紀後半に編纂された『七部法典』の規定と合致している。*Las Siete Partidas...*, Setena Partida, Título VIII, Ley XV は次のように述べる。「しかしイスパニアの慣習法に従って，裏切りあるいは計画により他者を殺害した者皆は，騎士であれ

他の者であれ，上記の裏切りに関する条項で述べた通り，死罪となるべし。（Mas segun el fuero de España todo ome que matasse a otro a traycion, o aleue, quier sea cauallero, o otro, deue morir porende, segund diximos de suso en el titulo de las trayciones.)」また，本書の第1部で分析したところの王国間休戦の維持を，王権がいかに「境域」の統治で重視していたかを物語っている。

(28) オルベラの入植許可状は R. Escalona, *Historia del real monasterio de Sahagún: sacada de la que dexó escrita el Padre Mártir Fr. Joseph Pérez*, Madrid, 1782（Edición facsímil: León, 1982）, Apéndice de textos, n. 3, pp. 205–207. アルカウデテは J. M. Ruiz Povedano, "Poblamiento y frontera. La política repobladora de Alfonso XI en la villa de Alcaudete," *Boletín del Instituto de Estudios Giennenses*, 101（1980）, pp. 65–76, Apéndice documental, pp. 73–76. ケサダは *Colección diplomática de Quesada*, J. de M. Carriazo y Arroquia ed., Jaén, 1975, n. 22, pp. 36–37. そしてタリファは E. Vidal Beltrán, "Privilegios y franquicias de Tarifa," *Hispania*, 66（1957）, pp. 3–78, n. 10, pp. 31–35で刊行されているものを参照した。史料上で証明することはかなわないものの，14世紀の前半に新たに獲得された前線拠点の多くには「殺害犯特権」が授与されていたと推測される。たとえば1329年6月1日付の書状で，アルフォンソ11世は以下のようにハエン近郊の小規模城砦の状況を述べる。「余は，ケサダ，ティスカル，カンビル，アルハバルや他の境域城砦へ恩恵をなし，それらは余から以下の特権を保持している。すなわち，当該拠点に自身の肉体でもって移住しあるいは移住しようとして訪問する者らは皆，負債や罰から免除されるのである」。*Colección documental del Archivo Minicipal de Úbeda, vol. II*（*siglo XIV*）, J. Rodríguez Molina ed., Granada, 1994, n. 34, pp. 97–99.

(29)「殺害犯特権」の全体像を摑むためには，黒田祐我前掲論文に加えて，以下を参照。F. Alijo Hidalgo, "Privilegios a las plazas fronterizas con el reino de Granada," in *Estudios sobre Málaga...*, pp. 19–35. アンテケラは，1410年に幼少の王フアン2世の摂政フェルナンド・デ・アンテケラの主導により，降伏協定を介して征服されていた。Id., "Mercedes y privilegios a una plaza fronteriza del siglo XV: Antequera," in *Andalucía Medieval: I Coloquio de Historia de Andalucía...*, pp. 407–419; Id., "Antequera en el siglo XV: el privilegio de homicianos," *Baetica*, 1（1978）, pp. 279–292. ヒメナに関しては R. Serra Ruiz, *El derecho de asilo en los castillos fronterizos de la reconquista*, Murcia, 1965, Apéndices, n. 4, pp. 197–209を，「境域」の東方部最前線拠点であるヒケナをめぐる情勢に関しては J. Torres Fontes, *Xiquena, castillo de la Frontera*, Murcia, 1960, pp. 153–159が詳しい。サロブレーニャへの「殺害犯特権」の授与文書は，R. Serra Ruiz, *El derecho de asilo...*, Apéndices, n. 1, pp. 183–187。

(30) "...la dicha villa esta muy çercana e frontera de los dichos moros e metyda mucho adentro de su tierra dellos e muy alexos de tierra de chriptianos, por lo qual los dichos moros la conquistan e guerrean contynuamente..." *Documentos de Enrique IV de Castilla*

(*1454–1474*)..., n. 40, pp. 74–78.

(31) *Ibid.*, n. 88, pp. 169–171, n. 98, pp. 189–190.

(32) E. Vidal Beltrán, "Privilegios y franquicias de Tarifa," doc. 4, pp. 22–24.

(33) M. del M. García Guzmán, "Un cuadernillo de cuentas del concejo de Cazorla (1427–1428)," *Anales de la Universidad de Cádiz*, 2 (1985), pp. 159–174; J. Torres Fontes, "Las relaciones castellano-granadinas desde 1416 a 1432. Las treguas de 1417 a 1426," *Cuadernos de Estudios Medievales*, 6–7 (1978–1979), pp. 297–311; *Documentos de Juan II*, n. 145, pp. 381–382.

(34) F. J. Aguado González, "Repoblación de las fortalezas...," pp. 25–39.

(35) *Las Siete Partidas...*, Título XXII. "De los adalides: e almogauares, e de los peones". アラビア語における語彙の使用例に関しては F. Maíllo Salgado, "Función y cometido de los adalides a la luz de textos árabes y romances: contribución al estudio del medioevo español y al de su léxico," in *Actas del IV Congreso Internacional Encuentro de las Tres Culturas*, Toledo, 1988, pp. 112–128を参照。

(36) J. Torres Fontes, "El adalid en la frontera...," pp. 345–366; Id., "Apellido y cabalgada en la frontera de Granada," *Estudios de Historia y de Arqueología Medievales*, 5–6 (1985–1986), pp. 177–190.

(37) *Las Siete Partidas...*, Título XXII, ley. IIII. 歩兵長に関する個別研究は管見の限りで未だ存在していない。

(38) 最前線で闊歩する「ならず者」やアルモガバルは，まさに「境域」の日常的な暴力を象徴する存在であった。しかし歩兵長と同じく，彼らに関する個別研究は少ない。M. Rojas Gabriel and D. M. Pérez Castañera, "Aproximación a almogávares y almogavarías en la frontera con Granada," in *I Estudios de Frontera...*, pp. 569–582.

(39) S. Barton, "From Mercenary to Crusader: the Career of Álvar Pérez de Castro (D.1239) Re-examined," in *Church, State, Vellum, and Stone. Essays on Medieval Spain in Honor of John Williams*, Leiden, 2005, pp. 111–129. 引用箇所は p. 127.

(40) 最も先駆的かつ包括的な論考として A. Collantes de Terán Sánchez, "Los señoríos andaluces. Análisis de su evolución territorial en la Edad Media," *Historia, Instituciones, Documentos*, 6 (1979), pp. 89–112を参照。また，セビーリャ大学にかつて赴任していたスペイン中世史の重鎮による概括，M. A. Ladero Quesada, "Sociedad feudal y señoríos en Andalucía," in *En torno al feudalismo hispánico*, Ávila, 1989, pp. 435–460も，全体像を把握するのに適している。

(41) R. Sánchez Saus, "Nobleza y frontera en la Andalucía medieval," in *Hacedores de Frontera. Estudios sobre el contexto social de la Frontera en la España medieval*, Madrid, 2009, pp. 121–128.

(42) グスマン家門に関する包括的研究は未だ発表されておらず，予備論考は初代のアロ

ンソ・ペレスのみを取り扱っている。M. González Jiménez, “Guzmán el Bueno y su tiempo,” *Annales de la Faculté de Lettres et Sciences Humaines de Nice*, 46（1983）, pp. 237–245; M. A. Ladero Quesada, “Una biografía caballeresca del siglo XV. La Coronica del yllustre y muy magnifico cauallero don Alonso Perez de Guzman el Bueno,” *En la España Medieval*, 22（1999）, pp. 247–283. マリーン朝スルタンのもとでの傭兵活動に関しては，黒田祐我「両文明を越境する傭兵」で既に論じた。なお近年刊行された，アロンソ・ペレスに関しての伝記 A. Torremocha Silva, *Guzmán el Bueno. Una vida de leyenda*, Granada, 2013も参考となろう。15世紀におけるグスマン家門の動向の概略は，M. A. Ladero Quesada, *Andalucía en el siglo XV...*, pp. 2–9を参照。

(43) 同家門研究として J. L. Carriazo Rubio, “Dos siglos de estudios sobre los Ponce de León. Historiografía de un linaje medieval,” *Historia, Instituciones, Documentos*, 29（2002）, pp. 9–30; Id., *La Casa de Arcos entre Sevilla y la frontera de Granada*（*1374–1474*）, Sevilla, 2003が刊行されている。アルコス伯の「境域」での軍事的関与については M. Rojas Gabriel, “En torno al liderazgo nobiliario en la frontera occidental granadina durante el siglo XV,” *Historia, Instituciones, Documentos*, 20（1993）, pp. 499–522; Id., “La capacidad militar de la nobleza en la frontera con Granada: el ejemplo de don Juan Ponce de León, II conde de Arcos y señor de Marchena,” *Historia, Instituciones, Documentos*, 22（1995）, pp. 497–532。境域大総督職に関しては，B. Vázquez Campos, *Los adelantados mayores de la frontera o Andalucía*（*siglos XIII–ZIV*）, Sevilla, 2006, pp. 164–176, 203–210を参照。

(44) M. C. Quintanilla Raso, *Nobleza y señoríos en el reino de Córdoba. La casa de Aguilar*（*siglos XIV–XV*）, Córdoba, 1979が最も包括的な同家門研究である。同研究を手際よくまとめたものとして，林邦夫「アンダルシーア地方都市コルドバ（1236–1516）―最近の研究動向を中心とした覚書―」『鹿児島大学教育学部研究紀要（人文・社会科学編）』38（1987），１～24頁（特に５～８頁）を参照。境域大総督職を務めたアルフォンソ・フェルナンデス・デ・コルドバ１世に関しては，以下も参照。B. Vázquez Campos, *Los adelantados mayores...*, pp. 291–295. 断絶したアギラール家門に関して以下の論文が参考となる。E. Cabrera Muñoz, “La señorialización de Andalucía en el siglo XIII y los orígenes de la primera casa de Aguilar,” *Historia, Instituciones, Documentos*, 31（2004）, pp. 69–96; Id., “La extinción de un linaje señorial en el siglo XIV. La primitiva Casa de Aguilar,” *Meridies*, 7（2005）, pp. 139–200. 他方で，ハエン王国在地の大貴族は存在しない。これはハエンがその地政学的な位置によって，カスティーリャ王権からの直接的関与をより強く被っていたからではないか。M. C. Quintanilla Raso, “La casa señorial de Benavides en Andalucía,” *Historia, Instituciones, Documentos*, 3（1976）, pp. 441–484; T. Quesada Quesada, “Huelma 1438–1511. Datos para el estudio de un señorío laico andaluz,” *Cuadernos de Estudios Medievales*, 6–7（1978–1979）, pp. 237–267.

(45) カスティーリャ王国に固有の2大騎士修道会，サンティアゴ騎士団とカラトラバ騎士団は，成立した12世紀から13世紀にかけて対ムワッヒド戦で大いに活躍した。しかし13世紀の末以降，少なくともアンダルシーア「境域」において，彼らは最前線の防衛から手をひき，主に後背地の所領経営に専念していった。中世後期の「境域」における宗教騎士団の「堕落」に関しては以下を参照。C. de Ayala Martínez, “Las órdenes militares castellano-leonesas y la acción de frontera en el siglo XIII,” in *Identidad y representación de la frontera...*, pp. 123–157; Id., “Presencia y protagonismo de las Órdenes Militares castellano-leonesas en la frontera (ss. XIII–XIV),” in *Hacedores de Frontera...*, pp. 161–178; M. González Jiménez, “Relaciones de las Órdenes Militares castellanas con la Corona (siglos XIII–XV),” *Historia, Instituciones, Documentos*, 18 (1991), pp. 209–222.

(46) ファハルド家門に関しては，トーレス・フォンテスの諸研究が最も重要となる。J. Torres Fontes, *Fajardo el Bravo*; Id., *Don Pedro Fajardo, adelantado mayor del reino de Murcia*, Madrid, 1953; Id., “El alcalde entre moros y cristianos...,” pp. 55–80; Id., “Los Fajardo en los siglos XIV y XV”, *Miscelánea Medieval Murciana*, 4 (1978), pp. 108–176. 14世紀における，王族フアン・マヌエルの家門と新興のファハルド家門との権力闘争に関しては，F. Veas Arteseros, “Intervención de Lorca en la lucha entre Manueles y Fajardos en 1391 y 1395,” *Miscelánea Medieval Murciana*, 7 (1981), pp. 148–156; M. L. Martínez Carrillo, *Manueles y Fajardos. La crisis bajomedieval en Murcia*, Murcia, 1985を参照。

(47) S. de Moxó, “De la nobleza vieja a la nobleza nueva. La transformación nobiliaria castellana en la Baja Edad Media,” *Cuadernos de Historia. Anexos de la revista “Hispania”*, 3 (1969), pp. 1–210.

(48) A. Collantes de Terán Sánchez, “Los señoríos andaluces...”; R. Sánchez Saus, “Aristocracia y frontera en la Andalucía medieval,” *Estudios de Historia y de Arqueología Medievales*, 11 (1996), pp. 191–215. 13世紀時点での大土地所有の実態に関しては，林邦夫「中世アンダルシーアにおける土地所有」『歴史学研究』648 (1993)，45～54，64頁；同「中世アンダルシーアにおける大土地所有の形成」『歴史学研究』682 (1996)，1～17，58頁を参照。

(49) *Crónica de Juan II...*, pp. 131–132, 141–143. ペル・アファンに関しては後述。

(50) サンチェス・サウスの諸研究を，本節において最も参考とした。R. Sánchez Saus, “Los orígenes sociales de la aristocracia sevillana del siglo XV,” in *La nobleza andaluza en la Edad Media*, Granada, 2005, pp. 17–43; Id., “La nobleza sevillana: origen, evolución y carácter,” in *Ibid.*, pp. 45–68; Id., “La singularidad de Jerez a la luz del proceso de formación de su nobleza (siglos XIII al XV),” in *Ibid.*, pp. 69–92; Id., “Poder urbano, política familiar y guerra fronteriza. La parentela de Alonso Fernández Melgarejo, veinticuatro

de Sevilla y alcaide de Zahara," in *Andalucía entre Oriente y Occidente...*, pp. 367–376. オルバネハ家門に関しては Id., "La frontera en la caracterización de la aristocracia andaluza. El memorial de servicios de los Orbaneja de Jerez（1488）," *Historia, Instituciones, Documentos*, 13（1986）, pp. 283–313を参照。都市ヘレス征服後の入植状況をはじめとした研究傾向に関して，林邦夫「中世アンダルシーア地方都市カディスとヘレス＝デ＝ラ＝フロンテーラ—研究の現状に関する覚書—」『鹿児島大学教育学部研究紀要（人文・社会科学編）』39（1988）, 1～26頁を参照。

(51) J. Rodríguez Molina, "La frontera entre Granada y Jaén: fuente de engrandecimiento para la nobleza（siglo XIV）," in *Actas del IV Coloquio de Historia Medieval Andaluza...*, pp. 237–250.

(52) M. A. Ladero Quesada, "De Per Afán a Catalina de Ribera. Siglo y medio en la historia de un linaje sevillano（1371–1514）," *En la España Medieval*, 4（1984）, pp. 447–497; M. Rojas Gabriel, "La señorialización de una marca fronteriza: Arcos, Medina Sidonia y Alcalá de los Gazules en la primera mitad del siglo XV," in *Estudios sobre Málaga...*, pp. 131–152; J. Abellán Pérez, "Jerez de la Frontera en la última tala del adelantado Diego Gómez de Ribera（1434）," *Anuario de Estudios Medievales*, 18（1988）, pp. 487–494. 都市によってその人数は異なるものの，二十四人衆とは，都市寡頭層の中核をなす参事会員である。

(53) R. Sánchez Saus, "Los Saavedra y la frontera con el reino de Granada," in *Estudios sobre Málaga...*, pp. 163–182; M. García Fernández, "La alfaquequería mayor de Castilla en Andalucía a fines de la Edad Media," in *Ibid.*, pp. 37–54; J. E. López de Coca Castañer, "De nuevo sobre el romance 'Río Verde, Río Verde' y su historicidad," in *Andalucía Medieval: I Coloquio de Historia de Andalucía...*, pp. 11–19.

(54) R. Sánchez Saus, "La frontera en la caracterización..." をもとに作成した。

(55) J. A. Barrio Barrio, "Las élites políticas urbanas en la Gobernación de Orihuela. Los sistemas de creación, acceso y reproducción del grupo dirigente en un territorio fronterizo," *Anuario de Estudios Medievales*, 32–2（2002）, pp. 777–808.

(56) 中世盛期の「境域」に関して泰斗サンチェス・アルボルノスは，キリスト教徒が南下拡大を実施するや，広大な家畜放牧に適した土地に遭遇したと適切にも述べていた。C. Sánchez Albornoz, *España, un enigma histórico*, vol. 1, pp. 237–239.

(57) *Documentos de Alfonso XI...*, n.CCCLXXVI, p. 428.

(58) *Anales de Orihuela...*, vol. 1, p. 185.

(59) *Documentos de la minoría de Juan II...*, n. CXXXII, p. 263. 同年の３月11日付で，王権は都市ヘレス宛の書状でも，類似の命を発している。*Diplomatario del reino de Granada...*, n. 15, pp. 115–116.

(60) "...fago vos saber commo los moros e yo, somos en todo de ronpimiento de guerra,

que medio ninguno non ay saluo poner las manos en la guerra; fago vos lo saber sennores, por que seades apercibidos e vos pongades en punto de guerra, e pongades en recabdo vuestros ganados e bestiares de los canpos, e mandad poner vuestras guardas en Carrascoy para cuando vieren muchas almenaras si de nochfe fuere, o ahumadas de dia, ellas vos aperciban." J. Torres Fontes, *Fajardo el Bravo*, Apéndice Documental, n. 28, pp. 180–181.

(61) J. E. López de Coca Castañer, "La pérdida de Algeciras y su posterior abandono," in *Castilla y el mundo feudal. Homenaje al profesor Julio Valdeón*, 3vols, Valladolid, 2009, vol. 2, pp. 87–100, Apéndice documental, n. 3, pp. 99–100.

(62) 中世においては，戦争捕虜（cautivo）と奴隷（esclavo）との間の境界が曖昧となる。身代金が支払えない場合，前者から後者へ移行することが頻繁であった。以下を参照。G. Cipollone ed., *La liberazione 'captivi' tra cristianità e islam oltre la cruciata e il gihad: toleranza e servizio umanitario*, Città del Vaticano, 2000; Id., "Esclavitud y liberación en la frontera," in *I Estudios de Frontera...*, pp. 59–97; G. Rodríguez, "La vida cotidiana de los cautivos cristianos en manos de los musulmanes. Península Ibérica-Norte de África, siglos XV y XVI," in *Castilla y el mundo feudal...*, vol. 2, pp. 101–114. しかし，グラナダと陸路で境を接するカスティーリャ王国の「境域」で，ムスリムの捕虜を奴隷として肉体労働に従事させることは，それほど多くなかったように思われる。一方，グラナダに捕囚されたキリスト教徒らには，様々な拷問，過酷な労役が課される証言が多い。他方，海を介して繋がるアラゴン連合王国領バレンシアにおいては，ムスリム奴隷の購入が多くみられる。J. V. Cabezuelo Pliego, "El negocio del rapto en la frontera de Orihuela a principios del siglo IV," *Miscelánea Medieval Murciana*, 21–22 (1997–1998), pp. 43–58.

(63) A. López Dapena, "Cautiverio y rescate de don Juan Manrique, capitán de la frontera castellana (1456–1457)," *Cuadernos de Estudios Medievales*, 12–13 (1984), pp. 243–253.

(64) *Los milagros romanzados...* を参照。「境域」をめぐる捕囚の実態は未だ研究途上である。M. L. Martínez Carrillo, "Rescate de cautivos-comercio de esclavos (Murcia, siglos XIV-XV)," *Estudios de Historia de España*, 2 (1989), pp. 35–64; C. Argente del Castillo Ocaña, "Cautiverio y martirio de doncellas en la frontera," in *IV Estudios de Frontera...*, pp. 36–57. とりわけ E. Cabrera Muñoz, "De nuevo sobre cautivos cristianos en el Reino de Granada," *Meridies*, 3 (1996), pp. 137–160が有益であろう。

第十章

(1) "Eran tantas las entradas y salteamientos que moros y cristianos hacían en tierras de sus enemigos, así en tiempo de paz como en tiempo de guerra, que la mayor ocupación de los consejos era rehacer y reintegrar estos daños." *Anales de Orihuela...*, vol. 1,

p. 176.

（2）*Documentos de Enrique II...*, pp. 243–244.

（3）*Actas Capitulares de Morón de la Frontera...* より作成した。

（4）*Anales de Orihuela...*, vol. 1, p. 444.

（5）とりわけ J. Rodríguez Molina, “Reflexiones sobre el reino de Granada” を参照。

（6）“Otrosi uos otorgamos de poner en la nuestra tierra que mas açerca fuere de la vuestra un homne bono con nuestro poder que emiende e faga emendar las querellas que ouiere entre los de la nuestra tierra e la vuestra sin otro detenimiento ninguno et si assi non lo fesiesse que uos que lo fagades saber a qualquier que fuere por nos adelantado en la frontera et el que ponga y otros en su lugar que lo fagan faser.” A. Giménez Soler, *La Corona de Aragón y Granada...*, pp. 167–169.

（7）AMMU, Cartulario Real 1314–1344, fols. 77v.-79r.; J. Torres Fontes, “El Tratado de Tarazona...,” pp. 67–93, Apéndice, pp. 87–93. この休戦にはマリーン朝も参加したため，海上での騒乱解決に特化した判官をグラナダ王側が配置することで同意をみている。なお，1344年の協定においても，ほぼ同様の文言が盛り込まれている。A. Canellas, “Aragón y la empresa del Estrecho...,” n. 17, pp. 68–70.

（8）“E de lo que afirmamos en estas pazes con vos el dicho rey hon[rra]do de Granada sobredicho e lo afirmades vos con nos que adelantemos vos a nos juezes fieles en las partidas de nuestros reynos e de nuestros señorios e oyan las querellas e ayan poder para las judgar e de los librar e pagar los querellosos de amas las partes, e de lo que se afirma sobre ella estas paz de nos a vos el rey honrrado de Granada sobredicho e quando acaesçiere querella de qualquier de amas las partes en cuerpos e en avares e en otra qualquier cosa de lo que puede acaesçer que sea seguido el rastro de los fechores e de lo que fuere tomado e do llegare el rastro e se parare sean demandados los de la partida do se parare el rastro, e ellos que sean tenudos de las reçebir e sy lo no quisyeren reçebir e oviere testigos dello que sean tenudos a pagar lo que se perdiere, e que sea asynado el plazo a lo reçebir del dia que acaesçiere en diez dias e sea allegada la demanda contra los fechores e esperen la partida donde se parare el rastro entre ellos plazo de çinquenta dias e si fuere fallado lo que le fuere tomado que sea tenudo a cuyo fuere e sy no fuere fecho conplimiento de derecho al dicho plazo que sean tenudos los dichos juezes de las querellas en aquella partida que fagan a los de aquella partida pechar lo que se perdiere e si se detoviere juez de las querellas de no librar en el dicho plazo que faga dello suplicaçion a nos e a vos e al que lo oviere de aver por nos e por vos, e nos e vos que lo mandemos librar e fazer enmienda dello e dar pena al juez sobredicho, e lo que es a pagar lo que dicho es por las presonas que sean torrnadas a ellas mesmas antes del plazo e despues en tienpo toda manera que maten a los malfechores, e si fueren falladas

las presonas despues de la muerte de los malfechores que sean tornadas, e sino pudieren ser avidos que paguen por cada presona dellas quarenta doblas de oro e los ganados e las otras cosas que no pudieren ser torrnadas sea pagado por cada cosa un valor segund lo que tasaren los juezes e que sea este juyzio comun a cada parte de amas las partes christianos e moros ygual en esto…" *Documentos de Enrique IV de Castilla* (*1454–1474*)..., n. 95, pp. 184–187.

(9) "Y ponemos en esta paz juezes fieles en amas las partes que miren por las querellas y las juzguen y fagan en ello lo que sea justiçia a amas las partes y sea pagado el querelloso." *Treguas, guerra y capitulaciones de Granada...*, n. VI, pp. 92–105. 1481年の休戦協定は以下を参照。J. A. Bonilla y Mir and E. Toral Peñaranda, *El tratado de Paz de 1481...*, pp. 29–32.

(10) J. de M. Carriazo y Arroquia, "Un alcalde..." を参照。

(11) J. Rodríguez Molina, *La vida de moros y cristianos...*, pp. 326–331.

(12) *Colección diplomática de Quesada*, n. 39, pp. 82–84.

(13) "De lo cual, teniendo aviso el Rey de Granada y de la gran junta que se hazia de los pendones y cavalleros del Obispado de Jaen, que en aquel tiempo se hallavan muy poderosos y bien apercibidos como tenia por aviso de Hamete Carili, Alcayde de Belmez, llamando á consejo á Nazurla, su Alguazil mayor, y á los cavalleros principales de su consejo, por atajar estos hechos despachó con su poder general por Juez entre moros y cristianos á Mahomad Aben Alhacin, y el Rey D. Juan proveyó por Juez de parte de los cristianos al Mariscal Diego Fernandez de Córdova. Los cuales escribieron en ocho de Junio deste año á los Alcaydes de la frontera que parasen en el rompimiento y entradas que hazian, y que pareciesen ante ellos por sus Procuradores con sus querellas á ser oydos y satisfechos de su justicia. Con lo cual cesaron las entradas que de una y otra parte se hacian." G. Argote de Molina, *Nobleza de Andalucía...*, pp. 638–640.

(14) なお，コルドバ貴族家門研究の泰斗キンタニーリャ・ラソは，少なくとも1381年から，フェルナンデス・デ・コルドバ家門の前当主ゴンサーロが，既に同役職に就任していたと述べている。M. C. Quintanilla Raso, *Nobleza y señoríos en el reino de Córdoba...*, pp. 61–64. セビーリャ王国における越境騒擾裁定人の存在を，近年刊行された都市ヘレス議事録に含まれている証書集で確認できた。*Diplomatario del reino de Granada...*, n. 40, 228, 230, 289, 290, pp. 141–143, 519–520, 522–523, 618–620.

(15) J. Torres Fontes, "El alcalde entre moros y cristianos...," pp. 55–80.

(16) ムルシア都市議事録を用いた足跡調査人に関する先駆研究として以下を参照。J. Torres Fontes, "Notas sobre los fieles de rastro y alfaqueques murcianos," *Miscelánea de Estudios Árabes y Hebraicos*, 10–1 (1961), pp. 84–105.

(17) AMMU, Actas Capitulares No.3, fol. 16 v. "Quel jurado alquile seys omnes que sigan el

rastro de los moros que se leuaron a los pastores del hato de Benarroyo. Et otrosi por quanto ayer lunes por la mannana saltearon enel canpo de Cartajena a los pastores de las cabannas de don Abraym Abenarroyo e de otros vesinos de la çibdat, moros del sennorio del rey de Granada e se leuaron ocho pastores e todas las bestias e hato de la dicha cabanna. Por esta rason los dichos omnes buenos e oficiales con voluntad del dicho sennor conde ordenaron e mandaron que Viçente Abello, jurado e clauario del dicho conçejo quel alquile çinco ó seys omnes de pie e vno de Cauallo que vaya[n] a seguir el rastro por que sepan a que parte son ydos los dichos moros con los dichos Catiuos e con las dichas bestias e hato, que sigan aquel fasta el primer lugar de moros que fallaren por quel dicho sennor conde e los dichos omnes buenos e ofiçiales fagan sobre ello lo que deuan despues que fueren çiertos ado an lleuados los dichos Catiuos e las dichas bestias e hato..." 教区代表（jurado）とは，都市内の教区単位で市民（vecino）同士の互選による役職である。都市の規模によって果たした役割は多様であったが，本書では全て教区代表と訳出している。"Abraym Abenarroyo" は，ムデハルであるのか，ユダヤ人であるのか不明である。しかし "don" の称号を戴いている点，家畜の所有者である点を考慮すれば，有力者であると考えられるため，ここではユダヤ人として訳出している。

(18) J. C. Garrido Aguilera, "Relaciones fronterizas con el reino de Granada en las Capitulares del Archivo Histórico Municipal de Jaén," in *Actas del IV Coloquio de Historia Medieval Andaluza...*, pp. 161–172.

(19) J. de M. Carriazo y Arroquia, "Los moros de Granada en las Actas del concejo de Jaén de 1479," in *En la frontera de Granada...*, pp. 265–310, pp. 294–295.

(20) C. Argente del Castillo Ocaña, "Los cautivos en la frontera entre Jaén y Granada," in *Actas del IV Coloquio de Historia Medieval Andaluza...*, pp. 211–225.

(21) J. C. Garrido Aguilera, "Relaciones fronterizas con el reino de Granada...," p. 172. ナスル朝領域における同役職に関しては以下を参照。L. Seco de Lucena Paredes, "El juez de frontera y los fieles de rastro," *Miscelánea de Estudios Árabes y Hebraicos*, 7（1958）, pp. 137–140; Id., "Sobre el juez de frontera," *Miscelánea de Estudios Árabes y Hebraicos*, 11-1（1962）, pp. 107–109.

(22) *Arabic English Dictionary. The Hans Wehr Dictionary of Modern Arabic*, J. M. Cowan ed., Urbana, 4ed., 1994, p. 848.

(23) "...los alfaqueques, que son trujamanes, e fieles, para pleytear los, e sacar los de captiuo（...）Alfaqueques, tanto quiere dezir en arauigo, como omes de buena verdad, que son puestos para sacar los catiuos." *Las Siete Partidas...*, Segunda Partida, Titulo. Ley XXX.

(24) *Ibid.*

(25) J. Torres Fontes, "Los alfaqueques castellanos en la frontera de Granada," in *Instituciones y sociedad en la frontera murciano-granadina*, Murcia, 2004, pp. 267–294.

(26) J. Torres Fontes, "Los alfaqueques castellanos...," p. 275; J. de M. Carriazo y Arroquia, "Un alcalde...," p. 93.

(27) "E el Infante (...) fizo (llamar) luego vn alaqueque mayor del Rey, a don Diego Fernández Abenconde de Córdoba, e ovo su acuerdo con los del Consejo del Rey de lo enviar allá..." *Crónica de Juan II...*, pp. 310–311.

(28) M. García Fernández, "La alfaquequería mayor de Castilla...," pp. 77–96.

(29) なお，キリスト教徒同士の争いにおいても捕虜返還交渉人が活躍している。たとえば1360年，カスティーリャ王国の内戦は，トラスタマラ家のエンリケ（後のエンリケ２世）の側についたアラゴン王とその領域との公式な戦争状態へと発展した。「境域」でもそれは同様であり，ムルシア王国域とオリウエラ行政管区との間で戦争が勃発した。『オリウエラ編年史』は，同年の状況を以下のように述べている。「秘密裏に敵地へと侵入し，可能な限りのものの略奪を任務とする騎兵長，歩兵長やアルモガバルらは次々に多くの者を誘拐していった。そのため戦火は全土におよび，安全の欠如のゆえに捕虜解放を行なうにも苦心し，また相手方へ送付すべき返還要求の書状を持参する使節のための人材にも事欠いていた。そのためムルシアとオリウエラの両都市当局はアルファケッケ，我等のいうところのエヘア，すなわちメルセス修道会や三位一体修道会のごとき捕虜返還交渉人を任命した。交渉人は，１名の歩兵を同伴し，「禁止品目」ではない物品を持参することができ，敵から［身体と財の安全が］保障されていた。彼の任務は，捕囚されている者を救出，あるいは交換することであった」。*Anales de Orihuela...*, vol. 1, pp. 105–106. 修道会による捕虜解放活動は，以下を参照。G. Gozalbes Busto, "Redenciones mercedarias en la frontera granadina en el siglo XV," in *I Estudios de Frontera...*, 1996, pp. 239–247; G. Cipollone, "La frontera entre los creyentes y el 'pasaporte' por servicio humanitario de los 'Trinitarios' redentores (1199)," in *Actas del Congreso: La Frontera Oriental Nazarí...*, pp. 117–136; M. García Pardo, "La redención de cautivos: una muestra de la religiosidad popular medieval en Úbeda," in *V Estudios de Frontera...*, pp. 275–287; J. W. Brodman, "Community, Identity and the Redemption of Captives: Comparative Perspectives across the Mediterranean," *Anuario de Estudios Medievales*, 36/1 (2006), pp. 241–252; J. Flannery, "The Trinitarian Order and the Ransom of Christian Captives," *Al-Masaq*, 23–2 (2011), pp. 135–144.

(30) M. Abad Merino, "Exeas y alfaqueques: aproximación a la figura del intérprete de árabe en el periodo fronterizo (ss. XIII–XV)," in *Homenaje al profesor Estanislao Ramón Tvires*, 2vols, Murcia, 2004, vol. 1, pp. 35–50.

(31) "Otrosí que venía vn moro gasí de Granada a Canbil e viniendo que erró el camino de aquel cabo de la Torre el Galín, e dexó el camino e echó por vna senda pensando que

venía a Canbil, e aportó a Huelma, e lo tiene de magnifiesto el alcayde de Huelma. E quel alcayde de Canbil Mahomad Lentín le ha escripto sobre ello al alcayde de Huelma que lo de el dicho moro, e que nunca le ha rrespondido. E porque muchas veces xistianos van a Huelma e yerran el camino e se van a Canbil, e los alcaydes de Canbil dan moros que les muestren el camino de Huelma e no los toma por perdidos, que así avrán de faser los de Huelma; e el alcayde si erró el camino el moro ge lo deviera mostrar, que para esto es la vesindad. E que pues Jahén tiene afederado a Huelma, que les piden por merced los alcaydes a Jahén mande al alcayde de Huelma les torne e dé su moro…" J. de M. Carriazo y Arroquia, "Los moros de Granada...," p. 274.

(32) J. Rodríguez Molina, "Reflexiones sobre el reino de Granada," p. 314.

(33) 詳しくは本書の第３部を参照のこと。また，J. Rodríguez Molina, "Contactos de nobles musulmanes y cristianos en la frontera de Granada," in *Homenaje a don Antonio Domínguez Ortiz*, 3vols, Granada, 2008, vol. 1, pp. 821–831を参照。

(34) *Relación de los hechos...*, pp. 94–98. 都市ハエンでのカンビル使節の歓待に関しては，既に黒田祐我「文明間の「境域」における共生 ── 中世後期スペインにおけるキリスト教徒とムスリム」森原隆編『ヨーロッパ・「共生」の政治文化史』成文堂，2013年，298〜314頁でも論じた。

(35) "E luego, Señor, salimos del Alhambra, é vinieron con nos el Alcayde Zayde Alamin, é otra mucha gente de cavallo é de pié fasta el Alcázar Xenil, onde nos dieron posada. E, Señor, en saliendo del Alhambra, luego en nuestra presençia el nysuar cavalgando, pregonó el mesmo la pas á grandes voses; e fecho el pregon, mucha gente que ende estaba, dieron voses, mostrando grand plaser é alegria que avian; é dende andovo por la cibdad, fasiendo el mesmo pregon á grandes voses." J. Amador de los Ríos, *Memoria histórico-critica...*, n.LXXXI, pp. 137–140. ヘニル城砦（Alcázar Xenil）とは同名の川沿いに建てられていた離宮であり，アルハンブラから南西に約２キロ弱の地点に在する。「nysuar」が何を意味するのか不明であるが，明らかに文脈上「触れ役」のような役割を果たしていることは，明らかであろう。

(36) J. Rodríguez Molina, "Libre determinación religiosa en la frontera de Granada," in *II Estudios de Frontera...*, pp. 693–708; Id., *La vida de moros y cristianos...*, pp. 205–231.

(37) 牧草地貸与契約に関しては，既に黒田祐我「異教徒との交易の実態―カスティーリャ＝グラナダ「境域」をめぐって―」『スペイン史研究』28（2014），48〜63頁でも扱った。本節は上記の自論文を基にしている。この他，M. Acién Almansa, *Ronda y su serranía en tiempo de los Reyes Católicos*, 3vols., Málaga, 1979, vol. 1, pp. 131–139, vol. 3, pp. 617–619; Id., "Dos textos mudéjares de la Serranía de Ronda（1491）," *Cuadernos de Estudios Medievales*, 2–3（1974–1975）, pp. 245–257; J. Rodríguez Molina, "Banda territorial común entre Granada y Jaén. Siglo XV," in *Estudios sobre Málaga...*, pp. 113–130; C.

Argente del Castillo Ocaña, "Los aprovechamientos pastoriles en la frontera granadina," in *Andalucía entre Oriente y Occidente...*, pp. 271–280; Id., "La utilización pecuaria de los baldíos andaluces. Siglos XIII–XIV," *Anuario de Estudios Medievales*, 20 (1990), pp. 437–466; Id., "Las actividades agropecuarias en la frontera," in *II Estudios de Frontera...*, pp. 73–99を参照。

(38) 「境域」における慣習の存在については，本書の第3部で，あらためて詳しく取り扱う。

(39) M. A. Ladero Quesada and M. González Jiménez, "La población en la frontera de Gibraltar y el repartimiento de Vejer (siglos XIII y XIV)," *Historia, Instituciones, Documentos*, 4 (1977), pp. 199–316, pp. 232–233. 交易に関しても，既に黒田祐我「異教徒との交易の実態」で概ね論じた。

(40) とはいえ，いわゆる軍需物資に該当する「禁止品目」の売買は禁止されていた。*Documentos de la minoría de Juan II...*, n.CLXXXVIII, pp. 354–356.

(41) M. A. Ladero Quesada, "Almojarifazgo sevillano y comercio exterior de Andalucía en el siglo XV," *Anuario de Historia Económica y Social*, 2 (1969), pp. 69–116; C. Torres Delgado, "Acerca del diezmo y medio diezmo de lo morisco," *En la España Medieval*, 1 (1980), pp. 521–534; J. D. González Arce, "El almojarifazgo como derecho de frontera," in *II Estudios de Frontera...*, pp. 323–332. E. A. Fernández Arriba, "Un aspecto de las relaciones comerciales entre Castilla y Granada: 'el diezmo y medio diezmo de lo morisco' en la segunda mitad del siglo XV," *Historia, Instituciones, Documentos*, 13 (1986), pp. 41–62.

(42) 「境域」の分割あるいは細分化に関し，詳しくは第3部で分析する。

(43) A. Peláez Rovira, *El reino nazarí de Granada...*, p. 293.

(44) *Documentos de la minoría de Juan II...*, n.CCXLVI, pp. 498–500. 1410年に17か月にわたる休戦協定が締結された後，概ねで1年間という短期間休戦を更新する形をとっていく。至近では1415年2月1日付で締結されているが，この協定条項では交易が禁止されている。*Crónica de Juan II...*, pp. 402–407; M. Arribas Palau, *Las treguas entre Castilla y Granada...*, n. 18, pp. 85–94.

(45) J. Rodríguez Molina, "Contactos pacíficos en la frontera de Granada," in *I Encuentro de Historia Medieval...*, pp. 19–43. とりわけ pp. 37–38を参照。

(46) C. Juan Lovera, "Alcalá la Real: la mejor puerta...," pp. 325–332; P. A. Porras Arboledas, "El comercio fronterizo entre Andalucía y el reino de Granada a través de sus grávamenes fiscales," *Baetica*, 7 (1984), pp. 245–253; Id., "El comercio entre Jaén y Granada en 1480," *Al-Qantara: Revista de Estudios Árabes*, 9:2 (1988), pp. 519–523.

(47) I. Montes Romero-Camacho, "Las instituciones de la "saca" en la Sevilla del siglo XV. Aproximación al estudio de la organización institucional del comercio exterior de la Co-

rona de Castilla al final de la Edad Media," *Historia, Instituciones, Documentos*, 31 (2004), pp. 417–436.

(48) D. Menjot, "La contrabande...," pp. 1073–1083; I. García Díaz, "La frontera murciano-granadina a fines del siglo XIV," *Murgetana*, 79 (1989), pp. 23–35, pp. 30–31. M. González Jiménez, "Privilegios de los maestres de Alcántara a Morón de la Frontera," *Archivo Hispalense*, 214 (1987), pp. 3–46; M. González Jiménez and M. García Fernández, "Morón de la Frontera en la Baja Edad Media: estudio histórico," in *Actas Capitulares de Morón de la Frontera...*, 1992, pp. XXXIII–XXXIV. 同様に，セビーリャ王国とマグリブとの間でも，穀物交易が常態化していた。I. Montes Romero-Camacho, "Algunos datos sobre las relaciones de Castilla con el Norte de África: Sevilla y Berbería durante el reinado de Enrique IV (1454–1474)," *Estudios de Historia y de Arqueología Medievales*, 5–6 (1985–1986), pp. 239–256.

第三部

第十一章

（1）A. Peláez Rovira, *El reino nazarí de Granada...* が，最新の成果である。

（2）J. de M. Carriazo y Arroquia, "Un alcalde...," p. 139.

（3）*Anales de Orihuela...*, vol. 1, pp. 24–25.

（4）*Documentos de Juan I*, J. M. Díez Martínez et alii eds, Murcia, 2001, n. 9, p. 26. ムルシア「境域」において生じた双方向的な略奪の応酬の経緯は，次の通りである。1378年，グラナダ領域たるベレスからの侵入により，6名の牧人，5000頭の羊，70頭の家畜，犬その他が強奪され，まずは越境騒擾裁定人職にあったアロンソ・ヤーニェス・ファハルドがこの案件を担当して，グラナダ側と交渉をもった。しかし満足のいく結果は得られず，最終的に国王宮廷に上訴された。国王エンリケ2世は，これに対して実力による報復措置を許可している。しかし，おそらくこの報復行為の実施が，さらなる暴力の連鎖反応を引き起こしたのであろう。J. Torres Fontes, "Notas sobre los fieles de rastro...," p. 309.

（5）"Sennor, sabed que commo quier que esta dicha çibdat e los otros lugares deste regno de Murçia an reçebido e reçiben mucho mal e danno de cada dia por los moros de tierra e sennorio del rey de Granada e auia rason porque les faser semejante los desta tierra. Pero tales moros non fueron tomados nin leuados por onbres desta dicha çibdat, bien es verdat que segund que a nos fue dado a entender, los de Lorca, agora pocos dias ha, auian sacado algunos moros e moras de la tierra e sennorio del dicho rey de Granada en prendas por algunos omnes e mugeres e ganados que los dichos moros les an leuado dentro el tienpo de las treguas. Et, sennor, si estos moros fueran tomados por onbres

desta dicha çibdat, nos lo pusieramos en vuestra mano para que se fisiera enello lo que vos mandasedes, ca, sennor, en esto e en otras cosas que sean juiçio del rey nuestro sennor e vuestro, nos muy prestos somos delo conplir. Et sennor, pues vos sodes con el rey de Granada si pudiese ser que asentasedes con el que destos males e dannos que los lugares deste regno de Murçia a[n] reçibido de la su tierra fuese fecha emienda e los moros eso mesmo cobrasen emienda del danno que les es fecho e viniese todo a egualesa, seria muy grande seruiçio de Dios e del rey nuestro sennor e vuestro e grande pro desta tierra." AMMU, Actas Capitulares No. 6, fols. 49 r.-51 r. ザイヤーン朝とは，現在のほぼアルジェリア域に当時成立していたイスラーム王朝である。

(6) *Documentos de Juan I*, n. 18, pp. 41–44, n. 20, p. 46.

(7) *Ibid.*, n. 150, pp. 301–302.

(8) 一連の流れに関しては，J. E. López de Coca Castañer, "La pérdida de Algeciras...," Apéndice documental, n. 2–4, pp. 99–100を参照。

(9) 確かに，既にみた1374年から75年にかけての情勢の悪化の際，エンリケ２世とムハンマド５世という，いわばトップレヴェル同士の会合によって事態の沈静化が図られていた。大規模な混乱に発展した場合にのみ，王自ら，あるいは全権を委任された特使による双方向的な損害回復交渉と休戦協定の再確認が不可欠となった。

(10) "...si demandadas vos fueren dedes sobrello vuestras cartas de seguridad, asy para el dicho rey de Granada como para los alcaydes de las fronteras del dicho regno, por donde prometades e jurades e seguredes de tener e guardar e conplir la dicha tregua e sobreseimiento durante el dicho tienpo, por quanto asy cunple a mi seruiçio." L. Seco de Lucena Paredes, "Más rectificaciones...," Apéndice II, pp. 289–290。８月16日付となっている同書簡は，「境域」の各都市宛に同じ文面で送付されていたと思われる。都市ムルシア宛とほぼ同じ文面，同日付で，同じく最前線に位置する都市アルカラ・ラ・レアルへも送付されている。*Colección diplomática medieval de Alcalá la Real*, vol. 1, n. 69, pp. 140–142.

(11) "Por ende, yo vos digo de parte del Rey nuestro señor e pido por merçed de la mia, que vos plega dar vuestro seguro, el qual sea en aquella forma que el dicho mi criado vos mostrara que lieua en minuta, el qual venga en aquella manera firmado e sellado con vuestro sello e signado del escriuano segund que en el se contiene, porque venido aquel se avra luego el seguro e firmeza del Rey de Granada para esa çibdad e su tierra e vos lo enbiare..." L. Seco de Lucena Paredes, "Más rectificaciones...," Apéndice V, pp. 294–295.

(12) "Muy alto e muy poderoso señor rey de Granada. El concejo, alcalde e alguazil, regidores, cavalleros, escuderos, oficiales e omes buenos de la muy noble çibdad de Murçia, besamos vuestras manos e nos encomendamos en vuestra merçed. A la qual plega saber en como don Pedro, señor de la casa de Aguilar, del Consejo del muy alto e muy podero-

so rey e señor, nuestro señor el rey de Castilla e de Leon, e su alcalde mayor de la muy noble çibdad de Cordova, con licencia e poderio de su real señoria el ha tratado e asentado cierta paz e sobreseymiento de guerra por tienpo de çinco años con vos, el dicho señor rey de Granada e con vuestro regno, las quales comiençan desde primero dia de setienbre deste presente año del Señor de mill e quatroçientos e çinquenta e dos e se conpliran en fin del mes de agosto del año que verna del Señor de mill e quatroçientos e çinquenta e syete. E conosciendo que el dicho don Pedro es leal e verdadero servidor del dicho nuestro señor el rey e tal que non faria nin trataria cosa salvo aquella quel entendiese ser conplidera a serviçio de su alteza e a bien e paz e sosyego de sus regnos, tierras e señorios, vista su carta del dicho trato e asyento de sobreseymiento de guerra quel nos escrivio e fizo saber por el dicho tienpo, a nosostros plego e plaze de ser en todo lo que el dicho don Pedro en esta parte fizo e concordo e asento, e por esta presente carta juramos a Dios e a Santa Maria e a esta señal de Cruz, con nuestras manos corporalmente tañida e a las palabras de los santos quatro evangelios onde quier que son, e fazemos pleito e omenaje una e dos e tres vezes, una e dos e tres vezes, una e dos e tres vezes como cavalleros e omes fijosdalgo en poder e manos de Pedro Fajardo, adelantado mayor de este regno, cavallero e ome fijodalgo, que de nos lo recibio a fuero e costunbre de España, de tener e guardar la dicha paz e sobreseymiento de guerra por el dicho tienpo de los dichos çinco años, que por nos nin por ningunos de los vezinos e moradores en esta dicha çibdat nin en su tierra e termino e juredicion, non quebrantaremos nin se quebrantara la dicha paz e sobreseymiento de guerra, nin faremos nin mandaremos fazer, nin faran mal nin daño nin guerra en ninguna nin alguna de las dicha çibdades e villas e lugares e castillos e fortalezas de vuestro regno nin en ninguno nin algunos dellos durante el dicho tienpo de los dichos çinco años. E otrosy, que sy por nos o por nuestro mandado o por alguno de los vezinos o moradores en esta dicha çibdad fuere fecho algund mal e daño en qualquiera çibdades e villas e logares e castillos de vuestro regno e en qualquiera dellos, asy en moros como en ganados como en otras qualesquier cosas, que seamos tenudos por nos e por nuestros bienes de lo fazer todo bolver e pagar del dia que fueremos requeridos e dado rastro del dicho daño a plazo de veynte dias primeros syguientes segund condicion de paz. El qual dicho seguro prometemos de guardar e conplir segund dicho es, e so aquellas penas en que cahen aquellos que quebrantan los juramentos e pleytos e omenajes que fazen e los non guardan. E porque desto vuestra merçed sea cierta e non venga en dubda e nosotros non podamos dezir que non paso asy, enbiamos esta carta de seguro ante vuestra merçed, firmada de los nonbres de algunos de nos los dichos regidores e oficiales e sellada con nuestro sello, e por mayor firmeza firmada e signada del nuestro escrivano yuso escripto, que

por nuestro mandado e otorgamiento la firmo e sygno. Que es fecha e otorgada en la dicha çibdad de Murçia a diez dias del mes de otubre, año del Nasçimiento del Nuestro Señor Jhesuchristo de mill e quatroçientos e çinquenta e dos años. Testigos que fueron presentes, llamados e rogados para ello e que vieron fazer el juramento e pleyto e omenaje de suso contenido, Iohan Fajardo, comendador de Ricote, e Pedro Yñiguez de Çanbrana, e Martin Royz de Chinchilla, e Iohan Gonçalez de Cordova, vezinos de Murçia." J. Torres Fontes, "La intromisión granadina...," Apéndice, n. 7, pp. 152–154.

第十二章

(1) M. A. Ladero Quesada, *Andalucía en el siglo XV...*, p. 109.

(2) A. Labarta, "Cartas árabes malagueñas," *Anuario de Estudios Medievales*, 19 (1989), pp. 611–625, n. 3, pp. 615–616.

(3) "El señor duque dixo que el señor cardenal e el e el señor conde don Juan Ponçe de Leon eran requeridos por Abdilbar e por otros alcaydes del reino de Granada para les dar tregua que por un año demandan, e que sobre ello el rey, nuestro señor, les ha escripto e mandado que en ello traten por la manera que sea seruiçio de Dios e mio, e a ellos bien visto fuere, e que en tanto que en lo sobredicho se fabla e acuerda, que es acordado por los dichos señores cardenal e duque e conde que los dichos moros no entren en tierra de christianos a fazer mal ni daño desde Cordoua fasta Tarifa, e que los christianos no entren en tierra de moros desde Tarifa fasta Loxa a les fazer mal ni daño..." AMJF, AACC 1450, fol. 124 v.「枢機卿」とは，オスティア枢機卿フアン・デ・セルバンテスであり，当時当該域の政治に関与していた模様である。

(4) AMJF, AACC 1450, fol. 169 r. ; J. Abellán Pérez, "Jerez, las treguas de 1450...," Apéndice documental, n. 2–3, pp. 89–91の経緯から，大総督がイスマーイール3世との休戦協定，あるいは「臣従」関係構築の交渉にも関与していたと推測される。フアン2世が，この「反乱者」をグラナダ王国への内政干渉の切り札と考えていたことは明らかである。なぜなら，当時の慣例からはかけ離れた5年間という長期にわたる休戦に同意するばかりか，イスマーイール3世が内乱に勝利できるよう，例外的に「禁止品目」を設定せずに物資の供給を許可しているからである。残念ながら，その協定契約文書のオリジナルは，管見の限りで残存していない。

(5) A. Labarta, "Cartas árabes malagueñas," n. 2, pp. 614–615.

(6) AMJF, AACC 1450, fol. 143 v.

(7) AMJF, AACC 1450, fol. 168 r-v.

(8) "E leose una carta de los moros de Ubrique que mostro Pedro de Torres, en que fazen saber que los caualleros de Ximena mataron e troxeron çinquenta moros de Marbella por que se alço contra el rey Ysmael, e que por ello podria ser que los moros quieran

fazer alguna cosa, que se guarden sus ganados e acordaron de responder a los dichos moros que lo fagan commo escreuyeron, e asy mesmo a Arcos para que les paresçe que se pongan guardas por algunos dias." AMJF, AACC 1450, fol. 171 v.

(9) J. Abellán Pérez, "Relaciones castellano-nazaríes. Jerez en los inicios del reinado de Enrique IV (1454–1457)," in *La ciudad de Jerez de la Frontera...*, pp. 94–143, p. 98. ヒメナは1451年に再びナスル朝によって再征服されていた。最終的に1456年に，カスティーリャへの併合が確定した。

(10) M. Rojas Gabriel, *La frontera entre los reinos de Sevilla...*, Anexo documental, n. VI, pp. 389–390; *Documentos de Enrique IV de Castilla (1454–1474)...*, n. 19, p. 33.

(11) A. Labarta, "Cartas árabes malagueñas," n. 5, pp. 618–619.

(12) M. Rojas Gabriel, "La capacidad militar...," p. 509; A. Peláez Rovira, *El reino nazarí de Granada...*, p. 152.

(13) A. Peláez Rovira, *El reino nazarí de Granada...*, pp. 150–158.

(14) "... para asentar e allanar la pas otorgada por los senores reyes e para la guardar, seria bien que desta cibdad e delas villas de alcala e arcos e medina fuese de cada una un cavallero a la sierra para fablar con los moros dellas e desfaser los agrauios porque todos uiuesen en pas." H. Sancho de Sopranis, "Historia social de Jerez de la Frontera al fin de la Edad Media (III Anecdota)," in *Publicaciones del Centro de Estudios Históricos Jerezanos, 2ª serie-5*, Jerez de la Frontera, 1959, pp. 30–31.

(15) A. Labarta, "Cartas árabes malagueñas," n. 1, pp. 613–614.

(16) "Leose en el dicho cabillo una carta que los moros de la sierra enviaron a esta ciudad por la cual en efecto piden la pas por tiempo de ocho meses e que la ciudad la asiente por Gibraltar e por todas las villas fasta Zahara e que ellos asentaran por Ronda e las serranias del Algauarul e Gausin e Casares e Villaluenga sobre lo cual se fablo se devia ver si se asentarian e primero de las asentar si se pedirian los danos fechos por los moros en la paz pasada e porque la paz cumplia mucho al bien de los ganados e gente desta ciudad acordaron quel dicho corregidor e Juan de Torres jurado fagan respuesta a los dichos moros cerca de la paz...do lo que entiendan que se debe ...responder." H. Sancho de Sopranis, "Jerez y el reino de Granada a mediados del siglo XV," *Tamuda*, 2–2 (1954), pp. 287–308. また A. Peláez Rovira, *El reino nazarí de Granada...*, p. 154も参照。国王代官（corregidor）は，王権により任命され，主要都市に派遣された「官僚」である。この役職の登場は，トラスタマラ王朝による「中央集権化」を示すわけであるが，同時に王権が間接的にしか「境域」の情勢に関与できないことの証左でもある。なお，ジブラルタルは1462年にカスティーリャ領へと併合されている。

(17) R. Sánchez Saus, "La frontera en la caracterización...," p. 305.

(18) 1463年2月28日の王国間休戦協定は，J. Torres Fontes, "Las treguas con Granada de

1462 y 1463," *Hispania*, 23/90 (1963), pp. 163–199, Apéndice documental, n. 6, pp. 198–199を参照。1464年3月4日付で，国王エンリケ4世はグラナダ王との休戦締結に従い，交易関係を平常化するよう都市ヘレスに伝達している。*Documentos de Enrique IV de Castilla (1454–1474)*..., n. 124, pp. 239–241. 都市ヘレスによる地域間休戦の模索の経緯は，H. Sancho de Sopranis, "Jerez y el reino de Granada...," pp. 291–297を参照。

(19) "...nos tenemos con bos paz, la qual esta en su prinçipio, por ende sy bos plaze la guerra fazednos lo sabed e sea en el nonbre de Dios que bos quebrantastes las pazes, e nos estamos sobre nuestra fe e graçias a Dios que bos fezistes la trayçion e no nos, e Dios sea testigo entre vos e nos." J. Abellán Pérez, "Dos cartas musulmanas sobre las relaciones de frontera," in *Castilla y el mundo feudal*..., Apéndice documental, n. 2, pp. 134–135.

(20) "...bien sabedes que quando las pazes asentamos en Cardela no la asentamos salvo con condiçion que dexasedes la demanda de los carrneros, los quales fueron tomados de buena guerra e porque fue corrida Ronda, por eso fueron tomados." *Ibid.*

(21) "Por ende lo que fezistes no ay ninguno a quien bien paresca, agora señores de merçed vos pedimos que nos abuseys vuestra voluntad de lo que quereys fazer e nos enbiedes persona que fable con nos, lo que bos plaze fazer e nos fabalaremos con el e el que biniere verrna en paz y yra en paz e seguro de nos, a Dios graçia no morio ninguno ni menos fue ferido, graçias a Dios, por ello, por eso entendemos que todo sera bien pues entre nos no ay sangre e guardaremos nos buestra onrra con todo esto esas bacas e moro que fue tomado oy la paz no fagades dellas cuenta salvo que las tenedes en guarda e en encomienda fasta que aya quien mire entre nos la paz..." *Ibid.*

(22) *Ibid.*, p. 131.

(23) "La una, que luego tornasen a la cibdad todos los robos que avyan fecho a los vesinos della en sus furtos e omes e ganaderos en tienpo dela pas e que les seria puesta cibdad guardada la dicha pas. E la otra, que la cibdad en su presencia queria mostrarlos por vista de ojos y por limytes y logares a ciertos sus térmynos para que de todo los mostrarian e luego mostraron ciertos privillejos plomados delos señores Reyes pasados que en mys manos yo el dicho escrivano tenya, porque dellos non pretendiesen ynorancia. La tercera, para que asy por los dichos moros vistos a vista de ojos e andados por los pies los dichos moros nyn otros moros algunos non entrasen dentro a ballelstear nyn a faser cosa alguna syn mandado dela dicha cibdad, so apercebimyento que sy en ellos fuesen fallados qualesquyer moros, fuesen tomados e avydos por cabtivos como sy fuesen en tienpo de guerra." M. A. Salas Organvídez, *La transición de Ronda a la modernidad. La región de Ronda tras su anexión a la Corona de Castilla*, Ronda, 2004, Apéndice Documental, n. 1, pp. 275–277. 領域の再画定慣行に関しては，本書で後に再度とりあげる。

(24) "...estando todos juntos en el dicho Guadiaro para reformar la pas que estava asentada por los sennores el sennor rey don Enrrique, nuestro sennor, y el rey de Granada..." とはいうものの，王国間レヴェルで当時，休戦協定が締結されていたとは考えにくい。M. Acién Almansa, *Ronda y su serranía...*, vol. 3, Apéndice documental, Colección documental, n. 18, pp. 617–619.

(25) これまで本書で引用してきた史料知見に加えて，マルチェーナ―アルコスとエルブルゴ―マラガ間の交渉に関しては，A. Labarta, "Cartas árabes malagueñas," n. 4, pp. 667–668を参照。時期は不明であるが，おそらくアルコス伯宛に，都市マラガからさらに西方，カニーリャス・デ・アセイトゥーノからマロにかけてのナスル朝行政管区民が自らの主導でもって，地域和平（？）の更新を願い出ている。*Ibid.*, n. 6, pp. 619–620. なおアルコス伯フアン・ポンセ・デ・レオンと彼の息子ロドリーゴ・ポンセ・デ・レオンの両名は，都市ヘレス内の城主（alcaide）職を兼任しており，都市参事会への発言権も強かったと考えられる。林邦夫「中世アンダルシーア地方都市カディスとヘレス＝デ＝ラ＝フロンテーラ」15頁。

第十三章

(1) *Crónica de Enrique IV...*, vol. 1, p. 299, vol. 3, pp. 15–17.

(2) *Colección diplomática medieval de Alcalá la Real*, vol. 1, n. 72, 78, pp. 145, 154–156.

(3) "En rrazon de las vacas q[ue] vos fallesçen, sabed, q[ue] con el t[iem]po q[ue] a fecho non se an podido buscar. Mas agora luego las enbie a buscar, e las q[ue] paresçieren, yo vos las enbiare, e las q[ue] fallesçieren yo vos las pagare luego. E en esto non pongades duda ninguna. Ot[ro]si, onrrados e nobles cauall[er]os: en rrazon de los q[ue]xos q[ue] ay de amas las p[ar]tes, entre vos otros e nos otros yo mandare poner en ello tal rremedio en man[er]a que cada una de las partes cobre lo suyo." *Ibid.*, vol. 1, n. 79, pp. 156–157.

(4) "Q[ue] sabe Dios q[ue] mi voluntad e deseo es de guardar la buena paz, e buena voluntad, e buen amor con vos otros. E lo q[ue] non fue sera de bien de aqui adelante de amas las p[ar]tes, placiendo a Dios." *Ibid.*

(5) 議事録は部分的に刊行されている。以下を参照。J. de M. Carriazo y Arroquia, "Relaciones fronterizas entre Jaén y Granada: el año 1479," in *En la frontera de Granada...*, pp. 237–264; Id., "Los moros de Granada...," pp. 265–310; J. C. Garrido Aguilera, "Relaciones fronterizas con el reino de Granada...," pp. 161–172.

(6) J. Torres Fontes, "Las relaciones castellano-granadinas desde 1475 a 1478," pp. 186–229; J. de M. Carriazo y Arroquia, "Las treguas con Granada de 1475 y 1478," *Al-Andalus*, 19 (1954), pp. 317–367. イサベル1世の治世初期にあたる1470年代後半の対グラナダ関係は，史料においていくらかの矛盾が生じている。様々な不法行為が生じ，損害

回復が幾度も試みられているが，この過程において，地域レヴェルで休戦協定の再確認や延長交渉がもたれていると考えられる。たとえばハエン市立古文書館には，1476年1月11日付で，来年（1477年3月11日）から4年間の休戦を先んじて締結したことを通告する書状が保管されている。C. Perea Carpio, “La frontera concejo de Jaen...,” Apéndice documental, pp. 237–238.

(7) “...a más de esto yo me obligo por la dicha çibdad de Jahén que cualquier daño que se fisiere por tienpo de un año desde oy día de la fecha por el dicho alcaide de Huelma o por su consejo a qualquier lugar del reino de Granada, que la dicha çibdad de Jahén sea obligada de lo tomar e restituir o pagar. Asimismo es condiçión que non se faran prendas en Huelma ni en su tierra por el moro Johjoh que el alcaide de Huelma tiene ni por dos moros mudéjares, ni el alcaide de Huelma por las dichas tres yeguas en este dicho tienpo de un año...” J. C. Garrido Aguilera, “Relaciones fronterizas con el reino de Granada...,” p. 167.

(8) *Ibid.*, p. 168.

(9) M. González Jiménez, “Peace and War on the Frontier of Granada. Jaén and the Truce of 1476,” in *Medieval Spain: Culture, Conflict and Coexistence, Studies in honor of Angus Mackay*, New-York, 2002, pp. 160–175.

(10) J. de M. Carriazo y Arroquia, “Los moros de Granada...,” pp. 272–275;

(11) “Que viese Jaén lo que quería facer, si querían guerra o si querían pas, quél no tenía ningun otra cosa salvo aquellas torres e sus moros, que ge lo enbiasen a decir, pues no ponían cobro catorce meses ha en ello; que sy quería Jahén guerra o pas que como Jahén lo quisiese lo quería él.” *Ibid.*, pp. 282–284.

(12) “En primero día de otubre del año de mill e quatroçientos e setenta e nueve años, el honrrado Martín de Espinosa, jurado de la çibdad de Jahén, fue venido a esta çibdad con cartas e poderes de la dicha çidad de Jahén para entender, definyr e concluyr çiertas pendençias e debates que entre la dicha çibdad de Jahén e algunas villas e castillos deste rreyno de Granada están, e asymismo para entender en lo capitulado, conçertado e asentado agora ha año e medio, en lo qual no se fizo cosa alguna, ni menos en las pendençias que después de aquello han seydo.” *Ibid.*, p. 292.

(13) *Ibid.*, pp. 292–293.

(14) *Ibid.*, pp. 294–295.

(15) “...que de las gentes del alcayde de Huelma que por ay pasaren, de yda e venida a Huelma, como syenpre se acostumbró, de tienpo syn memoria, non rreçebireys enojo ninguno ni otro daño, ni será fecho nin cometido en el dicho camino por ellos cosa que non deuan, antes serán tratados por ellos los moros como syenpre ficieron, con todo amor e amistad e seguridad, porque de su voluntad dél rreçebiréys honrra e non daño.”

Ibid., pp. 302–303.

(16) J. C. Garrido Aguilera, “Relaciones fronterizas con el reino de Granada...,” pp. 169–172.

(17) “Y nos rreçebimos su rruego por su honrra, y mandamosle dar una c[ar]ta de seguro p[ar]a el d[ic]ho don Al[onso], e p[ar]a todos los q[ue] con el viniesen. E mandamos, a los d[ic]hos don Al[onso] de Aguilar e mariscal, q[ue] pareçiesen ante nos, en Granada, a diez dias del mes de agosto, nonbrado en aljamia, el q[ua]l mes es anno de mill e q[ua]tro çientos e setenta annos, fecha d'esta c[ar]ta.” *Colección diplomática medieval de Alcalá la Real*, vol. 1, n. 92, pp. 177–179.

(18) “Y, por esta n[uest]ra vos declaramos y dezimos: q[ue] don Al[onso] de Aguilar no guardo su honrra ni estado, y no lo cunplio cosa de lo q[ue] era obligado, y q[ue] es cavallero aleboso y cobarde, y no debe nadie tomar fee ni seguro. E es mengua, fablando con rreberençia, de rrey q[ue] de tal cavallero fia capitania de gente y governaçion de cibdad, ni villa ni lugares, como de ome no v[er]dadero ni cunplido.” *Ibid.*

(19) “...que nuestra esclarecida casa pacta y de nuevo estipula ausiliaros pacífica y cordialmente, y favoreceros con amor sincero por espacio de diez años agemis y consecutivos, cuyo principio será el primer dia del mes de enero agemi del año de mil quatrocientos setenta y dos de la época del Mesías, y concluiran el último de diciembre agemi de mill quatrocientos ochenta y uno de la misma era cristiana（...）Del mismo modo os notificaremos, ó distinguidos caballeros, cuanto sepamos ya sea en secreto ó ya sin reserva, á fin de que no llegue á completarse vuestro daño...” *Memorias de Don Enrique IV...*, núm CXC, pp. 659–660.

(20) *Ibid.*, núm CCX–CCXI, pp. 710–712.

(21) *Relación de los hechos...*, p. 376.

第十四章

（1）C. Torres Delgado, *El antiguo reino nazarí de Granada...*, pp. 315–346. 当該域に関する史料の渉猟と刊行は，ムルシア地域史研究者によってこれまで精力的に推し進められてきている。主要な情報源は，既に本書で何度も用いてきた都市ムルシア議事録，同都市の市立古文書館に所蔵されている王権発布のカルチュレール，およびその他の文書群となる。

（2）1321年は A. Giménez Soler, *La Corona de Aragón y Granada...*, pp. 215–217，1323年は *Los documentos árabes diplomáticos...*, n. 16, pp. 36–38, 1327年は AMMU, Cartularios Reales 1314–1344, fol. 30 v., 1328年は AMMU, Cartularios Reales 1314–1344, fol. 32 r. を，1330年は AMMU, Cartularios Reales 1314–1344, fol. 53 r. を参照。

（3）AMMU, LEG. 4292 Nº 69. アルボクスは，1430年代に繰り広げられた両王国間の公

的な戦争の結果，当時カスティーリャ王国側へ一時的に併合されていた。

(4) J. Torres Fontes, *Fajardo el Bravo*, Apéndice Documental, n. 11, pp. 155–158.

(5) "...nos manden dar nuestros moros e byuamos en paz. Et sy non, esforçado que nuestro sennor el Rey, quel prouea en este fecho, e esperamos vuestra respuesta con recabdo, e nosotros queremos de vos que trabajedes que nos enuien recabdo, e que Dios sabe que por amor de vos non querriamos danno alguno en el Reyno de Murçia, e sy alguna cosa mandades somos prestos..." *Ibid.*, Apéndice Documental, n. 21, pp. 171–172.

(6) *Documents per a la història de Granada...*, n. 352, pp. 421–422.

(7) "E sabed ya cavalleros, honrrados, que así como llego la dicha vuestra carta mandamos escrivir a toda la frontera de Levante, mandando fazer pesquisa e inquisicion por los dichos cativos, e aviendo certevidad dellos que fuesen luego sueltos do quier que fuesen..." J. Torres Fontes, "La intromisión granadina...," Apéndice Documental, n. 1–3, pp. 146–148. もちろんのこと，グラナダ王の元の書簡はアラビア語で記されていた可能性が高い。しかし中世カスティーリャ語への翻訳過程で，グラナダ王が「東方境域(la frontera de Levante)」という地域単位でもって，グラナダ王国東方域を表現している点が興味深い。

(8) AMMU, LEG. 4277 Nº 54.

(9) "...quel conçejo e cabdillo e alguasil dela çibdat de Vera nos escribieron dos cartas en aravygo, las quales mandamos torrnar en nuestra lengua por Çafad Dias escriuano delo morisco. E asy torrnadas contienen en eso çiertas cosas de quexos e demandas que fasen a esa çibdat e a esta sobre lo qual nos ouimos de desir por nuestros mensajeros para que fuesen notificadas las cosas en las dichas cartas contenidas." AMMU, LEG. 4292 Nº 68.

(10) "...que guardo yo alguna paz commo sabedes, e agora nueuamente tengo carta firmada del concejo de Murcia e de mi hermano sennor Alonso Fajardo, que ellos salieron fiables por todo el danno que nos seria fecho (...) que non querría fazer guerra con el Reyno de Murcia, por amor de vosotros e por amor de mi hermano Alonso Fajardo, yo non quiero fazer mouimiento alguno aunque lleuen la meytad de nosotros fasta que yo viera carta de mi hermano Alonso Fajardo, fasta ver en que estan estos fechos, fasta ver en que estan estos fechos, por ende vos rogamos mucho que luego le apercibades que venga e que me escriua, que es su intencion destos fechos, o que le parescio sy es su intencion de pone remedio, o es que quiere dexar ronper, e que luego me enbie su razon e vuestra, por que yo esto en estos fechos (c)olgado, e yo non quiero fazer cosa alguna fasta ver su razon e vuestra..." J. Torres Fontes, *Fajardo el Bravo*, Apéndice Documental, n. 19, pp. 168–170.

(11) "...por quanto sabemos cierto que el adelantado pregono guerra abierta con nosotros,

e non me pesa della por Dios, que yo me alerue con el...” *Ibid.* “alerue” をどのように解釈すべきか不明であるが，文脈から判断して “atreue” として訳出している。

(12) AMMU, Actas Capitulares No.70, fols. 75 v.-77 r.

(13) “...en conclusyon de todo nos enbian dezir que del viernes primero pasado en ocho días primeros siguientes les respondamos vos e nos, con toda nuestra voluntad de paz o guerra, poniendo e pidiendo muchas diversas e largas condiciones, por exceso serian largas de escriuir（...）por quanto el tienpo es muy breve e pasado syn respuesta el dicho viernes primero en adelante, faran guerra abierta, sy antes por vos e nos non se remedia la guerra e dapnos...” J. Torres Fontes, *Fajardo el Bravo*, Apéndice Documental, n. 20, pp. 170–171.

(14) AMMU, LEG. 4292 Nº 21; AMMU, LEG. 4277 Nº 58.

(15) “...do todo mi poder conplido（...）por mi mesmo e por la dicha cibdad de Murcia e por la cibdad de Cartajena e por mis villas e lugares e por las otras villas e lugares que son en el dicho regno de Murcia e obispado de Cartajena, podades juntamente tratar, praticar, apuntar, firmar, e otorgar, e concluyr e votar paz, e tregua, e abenencia que a vos bien visto sera con el muy alto señor e muy poderoso rey de Granada e moros de su regno, e con el honrrado cavallero Alabez Aben Ali Aben Humeyte, cabdillo de la cibdad de Vera, e con los otros cavalleros e personas que poderio ovieren para ello del dicho señor rey de Granada, por el tienpo que a vos plugiere e bien visto vos fuere, e con qualesquier clausulas e seguridades e obligaciones e cartas que al caso presente convengan de se fazer...” J. Torres Fontes, “La intromisión granadina...,” Apéndice Documental, n. 4, pp. 148–149.

(16) *Ibid.*, Apéndice Documental, n. 6, pp. 150–152.

(17) J. Torres Fontes, *Fajardo el Bravo*, Apéndice Documental, n. 16, pp. 162–163.

(18) *Ibid.*, Apéndice Documental, n. 28, pp. 180–181.

(19) 1457年５月14日付ムルシア議事録では「アロンソ・ファハルドはモーロ人の地へ人質として自身の幾人かの息子，そしてロルカ市民を送り，この都市［ムルシア］に対してあらゆる害悪と損害を与えるべくモーロ人らと結託しようとしている “Alfonso Fajardo ha enbiado a tierra de moros çiertos fijos suyos e de otros vesinos de Lorca en rehenes para que los moros se junten conel para faser todo el mal e danno a esta çibdad”」と記されている。AMMU, Actas Capitulares. No. 75, fol. 93 v.

(20) J. Torres Fontes, *Fajardo el Bravo*, Apéndice Documental, n. 41, pp. 201–203.

(21) “...podades fablar e tratar e asentar con el rey e moros del regno de Granada e con los cabdillos, çibdades, villas e lugares de Guadix, e Baça, e Huerça, e Vera, e Veliz e los otros lugares desta frontera, tregua e sobreseymiento de guerra por el tienpo, e con las condiçiones e capítulos, e en la manera e forma, e con las penas e posturas e firmezas

que a ellos bien visto fuere e entendieren que cunplen al serviçio de nuestro señor el rey e al bien, paz e sosyego de la dicha çibdad de Murçia e çibdades e villas e lugares de su regno e comarcas suso nonbradas." J. Torres Fontes, "Enrique IV y la frontera de Granada...," Apéndice Documental, n. 4, pp. 313–314.

(22) AMLO, Cartulario real, Libro registro de cartas de la escribanía del concejo de Lorca, 1463/1464, fols. 12 v.-13 v.

(23) *Treguas, guerra y capitulaciones de Granada...*, n. II-III, pp. 82–86. この和平協約は，バイリンガル文書の形で例外的に残存している。

(24) "...este testigo de hedad de beynte años poco mas o menos, vio este testigo que avia pazes entre la çibdad de Vera y la çibdad de Lorca, que avian hecho los moros de los christianos para que no se hiziesen entradas ni cabalgadas de los unos a los otros..." M. Abad Merino, "Exeas y alfaqueques...," p. 48. モリスコとは，近世スペインにおいて強制改宗を受けて残留を選択した新キリスト教徒のことである。

(25) "...el qual dicho axea trajo los dichos moros libres e sin pagar rescate ninguno por los aver tomado en tierra de paz, que estava hecha entre las dichas çibdades de Bera e Lorca..." *Ibid.*

(26) *Anales de Orihuela...*, vol. 1, p. 260.

(27) "...obtuvo del consejo cartas para el rey de Granada en su favor (...) y otra para el alcaide y aljama de Vera, los cuales habían escrito que querían paz con Orihuela, con orden que la concertase Pedro Tomás, que tuviesen las dos villas buena correspondencia y amistad." *Ibid.*, vol. 1, pp. 262–265.

(28) "Y venida orden del Rey, escribió el consejo a los de Vera lo que había hecho y hacían en su favor, y que les placía conservar la paz que con ellos concertó Pedro Tomás, con un capítulo más, que si los Reyes mandasen hacer guerra habían de avisar quince días antes que la moviesen." *Ibid.*

(29) *Ibid.*, vol. 1, pp. 274–278; vol. 2, pp. 290–291.

(30) "...paz entre las dos villas y no permitiendo Orihuela que de esta Gobernación vayan a cautivar a Vera..." *Ibid.*, vol. 1, p. 345.

(31) "...por conservación de la paz entre Vera y Orihuela restituyan los tres moros y 85 doblas que gente de esta Gobernación les quitaron, pues ellos habían restituído todo lo que los suyos quitaron a los de Orihuela, aunque no había paz entre los Reyes." *Ibid.*, vol. 1, pp. 368–369.

(32) *Ibid.*, vol. 1, pp. 301–302.

(33) *Ibid.*, vol. 1, pp. 426–427.

(34) ベラとオリウエラの場合，略奪が海からなされることも多い。ゆえに，海上での掠奪の阻止も重要な案件となった。「ベラとオリウエラ間の和平条項によれば，もしオ

リウエラ管轄領内で武装船がいかなる出身の者であれ，あるいは他国の者によってであれ準備されて，ベラあるいはその領域内のモーロ人を捕らえた場合，オリウエラがその損害を補填する義務があるとされている“...las capitulaciones de paz entre Vera y Orihuela dicen que si en la jurisdicción de Orihuela se armaran fustas por cualesquier natural o extranjero y con ellas cautivaren moros de Vera o de su conquista, tenga Orihuela obligación de rehacer el daño.”」*Ibid.*, vol. 1, p. 476.

第十五章

（1）J. Torres Fontes, “El adalid en la frontera de Granada,” pp. 345–366. 歩兵長に関する個別研究は，全く存在しない。しかし状況は騎兵長と同様であったのではないか。グラナダ王国では，とりわけ15世紀になると内紛が頻発して，権力争いに敗北した王族をはじめとするムスリム有力者が，自身の子飼いのムスリム兵を引き連れてカスティーリャ王国側に亡命することも頻繁に生じた。1464年，大元帥ミゲル・ルーカスの統治する都市ハエンに，サアド王の息子ムハンマドが宮廷闘争に敗れて亡命した。この際にムハンマドは，80名の子飼いの兵を帯同している。*Relación de los hechos...*, p. 166. 彼らのうちの多くは，政治情勢が改善した場合に帰国したと考えられるが，一部はカスティーリャ王の「モーロ人護衛（guardia morisca）」になるか，あるいは「境域」社会に溶け込んでいったのではないか。A. Echevarría Arsuaga, *Caballeros en la frontera...* の具体事例を参照。なお，グラナダ王族や貴族の亡命事例は，カスティーリャ以上に，アラゴンで多く確認されている。B. A. Catlos, “‘Mahomet Abenadalill’: a Muslim Mercenary in the Service of the Kings of Aragon（1290–1291）”, in *Jews, Muslims and Christians in and around the Crown of Aragon: Essays in Honour of Professor Elena Lourie*, J. H. Harvey ed., Leiden, 2004, pp. 257–302.

（2）AMMU, Actas Capitulares No. 3, fol. 68 v.

（3）J. Torres Fontes, *Fajardo el Bravo*, Apéndice Documental, n. 20, pp. 170–171.

（4）M. A. Salas Organvídez, *La transición de Ronda a la modernidad...*, Apéndice Documental, n. 1, pp. 275–277.

（5）M. Rojas Gabriel and D. M. Pérez Castañera, “Aproximación a almogávares...” を参照。

（6）“El consejo ordenó que don Ramón y los jurados concertasen los almogávares que pudiesen para que estuviesen en los puestos peligrosos espiando y asegurando a los segadores.” *Anales de Orihuela...*, vol. 1, pp. 90–93.

（7）“...el consejo envió algunos almogávares a Granada a saber la verdad. Los cuales trajeron un hombre de a caballo que contó como era verdad que el rey de Castilla los había enviado a pedir. Y el rey de Granada juntó sus ricos hombres y no quisieron consentirlo, y el Rey de enojado les quitó a todos el sueldo y envió solos 500 caballos y no muy bien armados...” *Ibid.*, vol. 1, p. 135.

(8) "...la villa se puso en son de guerra, y porque hubiese copia de almogávares y macipes, guió el lugarteniente a todos los delincuentes y deudores..." *Ibid.*, vol. 1, pp. 274–275.

(9) *Diplomatario del reino de Granada...*, n. 289, 290, pp. 618–620.

(10) A. Labarta, "Cartas árabes malagueñas," n. 1, pp. 613–614.

(11) J. Torres Fontes, "Notas sobre los fieles de rastro...," p. 299.

(12) J. C. Garrido Aguilera, "Relaciones fronterizas con el reino de Granada...," p. 172.

(13) たとえば1476年11月27日，足跡調査人らは，捕らえられたマルトスの若人の足跡を調査して，その情報をコロメラのムスリムに既に受け渡したことを報告している。*Ibid.*, p. 169.

(14) J. de M. Carriazo y Arroquia, "Los moros de Granada...," pp. 294–295.

(15) これは「外交」使節の全般にいえることであろう。たとえば1410年のアンテケラ攻防戦の際，王国間休戦協定の交渉のためにカスティーリャ陣営を訪問したグラナダ王の使節サアド・アル＝アミーンは，同郷の生まれで現在はキリスト教へと改宗していたロドリーゴ・デ・ベレスと陣営内で再会するや，反旗を翻して包囲網を攪乱するようにと説得している。しかし，結局は発覚して失敗に終わった。*Crónica de Juan II...*, pp. 337–343.

(16) *Relación de los hechos...*, pp. 90ff.

(17) J. García Antón, "La tolerancia religiosa en la frontera de Murcia y Granada en los tiempos últimos del reino Nazarí," *Murgetana*, 57 (1980), pp. 133–143.

(18) "...que tenían por cierto que eran el renegado Chinchilla y su cuñado. El consejo hizo sus diligencias porque no se escapasen dichos renegados, los cuales habían hecho tantos daños en esta Gobernación y causado tantos gastos en los apellidos (...) Y respondieron a Murcia que hiciesen lo mismo." *Anales de Orihuela...*, vol. 1, p. 186.

(19) "Muchos salteamientos hubo en esta tierra en tiempo del rey don Martín, y más en el año 409 y mayores daños hicieron en tiempo de paz que en tiempo de guerra. La causa eran algunos renegados que habían vivido en Orihuela, particularmente N. Lorenzo, que por una cuestión que hubo con N. Tarancón, se fué a Granada y renegó. Este y otros renegados servían de espías a los demás y eran causa que estuviesen continuamente velando, y cada día salían a los apellidos,…" *Ibid.*, vol. 1, p. 216.

(20) *Ibid.*, vol. 1, p. 252.

(21) "Trajeron las cabezas a Orihuela e hicieron información de quien eran, haciendo visura de ellos los dos vivos, porque había gran diferencia de cautivar o matar renegado, adalid, almocadén o almogávar, o matar un compañero particular, porque aquellos como sabidores de las entradas, sendas y pasos eran muy perjudiciales." *Ibid.*, vol. 1, p. 254.

(22) *Crónica de Juan II...*, pp. 100–101.

(23) *Relación de los hechos...*, pp. 122–123.

(24) *Anales de Orihuela...*, vol. 1, p. 306.

(25) たとえば，都市ハエン議事録では，改宗者に充てられる資金供与についての記述が多く散見される。1479年10月27日の議事録は，以下の改宗希望者の対応を決議している。「同日，同都市参事会構成員らは，海の向こう側の王国のモーロ人，名をヤフヤー Yajuc Çelahue という者が都市バーサで捕囚されていた２名のキリスト教徒を帯同して来訪したことを知った。［同キリスト教徒の］１人は，農夫でこの都市の市民たるディエゴ・フェルナンデスの息子アントン，もう１人はサビオテ市民たるマルティンという名である。彼らはケサダに到達し，かのモーロ人はキリスト教徒へと改宗し，名をアントニオ・デ・バレンシアと改名した。ケサダで洗礼を受け，ケサダ城主アントニオ・デ・バレンシアと同都市の執吏が代父となった。キリスト教徒となった彼に，都市ハエン当局は全ての都市で彼がキリスト教徒として遇されるよう，また救貧で彼を援助するように命じる書状を発布した。“Este dya los dichos señores vieron cómo vn moro del Reyno de allende que se llamaua Yajuc Çelahue troxo dos xistianos que estauan en catyvos en la çibdad de Baça, el vno Antón, fijo de Diego Fernandes, ortelano, vecino desta çibdad, e Martín vecino de Sauyote. E aportaron en Quesada, e se tornó xistiano e se puso por nonbre Antonio de Valencia. E lo bautisaron en Quesada, e fueron padrinos Antonio de Valençia, alcayde de Quesada, e vn alguasil della. E siendo xistiano, mandáronle dar carta para todas las çibdades e villas xistianas que lo ayan por xistiano e lo ayuden con limosna”」J. de M. Carriazo y Arroquia, “Los moros de Granada...,” p. 296.

(26) *Crónica de Enrique IV...*, vol. 1, pp. 189–190.

(27) *Colección diplomática de Quesada*, n. 39, pp. 82–84.

(28) “...por ello en la comarca de la tierra donde naçio el danno, segunt la quantia que fuere tomado, pero que non sea preso nin tomado persona de omne nin de muger por esta razón.” J. Torres Fontes, “El Tratado de Tarazona...,” pp. 87–93. とはいえ，実際にはヒトを誘拐することで，後に捕虜交換を行なうことも頻繁であった。

(29) “Por que vos mando que luego vades o enbiedes a la tierra del dicho don Alfonso, e fagáys prender en la dicha su tierra e vasallos e vecinos moradores della por la contía que los suyos asy sacaron e tomaron de la dicha tierra de moros; e las prendas que asy ficiéredes por ynventario e ante escriuano público las dad e entregad a la dicha çibdad de Jahén, para que ellos cunplan con los dichos moros lo que son obligados, segund costunbre de la frontera en tienpo de paces. Para lo qual facer e conplir vos doy poder conplido por esta mi carta.” J. de M. Carriazo y Arroquia, “Los moros de Granada...,” pp. 298–301.

(30) *Ibid.*

(31) “E me fue pedido cunplimiento de justiçia, e avida mi informaçión e por la carta del di-

cho conçejo de la dicha çibdad de Baeça, fasiendo lo que devía con justiçia, envié mi carta de requisiçión a Abulcaçín Venegas, alguazil mayor de señor Rey de Granada, rogándole e requiriéndole, fasiendo lo que es justiçia, mandase pagar las dichas quarenta doblas a la madre y hermano del dicho Luys muerto e le pagar el robo que le fue fecho, el qual por su carta me respondió que no eran tenidos, mas antes lo devían dar los moros que entraron e pagar los que fueron muertos, e por mí le fue suplicado que pues los moros del señorío del Rey de Granada cometieron el dicho delito en quebrantamiento de la dicha pas e contra todo bien e contrato, bien adentro a tierra de christianos, que fueron dinos de resçebir la pena que resçibieron, que son tenidos a pagar el dicho daño, e le requería que guardando las condiçiones de las pases, mandase pagar el dicho daño que en tierra de christianos fisieron, que son las dichas quarenta doblas baladíes e más el dicho robo, a la qual mi carta no le plogo de responder disiendo que ya estava lo que avía respondido; e por mí resçibida informaçión del mensajero que levó la dicha carta, me fue pedido por la dicha madre y hermano del dicho Luys de Caçorla, como sus herederos, que les fisiese conplimiento de justiçia, e yo por faser lo que es derecho, di este mi mandamiento por el qual mando e do liçençia a vos la dicha madre del dicho Luys y a vos Pedro de Jahén, su hermano, para que vos o qualesquier adalides o almogávares o otras personas que con este mi mandamiento fueren requeridos, podades y puedan entrar a la tierra de los moros del señorío del Rey de Granada, e podades e puedan faser prendas en moros e bienes de moros del dicho señorío por la dicha contía de las dichas quarenta doblas e quatro mill maravedíes del dicho robo, que asy son obligados por el dicho Luys muerto, que asy mataron e el dicho robo que le fisieron, tanto que al faser de las dichas prendas non matedes ni maten ni sean fechas ni en camino real ni en almayares moros ni en alhaqueques ni axeas ni sus bienes, que son asegurados, e fechas las dichas prendas vos mando que salgades e salgan con ellas echando el rastro dellas que pare en rastro dellas que pare en término de la dicha çibdad de Baeça, do fue fecho el daño, e no en otra çibdad ni villa ni logar de christianos; e las dichas prendas las trayades ante mí porque yo mande disponer dellas lo que sea justiçia, para que sea fecho pago a la dicha madre y hermano del dicho Luys muerto, y esto fased e cunplir en plaso de fasta tres meses primeros siguientes..." P. A. Porras Arboledas, "El derecho de frontera durante la Baja Edad Media. La regulación de las relaciones fronterizas en tiempo de treguas y de guerra," in *Estudios dedicados a la memoria del Prof. L. M. Díez de Salazar Fernández*, Bilbao, vol. I, 1992, pp. 261–287, Documento 3, pp. 286–287.

(32)「報復権」に類するものは，アラゴン連合王国でも認められていたことが『オリウエラ編年史』から分かる。*Anales de Orihuela...*, p. 196では1406年の事例を扱っており，先にグラナダ王国側が休戦を破棄したのであるから，これに対して報復するのは正当

であるとして略奪の実行を擁護している。

(33) この決議録は，既に刊行されている。C. Sáez Rivera, “El Derecho de Represalia en el Adelantamiento de Cazorla durante el siglo XV,” in *Estudios sobre Málaga...*, pp. 153–162, Apendice documental, pp. 160–162を参照。保存状況は芳しくなく，さらに誤字や文法的な間違いも多いが，内容を把握することにはそれほど問題はない。

(34) “...sobre rason de los males e dannos e muertes e cativasiones de omes que los moros enemigo de la fe del sennorio del Rey de Granada ha fecho e de cada dia fasen en los vesinos e moradores de las dichas villas e lugares del dicho Adelantamiento e de sus terminos (...) por que los dannos e males e prendas resçebidos pasadas fueren hemendados e reparados e los porvenya sy se pudiese fuesen escusados e la buena pas puesta por nuestro sennor el Rey con el dicho Rey de Granada fuese guardada.” *Ibid.*

(35) “Primeramente que por quanto algunas personas era e es dicho e afaemado que segund los males e dannos e prendas e muertes e cativasiones de omes que tienen resçebidos e resçiben de los dichos mors e marranos que sería bien de aver e tomar emiendas e bangança de los dichos moros sobre lo qual era e son diversas opiniones entre los vesinos e moradores de las dichas villas e lugares del dicho Adelantamiento en que algunos desian e disen que era e es bien que poderosamente toda la gente del dicho Adelantamiento asy de cavallo como de pie entrasen a la tierra de los dichos moros a se emendar e tomar la dicha bengança por los dichos males e dannos rescebidos. E otrose algunos desian e disen que aunque no poderasamente nyn toda la genete entrase que de veynte fasta en çinquenta de e valle que era bien que fuesen e entrasen en la tierra de los dichos moros a resçibir la dicha emyenda e bengança dellas. E otro si algunos desina e disen que por quanto los dichos dennos dis que asy resçebidos no son fechos salvo dis que por almogávares moros asy de pie como de cavallo non podemos poderosamente que non era nyn es rason que se faga la dicha emienda e bengança salvo otrosy por almogávares segund e por la via e forma e manera que los dichos moros lo fasian e fasen e sobre todo avido consejo e deliberaçion por todos los sobredichos en nonbre de las dichas villas.” *Ibid.*

(36) “Que en cuanto atanne a lo primero de los que desian e disen que serya bien que poderosamente toda la gente del dicho Adelantamiento lo que pudiese ser avyda entrasen a la dicha tierra de los moros por emendar e bengar los dichos dannos asy resçebidos. A esto determinaron e declararon que sy poderosamente se fisyere que se esperava e espera mucho mayor danno a las dichas villas o tierr del dicho Adelantamiento espeçialmente segun el tienpo que viene e es presente del coger de los panes e por rason de los gnados que pades çerian gran danno por quanto por semejante los dichos moros entrarian a faser mal e danno en la tierra del dicho Adelantamiento. E atrony que sería e es yr

contra la ordenança e pasde nuestro sennor el Rey e por ende que non se deve faser ansy por lo que dicho es. En cuanto atanne a los segundo que algunos disen que serya bien que de veynte fasta çinquenta de cavallo entrasen a la dicha tierra de moros a resçibir las dichas emyendas. A esto acordaron que por semejante si se fallase la dicha tierra de los moros que ellos querrian al tanto e mas poderosamente fallan a correr la tierra del dicho Adelantamiento de lo queal se podrá seguyr mas danno e por ende que se no deve asy faser. E en cuanto atanne a lo terçero que se dise que seria bien pues que por almogabares de pie e de cavallo son fechos de los dichos dannos que por semejante devyan ser vengados e emendados por los vesinos e moradores del dicho Adelantamiento. A esto acordaron e declararon que era e es bien que por que los dapnyficados e querelloses de los dichos moros non queden con sus dannos que por la via e forma e manera que los dichos dannos e males tienen reçebidos e Adelante resçibieren que por esa mesma via e manera resçiban e tomen emyenda de los dichos ... e prendas e dannos los dichos querellosos de los dichos mores avyendo e tomando primeramente mandamientos para loasy faser segund uso e costunbre antigua del dicho Adelantamiento." *Ibid.*

(37) "Açerca de lo qual acordaron e deliberaron que los tales querellantes que los dichos mandmientos ovy... e resçibieron para se emendar de los dichos dannos que resçebidos ovyeren a resçibieron que sea tenu... de faser la prenda o prendas en aquellos lugares e terminos e jurediçiciones donde resçivy eron e resçiben los dichos dannos e non en otro lugar ny termino alguno e que la tel prenda o prendas que asy traxieron o les fuere trayda que sean tenudos de la traer a presentar e registrar a qualquier de la villas donde les fueron dadop el dicho mandamiento o damientos porque este de manifiesto para aver los dichos querellosos emyenda de los dichos dannos. E si por cirtud del dicho mandamyendo o mandamientos o si algund querelloso o querelosos o otro por ellos o por los dichos termynos de las dichas villas del dicho Adelantamiento o de qualquier dellas sacare la dicha prenda o prendas para emyendas de los dichos sus dannos e la levase a otra parte o la non troxieren a registrar e presentar a las dichas villas o a qualquier dellas segund dicho es por ello e que sus bienes sean confiscados para camara del dicho sennor Arçobispo." *Ibid.*

第十六章

(1) P. A. Porras Arboledas, "El derecho de frontera...," pp. 261–287が的確に整理している。

(2) "...la qual tregua fue eso mesmo otorgada por el dicho rey de Granada por mi e por los del dicho regno de Granada, segund la forma acostunbrada de las tales treguas." *Documentos de Juan II*, n. 231, pp. 558–559.

(3) "...según se acostumbró en todos los tiempos de las paces pasadas..." J. A. Bonilla y

Mir and E. Toral Peñaranda, *El tratado de Paz de 1481...*, pp. 29–32.

(4) J. de M. Carriazo y Arroquia, "Los moros de Granada...," p. 299.

(5) "Éstos, por antiguas leyes de la guerra, disimulaban semejantes novedades cuando dentro del plazo de las treguas se apoderaban por sorpresa de alguna villa o castillo, siendo convenio de antiguo observado entre andaluces y granadinos, y aprobado por sus respectivos reyes, que dentro de los tres días fuera lícito a unos y a otros atacar los lugares de que creyeran fácil apoderarse." Alonso de Palencia, *Guerra de Granada, Electronic resource* [Biblioteca Virtual Miguel de Cervantes（http://www.cervantesvirtual.com/obra-visor/guerra-de-granada--0/html/）：最終アクセス日時2015/12/30)].

(6) "A moros y cristianos de esta región, por inveteradas leyes de la guerra, les es permitido tomar represalias de cualquier violencia cometida por el contrario, siempre que los adalides no ostenten insignias bélicas; que no se convoque a la hueste a son de trompeta, y que no se armen tiendas, sino que todo se haga tumultuaria y repentinamente." *Ibid.*

(7) M. Acién Almansa, "El quinto de las cabalgadas. Un impuesto fronterizo," in *Actas del II Coloquio de Historia Medieval Andaluza...*, pp. 39–51; F. Maíllo Salgado, "La guerra santa según el derecho mâliki. Su preceptiva. Su influencia en el derecho de las comunidades cristianas del medievo hispano," *Studia Histórica. Historia Medieval*, 1（1983）, pp. 29–66.

(8) "Y que se guarde el fuero del Emperador, que dice que no deben ningún derecho de las cabalgadas cuando volverían al presidio el mismo día." *Anales de Orihuela...*, vol. 1, p. 71.『皇帝法規』に関しては後述する。

(9) "...seria grand daño de los christianos cativos que estan en tierra de moros..." *Documentos de Juan I*, n. 46, pp. 86–87.

(10) 15世紀の羊皮紙文書の形でペルピニャンに保管されているものを，M. D. Martínez San Pedro, "El Fuero de las Cabalgadas," in *III Estudios de Frontera...*, Jaén, 2000, pp. 461–474が刊行している。

(11) J. Torres Fontes, "Apellido y cabalgada..."; Id., "El adalid en la frontera de Granada," pp. 358–359.

(12) P. A. Porras Arboledas, "Dos casos de erechamiento de cabalgadas（Murcia, 1334–1392）," in *Estudos em homenagem ao professor doutor José Marques*, Oporto, 2006, pp. 261–269.

(13) *Los documentos árabes diplomáticos...*, n. 12, pp. 27–28.

(14) *Anales de Orihuela...*, vol. 1, p. 307.

(15) "···nos mandamos faser la prenda en un moro de ese reino, blanco, el qual tenemos de manifiesto, el qual e otros conpañeros suyos que venían con él e se fueron treinta

（fardeles e guardafiones）a faser mal e daño en vesina de esa çibdad, de lo qual paresçe que como ladrones meresçen, y este moro que acá está devió ser perdido segund condiçiones e ordenanças de la pas." J. C. Garrido Aguilera, "Relaciones fronterizas con el reino de Granada...," p. 171.

(16) たとえば1451年，ベラとオリウエラとの間で地域間休戦が成立していた際，オリウエラの広場にて不当に誘拐されたベラのムスリムが競売にかけられた。しかしオリウエラの民も和平の存在を知っていたため誰も購入せず，これをみた盗賊らは売却のため，はるばるイビサ島へと渡っている。*Anales de Orihuela...*, vol. 1, pp. 430–431.

(17) J. Torres Fontes, "El adalid en la frontera de Granada," Apéndice documental, n. 1, pp. 362–363.

(18) 既に扱った *Los milagros romanzados...* は，運よく逃亡して，自由を回復できた元捕虜の証言を収録したものである。

(19) "Otrosy, ponemos que sy algún christiano catiuo fuxier de tierra de moros a la vuestra tierra, quier sea pleteado o non, que non sea tornado, et sy auer leuare de alguno que sea tornado el auer. Et eso mismo que sea por el moro que catiuo que fuxier de tierra de christianos a tierra de moros." J. Torres Fontes, "El Tratado de Tarazona...," pp. 87–93.

(20) "E otrosi: quando fuyere captivo xristiano ó moro, pleyteando ó non pleyteando, é llegare á su tierra, que non sea tenudo alguno de los dichos reyes á lo tornar; pero que sea tornado el aver, con que fuyó, sy fué fallado en su poder; é sy non fué fallado en su poder, que jure el captivo sobredicho que non llevó cosa alguna, é que juren los del logar, do saliere é los de la posada en que posare, que non fuyó con cosa alguna; é asy sea quito el cativo sobredicho. E sea universalmente este juysio á los cativos de amas las partes de los xristianos é moros ygualmente." J. Amador de los Ríos, *Memoria histórico-critica...*, n. LXXX, pp. 133–137.

(21) *Colección diplomática medieval de Alcalá la Real*, vol. 1, n. 37, pp. 60–62.

(22) *Ibid.*, vol. 1, n. 43–44, pp. 71–73.

(23) "Este día sobredicho, vino Sancho de Vbeda e dixo que yoguiera captiuo en Guadiex, e que era su sennor Alí, primo del arrayaz. Yogó captiuo anno e medio. Lunes, mediado mayo, era de mill e CCCXXV［1287］annos, araua en vna alcalía, e enbiól su sennor con Hamet a la villa, que fiçiés çena. Metiólo Dios e Santo Domingo en coraçón que tomase el cauallo de su sennor, e que viniese en él para christianos. E él aventuróse e tomó el cauallo, e subió en él con sus fierros a los pies e sallió de la villa. E falló moros, e nunqual dixeron ¿Dó uas? Arribó essa noche a Torres de Alicún. E Pedro Díaz, adelantado de Quesada, mandól sacar los fierros. E porque eran paçes, tomól el cauallo e enbiól a su sennor. Legó al monesterio con sus fierros." *Los milagros romanzados...*, p. 165.

(24) AMMU, LEG. 4292 N° 68.

(25) "...envió un escudero suyo a Orihuela, y traía una carta del caudillo y consejo de Vera, escrita en arábigo, que está en la nota en su propia forma, lo que hacían los moros pocas veces, porque ellos se tenían quien escribiese en español, sino era cuando estaban enojados." *Anales de Orihuela...*, vol. 1, p. 476.

(26) "···mandaron venir a un moro de Diego Roaque [?] que sabia leer morisco e a maestre Fernando armero que entiende morisco, e oyendo al dicho moro lo quel oyese, lo tornase el dicho maestre Fernando, los quales moro e maestre Fernando vinieron e se conçertaron quel leer e trasladar las dichas cartas moriscas e fue escripto commo por ellos fue declarado···" AMJF, AACC 1450, fol. 152 r.

(27) J. C. Garrido Aguilera, "Relaciones fronterizas con el reino de Granada...," p. 172.

(28) *Diplomatario Andaluz...*, n. 134, pp. 142–143.

(29) *Colección diplomática medieval de Alcalá la Real*, vol. 1, n. 78, pp. 154–156.

(30) "Entre los términos de Úbeda y de la frontera de los moros estaba el término de Cabra [現在の Cabra del Santo Cristo か？], el cual no estaba declarado si quedaba en las treguas por los de Úbeda ó por el Rey de Granada. Y en esta duda entraron los ganados y pastores de los moros en el año de mil y cuatrocientos y diez y siete en el término de Cabra, y los de Úbeda los prendieron. Y D. Alonso Fernandez de Córdova, Alcalde de los moros y cristianos por el Rey de Castilla, y Mahomad Cabdon, Alfaque mayor de los moros por el Rey de Granada, los dieron por bien tomados, y mandaron que ni los ganados de los cristianos ni los moros paciesen aquel lugar y fuese yermo hasta que otra cosa determinasen." G. Argote de Molina, *Nobleza de Andalucía...*, pp. 638–640.

(31) 該当箇所は次のように記されている。"...en nonbre dela dicha cibdad fueron al Berrueco que disen de Garciago, térmyno desta cibdad y alli descabalgaron delos cavallos en que yvan cavalgando e dixeron que ally y de ally retificavan la posesyon que esta cibdad tenya en los dichos sus térmynos e sy nescesario les era la tomavan y tomaron de nuevo, segund y como mejor al derecho dela dicha cibdad convenia, e segund que por sus prevyllejos se contenya e en señal de retificación e posesyon cortaron con espadas de fierro, que en sus manos trayan, árboles e yervas delas que en el dicho Berrueco estavan. E de alli cavalgaron y seguyeron en presencia de my el dicho escrivano el lomo del alcornocal adelante, aguas vertientes a Benahú, térmyno dela dicha cibdad. E asy mesmo retificó la dicha posesyon y la tomaron de nuevo segund que en sus prevyllejos se contenya, cortando con las espadas, cavalgando delos alcornoques y yervas del dicho lomo. E luego se venyeron al dicho ryo de Mulera, onde la dicha cibdad estava." M. A. Salas Organvídez, *La transición de Ronda a la modernidad...*, Apéndice Documental, n. 1, pp. 275–277.

(32) "...para qué estava la pas, sy non avian de andar ballesteando por el térmyno dela cib-

dad, que non avyan menester pas para esto." *Ibid.*

(33) *Documentación medieval del Archivo Municipal de Lorca* (*1257–1504*), I. García Díaz ed., Murcia, 2007, n. 89, 91, pp. 64–68. とはいえ危険はつきものであった。引用した2つの事例は，両王国（カスティーリャ，グラナダ）で和平が結ばれていたものの，バレンシア（アラゴン連合王国領）からの「海賊」がムスリムの行商人を殺害して拉致したため，アラゴン連合王国への補償要求という形で史料に登場している。なお「行商人」という語句に関しては以下を参照。F. de la Granja, "Un arabismo inédito: Almayar/almayal," *Al-Andalus*, 38 (1973), pp. 483–490.

(34) *Actas Capitulares de Morón de la Frontera...*, pp. XXXIII–XXXIV, LXXIV, 27, 30, 34, 58–59. 本節は，既に黒田祐我「異教徒との交易の実態」でも詳しく論じた。

(35) *Treguas, guerra y capitulaciones...*, n. VI, pp. 92–105; C. Perea Carpio, "La frontera concejo de Jaen...," Apéndice documental, pp. 237–238.

(36) J. C. Garrido Aguilera, "Relaciones fronterizas con el reino de Granada...," pp. 166–169.

(37) "Por tanto, noble cauallero, mandad venir dese rreyno a esta çibdad todos los almayales e mercaderes con sus mercadurías, que seguros vernán, estarán e tornarán, e asy de este çíbdad yrán los mercaderes a ese Reyno, so vuestro seguro, por que en todo la pas sea guardada. Nuestro Señor conserue vuestra virtuosa persona. De Jahén, dies e seys de otubre de setenta e nueue años." J. de M. Carriazo y Arroquia, "Los moros de Granada···," p. 293.

(38) "Y çerca de lo que vos escrevistes de los almayares e mercaderes, todos pueden venir seguros e sus mercaderías." J. C. Garrido Aguilera, "Relaciones fronterizas con el reino de Granada...," p. 172.

(39) 表の作成に当たって，以下の刊行史料を用いた。*Documentos de la minoría de Juan II ...*, n. CXXII, CLXXII, CLXXXIV, pp. 248–250, 332, 349–351; *Diplomatario del reino de Granada...*, n. 44, 111, 158, 159, 184, 199, 208, 222, 231, 256, 283, 320, pp. 150–151, 273–274, 366–371, 428–429, 454–456, 476–477, 503–504, 523–525, 560–561, 608–611, 679–681; *Documentos de Enrique IV de Castilla* (*1454–1474*)..., n. 6, 62, 100, 124, 135, pp. 9–11, 110–112, 190–195, 239–241, 261–263; J. E. López de Coca Castañer, "La frontera de Granada (siglos XIII-XV): el comercio con los infieles," in *Cristianos y musulmanes en la Península Ibérica: la guerra, la frontera y la convivencia*, Ávila, 2009, pp. 367–392, doc. 1, pp. 389–391.

(40) "···algunos malos christianos non temiendo a Dios nin a la mi justiçia en grant peligro de sus animas e cuerpos e bienes, menospreçiando la escomunion en que por ello han incurrido e incurren, así puesta por el derecho como por bulla de nuestro santo padre, publicada en la frontera, e menospreçiando las penas contenidas en las dichas mis cartas, se han atrevido e atreven a llevar a la dicha tierra de moros pan e ganados e cavallos

e armas e otros mantenimientos e basteçimientos en grant deserviçio de Dios e mío.” J. E. López de Coca Castañer, “La frontera de Granada…,” p. 390.

(41) *Documentos de Enrique IV*, M. C. Molina Grande ed., Murcia, 1988, n. 200, pp. 463–465.

(42) D. Menjot, “La contrabande...,” pp. 1073–1083; I. García Díaz, “La frontera murciano-granadina...,” pp. 23–35.

(43)「境域」と家畜放牧の関連性は，長らく中世スペイン史上のみならず，近世ラテン・アメリカ史においても議論が白熱してきた。中世スペインにおける家畜放牧の組織化に関しては，林邦夫「メスタの成立年代について」『史学雑誌』100–10（1991），41～61頁；同「地方メスタとメスタ」『史学雑誌』102–2（1993），52～77頁が端的にまとめている。

(44) J. Rodríguez Molina, “Relaciones pacíficas en la frontera con el reino de Granada,” in *Actas del Congreso: La Frontera Oriental Nazarí...*, pp. 257–290.

(45) *Documentos de Juan I*, n. 40, pp. 74–75.

(46) *Ibid.*, n. 95, p. 182.

(47) M. Acién Almansa, *Ronda y su serranía...*, vol. 1, pp. 131–139, vol. 3, pp. 617–619; Id., “Dos textos mudéjares...,”, pp. 245–257; J. Rodriguez Molina, *La vida de moros y cristianos...*, pp. 265–273.

(48) J. Abellán Pérez, *La ciudad de Jerez de la Frontera...*, p. 98.

(49) “…vino Andrés Martyn de Lerena, conosçedor de Maryna de Villalobos, en my presençia e del dicho alcayde Pero Nunnes fabló con el dicho alcayde Mahoma el Gomerí e con el conçejo e alguasiles, viejos e mançebos de la dicha villa de Casares para que sy le querían dar tierra para en que anduvyesen un hato de vacas, quél le pagaría a su plaser, el qual dicho alcayde e conçejo dixeron que les plasya, e que les diese por ella çien reales por la yerva de Xenar por un mes e que gela darían; e el dicho Andrés Martyn dixo que era mucho, y estonçes el dicho alcayde e conçejo dixeron que les diese una vaca anojal escogida en el dicho hato por la yerva, lo qual quedó asentado todo entre el dicho alcayde e conçejo y el dicho Andrés Martyn.” M. Acién Almansa, *Ronda y su serranía...*, vol. 3, n. 18, pp. 617–619. なお引用箇所の後では，ジブラルタル城主も牛の放牧を願い出て許可を得ている。

(50) “E por ende, como quier que todos los del reino trabajaron mucho, pero sintiéronlo los que de allá vinieron a la guerra, e no los que quedaron. E los de Andaluzía sintiéronlo todos, así los que fueron a la guerra como los que quedaron, por estar çerca e ser forçados de seruir más que los que estauan lexos.” *Crónica de Juan II...*, pp. 394–396.

(51) *Documentos de la minoría de Juan II...*, n. XIV, XXIII, pp. 18, 34–35; D. Menjot, “Le poids de la guerre dans l'économie murcienne, l'exemple de la campagne de 1407–1408,” *Miscelánea Medieval Murciana*, 2（1976）, pp. 36–69.

(52) ナスル朝領域の内乱状態の最中にこれらの諸拠点は征服されており，その実態は，「自発的」な主君の鞍替えに近しいものと推測される。であるがゆえに，ナスル朝君主が自身の権勢を再回復した1440年代，ヒケナを除いてほぼ全てがグラナダ王によって再征服されている。

(53) *Diplomatario del reino de Granada...*, n. 79, 80, pp. 214–216.

(54) *Ibid.*, n. 104, 105, pp. 262–264.

(55) *Ibid.*, n. 139, 140, 141, pp. 328–330. 戦時中の貢献義務はこれだけにとどまらない。1437年11月20日に国王フアン２世は，都市ヘレスに対して，対グラナダ戦争のための穀物，ワイン，牛の供出を求めている。*Ibid.*, n. 209, pp. 477–478.

(56) J. Abellán Pérez, "Notas documentales sobre el abastecimiento de Albox (1436–1445)," *Murcia, la Guerra de Granada y otros estudios (siglos XIV–XVI)*, Cádiz, 2001, pp. 63–72.

(57) *Diplomatario del reino de Granada...*, n. 269, 270, 273, pp. 580–582, 585–586.

(58) グラナダ訪問の際の贈物の明細表は，E. Lafuente, *Relaciones de algunos sucesos de los últimos tiempos del reino de Granada*, Madrid, 1868, pp. 115–119で刊行されている。グラナダ宮廷での決闘は，アラゴン連合王国に属するバレンシア騎士の間でもみられる。1447年12月18日付，アラゴン王女マリアからナバーラ王フアン２世（ナバーラ王在位1425～1479，アラゴン王在位1458～1479）宛の書簡では，バレンシア騎士ルイス・コルネル（Loys Cornell）とニコラウ・デ・プロシダ（Nicolau de Pròxida）の両名がグラナダ王の面前での決闘を試みていることが伝達されている。翌年1448年の５月11日付，同じく王女は，グラナダ王ムハンマド９世へ直々に書簡を送り，上述の決闘がグラナダ王の勧めによって阻止されたことを喜ぶとともに，さらにバレンシア騎士とカスティーリャ騎士との決闘がグラナダで実施される予定であるため，その阻止を求めている。*Documents per a la història de Granada...*, n. 353–354, pp. 422–424.

(59) M. González Jiménez, *La repoblación del reino de Sevilla...* における結論を参照のこと。

(60) "E eso mismo quisieron facer los pueblos á los Moros que vivian en las cibdades é villas del Regno, salvo que non se atrevieron, por quanto ovieron rescelo que los christianos que estaban captivos en Granada, é allende la mar, fuesen muertos..." *Crónica de Enrique III*, in *Crónicas de los Reyes de Castilla, colección ordenada por Cayetano Rosell, Biblioteca de Autores Españoles*, 3vols, Madrid, 1953, vol. 2, p. 177.

(61) カスティーリャ王国のムルシア域と比べ，オリウエラ行政管区からバレンシア王国南部にかけては，はるかに多くのムデハル共同体が確認される。J. Hinojosa Montalvo, "Cristianos, mudéjares y granadinos en la gobernación de Orihuela," in *Actas del IV Coloquio de Historia Medieval Andaluza...*, pp. 323–342.

(62) "Los capítulos de la concordia eran muchos, pero el que más importaba era que si en esta Gobernación salteaban, cautivaban o mataban moros, tenían obligación los cristianos de buscarlos y rescatarlos a su costa, y por los muertos dar 200 florines a los deu-

dos o a la aljama si no los tenía. Y si cautivaban o mataban cristianos tenían los moros la misma obligación. El provecho que se esta concordia resultaba a los cristianos era grande porque como los moros de esta Gobernación habían de pagar los daños que los de Granada solían hacer, no sólo no los servían de espías y encubridores, pero ellos mismos daban el apellido por no pagar el daño que los de Granada harían." *Anales de Orihuela...*, vol. 1, p. 141. 同相互扶助契約に関しては J. Torres Fontes, "La hermandad de moros y cristianos para el rescate de cautivos," in *Actas del I Simposio Internacional de Mudejarismo*, Madrid, 1981, pp. 499–508も参照。

(63) "E quando salieron en rebato çiertos cavalleros desta çibdad disyendo que llevavan las vacas de Francisco de Vera, jurado, que yo el dicho García de Orvaneja por el dicho García de Orvaneja (sic) por el dicho mi padre y llegamos fasta la boca del valle, onde fallamos un cavallo morisco cansado y de ay bolvymos a sestear al río porque los moros non llevaron nada..." R. Sánchez Saus, "La frontera en la caracterización...," p. 307.

(64) "Seguro—Este dya los dichos señores mandaron dar su seguro a Juan Baruero, criado del alcayde de Huelma, para sy quisyere ser cristiano, que está en Cambil, que no le farán mal ni daño en esta çibdad ni en sus términos ; que se venga luego con el contador Alonso Días." J. de M. Carriazo y Arroquia, "Los moros de Granada...," p. 298. これ以前のグラナダ大宰相からの書状で，このフアン・バルエロの再改宗には，２名のムスリム捕虜を解放することが条件であったことが分かる。

(65) "Mandad que venga su madre e parientes aquí a Colomera e trabajen con el moço para que se vaya con ellos, y nosotros lo dexaremos yr; y vengan los que vernán seguros. E somos prestos en todas cosas, honrrado caualleros, de acer lo que mandéredes." *Ibid.*, pp. 279–280.

(66) "Con Colomera.—El moço que estaua por Prada e dicen que se tornó moro: Respóndese este moço fue entregado al jurado Martín de Espinosa e a su padre e a otros muchos xistianos, y lo touieron apartadamente y fablaron con él syn estar los moros presentes, y todavía dixo que era moro, el qual es ya onbre." *Ibid.*, p. 289.

(67) *Ibid.*, p. 289.

(68) "...que se dise que es christiano, que lo leven al término que es acostunbrado..." J. C. Garrido Aguilera, "Relaciones fronterizas con el reino de Granada...," pp. 170–171.

(69) "E asy mismo dos moços e un omne moros, q[ue] fueron alla, e disteslos liçençia q[ue] partiesen otro dia commo llegaron alla. E la costumbre de la paz es q[ue] los abiades de tener ay diez dias; por lo q[ua]l mandadlos traer Alcala, q[ue] a jurado el alcayde Yuçef Abenaçerrax de facer prenda por ellos sy no los fases traer Alcala, p[ar]a q[ue] fablen con ellos alla, e despues, sy se q[ui]eren tornar e yr alla, vayan en ora buena." *Colección diplomática medieval de Alcalá la Real*, vol. 1, n. 78, pp. 154–156.

(70) 同文書は刊行されていないものの，ガルシア・アントンによって参照されて内容が抜粋されている。J. García Antón, "La tolerancia religiosa...," pp. 133–143; Id., "Cautiverios, canjes y rescates en la frontera entre Lorca y Vera en los últimos tiempos nazaríes," in *Homenaje al Profesor Juan Torres Fontes...*, vol. 1, pp. 547–559.

(71) J. García Antón, "La tolerancia religiosa...," pp. 138–139.

(72) J. Torres Fontes and E. Sáez, "Dos conversiones interesantes," *Al-Andalus*, 9–2 (1944), pp. 507–512.

終　章

(1) 全文は以下の通りである。"In nonnullis provinciis a christianis Iudaeos seu Saracenos habitus distinguit diversitas sed in quibusdam sic quaedam inolevit confusio ut nulla differentia discernantur. Unde contingit interdum quod per errorem christiani Iudaeorum seu Saracenorum et Iudaei seu Saraceni christianorum mulieribus commisceantur. Ne igitur tam damnatae commixtionis excessus per velamentum erroris huiusmodi excusationis ulterius possint habere diffugium statuimus ut tales utriusque sexus in omni christianorum provincia et omni tempore qualitate habitus publice ab aliis populis distinguantur cum etiam per Moysen hoc ipsum legatur eis iniunctum." "Et quoniam illius dissimulare non debemus opprobrium qui probra nostra delevit praecipimus praesumptores huiusmodi per principes saeculares condignae animadversionis adiectione compesci ne crucifixum pro nobis praesumant aliquatenus blasphemare. Cum sit nimis absurdum ut Christi blasphemus in christianos vim potestatis exerceat quod super hoc Toletanum concilium provide statuit nos propter transgressorum audaciam in hoc capitulo innovamus prohibentes ne Iudaei officiis publicis praeferantur quoniam sub tali praetextu christianis plurimum sunt infesti. Si quis autem officium eis tale commiserit per provinciale concilium quod singulis praecipimus annis celebrari monitione praemissa districtione qua convenit compescatur. Officiali vero huiusmodi tamdiu christianorum communio in commerciis et aliis denegetur donec in usus pauperum christianorum secundum providentiam dioecesani episcopi convertatur quicquid fuerit adeptus a christianis occasione officii sic suscepti et officium cum pudore dimittat quod irreverenter assumpsit. Hoc idem extendimus ad paganos." http://www.documentacatholicaomnia.eu/04z/z_1215-1215__Concilium_Lateranum_IIII__Documenta__LT.doc.html（最終アクセス日時2015/12/02）

(2) R. W. サザーン（鈴木利章訳）『ヨーロッパとイスラム世界』岩波書店，1980年，92頁。

(3) *Las Siete Partidas...*, Setena Partida, Título XXIIII–XXV, vol. 3, pp. 75–79.

（4）A. Echevarría Arsuaga, *La minoría islámica de los reinos cristianos medievales*, Málaga, 2004, pp. 122–123.

（5）J. Boswell, *The Royal Treasure...*; O. R. Constable, "Regulating Religious Noise...," pp. 64–95; A. Echevarría Arsuaga, "Los mudéjares de los reinos de Castilla y Portugal," *Revista d'Història Medieval*, 12（2001–2002）, pp. 31–46.

（6）I. García Diaz, "La política caballeresca de Alfonso XI," *Miscelánea Medieval Murciana*, 11（1984）, pp. 117–133; N. Agrait, "The Reconquest during the Reign of Alfonso XI（1312–1350）," in *On the Social Origins of Medieval Institutions. Essays in Honor of Joseph. F. O'Callaghan*, Leiden, 1998, pp. 149–165; A. B. Paniagua Lourtau, "Consideraciones sobre la imagen de los musulmanes en la Gran Crónica de Alfonso XI," in *IV Estudios de Frontera...*, 2002, pp. 417–429; J. Valdeón Baruque, "El siglo XIV: la quiebra de la convivencia entre las tres religiones," in *Cristianos, musulmanes y judíos en la España medieval: de la aceptación al rechazo*, Valladolid, 2004, pp. 125–148; L. Fernández Gallardo, "Guerra santa y cruzada...," pp. 43–74.

（7）A. Echevarría Arsuaga, *Caballeros en la frontera...* を参照。

（8）*Cortes de los antiguos reinos de León y de Castilla. Publicadas por la Real Academia de la Historia*, 5vols, Madrid, 1861–1903, vol. 4, pp. 68–69, 94–95, 101–102.

（9）"Porque dela continua conuersacion e uiuienda mezelada delos judios e moros con los christianos resultan grandes dannos e inconuenientes, e los dichos procuradores sobre esto nos han suplicado mandassemos proueer, ordenamos e mandamos que todos los judios e moros de todas e quales quier cibdades e uillas e lugares destos nuestros reynos, quier sean delo realengo o sennorios e behetrias e ordenes e abadengos, tengan sus juderias e morerias destintas e apartadas sobre si, e no moren a vueltas con los christianos, ni ayan barrios con ellos, lo qual mandamos que se faga e cumpla dentro de dos annos primeros siguientes, contados desde el dia que fueren publicadas e pregonadas estas nuestras leyes en la nuestra corte, para lo qual fazer e complir nos luego entendemos nonbrar personas fiables para que fagan el dicho apartamiento, sennalando los suelos e casas e sitios donde buenamente puedan viuir e contractar en sus oficios con las gentes." *Ibid.*, vol. 4, p. 149.

（10）*Crónica del Rey Don Pedro I*（*P. López de Ayala*）, in *Crónicas de los Reyes de Castilla, colección ordenada por Cayetano Rosell, Biblioteca de Autores Españoles*, 3vols, Madrid, 1953, vol. 1, pp. 487–488.

（11）A. Echevarría Arsuaga, *The Fortress of Faith...* を参照。

（12）M. D. Meyerson, *The Muslims of Valencia in the Age of Fernando and Isabel: Between Coexistence and Crusade*, Berkeley, 1991, p. 64, 89; M. Gual Camarena, "Los mudéjares valencianos en la época del Magnánimo," in *IV Congreso de Historia de la Corona de*

Aragón, Palma de Mallorca, 1959, vol. 1, pp. 467–494; J. E. López de Coca Castañer, "Los mudéjares valencianos y el reino nazarí de Granada. Propuestas para una investigación," *En la España Medieval*, 2 (1982), pp. 643–666. バレンシアへのグラナダ側からの直接攻撃は，14世紀の末に1度だけ実際に生じている。V. M. Galán Tendero, "Incidencia de una incursión nazarí en el sur del reino de Valencia a finales del siglo XIV," in *Actas del Congreso: La Frontera Oriental Nazarí...*, pp. 145–154.

(13) M. A. Ladero Quesada, *Castilla y la conquista...*, pp. 37–47.

結　論

(1) F. García Fitz, "Una frontera caliente. La guerra en las fronteras castellano-musulmanas (siglos XI–XIII)," in *Identidad y representación de la frontera...*, pp. 159–179; Don Juan Manuel, *El libro de los estados*, pp. 586–587.

(2) A. Peláez Rovira, *El reino nazarí de Granada...*, pp. 23, 387.

(3) たとえば14世紀，アラゴン連合王国出自の傭兵集団「アルモガバル」は，シチリア島から出立しビザンツ皇帝に雇用されるものの，その後自立を目論む。彼らはビザンツ，オスマンの思惑の入り乱れる情勢を生き抜き，短命に終わったもののアテネを征服し「自立国家」を建立している。そしてアテネを彼らから再征服したのは，フィレンツェのアッチャイヴォリ家の資金援助を受けたナバーラ人傭兵団であった。同時期の地中海世界では，宗教を超えた合従連衡が日常茶飯事であった。D. Agustí, *Los almogávares: la expansión mediterránea de la Corona de Aragón*, Madrid, 2004.

(4) H. Kennedy, "Byzantine-Arab Diplomacy...," p. 87.

(5) L. Weckmann, *La herencia medieval de México*, México, D. F. Colegio de México, 1984; A. Remensnyder, "The Colonization of Sacred Architecture; The Virgin Mary, Mosques and Temples in Medieval Spain and Early Sixteenth-Century Mexico," in *Monks and Nuns, Saints and Outcasts: Religion in Medieval Society: Essays in honor of Lester K. Little*, Ithaca, 2000, pp. 189–219; Id., *La Conquistadora: The Virgin Mary at War and Peace in the Old and New Worlds*, Oxford, 2014.

《著者紹介》

黒田祐我（くろだ　ゆうが）

1980年，富山県小矢部市生まれ。博士（文学，早稲田大学）。専門は中世スペイン史・西地中海交流史。サラマンカ大学（2005～2006年），セビーリャ大学（2007～2010年）への留学の後，早稲田大学文学学術院助手（2010～2012年），日本学術振興会特別研究員（PD）（2012～2014年）を経て，2015年10月より，信州大学学術研究院人文科学系准教授

レコンキスタの実像
中世後期カスティーリャ・グラナダ間における戦争と平和

2016年２月18日　初版１刷印刷
2016年２月29日　初版１刷発行

著　者　黒田祐我
発行者　中村文江
発行所　株式会社　刀水書房
〒101-0065　東京都千代田区西神田2-4-1　東方学会本館
電話03-3261-6190　FAX3261-2234　振替00110-9-75805
印刷　亜細亜印刷株式会社
製本　株式会社ブロケード

ISBN978-4-88708-428-5　C3022